ANHELAR LA LUZ SIN LÍMITES

ANHELAR LA LUZ SIN LÍMITES

C. R. LAMA y JAMES LOW

Título original: Longing for Limitless Light

Publicado por Simply Being *www.simplybeing.co.uk*

ISBN: 978-1-0687175-0-5

Todas las imágenes utilizadas en este libro, incluida la portada, proceden de Himalayan Art Resources (https://www.himalayanart.org/), que amablemente pone a disposición obras de arte para uso personal, educativo y no comercial. Muchas gracias por su enorme generosidad y por el buen trabajo que hacen para que el arte budista esté disponible.

Maquetación de Sarah Allen.

Traducción: A.S.R. Revisión: Mariana Orozco

Impreso y encuadernado en Gran Bretaña por Lightning Source.

ཚེ་དཔག་མེད་

Índice

Homenaje

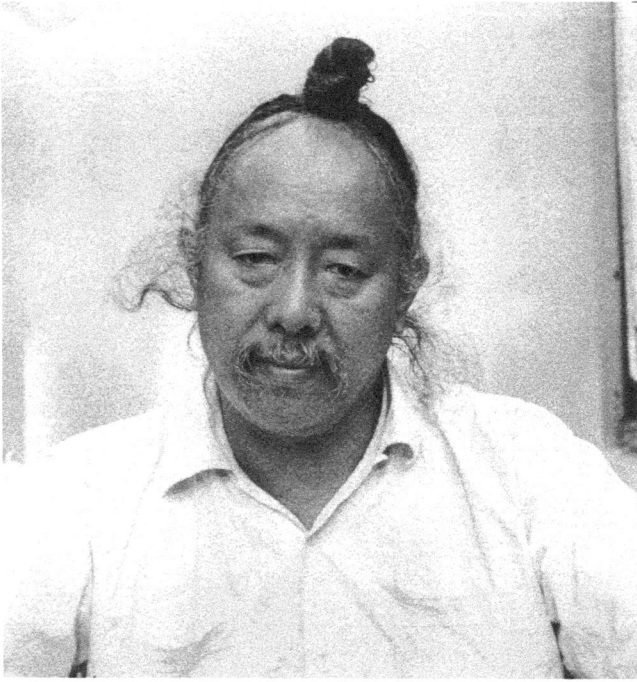

Con amables ojos
y un amor profundo
vertiste amrita
en el recipiente agrietado
de mi corazón herido.
Aunque mucho se derramara
nunca cesó
este flujo de luz.
Todavía las gotas
de tus bendiciones
me humedecen la cara
como lágrimas.

Prólogo

Los textos de este libro proporcionan una variedad de antídotos contra la soledad y el aislamiento. Al surgir un momento de ignorancia de la apertura básica que alberga a todos y a todo, lo que surge, sea lo que sea, pierde su brillante claridad. Esta pérdida de claridad hace que la luz se «espese», de modo que tomamos la apariencia de la luz como la apariencia de entidades inherentemente existentes. Por lo tanto, vivimos en un mundo en que solidificamos todo y a todos, donde cada uno de nosotros busca los objetos concretos que le harán feliz. Nuestro afán por las personas y cosas especiales que queremos y necesitamos nos resulta tan familiar que puede parecer la fuerza impulsora válida de nuestra existencia: conseguir lo que queremos y evitar lo que no queremos. El afán por lo que nos completará está dentro de nosotros, pero a menudo no somos hábiles de gestionar las elecciones que hacemos entre las opciones que se nos presentan. Entonces experimentamos las dos formas de sufrimiento descritas por el Buda: conseguir lo que no queremos y no conseguir lo que queremos.

Este sufrimiento surge porque nos negamos a reconocer la impermanencia y la falta de fiabilidad de los fenómenos en los que buscamos confiar. Esta impermanencia y falta de fiabilidad no es un castigo sino que es un hecho simple, y si aceptamos que es así, entonces podremos dejar de realizar la ridícula tarea de intentar hacer permanente lo impermanente. Si los fenómenos que consideramos entidades no lo son en realidad, entonces ¿qué son? Nuestros ojos ven luz, pero nuestros hábitos de interpretación cosificante dualista construyen la ilusión de entidades autoexistentes de modo que «vemos» lo que imaginamos que está allí. Al liberarnos de la prisión de los conceptos, de las creencias que oscurecen la apariencia brillante hasta convertirla en la opacidad de las cosas, nos vemos a nosotros mismos como luz en un mundo de luz. Entonces vemos que nuestro afán por las cosas fue simplemente un error, una forma engañosa de nuestro anhelo inherente de plenitud, nuestro anhelo de Luz Ilimitada.

La Luz Ilimitada es el corazón que lo incluye todo del Buda, el resplandor dentro del cual se disuelve la ilusión de una existencia aislada. Todos los fenómenos son luz dentro del campo infinito de luz y nosotros, como fenómenos, compartimos esa base pura y su expresión.

El latido de la infinita apertura de la presencia inmutable se manifiesta como luz y sonido dando lugar a las diversas apariencias que encontramos. Si no prestamos atención a esta integridad, encontramos la experiencia estructurada a través de oposiciones binarias. Entonces la oscuridad queda aparentemente excluida de la luz y la luz residual dualizada se manifiesta como opacidad: así nos encontramos como una cosa entre las cosas. Amitaba, el Buda Luz Ilimitada, nos libera del engaño de la cosidad para que despertemos a nuestra presencia única y específica dentro de una integridad infinita.

Todos los textos de este libro se tradujeron con la guía y el estímulo de C.R. Lama, el Khordong Terchen Tulku Chimed Rigdzin. Este trabajo se realizó hace casi cincuenta años en el patio trasero de su pequeña casa en Shantiniketan, Bengala Occidental. No se necesita iniciación para practicar ninguno de estos textos. Rinpoché, este precioso gurú, insistió mucho en que la fe y la devoción son fundamentales para el camino budista. El mero interés intelectual no atravesará la gruesa piel de nuestra engañosa formación del ego.

Las oraciones y aspiraciones presentadas aquí son métodos precisos para orientar nuestra energía vital hacia la tarea del despertar universal. Como tales, estas oraciones no se basan en la mera esperanza de que puedan ser escuchadas. Los budas y bodisatvas están siempre despiertos y listos para responder. Nuestras aspiraciones construyen nuestra conexión con nuestro propio potencial, nuestra naturaleza búdica intrínseca. A medida que desarrollamos confianza en la disponibilidad de los budas y la inmediatez de su respuesta, nos liberamos de dudas y vacilaciones y nos preparamos para la práctica no-dual.

El corazón tiene que abrirse con anhelo y desesperación, porque esta es la manera rápida para que toda la energía se junte en el corazón y luego entre en el canal central, el espacio abierto de conciencia que ya está presente dentro de nosotros. Los budas esperan incesantemente el primer despertar del interés por el verdadero despertar. Cuando ven temblar nuestros corazones, sonríen y nos colman con la luz de su amor. Si estas traducciones pueden satisfacer ese anhelo inicial, entonces el compromiso de Rinpoché con este trabajo no habrá sido en vano. Las traducciones han sido revisadas en los últimos años por James Low. Fueron reescritas por Barbara Terris y preparadas para este libro por Sarah Allen.

¡Que se cumpla nuestro anhelo de luz sin límites!

Introducción

La luz de la conciencia es como el sol en el cielo siempre abierto. La luz brilla, trayendo iluminación. Si vemos sin buscar las cosas, nos daremos cuenta de que vemos patrones de color y luz. Esta es la claridad o despliegue brillante que surge como los reinos puros de los budas. El Buda Amitaba, O Pa Me, «Luz Ilimitada» reside en Sukavati, Dewachen, «el Feliz». Al comienzo de su carrera como bodisatva, el Emperador Universal Aro de la Rueda (como se llamaba Amitaba entonces) hizo voto de que acumularía tanto mérito que con el mero recuerdo de él o de su nombre, cualquier ser renacería cerca de él en su Reino de Buda donde su progreso hacia la iluminación sería fácil. Anhelar la Luz Ilimitada es anhelar la iluminación, residir en la misma fuente de la luz. Para la mayoría de nosotros, convertirnos sencillamente en luz es demasiado sutil debido a la opacidad y densidad de nuestros hábitos. Por lo tanto, el gran voto de Amitaba, Luz Ilimitada, nos ha proporcionado una maravillosa casa a medio camino, su propio reino Feliz donde podemos ser purificados en niveles cada vez más sutiles por su presencia e instrucciones. ¡Qué maravilloso estar en un reino donde cada acontecimiento es un estímulo para el despertar!

La secuencia de textos de este libro proporciona un camino progresivo para liberarnos de los engaños dolorosos de ser una entidad separada cargada con una existencia inherente. Al desarrollar una fe que se profundiza y se amplía hasta convertirse en una confianza ininterrumpida, libre de la turbulencia de las esperanzas y los temores, somos liberados del poder aprisionador de nuestros propios pensamientos. Los pensamientos, sentimientos, sensaciones, recuerdos, etc., surgen y pasan sin ningún poder inherente que nos limite. Es nuestra propia creencia en la realidad sustancial y la verdad de nuestras experiencias mentales lo que les da su poder. La fe y la devoción nos permiten alejarnos de nuestra dependencia tanto de los objetos cosificados externos del mundo como de los conceptos internos que dan forma a nuestras intenciones dualistas. Al liberar la energía de nuestra mente de sus fijaciones, queda libre para estar al servicio del despertar en lugar de mantener las limitaciones del samsara. La duda, la vacilación y la incertidumbre son grandes enemigos de quienes buscan la liberación de la dualidad.

Tener dudas sobre algo alimenta la separación del yo y el otro, del sujeto y el objeto, y esto conduce a una mayor fragmentación del yo y del mundo. Por lo tanto, debemos concentrarnos en un solo punto de atención para que podamos permanecer enfocados en nuestro camino y meta y resistir cualquier tentación de distracción. Los textos que se ofrecen aquí proporcionan una manera de eliminar tanto el oscurecimiento de las aflicciones fundamentales (opacidad, deseo, aversión, orgullo y celos) como el oscurecimiento del conocimiento de las cosas. Además, proporcionan la base para reunir las dos acumulaciones de mérito y sabiduría que nos dan acceso a los reinos puros.

El primer texto es el breve *Refugio y Bodichita* en la página 17. Los budas siempre ofrecen refugio, por lo que siempre está disponible cuando nos volvemos hacia ellos. Estamos diciendo: «Necesito tu ayuda, tu protección, tu inspiración. Quiero estar cerca de ti». Con su apoyo, con la sensación constante de que hay una presencia benigna a nuestro lado, de nuestro lado, podemos desarrollar el coraje para seguir a Amitaba al tomar el voto del bodisatva y dedicar todo nuestro tiempo, energía e intención al beneficio de los demás. En los apartados sobre el Voto del bodisatva de más adelante se proporcionan más detalles. Pero el punto clave al principio es la sensación de que «ahora mi vida tiene sentido». Los vientos de deseo y aversión que nos hacen correr hacia nuestras fantasías pasajeras y alejarnos de los miedos emergentes son fuerzas de intensidad desestabilizadora. Dejamos de lado esta inmersión en el carnaval de la vida humana y nos asentamos en la confianza de ser parte del gran trabajo de llevar a todos los seres sensibles a la liberación.

Luego, en la página 18 tenemos la primera versión de la *Práctica de las Siete Ramas* que está incluida en muchos de los textos de este volumen. Esta versión sigue el método de ofrenda empleado por el bodisatva Samantabadra al comienzo de su carrera. Su visión es tan vasta que acaba con cualquier pensamiento. Su inconcebible generosidad es ofrecer a tantos budas como partículas de polvo hay en el universo, cada uno rodeado por otros tantos bodisatvas, una asombrosa variedad de todo lo que produce placer. Dar regalos es, entre otras funciones, una forma de establecer y profundizar la conexión, y al seguir su método tenemos una amplia manera de vincularnos con todo lo que es bueno y saludable. Ofrecemos nuestros homenaje a todos los puros, aquellos ricos en sabiduría y compasión, y hacemos nuestras ofrendas. Confiando en su bondad sin prejuicios hacia nosotros, nos confesamos, distanciándonos tanto de los actos negativos externos como de los impulsos negativos internos. A continuación nos regocijamos en la virtud realizada por los demás y en el mérito que de ella se deriva. Este es el gran antídoto contra el orgullo y la envidia. Otros practican la virtud, no sólo nosotros. Si podemos celebrar lo que hacen, entonces podremos relajarnos y abrirnos a ser un pequeño riachuelo que se une al gran río del Darma.

Luego, al pedirles a los budas que enseñen el Darma, hacemos nuestra mitad del puente de transmisión. El budismo no es una religión evangélica. Si la conexión kármica no está madura, entonces es poco probable que el Darma sea de interés, y por eso tenemos que mostrar nuestro interés solicitando enseñanza. Cuando el donante generoso se encuentra con el receptor agradecido, el círculo se completa. Después de esto, solicitamos a los budas que no mueran, que no se vayan, que no dejen de estar disponibles. Aunque los budas no son impermanentes, se nos aconseja pensar en ellos como algo que puede morir para evitar la complacencia. Para la vida mundana necesitamos muchas cosas, y si una cosa se termina, siempre podemos conseguir otra. Pero cuando un buda deja el mundo, es una gran pérdida y los períodos entre un buda y el siguiente pueden ser muy largos. El Darma puede ocupar el lugar del Buda, pero todavía necesitamos un maestro o gurú que lo haga cobrar vida para nosotros.

Finalmente, está la séptima rama, la dedicación del mérito que surge de las seis ramas anteriores, junto con todos los demás méritos que tenemos, por el bien de todos los seres. Los seres en los tres reinos inferiores de los infiernos, los fantasmas hambrientos y los animales, tienen muy poca capacidad para crear méritos, mientras que los seres en los reinos de los dioses están preocupados por el placer y los dioses celosos están consumidos por la envidia. Los seres humanos tenemos grandes oportunidades, pero se pierden fácilmente. El mérito es el valor ético y espiritual que generan las buenas acciones. No son una sustancia, pero podemos pensar en ellas como si lo fueran para darnos la sensación de que se trata de un recurso que puede acumularse y aprovecharse en beneficio de todos.

A esto le sigue en la página 34, *Honrar el verdadero valor*, tomado de ENTRAR EN EL CAMINO DE LA ILUMINACIÓN de Santideva. Este famoso y hermoso apartado nos ayuda a hacer muchas más ofrendas a los budas. Las ofrendas evocan una sensación de tranquilidad y plenitud, y por eso coinciden con la mente del Buda, que siempre está relajada y llena de belleza y luz. Ofrecemos belleza para encontrar nuestra propia belleza. Para nuestras confesiones confiamos en el poder de aquellos a quienes confesamos, los budas y los grandes bodisatvas, porque ellos pueden ver nuestra pureza intrínseca, que para nosotros está oculta en este momento por nuestros oscurecimientos eventuales. También nos apoyamos en el poder de la aplicación eficaz de los antídotos de la virtud y la meditación. Invitamos a la luz de los budas a fluir dentro de nosotros y eliminar todas las impurezas y limitaciones para que seamos traslúcidos y brillantes como el cristal. Activamos el poder de la renuncia total, liberándonos de las estructuras, creencias y actividades que nos han predispuesto a actuar de manera perjudicial para los demás y para nosotros mismos. Por último, utilizamos el poder de abandonar el retorno al error. Bloqueamos el camino de regreso a lo mundano al ver los peligros que allí se esconden, al enfatizar nuestro compromiso con el cambio y al desarrollar una alineación inquebrantable con el camino hacia la liberación. Estos son los famosos «cuatro poderes de purificación» y son vitales para la práctica, ya que eliminan el pegamento de nuestra identificación con patrones limitantes.

Habiendo preparado el terreno, pasamos a los preparativos específicos para *Tomar el voto del bodisatva*, página 56. Hacer el voto desde lo más profundo de nuestro corazón de trabajar en beneficio de los demás de ahora en adelante hasta que todos los seres estén completamente liberados es profundo y transformador y por lo tanto uno debe ser consciente de todo lo que implica. Este es un voto que el ego no puede hacer. El ego dice «yo primero». El bodisatva dice «tú primero». Con este voto se ilumina nuestra conexión con todos los seres, y nuestra intención hacia ellos comienza a purificarse de los motivos distorsionadores de los cinco venenos aflictivos de opacidad, aversión, deseo, celos y orgullo. Este voto es demasiado oneroso para tomarlo uno solo, por eso lo hacemos frente a todos los budas y bodisatvas, incluidos nuestros propios gurús y maestros. Necesitaremos su apoyo y compañía continuos si queremos permanecer fieles a nuestro voto y convertirnos en una presencia iluminadora en los muchos reinos de la oscuridad. Por lo tanto, invitamos al Buda a venir con todos sus seguidores y, a través de ofrendas y alabanzas, nos unimos a ellos.

El término «bodisatva» indica un ser (satva) que está orientado hacia el despertar (bodi) de todos los seres sensibles. La visión del bodisatva es estrecha en el sentido de que no se centra en preocupaciones mundanas como la fama, la riqueza o agradar. Sin embargo, su visión es amplia, incluso vasta, debido a su preocupación por el bienestar de todos los seres sin excepción. Ella ha renunciado a las categorías de amigo y enemigo, querido y no querido, cercano y distante, útil e inútil. Sean como sean los seres, la visión del bodisatva es para ellas tal como son. Esta asombrosa orientación se basa en su capacidad de percibir la semilla de la iluminación en todos los seres. El que siente tiene mente, y si se ve la naturaleza real de la mente, entonces eso es en sí mismo el acto de despertar. Tomar el voto del bodisatva es entrar en compañía de los grandes seres que han renunciado a todas las preocupaciones egoístas y encuentran su realización en el bienestar de los demás. En un nivel externo, esto significa proporcionar comida, refugio, medicinas, etc. A nivel interno, significa estar presente para el otro, como sea, en sus emociones, intolerancias, etc. A nivel secreto o invisible, es simplemente permanecer abierto y sin intención ante lo que ocurra. En este nivel secreto, ya no hay que luchar por el beneficio de los demás; su beneficio reside en la inclusión sin esfuerzo en la siempre brillante mente de Buda.

Lo que podemos hacer con el apoyo de los budas y bodisatvas es mucho más de lo que podemos hacer por nuestra cuenta. De hecho, el texto apunta sutilmente a la ilusión de la dualidad, a la separación del yo y el otro. No estamos, ni nunca hemos estado, separados de los budas ni de todos los seres sensibles, ni de todo lo que emerge. Los budas ya siempre nos incluyen en su compañía, y ahora incluimos a todos los seres en la nuestra. Las entidades que constituyen el samsara se van suavizando a medida que vemos que la fragmentación que experimentamos no es intrínseca, sino simplemente la ilusión que surge de no ver la luz como luz.

Tomar el voto del Bodisatva, página 74, establece el ritual que puedes utilizar para tomar el voto. Si es posible, recibimos el voto directamente de alguien que esté plenamente en la práctica y lo haya recibido previamente de su maestro para que la bendición de todo el linaje fortalezca nuestra propia determinación. Si esto no es posible en persona, entonces preparamos un pequeño santuario con una imagen de Buda y esparcimos pétalos de flores abriendo nuestros corazones al ritual.

En primer lugar, recitamos oraciones a los distintos linajes del voto del bodisatva. Recordamos a todos aquellos que nos han precedido en esta gran promesa. Que el poder de su intención desinteresada alimente la nuestra para que no flaqueemos en nuestro compromiso de actuar siempre en beneficio de los demás. El último gurú de cada uno de estos linajes es Chimed Rigdzin, el gran erudito y gurú a quien ayudé en la traducción de estos textos.

Habiendo recordado nuestra deuda de gratitud con estos grandes seres que han sostenido el linaje para que ahora podamos ser sostenidos por él, dirigimos el mérito que surge de este recuerdo hacia el florecimiento del Darma. El Darma, las enseñanzas y prácticas del budismo, no es algo externo que sobrevive y prospera por sí solo. En este momento de grandes cambios y ansiedad creciente, la calmante claridad del Darma podría ser de gran beneficio para muchos. La presencia del Darma se nutre de nuestra fe, devoción y energía; sin esto, en un nivel relativo, se debilitará y se desvanecerá. Aunque en un nivel absoluto el Darma es inmutable y está disponible gratuitamente en todo momento y lugar, en nuestro mundo de dualidad está en juego la polaridad de aumento/disminución y, por lo tanto, si no ofrecemos nuestra energía vital al Darma, no estará disponible en el futuro para nosotros y para los demás. Así, podemos ver que incluso como principiantes, nuestro amor y bondad pueden alimentar las llamas del Darma que queman todos los oscurecimientos e ignorancia e iluminan el camino hacia la libertad.

Entonces volvemos a refugiarnos para vincularnos con los verdaderamente virtuosos. Fortalecemos esto expresando nuestro compromiso de renunciar a dañar a los demás de cualquier manera y concentrarnos en practicar la virtud con nuestro cuerpo, palabra y mente. El egoísmo y la estimación propia se han vuelto tan habituales para nosotros que creemos que nuestra identidad egoica es la verdad de cómo somos en realidad. De hecho, el ego no es una cosa, sino una forma de modelar la experiencia en torno a la ilusión de una entidad propia continua. Por lo tanto, es necesario desviar exteriormente nuestro comportamiento de su función de afirmar nuestro «yo» como una entidad existente y alejar interiormente nuestros pensamientos y sentimientos de autoconfirmación así como disolver más profundamente nuestra conciencia autorreflexiva en el océano de la conciencia.

La práctica central de Tomar los votos del Bodisatva comienza en la página 106 con nuestra petición directa al maestro oficiante para que aumente dentro de nosotros la intención altruista de obtener la iluminación suprema y completa sin igual. Saben cómo aumentar esta intención y vamos a aprender de ellos; una y otra vez en este libro se nos anima a confiar en las Tres Joyas, a aprender de la experiencia de los sabios y a seguir este camino trillado. Inclusión, asociación, participación y pertenencia constituyen este camino. Habiendo perdido el rumbo en la jungla del samsara, lo más sensato es confiar en guías experimentados que puedan indicarnos el camino. La vida es demasiado corta para seguir entrando en callejones sin salida en este laberinto de patrones kármicos.

El voto real tiene varias etapas. En primer lugar, *Desarrollamos la bodichita de la aspiración*, nuestro deseo de convertirnos en un bodisatva, un ser (satva) que trabaja para la iluminación (bodi) de todos, página 109. Esto a menudo se compara con cómo nos preparamos para emprender un viaje. Recopilamos información sobre el destino, recopilamos lo que podríamos necesitar para el viaje y nos preparamos para los desafíos que puedan surgir, particularmente aquellos que se manifiestan a partir de nuestros miedos, pereza y falta de fe en la bondad fundamental de nosotros mismos y de todos los seres. Así como lo han hecho todos los bodisatvas al comienzo de sus carreras, expresamos nuestra intención de liberar a todos los seres sacándolos del samsara y darles esperanza y confianza a todos para que puedan dejar de lado el sufrimiento. ¡Qué vasto y completo es este voto! ¡Qué sorprendente que podamos aspirar a tal tarea! La aspiración misma inicia nuestro renacimiento cuando dejamos de lado nuestras preocupaciones mundanas y nos concentramos en el bienestar de los demás.

La segunda etapa es la bodichita, la mente (chita) del despertar (bodi), que se manifiesta como *Compromiso con la práctica real*, página 115. Ahora estamos en el viaje. Hemos dejado los hitos familiares que nos recuerdan nuestra identidad samsárica y estamos comenzando a encontrar nuestro camino en la apertura del sendero ilimitado que alberga a todos los seres. Nos comprometemos a la formación real asumida por todos los bodisatvas, en particular nos comprometemos a entrenarnos en las seis paramitas o cualidades trascendentes de generosidad, moralidad, paciencia, diligencia, meditación y verdadero discernimiento. Las primeras cinco cualidades desarrolladas al servicio de los demás se vuelven trascendentes mediante la presencia de la sexta. El verdadero discernimiento es la agudeza, la brillante agudeza de la mente, que revela la ausencia de existencia inherente en los fenómenos. Todo lo que aparece, ya sea aparentemente material o mental, está vacío de sustancia propia, de existencia propia y de identidad propia. Todo acontecimiento es como un sueño: parece que algo se experimenta y, sin embargo, en realidad no se ha experimentado nada. Ésta es la cualidad clave que diferencia el gran vehículo (*mahayana*) del vehículo menor (*hinayana*). Sólo la mente, inseparable de la vacuidad, es lo suficientemente vasta como para abarcar el bienestar de todos los seres. Nuestro ego humano por mucho que se esfuerce por hacer lo mejor que pueda, sólo tendrá una capacidad limitada, ya que aunque pueda ver la ausencia de existencia inherente en los seres, no puede dejar de lado la idea de entidades fundamentales. Esta dependencia dualista es su limitación estructural inherente, que restringe tanto la sabiduría como la compasión.

La tercera etapa es *Desarrollar la bodichita absoluta*, página 121. Aquí «absoluto» se refiere al vacío parecido al cielo, libre de cosificación, objetivación y dualidad. Desde el principio no ha habido ni un átomo de existencia real. Todos los seres son inseparables de la base siempre abierta, la presencia no nacida de la amplitud inasible. Todos los seres son esencialmente budas porque es el despertar a este terreno no nacido lo que marca el «nacimiento» de cada buda no nacido. Ya estamos en el mandala de Buda pero no podemos verlo debido a nuestros oscurecimientos no nacidos. Ni los seres, ni los oscurecimientos, ni los despertares, ni los budas existen realmente; ésta es la bodichita absoluta.

Se han abordado las tres etapas de los votos del bodisatva. A continuación se reiteran los puntos clave de la *Enseñanza Unificada para la Gente Sencilla*, página 122. Aunque la vida esté llena de ocupaciones o sea difícil, hagamos lo que hagamos y nos suceda, si simplemente mantenemos el recuerdo de nuestro voto e incluimos el bienestar de todos en cada una de nuestras experiencias, nos regocijamos de su virtud y dedicamos todo mérito a los demás, esto será suficiente.

Luego, en la página 125, recitamos versos que nos recuerdan nuestra nueva identidad y los nuevos valores y tareas que la acompañan. El versículo de la página 130 es particularmente esclarecedor sobre nuestra nueva orientación: «*Siempre que esté contento, dedicaré esa alegría a la felicidad de todos los seres: ¡que su felicidad llene el cielo! Siempre que tenga problemas, tomaré el sufrimiento de todos los seres como mi propia carga: ¡que se sequen los océanos del sufrimiento!*» Esta es una hermosa expresión del principio de dar la propia felicidad a los demás y asumir su sufrimiento. Dar la propia felicidad a los demás puede parecer razonable y virtuoso. Pero intensificar el propio infortunio añadiendo los problemas de todos los seres a los míos propios puede parecer punitivo. Es aquí donde debemos recordar la bodichita absoluta. Todo sufrimiento está vacío de existencia inherente: la bondad de aliviar el sufrimiento de los demás, si es vasta e incondicional, traerá consigo que se suelte la autorreferencia egoica y la consiguiente revelación de la inaprehensibilidad de toda experiencia.

El siguiente apartado, página 133, *Honrar la palabra de Buda*, destaca la naturaleza inaprensible de toda experiencia tal como es en realidad. Esta es la sabiduría de la vacuidad, que el Sutra del corazón pone a disposición de cada uno de nosotros. En primer lugar, existe una práctica de estilo tántrico que nos pone en comunicación directa con el Buda Sakiamuni. No sólo estamos pensando o hablando sobre el Buda, sino que estamos entrando en su presencia inmediata. Este cambio se realiza a través del mantra purificador e igualador, que indica: «*Om, naturaleza pura. Todos los fenómenos tienen una naturaleza muy pura: ésta es mi naturaleza*». Sobre esta base, todas las formas conceptualizadas se resuelven en su terreno abierto. Dentro de este espacio vasto y extenso, al decir *Om Mani Padme Hung*, surjo como Chenrezi, el bodisatva particularmente asociado con la compasión, y de esta forma presto atención a las palabras de Darma puro que fluyen del Buda Sakiamuni. Así surge el Sutra del corazón y yo, como Chenrezi, participo en su despliegue. De esta manera, la revelación del verdadero Darma va apareciendo aquí y ahora, como contacto directo con la fuente de claridad.

El Sutra del corazón tiene una estructura simple y sus palabras dejan claro que todo lo que se considera separado y realmente existente es en realidad siempre inseparable de la vacuidad inasible y no dual con ella. Todo lo que sabemos, vemos, saboreamos, recordamos, etc., en realidad no es lo que creemos que es. Es nuestra percepción engañosa la que genera la ilusión de entidades separadas, incluidos nosotros mismos. Cuando se abandona este esfuerzo excesivo e innecesario, se produce la simplicidad desnuda de la apariencia vacía. Cuanto menos hacemos, más se revela lo real. Se revela no como un trabajo en progreso, sino como siempre ya completo. Cuando esto queda claro, la formación egoica es redundante y se disuelve.

Honrar la palabra de Buda concluye con algunos versos que resaltan el poder de la vacuidad para superar todas las dificultades y hacer que todas las fuerzas negativas sean ineficaces. El verso que comienza al final de la página 159 es un hermoso resumen de la descosificación de todos los fenómenos. Todas las apariencias que consideramos entidades fijas son, de hecho, momentos dinámicos de experiencia que surgen en colaboración con otros momentos de experiencia. Se originan, surgen o se muestran dependiendo del origen, surgimiento o despliegue de otros aspectos del campo de ocurrencia. El árbol surge debido a la tierra, la lluvia, el sol, la ausencia de la motosierra, etc.; no existe un árbol autoexistente. Así, las claves binarias organizadoras de detener y comenzar, aniquilación y permanencia, ir y venir, significados diversos y un significado fijo son todas infundadas, son meros conceptos sin un referente real. Ver esto es observar que todos los conceptos que has usado para construir tu mundo pierden su fuerza vital. Esta fuerza vital no era otra cosa que tu creencia en ellos. Cuando se ve el vacío de estas creencias, todo se pacifica y la mente se tranquiliza.

Después de esto, hay dos oraciones para madurar el estado de ánimo de confianza y devoción que es vital para llegar a Dewachen y ver a Amitaba. La devoción comienza con la inspiración a medida que adquirimos la fe vívida de apreciación de las buenas cualidades del objeto de nuestro anhelo. Este aprecio e inspiración nos hace conscientes de la brecha entre dónde estamos y dónde queremos estar. Esto alimenta nuestra fe y nuestra aspiración entusiasta de esforzarnos por poner fin al sufrimiento y obtener la liberación. Con esto podemos desarrollar la fe de la certeza o confianza plena en las enseñanzas y con eso encontramos un compromiso con el samsara vacío. Nuestro corazón se abre y el juicio desaparece, de modo que nuestra separación del Darma disminuye a medida que nace una fe irreversible. Estos cuatro aspectos de la fe se apoyan mutuamente y nos ayudan a mantenernos encaminados. La primera oración breve, página 162, es un recordatorio de los grandes yoguis y eruditos que establecieron el Darma en Tíbet. Sin su esfuerzo y generosidad no podríamos acceder a las enseñanzas. Entonces, ya sea que sepamos mucho o poco sobre la historia del budismo en Tíbet, tenemos una deuda de gratitud con estos grandes seres y por eso esta oración nos permite expresarlo. Reconocer nuestra dependencia de las buenas obras de los demás no es una disminución de nosotros mismos. Depender de los demás es ser parte del campo de revelación en desarrollo: ocupamos nuestro lugar dentro de él a través de nuestra devoción. ¿Cuánto más dulce es ser parte del campo abierto de Buda que estar arando sin cesar nuestro propio surco profundo?

La segunda oración, página 167, es de Padmasambava y Chogyur Dechen Lingpa la reveló como un texto tesoro. Incluye la *Práctica de las Siete Ramas* que se ha dado en textos anteriores y se basa en ella para formular aspiraciones de éxito en el aprendizaje y de larga vida y buena salud de los maestros que iluminan el mundo con sus preciosas enseñanzas. Maestros, estudiantes, patrocinadores, yoguis: tantas personalidades, habilidades, intereses y energías se destinan a crear y sostener una floreciente cultura del Darma. En Occidente, este proceso apenas está comenzando a medida que los frágiles brotes de estudio y práctica comienzan a enraizar. Todo este esfuerzo depende de la buena voluntad, de un profundo compromiso con el bien común y el beneficio de todos. Como sabemos, los conflictos surgen fácilmente en la sociedad humana. El concepto de humanidad compartida no ha sido lo suficientemente fuerte como para poner fin a las guerras y la explotación. El concepto de budismo o Darma del Buda no ha sido lo suficientemente fuerte como para evitar rivalidades y hostilidades sectarias. A la separación y diferenciación le sigue rápidamente un orden jerárquico que conduce al orgullo y los celos. Esta breve oración del gran Nacido del Loto es un estímulo a la inclusión, el sentimiento de compañerismo y el beneficio de todos libres de la fragilidad de la dependencia de conceptos.

Desde la página 176 a la página 306, hay una serie de aspiraciones de nacer en el reino búdico de Amitaba, conocido como Dewachen en tibetano y Sukavati en sánscrito. Este nombre se traduce como Tierra feliz o simplemente Feliz. Como señala el *Apéndice 1* en la página 230, este reino de Dewachen fue generado por el cumplimiento del voto hecho por el Emperador Universal Aro de la Rueda. Prometió que, como resultado de su práctica diligente, acumularía méritos suficientes para manifestar el reino de Buda más elevado. Además, «*Quien se acuerde de mí, de mi nombre y de mi reino, o los oiga, no nacerá de nuevo, sino que vendrá a mi reino. Si esto no ocurre, entonces no me convertiré en un buda*». La palabra de un buda es vajra, indestructible; todo lo que se dice debe suceder. Este gran rey Aro de la Rueda está afirmando que si no se cumplen sus palabras no entrará en el estado de iluminación. Se solía considerar que el poder de la palabra hablada descansaba en su verdad y confiabilidad: «Mi palabra es mi vínculo». Hoy en día, cuando la mentira y el engaño parecen ser inseparables del poder, puede resultarnos difícil comprender el poder de la verdad y el poder del compromiso con el cumplimiento de una aspiración. Hacer un voto a todos los seres para siempre es liberarse de estrategias y tácticas. El camino es recto y claro: liberarse del egoísmo y del juicio y trabajar en beneficio de todos. Seguir esto es acercarse cada vez más al honor y la dignidad del Buda.

Debido al cumplimiento de su voto, el Emperador Universal Aro de la Rueda se convirtió en el buda Amitaba que reside en Dewachen, el reino de buda que ha generado su mérito. Tal es el poder de su voto que incluso hoy la confianza total en su nombre y presencia actúa como un anillo de fe mediante el cual su gancho de compasión puede atraparnos y llevarnos a Dewachen. Podemos madurar nuestra fe desarrollando las cuatro causas por las que nacemos en Dewachen, página 231. En primer lugar, necesitamos aprender sobre las buenas cualidades de este reino de buda, de lo contrario, ¿por qué querríamos ir allí? Necesitamos tener claro que es muy superior a los reinos de los dioses dentro del samsara. En segundo lugar, necesitamos acumular muchos méritos mediante la práctica de la virtud y evitando la no virtud. La práctica de la virtud nos ayuda a ser simples y directos, con menos que ocultar y menos necesidad de fingir. Obtenemos la dignidad de una presencia abierta, de estar disponibles para los demás, con un corazón lleno de afecto y una mente impregnada de bondad activa. La Práctica de las Siete Ramas, presentada en diversas formas en este libro, es un método clave para lograrlo. Nuestro recuerdo de la generosidad de los budas y nuestra gratitud por todo lo que aportan a nuestras vidas se fortalece al rendirles homenaje, innumerables ofrendas y la confesión de nuestras faltas y limitaciones. Con esto podemos regocijarnos en la virtud realizada por otros, pedir a los budas y bodisatvas que nos enseñen y que no dejen de estar disponibles para nosotros. Al dedicar el mérito de esto en beneficio de los demás disminuimos nuestro egoísmo y aumentamos nuestra preocupación amorosa.

La tercera causa de nacer en Dewachen es la generación de una intención altruista hacia la iluminación. El motivo de buscar sólo la propia liberación es como una débil antorcha en una noche oscura. Si queremos entrar al reino de la Luz sin límites, necesitamos generar una luz brillante en nuestro propio corazón, la luz del amor y el compromiso con el bienestar de todos, incondicional y sin juicio. La cuarta causa es dedicar todo el mérito de todo lo que hemos hecho alguna vez para el beneficio y la iluminación de todos los seres. Sin guardarnos ni un átomo de mérito, si nuestra intención es totalmente altruista, descubriremos que en realidad tenemos todo el mérito necesario para vivir y prosperar en Dewachen.

La aspiración que hace renacer en Dewachen, página 176, comienza describiendo la ubicación de Dewachen. Se encuentra muy, muy lejos hacia el oeste, más allá de innumerables tierras. No podemos viajar allí caminando, en coche o en avión; el único vehículo que nos llevará allí es la unión del voto de Amitaba y la adecuación de nuestras cuatro causas. Se encuentra hacia el oeste, que es también la dirección de la sección del mandala donde reside Amitaba, el campo en el que se purifica el deseo, donde cada apariencia se discierne claramente, exactamente como es. Generalmente el amor es ciego y el deseo es ciego porque están demasiado centrados en los objetos de nuestra atención selectiva. La apreciación panorámica revela la visualización específica de cada aspecto del campo de claridad, el campo de luz ilimitada.

La belleza del entorno en este reino de buda se resalta de modo que todas sus encantadoras cualidades puedan despertar en nosotros un anhelo de ir allí grande y preciso. ¿Qué podría compararse en el samsara con tanta belleza, una belleza que sin esfuerzo fomenta el despertar? En el samsara la belleza es un bien restringido y esto da lugar al deseo, la ambición, el egoísmo y la hostilidad. Pero en Dewachen todo es luminoso y brillante, facilitando la tranquilidad y la atención, libre de deseo y apropiación. Nuestro nacimiento allí es mágico ya que nos manifestamos en el centro de un loto. Este nacimiento puro es un verdadero renacimiento y todos nuestros viejos hábitos egocéntricos quedan muy atrás. No hay necesidad de nacer en un útero y, por lo tanto, nadie tiene un cuerpo femenino. No hay deseo sexual ni competencia: ¡qué diferente sería eso del mundo que conocemos! ¡Que el constante recuerdo de las maravillosas cualidades de este reino de luz pura pueda guiar nuestras acciones en esta vida para que todo lo que hagamos nos prepare para nacer allí!

Un camino rápido para cruzar fácilmente al reino Excelente, página 187, ofrece una práctica completa para lograr nuestro objetivo. Cada texto centrado en Dewachen tiene su propio tono y estilo, lo que nos ayuda a encontrar la forma de esta aspiración que más se ajuste a nuestras circunstancias actuales. Con el *Camino rápido* tenemos el darani o mantra largo de la *Nube de ofrendas*, página 190, que aumenta el volumen, variedad y pureza de las ofrendas que hacemos. La visión mahayana es amplia: llenamos el cielo con ofrendas a innumerables budas que llenan el cielo y luego dedicamos el mérito al bienestar de todos. La generosidad, el amor y la compasión, vastas e inclusivas, están disponibles gratuitamente para todos, independientemente de sus cualidades. Este punto de vista nos aleja del enfoque de recompensa que consiste en considerar estrictamente la causa y el efecto.

Compartimos el mérito por igual con todos, con los perseguidores y con las víctimas, con los depredadores y con sus presas. Bueno y malo son términos relativos. Despertar es despertar de lo relativo y lo dualizado a lo absoluto y lo no-dual. Cuando nos abrimos directamente a la no-dualidad, vemos que no existen entidades realmente existentes, ni personas reales que sean verdaderamente buenas o malas. Todo lo que aparece es el resplandor o la claridad de la apertura de la presencia.

En la página 233 hay otro método para acumular méritos: la ofrenda de alimentos. Ofrecemos lo que realmente hemos reunido físicamente y todo lo que podemos imaginar. Estamos pidiendo ayuda a los budas, ayuda para escapar del sufrimiento interminable del samsara. Esta es una gran petición. Por suerte para nosotros, están dispuestos y felices de conectarse con nosotros y ayudarnos. Ofrecemos comida para darnos la confianza de que tenemos algo que ofrecer. En realidad, esto es sólo una noción reconfortante para aliviar nuestro ego en su sensación de carencia. De hecho, dependemos totalmente de la bondad del Buda. La razón es que los budas ven lo real mientras nosotros imaginamos que lo engañoso es verdad. Nos engañamos a nosotros mismos y a los demás con nuestras creencias erróneas sobre la verdadera existencia de las personas y las cosas. Viviendo en el nebuloso laberinto del engaño no podemos encontrar la salida. Esta no reside en conceptos, recuerdos, planes ni ninguno de los demás contenidos transitorios de la mente, sino que necesitamos la ayuda de los budas. Ellos no necesitan nuestras ofrendas, pero cuanto menos orgullo tengamos, menos defendidos estaremos y, por tanto, podremos disminuir la fuerza de nuestras afirmaciones de existencia verdadera. Entonces tendremos más espacio para recibir la luz de los budas en nuestros corazones porque es la luz del Buda la que nos permite ver que nosotros también somos budas.

Al no estar seguros de ser amados, hacemos ofrendas para tratar de asegurarnos de que los budas estén dispuestos a pensar en nosotros. Esta es una transacción o trato que nosotros, como ego, debemos hacer; los budas no lo exigen. ¡Qué generosos son para encontrarse con nosotros en el teatro de nuestra existencia ilusoria! Como en la fiesta imaginaria de un niño, servimos té imaginario y comemos pasteles imaginarios, diciéndonos unos a otros lo buenos que son. Pero al menos con esta benigna actividad mental abrimos el camino a la pertenencia y a la libre participación.

En la página 237 se presenta el famoso *Dechen Monlam*, la aspiración de alcanzar Dewachen, escrita por Raga Asya. Escrito con claridad en un estilo muy atractivo, el texto nos introduce en una visión exquisita de la vida que llevaremos una vez que dejemos esta vida con la certeza de nacer de un loto en el reino del buda Amitaba. Comienza ayudándonos a imaginar a Amitaba y su séquito, y cómo Amitaba mira incesantemente con compasión a todos los seres sensibles en sus diversas actividades. Esta mirada se manifiesta como su forma sambogakaya, Chenrezi/Avalokitésvara, cuyo ojo rápido ve todo el sufrimiento del samsara. También manifiesta a Arya Tara y Padmasambava. Estos tres salvadores activos, la calidez de la familia del Loto, también irradian innumerables formas para moverse en el samsara, brindando consuelo y aliento a todos. Todos nuestros pensamientos, palabras y acciones son conocidos por Amitaba, porque todos ya estamos incluidos en su cuidado envolvente. Confiar en esto nos permite relajarnos, dejar de esforzarnos y comenzar a recibir el amor que siempre ha brotado del corazón de Buda.

Después de una extensa práctica en las Siete Ramas, nos preparamos para nuestro viaje a Dewachen. Precisamente en el momento de la muerte, cuando nuestra conciencia se libera de su encarnación, encontramos a Amitaba presente ante nosotros listo para guiarnos con seguridad a Dewachen. ¡Que seamos felices de ir allí y resistamos fácilmente ser desviados a cualquiera de los seis reinos del samsara donde sólo nos aguardaría el dolor! Sin embargo, es difícil que desaparezcan los viejos hábitos y hemos pasado muchas vidas engañándonos a nosotros mismos con la creencia de que los momentos transitorios de felicidad podrían volverse permanentes. Al ver que todas estas vidas con sus esperanzas y miedos no han sido más que sueños, podemos dejarlos ir y volvernos hacia la satisfacción permanente del despertar.

Todos los seres que nacen allí nacen de un loto, pero si uno ha dudado de que realmente nacería allí, entonces los pétalos del loto permanecen cerrados y hay que esperar quinientos años antes de que se abran. Uno todavía podrá escuchar las enseñanzas de Amitaba y no sufrirá más que la frustración de no poder ver esta tierra bendita. La duda, la vacilación, la ansiedad y la incertidumbre son signos de estar en dos mentes, de estar dividido en uno mismo, y esta división interna mantiene la estructura de la dualidad y, por lo tanto, es un gran impedimento.

La vida en Dewachen, página 282, es fácil, placentera y satisfactoria. Liberados de las muchas tareas necesarias para sobrevivir en el samsara, nuestra atención está disponible para el estudio y la práctica profundos, los cuales ahora son fáciles de abordar. Raga Asya continúa describiendo muchas características hermosas del camino fácil hacia el despertar que está disponible allí. Escribió este texto para nosotros como un resumen conciso de varios sutras. Sus fuentes son fiables, sus escritos son claros: depende de nosotros ponerlos en práctica.

A este texto le siguen dos textos breves de Mingyur Dorye, página 301, que proporcionan resúmenes sucintos de la esencia de esta visión. Si nos hemos familiarizado con los textos más extensos, entonces estos dos breves resúmenes pueden mantener nuestra intención pura cuando tengamos poco tiempo. Las palabras de Mingyur Dorye ayudan a transformar el anhelo dualista mundano en la profunda emoción del anhelo concentrado de luz.

El libro finaliza con oraciones por el florecimiento del Darma y recordatorios de la profundidad y variedad de las enseñanzas.

> *¡Que haya paz en el mundo para todos los seres, libres de guerras, enfermedades y catástrofes! ¡Que todos tengan el deseo de practicar el Darma y la oportunidad de cumplir ese deseo!*

སྐྱབས་འགྲོ་དང་སེམས་བསྐྱེད།

Refugio y Bodichita

སངས་རྒྱས་ཆོས་དང་ཚོགས་ཀྱི་མཆོག་རྣམས་ལ།

SANG GYE	CHO	DANG	TSOG	KYI	CHOG	NAM	LA
buda	*darma*	*y*	*sanga*	*de*	*supremo*	*(plural)*	*a*
			(la asamblea de practicantes comprometidos)				

En el Buda, el Darma y la Asamblea de los Excelentes

བྱང་ཆུབ་བར་དུ་བདག་ནི་སྐྱབས་སུ་མཆི།

CHANG CHUB	BAR DU	DAG NI	KYAB	SU	CHI
iluminación	*hasta*	*Yo*	*refugio*	*para*	*tomar*

me refugio hasta que alcance la iluminación.

བདག་གིས་སྦྱིན་སོགས་བགྱིས་པའི་བསོད་ནམས་ཀྱིས།

DAG GI	YIN	SOG	GYI PE	SO NAM	KYI
Yo por	*generosidad demás perfecciones**		*hacer, practicar*	*virtud, mérito*	*mediante*

**disciplina, paciencia, diligencia, meditación, sabiduría*

Que por el mérito de practicar la generosidad y demás perfecciones

འགྲོ་ལ་ཕན་ཕྱིར་སངས་རྒྱས་འགྲུབ་པར་ཤོག།

DRO	LA	PHEN	CHIR	SANG GYE	DRUB PAR	SHO
todos los seres	*a*	*beneficio*	*para*	*buda*	*alcanzar*	*que*
						pueda ocurrir

pueda alcanzar la budeidad para el beneficio de todos los seres

En el Buda, el Darma y la Asamblea de los Excelentes me refugio hasta que alcance la iluminación. Que por el mérito de practicar la generosidad y demás perfecciones pueda alcanzar la budeidad para el beneficio de todos los seres

ལན་གསུམ་རྗེས༔ [Recitar esto tres veces.]

འཕགས་པ་བཟང་པོ་སྤྱོད་པའི་སྨོན་ལམ་གྱི་རྒྱལ་པོ་ལས་བྱུང་བའི་ཡན་ལག་བདུན་པ་བཞུགས་སོ།།

La Práctica de las Siete Ramas
de
«Conducta Buena y Pura», el rey de las Aspiraciones

[Esta práctica del bodisatva Samantabadra tiene el ofrecimiento del mandala insertado dentro.]

འཕགས་པ་འཇམ་དཔལ་གཞོན་ནུར་གྱུར་པ་ལ་ཕྱག་འཚལ་ལོ།

PHAG PA	YAM PAL	ZHON NUR GYUR PA	LA	CHAG TSHAL LO
noble	Manyushri	que es joven, nunca envejece o enferma	a él	saludo

Saludo al Noble Manyushri perennemente joven.

ཇི་སྙེད་སུ་དག་ཕྱོགས་བཅུའི་འཇིག་རྟེན་ན།

YI ÑED	SU DAG	CHOG CHUI	YIG TEN	NA
a tantos como hay	aquellos, ellos	diez direcciones del mundo (i.e. por todas partes)	mundo	en

A tantos como hay en las diez direcciones del mundo,

དུས་གསུམ་གཤེགས་པ་མི་ཡི་སེང་གེ་ཀུན།

DU	SUM	SHEG PA	MI	YI	SENG GE	KUN
tiempo (pasado, presente, futuro)	tres	ir	hombres	de	leones*	todos

*igual que los leones dominan a todos los animales con su rugido, las enseñanzas de Buda sobre sunyata silencia todas las visiones erróneas de los hombres.

leones entre los seres humanos, los Budas de los tres tiempos,

བདག་གིས་མ་ལུས་དེ་དག་ཐམས་ཅད་ལ།

DAG	GI	MA LU	DE DAG	THAM CHE	LA
yo	por	sin excepción	a ellos	todos	para

a todos ellos sin excepción,

ལུས་དང་ངག་ཡིད་དང་བས་ཕྱག་བགྱིའོ།

LU	DANG	NGAG	YID	DANG W E	CHAG GYI O
cuerpo	y	palabra	mente	fe, con sinceridad	saludo, obediencia

saludo sinceramente con el cuerpo, la palabra y la mente.

Saludo al Noble Manyushri perennemente joven. A tantos como hay en las diez direcciones del mundo, leones entre los seres humanos, los Budas de los tres tiempos, a todos ellos sin excepción, saludo sinceramente con el cuerpo, la palabra y la mente.

བཟང་པོ་སྤྱོད་པའི་སྨོན་ལམ་སྟོབས་དག་གིས།

ZANG PO	CHO PE	MON LAM	TOB DAG	GI
el bodisatva	*conducta,*	*oración de*	*fuerza*	*por*
Samantabadra *		*aspiración*		

*El bodisatva Samantabadra completó las dos acumulaciones necesarias de mérito y sabiduría y alcanzó la budeidad meditando en que tenía un número infinito de cuerpos, destruyendo así el egoísmo centrado en el cuerpo y ganando así sabiduría. Con estos cuerpos hizo un flujo interminable de ofrendas a todos los Budas, destruyendo así el egoísmo y ganando mérito. Orando según el mismo sistema obtenemos su bendición y ayuda.

Por el poder de la aspiración siguiendo la práctica de Samantabadra,

རྒྱལ་བ་ཐམས་ཅད་ཡིད་ཀྱི་མངོན་སུམ་དུ།

GYAL WA	THAM CHE	YID	KYI	NGON SUM	DU
yinas,victoriosos	*todos*	*mente*	*de*	*claridad*	*con*
Budas				*(imaginados vívidamente)*	

con todos los budas vívidamente en mente,

ཞིང་གི་རྡུལ་སྙེད་ལུས་རབ་བཏུད་པ་ཡིས།

ZHING	GI	DUL	ÑED	LU	RAB TUD PA	YI
reino, mundo,	*de*	*mota*	*tantas como*	*cuerpo*	*manifesto cuerpos*	*por*
universo		*de polvo*	*haya*		*que rinden homenaje*	

multiplicando mi cuerpo tantas veces como motas de polvo hay en el universo,

རྒྱལ་བ་ཀུན་ལ་རབ་ཏུ་ཕྱག་འཚལ་ལོ།

GYAL WA	KUN	LA	RAB TU	CHAG TSHAL LO
yinas, victoriosos	*todos*	*a*	*completamente, profundamente*	*saludo*

sinceramente saludo a todos los budas.

Por el poder de la aspiración siguiendo la práctica de Samantabadra, con todos los budas vívidamente en mente, multiplicando mi cuerpo tantas veces como motas de polvo hay en el universo, sinceramente saludo a todos los budas.

རྡུལ་གཅིག་སྟེང་ན་རྡུལ་སྙེད་སངས་རྒྱས་རྣམས།

DUL	CHIG	TENG NA	DUL	ÑED	SANG GYE	NAM
mota	*una,*	*encima de*	*polvo*	*tantas como*	*buda*	*(plural)*
de polvo	*cada*			*haya*		

En cada mota de polvo del universo hay tantos budas como motas del polvo en el universo,

སངས་རྒྱས་སྲས་ཀྱི་དབུས་ན་བཞུགས་པ་དག

SANG GYE SAE   KYI U NA   ZHUG PA   DAG
hijo de buda,   en medio   quedarse,   ellos
bodisatvas   de   sentarse

cada uno de ellos rodeado de un sinfín de bodisatvas.

དེ་ཏར་ཆོས་ཀྱི་དབྱིངས་རྣམས་མ་ལུས་པ

DE TAR   CHO KYI YING   NAM   MA LU PA
de esta forma   darmadatu   (plural)   sin excepción
                   (por todas partes)

De esta forma, creo que cualquier espacio posible de apariencia

ཐམས་ཅད་རྒྱལ་བ་དག་གིས་གང་བར་མོས

THAM CHE   GYAL WA   DAG   GI   GANG WAR   MOE
todos   yinas, budas   (plural)   por   lleno   //como   creer

está lleno de todos los budas.

En cada mota de polvo del universo hay tantos budas como motas del polvo en el universo, cada uno de ellos rodeado de un sinfín de bodisatvas. De esta forma, creo que cualquier espacio posible de apariencia está lleno de todos los budas.

དེ་དག་བསྔགས་པ་མི་ཟད་རྒྱ་མཚོ་རྣམས

DE DAG   NGAG PA   MI ZAD   GYAM TSHO NAM
Ellos   alabanza   inagotable   océanos

Con inagotables océanos de albanzas,

དབྱངས་ཀྱི་ཡན་ལག་རྒྱ་མཚོ་སྒྲ་ཀུན་གྱིས

YANG   KYI   YAN LAG   GYAM TSO   DRA   KUN   GYI
melodias   de   ramas,   océano   sonidos   todos   por

empleando todos los sonidos de un océano de diferentes melodías,

རྒྱལ་བ་ཀུན་གྱི་ཡོན་ཏན་རབ་བརྗོད་ཅིང

GYAL WA   KUN   GYI   YON TEN   RAB   YOD CHING
yina, Buda   todos   de   buenas cualiddes completamente   expresar, decir

proclamando todas las cualidades excelentes de todos los Budas,

བདེ་བར་གཤེགས་པ་ཐམས་ཅད་བདག་གིས་བསྟོད

DE WAR SHEG PA   THAM CHE   DAG   GI   TOD
sugatas, budas idos felizmente   todos   yo   por   alabado

Alabo a todos los Budas, los que han ido a la dicha perfecta.

Con inagotables océanos de albanzas, empleando todos los sonidos de un océano de diferentes melodías, proclamando todas las cualidades excelentes de todos los Budas, alabo a todos los Budas, los que han ido a la dicha perfecta.

ཨེ་ཏོག་དམ་པ་ཕྲེང་བ་དམ་པ་དང་།

ME TOG	DAM PA	TRENG WA	DAM PA	DANG
flores	*excelentes*	*girnaldas, collares, etc.*	*los mejores*	*y*

Flores espléndidas y excelentes girnaldas,

སིལ་སྙན་རྣམས་དང་བྱུག་པ་གདུགས་མཆོག་དང་།

SIL ÑEN NAM	DANG	YUG PA	DUG	CHOG	DANG
música	*y*	*perfumes*	*parasoles*	*muy finos*	*y*

música, perfumes, y parasoles de mayor calidad,

མར་མེ་མཆོག་དང་བདུག་སྤོས་དམ་པ་ཡིས།

MAR ME		CHOG	DANG	DUG POE	DAM PA	YI
*lámparas de mantequilla**		*mejor*	*y*	*incienso*	*excelente*	*por*

*símbolo del Darma que disipa la oscuridad de la ignorancia

lámparas sublimes y el mejor incienso, todo esto

རྒྱལ་བ་དེ་དག་ལ་ནི་མཆོད་པར་བགྱི།

GYAL WA	DE DAG	LA NI	CHOD PAR GYI
yina, buda	*estos*	*a*	*ofrecer, hacer ofrendas*

lo ofrezco a estos Budas.

Flores espléndidas y excelentes girnaldas; música, perfumes, y parasoles de la mayor calidad; lámparas sublimes y el mejor incienso, todo esto lo ofrezco a estos budas.

ན་བཟའ་དམ་པ་རྣམས་དང་དྲི་མཆོག་དང་།

NAB ZA	DAM PA	NAM	DANG	DRI	CHOG	DANG
vestimentas, adornos	*excelente*	*(plural)*	*y*	*aroma*	*excelente, exquisito*	*y*

Vestimentas excelentes y aromas exquisitos, y

ཕྱེ་མ་ཕུར་མ་རི་རབ་མཉམ་པ་དང་།

CHE MA	PHUR MA	RI RAB	ÑAM PA	DANG
prendas	*plisadas, dispuestas*	*Monte Meru**	*igual*	*y*

*la montaña enorme en el centro del mundo

montañas de prendas deliciosas tan altas como el monte Meru

བཀོད་པ་ཁྱད་པར་འཕགས་པའི་མཆོག་ཀུན་གྱིས།

KON PA	KHYE PAR	PHAG PE	CHOG	KUN	GYI
disponer, arreglar	*especial*	*noble, distinguido*	*excelente*	*todo*	*por*

con todo lo que es excelente y exquisito perfectamente dispuesto

 རྒྱལ་བ་དེ་དག་ལ་ནི་མཆོད་པར་བགྱི།

GYAL WA   **DE DAG**   **LA NI**   **CHOD PAR GYI**
yina, buda   *estos*   *a*   *ofrecer, hacer ofrendas*

lo ofrezco a estos budas.

Vestimentas excelentes y aromas exquisitos, y montañas de prendas deliciosas tan altas como el monte Meru con todo lo que es excelente y exquisito perfectamente dispuesto, lo ofrezco a estos budas.

OFRENDA DEL MANDALA

ༀ་བཛྲ་བྷཱུ་མི་ཨཱཿ ཧཱུྃ༔

OM   **BENZA**   **BHUMI**   **A HUNG**
cinco   *vajra,*   *base,*   *sunyata,*
sabidurías   *indestructible*   *fundamena*   *vacuidad*

Cinco sabidurías. La base indestructible es inasible.

གཞི་ཡོངས་སུ་དག་པ་དབང་ཆེན་གསེར་གྱི་ས་གཞི།

ZHI   **YONG SU**   **DAG PA**   **WANG CHEN**   **SER**   **GYI**   **SA ZHI**
fundamento,   *completamente*   *puro*   *muy fuerte*   *dorado*   *base,*
base   *vasta*   *impenetrable*   *fundamento*

(Esta vasta superficie plana se encuentra debajo de todos los océanos y masas de tierra del mundo. Sobrevive a la destrucción del mundo al final del eón. Intenta imaginarla claramente con todos los elementos siguientes.)

La base dorada de la tierra es impenetrable y completamente pura.

ༀ་བཛྲ་རེ་ཁེ་ཨཱཿ ཧཱུྃ།

OM   **BENZA**   **RE KHE**   **A HUNG**
cinco   *vajra,*   *muros externos,*   *su naturaleza está vacía*
sabidurías   *indestructible*   *que mantienen todo dentro*   *de existencia inherente*

Cinco sabidurías. La muralla externa indestructible está inherentemente vacía.

ཕྱི་ལྕགས་རི་འཁོར་ཡུག་གི་ར་བས་

CHI   **CHAG RI**   **KHOR YUG**   **GI**   **RI WE**
externa   *montaña de hierro*   *circunferencia,*   *de*   *muro*
     marcador de periferia

La periferia exterior está completamente rodeada

ཡོངས་སུ་བསྐོར་བའི་དབུས་སུ།

YONG SU   **KOR WE**   **WU SU**
completamente   *rodeada*   *en el centro de*

(hay un doble anillo de montañas de hierro que mantiene todo dentro)

por un muro de montañas de hierro y en el centro

ཧཱུྃ་རི་ཡི་རྒྱལ་པོ་རི་རབ།

HUNG   **RI YI**   **GYAL PO**   **RI RAB**
cinco sabidurías   *montañas*   *rey*   *monte Meru*
(el bija de monte Meru)

La sílaba Hung manifiesta el monte Meru, el rey de las montañas.

ཤར་ལུས་འཕགས་པོ།

SHA   **LU PHAG PO**
este   *Purvavideha (gran*
         cuerpo saludable)

Al este está Purvavideha.

ལྷོ་འཛམ་བུ་གླིང་།

LHO   **DZAM BU LING**
sur   *Jambudvipa («la isla del*
        árbol Jambu»)

Al sur, Jambudvipa,

ནུབ་བ་གླང་སྤྱོད།

NUB   **BA LANG CHOD**
oeste   *Godaniya («de*
        ganado abundante»)

Al oeste, Godaniya.
[Estos son los cuatro continentes]

བྱང་སྒྲ་མི་སྙན།

CHANG   **DRA MI ÑEM**
norte   *Uttarakuru («sonido desagradable»*
       la gente aquí tiene una voz fea)

Al norte, Uttarakuru.

ལུས་དང་ལུས་འཕགས།

LU   **DANG**   **LU PHAG**
Deha   *y*   *Viideha*
(a ambos lados de Lhuphagpo al este)

ahora viene Lhu y Lhupag,

རྔ་ཡབ་དང་རྔ་ཡབ་གཞན།

NGA YAB   **DANG**   **NGA YAB ZHAN**
Chamara   *y*   *Aparachamara*
(a ambos lados de Dzambuling al sur)

Ngayab y Ngayabzhan.

གཡོ་ལྡན་དང་ལམ་མཆོག་འགྲོ།

YO DEN   **DANG**   **LAM CHOG DRO**
Shatha   *y*   *Uttaramantrina*
(a ambos lados de Balangchod al oeste)

Yoden y Lamchogdro, y

སྒྲ་མི་སྙན་དང་སྒྲ་མི་སྙན་གྱི་ཟླ།

DRA MI ÑEN   **DANG**   **DRA NI ÑEN GYI DA**
Kurava   *y*   *Kaurava*
(a ambos lados de Dramiñen al norte)

Dramiñen y Dramiñengyida.
[estos son los ocho subcontinentes.]

རིན་པོ་ཆེའི་རི་བོ།

RIN PO CHE   **RI WO**
precioso   *montaña*
(hecha de joyas)

Aquí está la montaña preciosa,

དཔག་བསམ་གྱི་ཤིང་།

PAG SAM   **GYI**   **SHING**
muchos deseos   *de*   *árbol*
        (que cumple todos los deseos)

el árbol que cumple todos los deseos,

འདོད་འཇོའི་བ།

DOD	YO	BA
deseos,	siempre	vaca
gustos	da leche	

La vaca que da leche en todo momento,

མ་རྨོས་པའི་ལོ་ཏོག

MA	MO PE		LO TOG
no	cultivar		cosecha
	(no necesita esfuerzo)		

la cosecha espontáneamente abundante

འཁོར་ལོ་རིན་པོ་ཆེ།   ནོར་བུ་རིན་པོ་ཆེ།   བཙུན་མོ་རིན་པོ་ཆེ།

KHOR LO	RIN PO CHE	NOR BU	RIN PO CHE	TSUN MO	RIN PO CHE
rueda	preciosa	joya	preciosa	reina	preciosa

Aquí esta la rueda preciosa, la gema preciosa, la reina preciosa,

བློན་པོ་རིན་པོ་ཆེ།   གླང་པོ་རིན་པོ་ཆེ།   རྟ་མཆོག་རིན་པོ་ཆེ།

LON PO	RIN PO CHE	LANG PO	RIN PO CHE	TAM CHOG	RIN PO CHE
ministro	precioso	elefante	precioso	caballo	precioso

El ministro precioso, el elefante precioso, el caballo precioso,

དམག་དཔོན་རིན་པོ་ཆེ།   གཏེར་ཆེན་པོ་ཡི་བུམ་པ།

MAG PON	RIN PO CHE	TER	CHEN PO	YI BUM PA
general,	precioso	tesoros	grandes	de vasija, jarrón
mariscal de campo				

[los siete símbolos del monarca universal]

El general precioso, y el vaso de los grandes tesoros.

སྒེག་མོ་མ།   ཕྲེང་བ་མ།   གླུ་མ།   གར་མ།   མེ་ཏོག་མ།

GEG MO MA	TRENG WA MA	LU MA	GAR MA	ME TOG MA
belleza señora	guirnalda señora	canción señora	danza señora	flores señora
(Lasya)	(Mala)	(Gita)	(Nrita)	(Puspa)

Aquí está la señora del encanto, la señora de las guirnaldas, la señora de las canciones, la señora de la danza, la señora de las flores,

བདུག་སྤོས་མ།   སྣང་གསལ་མ།   དྲི་ཆབ་མ།

DUG PO MA	NANG SAL	MA	DRI CHAB	MA
incienso señora	lámparas, iluminación señora		agua perfumada, perfume señora	
(Dhupa)	(Dipa)		(Gyha)	

[las ocho señoras de las ofrendas que satisfacen los sentidos]

La señora del incienso, la señora de las lámparas, y la señora de los perfumes.

ཉི་མ།   ཟླ་བ།   རིན་པོ་ཆེའི་གདུགས།

ÑI MA	DA WA	RIN PO CHEI	DUG
sol	luna	precioso, enjoyado	parasol

Aquí están el sol y la luna, el parasol enjoyado,

ཕྱོགས་ལས་རྣམ་པར་རྒྱལ་བའི་རྒྱལ་མཚན།

CHOG   LE   NAM PAR   GYAL WAI   GYAL TSHAN
direcciones en, desde completamente victorioso, triunfante bandera de la victoria

La bandera de la victoria que triunfa completamente en todas las direcciones.

Las cinco sabidurías. La base indestructible es inasible. La base dorada de la tierra es impenetrable y completamente pura.

Las cinco sabidurías. La muralla externa indestructible está inherentemente vacía. La periferia exterior está rodeada por completo por un muro de montañas de hierro y en el centro la sílaba Hung manifiesta el monte Meru, el rey de las montañas.

Al este está Luphagpo. Al sur, Dzambuling. Al oeste, Blangchod. Al norte, Dramiñan. [Ahora viene] Lu y Lupag, Ngayab y Ngayabzan, Yoden y Lamchogdro, Dramiñen y Dramiñenyida.

Aquí están la montaña preciosa que es como una joya, el árbol que cumple todos los deseos, la vaca que da leche en todo momento, la cosecha espontáneamente abundante.

Aquí están la rueda preciosa, la gema preciosa, la reina preciosa, el ministro precioso, el elefante precioso, el caballo precioso, el general precioso, y el vaso de los grandes tesoros.

Aquí están la señora del encanto, la señora de las guirnaldas, la señora de las canciones, la señora de la danza, la señora de las flores, la señora del incienso, la señora de las lámparas, y la señora de los perfumes.

Aquí están el sol y la luna, el parasol enjoyado y la bandera de la victoria que triunfa completamente en todas las direcciones

དབུས་སུ་ལྷ་དང་མིའི་དཔལ་འབྱོར་ཕུན་སུམ་ཚོགས་པ་

WU   SU   LHA   DANG   MII   PAL YOR   PHUN SUM TSHOG PA
medio, en de los y de los riqueza cosas buenas, todo lo que
en medio   dioses   hombres   trae alegría

En medio de esto está toda la riqueza y los placeres de los dioses y humanos

གང་ཡང་མ་ཚང་བ་མེད་པ་ཚང་ཞིང་ཡིད་དུ་འོང་བ་

GANG YANG   MA   TSHANG WA   ME PA   TSHANG ZHING   YID DU ONG WA
cualquier, no lleno sin, completamente fascinante,
algo   no   atractivo

Sin ocultar nada en absoluto, todas las cosas más fascinantes

 དང་བཅས་པ་དངོས་སུ་འབྱོར་བ་དང་།

DANG CHE PA   NGO SU   YOR WA   DANG
y demás   real   reunidas   y

tanto mis posesiones reales como

ཡིད་ཀྱིས་རྣམ་པར་སྤྲུལ་པ་ལས་ཀུན་ཏུ་བཟང་པོའི་

YID   KYI   NAM PAR   TRUL PA   LE   KUN TU ZANG POI
mente por   completamente emanado   desde   Bodisatva Samantabadra
(de acuerdo con su sistema de ofrenda como en la aspiración en la que esta ofrenda de mandala está incrustada)

todo lo que imagino y creo en mi mente a la manera de Kuntuzangpo,

མཆོད་སྤྲིན་ལྟ་བུར་མཛེས་པར་ཁྱབ་ཅིང་

CHOD TRIN   TA BUR   DZE PAR   KHYAB CHING
ofrecimiena nube (i.e. vasto) similar, como bellas   expansiva, vasta

como nubes de ofrendas bellas y vastas,

བཀྲམ་པའི་ཞིང་ཁམས་རབ་འབྱམས་ཡོངས་སུ་བཀོད་པ་འདི་ཉིད།

TRAM PE   ZHING KHAM   RAB YAM   YONG SU   KOD PA   DI ÑID
dispuestas   reinos   vasta   completa   disponer esto
(Comprende todo en el universo entero.)   construir

Perfectamente diseñado como un reino celestial infinitamente vasto y bien proporcionado.

En medio de esto está toda la riqueza y los placeres de los dioses y humanos sin ocultar nada en absoluto, todas las cosas más fascinantes, tanto mis posesiones reales como todo lo que imagino y creo en mi mente a la manera de Kuntuzangpo, como nubes de ofrendas bellas y vastas, perfectamente diseñado como un reino celestial infinitamente vasto y bien proporcionado.

ས་གཞི་སྤོས་ཆུས་བྱུགས་ཤིང་མེ་ཏོག་བཀྲམ།

SA ZHI   POE CHU   YUG SHING   ME TOG   TRAM
el fundamento agua perfumada   ungir   flores   esparcir, adornar
de la tierra

Ungiendo los cimientos del mundo con agua perfumada, con flores esparcidas y

རི་རབ་གླིང་བཞི་ཉི་ཟླས་བརྒྱན་པ་འདི།

RI RAB   LING ZHI   ÑI   DA   GYEN PA   DI
Monte Meru   los 4 continentes   sol luna   adorno, ornamena   esto

adornado con el Monte Meru, los cuatro continentes y el sol y la luna.

སངས་རྒྱས་ཞིང་དུ་དམིགས་ཏེ་ཕུལ་བ་ཡིས།

SANG GYE	ZHING	DU	MIG	TE		PHUL WA	YI
budas	*reino*	*para*	*imaginar*	*entonces, así*		*ofrecerlo ahí*	*por esto*

Imaginando el reino de Buda lo ofrecemos allí.

འགྲོ་ཀུན་རྣམ་དག་ཞིང་ལ་སྤྱོད་པར་ཤོག

DRO	KUN	NAM DAG		ZHING	LA	CHOD PAR	SHOG
seres	*todos*	*completamente puro*		*reino*	*a*	*usar, tener*	*deben*
		(iluminación, darmakaya)					

Mediante esto todos los seres deben alcanzar el reino completamente puro.

Ungiendo los cimientos del mundo con agua perfumada, con flores esparcidas y adornado con el monte Meru, los cuatro continentes y el sol y la luna, lo ofrecemos imaginando el reino de Buda. De este modo todos los seres deben alcanzar el reino completamente puro.

མཉེས་ཕྱིར་མཎྜལ་བཟང་པོ་འདི་ཕུལ་བས།

ÑE	CHIR	MAN DAL	ZANG PO	DI	PHUL WE
alegrar	*para*	*mandala*	*bueno*	*esa*	*por ofrecer*
	el beneficio de				

Al ofrecer este mandala que produce gozo,

བྱང་ཆུབ་ལམ་ལ་བར་ཆད་མི་འབྱུང་ཞིང་།

CHANG CHUB	LAM	LA	BAR CHAD	MI YUNG	ZHING
iluminación	*camino*	*en*	*obstáculos*	*no*	*surgir*

sin que surjan obstáculos en el camino hacia la iluminación,

དུས་གསུམ་རྒྱལ་བའི་དགོངས་རྟོགས་པ་དང་།

DU	SUM	GYAL WE		GONG	TOG PA	DANG
tiempos	*tres*	*de los yinas, budas*		*inclusividad*	*despierta a*	*y*

que despertemos a la inclusión de los budas de los tres tiempos y,

སྲིད་པར་མི་འཁྲུལ་ཞི་བར་མི་གནས་པར།

SI PAR	MI	THRUL	ZHI BAR	MI	NE PAR
en samsara	*no*	*confundido*	*paz, nirvana*	*no*	*establecerse*
			de los arhats		

sin confundirnos en el devenir del samsara y sin establecernos en la tranquilidad limitante del nirvana,

ནམ་མཁའ་དང་མཉམ་པའི་འགྲོ་རྣམས་སྒྲོལ་བར་ཤོག

NAM KHA	DANG	ÑAM PE	DRO NAM	DROL WAR	SHOG
cielo	*y*	*igual*	*seres sensibles*	*liberar*	*deber*

¡Que todos los seres cuyo número es igual al cielo seamos liberados!

Al ofrecer este excelente mandala que produce gozo, sin que surjan obstáculos en el camino hacia la iluminación, que despertemos a la inclusividad de los budas de los tres tiempos y, sin confundirnos en el devenir del samsara y sin establecernos en la tranquilidad limitante del nirvana, ¡que todos los seres cuyo número es igual al cielo seamos liberados!

སྐུ་གསུམ་ཡོངས་རྫོགས་བླ་མའི་ཚོགས་རྣམས་ལ།

KU	SUM	YONG DZOG	LA ME	TSHOG NAM	LA
cuerpo	*tres**	*completamente*	*de los gurus*	*multitud*	*para*

* darmakaya, sambogakaya, nirmanakaya

A la multitud de gurús que son completamente perfectos con los tres aspectos de buda,

ཕྱི་ནང་གསང་གསུམ་དེ་བཞིན་ཉིད་ཀྱིས་མཆོད།

CHI	NANG	SANG	SUM	DE ZHIN ÑID	KYI	CHOD
externo	*interno*	*secreto*	*tres*	*talidad, como es*	*por*	*ofrenda*

hacemos las ofrendas externas (universo), internas (posesiones y familiares) y secretas (propio cuerpo) dentro de la talidad.

བདག་ལུས་ལོངས་སྤྱོད་སྣང་སྲིད་ཡོངས་བཞེས་ནས།

DAG LU	LONG CHOD	NANG SI	YONG	ZHE	NE
Yo cuerpo	*riqueza*	*todo lo que aparece*	*completamente*	*aceptar*	*luego*

Por favor acepta plenamente, mi cuerpo, mi riqueza y todo lo imaginable y luego

བླ་མེད་མཆོག་གི་དངོས་གྲུབ་སྩལ་དུ་གསོལ།། ||

LA ME	CHO	GI	NGO DRUB	TSAL DU	SOL
insuperable	*suprema*	*de*	*siddhi, logro*	*otorgar*	*por favor*

otórgame el más excelente e insuperable logro de la iluminación.

A la multitud de gurús que son completamente perfectos con los tres aspectos de buda, hacemos las ofrendas externas (universo), internas (posesiones y parientes) y secretas (propio cuerpo) dentro de la talidad. Por favor, acepta plenamente mi cuerpo, mi riqueza y todo lo imaginable, y luego otórgame el más excelente e insuperable logro de la iluminación.

མཆོད་པ་གང་རྣམས་བླ་མེད་རྒྱ་ཆེ་བ།

CHOD PA	GANG NAM	LA ME	GYA CHE WA
ofrendas	*todo lo que ha sido ofrecido*	*insuperable (en calidad)*	*muy vasto (en cantidad)*

Con todos estos ofrecimientos, insuperables en calidad y vastos en número,

དེ་དག་རྒྱལ་བ་ཐམས་ཅད་ལ་ཡང་མོས།

DE DAG   GYAL WA   THAM CHE   LA   YANG   MOE
estos   yinas, budas   todos   para también felices
(los Victoriosos está complacidos con estas ofrendas)

Todos esos Budas están complacidos.

བཟང་པོ་སྤྱོད་ལ་དད་པའི་སྟོབས་དག་གིས།

ZANG PO CHO   LA   DAE PE   TOB DAG   GI
de Samantabadra   a/para de la fe   fuerza   por
método de práctica

Por el poder de la fe en el método de las ofrendas de Samantabhadra,

རྒྱལ་བ་ཀུན་ལ་ཕྱག་འཚལ་མཆོད་པར་བགྱི།

GYAL WA   KUN   LA   CHAG TSHAL   CHOD PAR   GYI
yinas   todos   a   saludos   ofrecer   hago

hago saludos y ofrendas a todos los budas.

Con todos estos ofrecimientos, insuperables en calidad y vastos en número, todos esos budas están complacidos. Por el poder de la fe en el método de las ofrendas de Samantabadra, hago saludos y ofrendas a todos los Budas.

འདོད་ཆགས་ཞེ་སྡང་གཏི་མུག་དབང་གིས་ནི།

DOD CHAG   ZHE DANG   TI MUG   WANG   GI NI
deseo   ira   estupidez*   poder   por

*Esta estupidez es oscuridad que surge de la ignorancia de la auténtica verdad y afecta a todos los seres en samsara, no importa lo inteligente que puedan parecer.

Debido al poder del deseo, la ira y la estupidez,

ལུས་དང་ངག་དང་དེ་བཞིན་ཡིད་ཀྱིས་ཀྱང་།

LU   DANG   NGAG   DANG   DE ZHIN   YID   KYI   KYANG
cuerpo y   palabra   y   asimismo   mente   por   también
similarmente

Por el cuerpo y la palabra, y también por la mente.

སྡིག་པ་བདག་གིས་བགྱིས་པ་ཅི་མཆིས་པ།

DIG PA   DAG   GI   GYI PA   CHI CHI PA
falta,error   yo   por   hecho   todo lo que hice

He cometido faltas. Cualquier falta que haya cometido,

དེ་དག་ཐམས་ཅད་བདག་གིས་སོ་སོར་བཤགས།

DE DAG   THAM CHE   DAG   GI   SO SOR   SHAG
estas   todas   yo   por   cada una   confieso y pido perdón

todas y cada una de ellas las confieso ahora y pido disculpas.

Cualesquiera que sean las faltas de cuerpo, palabra y mente que haya cometido debido al poder del deseo, la ira y la estupidez, todas y cada una de ellas las confieso ahora y pido disculpas.

ཕྱོགས་བཅུའི་རྒྱལ་བ་ཀུན་དང་སངས་རྒྱས་སྲས།

CHOG CHUI   GYAL WA   KUN   DANG SANG GYE SE
diez direcciones   yinas, victoriosos   todos   y   hijos de los budas, bodisatvas
(todas partes)

Todos los budas y bodisatvas de las diez direcciones,

རང་རྒྱལ་རྣམས་དང་སློབ་དང་མི་སློབ་དང་།

RANG GYAL NAM   DANG   LOB   DANG   MI LOB   DANG
pratekabudas   y   saiksa#   y   asaiksa +   y*

* pratekabudas y «victoriosos por sí mismos», budas que practicaron para liberarse a sí mismos del sufrimiento y que, al obtener dicha meta, disfrutan de ella simplemente sin ayudar a los demás.

\# «estudiantes»: los que practican el Darma hasta el cuarto Camino (Marga) y el noveno Estadio (Bhumi). Dependen de un maestro.

\+ «graduados» o «no estudiantes»: los que han alcanzado el quinto Camino y el décimo Estadio. Progresan fácilmente a partir de ahí sin peligro de confusión o retroceso, por lo que no necesitan un maestro.

los pratekabudas, saiksas, y asaiksas, y

འགྲོ་བ་ཀུན་གྱི་བསོད་ནམས་གང་ལ་ཡང་།

DRO WA   KUN   GYI   SO NAM   GANG LA YANG
seres   todos   de   mérito, virtudes   cualquier cosa que tengan*
*los resultados positivos de las buenas acciones

todos los seres en el samsara, por todo el mérito que hayan acumulado.

དེ་དག་ཀུན་གྱི་རྗེས་སུ་བདག་ཡི་རང་།

DE DAG   KUN   GYI   YE SU   DAG   YI RANG
estos   todos   de   después   yo   sentir, tener
(No estoy celoso de su virtud y felicidad)

Me siento feliz y lleno de alegría.

De todos los méritos que han acumulado todos los budas y bodisatvas de las diez direcciones, los pratekabudas, saiksas y asaiksas, y todos los seres en el samsara, me siento feliz y gozoso.

གང་རྣམས་ཕྱོགས་བཅུའི་འཇིག་རྟེན་སྒྲོན་མ་རྣམས།

GANG NAM   CHOG   CHUI   YIG TEN   DRON MA NAM
tanto como   direcciones   diez   mundo   lámparas
sean   (i.e. todas partes)   (i.e. budas)

Lámparas del mundo, tantas como haya en las diez direcciones, y

བྱང་ཆུབ་རིམ་པར་སངས་རྒྱས་མ་ཆགས་བརྙེས།

CHANG CHUB   **RIM PAR**   **SANG GYE**   **MA CHAG**   **ÑE**
iluminación   *etapas*   *budeidad*   *sin deseo*   *obtener*

aquellos en las etapas que conducen a la iluminación, aquellos que obtienen la budeidad libre de deseo,

མགོན་པོ་དེ་དག་བདག་གིས་ཐམས་ཅད་ལ།

GON PO   **DE DAG**   **GI**   **THAM CHE**   **LA**
protectores,   *estos*   *por*   *todos*   *a/para*
benefactores

os suplico a todos vosotros, protectores,

འཁོར་ལོ་བླ་ན་མེད་པ་བསྐོར་བར་བསྐུལ།

KHOR LO   **LA NA ME PA**   **KOR WAR**   **KUL**
Darmachakra   *insuperable*   *girar*   *pedir, suplicar, animar*
rueda del Darma   *(i.e. enseñar las doctrinas mahayana)*

girar la insuperable Darmachakra.

Lámparas del mundo, por muchas que seáis en las diez direcciones, y por muchas que estéis en las etapas que conducen a la iluminación, y por muchas que ganéis la budeidad libre del deseo, os suplico a todos vosotros, protectores, que hagáis girar la insuperable rueda del Darma.

མྱ་ངན་འདའ་སྟོན་གང་བཞེད་དེ་དག་ལ།

ÑA NGAN DA   **TON**   **GANG**   **ZHE**   **DE DAG**   **LA**
ir más allá del dolor,   *mostrar*   *quienquiera*   *como*   *ellos*   *a*
morir, entrar en el nirvana

Todos vosotros, budas que deseáis mostrar el fin de vuestras formas,

འགྲོ་བ་ཀུན་ལ་ཕན་ཞིང་བདེ་བའི་ཕྱིར།

DRO WA   **KUN**   **LA**   **PHEN ZHING**   **DE WAI**   **CHIR**
seres   *todos*   *a*   *beneficiar*   *felicidad*   *con el fin de*

para beneficiar a todos los seres y hacerlos felices,

བསྐལ་པ་ཞིང་གི་རྡུལ་སྙེད་བཞུགས་པར་ཡང༌།

KAL PA   **ZHING GI**   **DUL**   **ÑED**   **ZHUG PAR**   **YANG**
eones, kalpas   *reinos, mundos*   *polvo*   *tanto como*   *permanecer*   *así*

por favor, quedaos tantos kalpas como motas de polvo hay en el universo.

བདག་གིས་ཐལ་མོ་རབ་སྦྱར་གསོལ་བར་བགྱི།

DAG   **GI**   **THAL MO RAB YAR**   **SOL WAR**   **GYI**
Yo   *por*   *con las manos unidas en plegaria*   *oraciones*   *hago*
(i.e. muy sinceramente)

Con las manos en oración os lo pido.

Para beneficiar a todos los seres y hacernos felices, que todos vosotros, Budas que deseáis mostrar el fin de vuestras formas, permanezcáis durante tantos kalpas como motas de polvo haya en el universo. Con las manos juntas en oración os lo pido.

ཕྱག་འཚལ་བ་དང་མཆོད་ཅིང་བཤགས་པ་དང་།

CHAG TSHAL WA   DANG   CHO CHING   SHAG PA   DANG
saludos   y   ofrendas   confesión   y

Mediante saludos, las ofrendas y la confesión y

རྗེས་སུ་ཡི་རང་བསྐུལ་ཞིང་གསོལ་བ་ཡི།

YE SU YI RANG   KUL ZHING   SOL WA YI
regocijo con el   pedir   rogar, pedir a los Budas permanecer
mérito de los demás enseñanzas de Darma

regocijándose del mérito de los demás, suplicando la enseñanza del Darma y pidiendo a los budas que no mueran,

དགེ་བ་ཆུང་ཟད་བདག་གིས་ཅི་བསགས་པ།

GE WA   CHUNG ZAD   DAG   GI   CHI   SAG PA
virtud   pequeña cantidad   yo   por   cualquiera reunida

cualquier pequeña cantidad de virtud que haya acumulado,

ཐམས་ཅད་བདག་གིས་བྱང་ཆུབ་ཕྱིར་བསྔོའོ།།   ॥

THAM CHE   DAG   GI   CHANG CHUB   CHIR   NGO O
todos   yo   por   iluminación   por el   dedicar
*   (para todos seres) beneficio de*

la dedico entera para la iluminación de todos los seres.

Gracias a rendir homenaje, las ofrendas y la confesión, y regocijándome del mérito de los demás, suplicando la enseñanza del Darma y pidiendo a los budas que no mueran, dedico por completo cualquier pequeña cantidad de virtud que haya acumulado a la iluminación de todos los seres.

འཇམ་དཔལ་དཔའ་བོས་ཇི་ལྟར་མཁྱེན་པ་དང་།

YAM PAL   PA WOE   YI TAR   KHYEN PA   DANG
Manyushri   héroe //por como lo que conoces   y

Por lo que se conoce al héroe Manyushri, y

ཀུན་ཏུ་བཟང་པོ་དེ་ཡང་དེ་བཞིན་ཏེ།

KUN TU ZANG PO   DE YANG   DE ZHIN   TE
Samantabadra   también él como que   así

es conocido Samantabadra,

དེ་དག་ཀུན་གྱི་རྗེས་སུ་བདག་སློབ་ཕྱིར།

DE DAG	KUN	GYI	YE SU	DAG	LOB	CHIR
esa	todos	de	después	yo	estudio y práctica (presente y futuro)	por lo tanto

los seguiré igualmente en el estudio y la práctica y

དགེ་བ་འདི་དག་ཐམས་ཅད་རབ་ཏུ་བསྔོ།། །།

GE WA	DI DAG	THAM CHE	RAB TU	NGO
virtud	esta	todos (dar todo a los demás)	completamente	dedico

dedico la virtud que surge de esto a todos los seres.

Por lo que se conoce al héroe Manyusrhi y a Samantabadra, los seguiré igualmente en el estudio y la práctica y dedicaré la virtud que surge de esto a todos los seres.

སྤྱོད་འཇུག་ལེའུ་གཉིས་པ་ལས།

Honrar el verdadero valor
del
Capítulo 2 de
«Entrar en el Camino de la Iluminación»

de
Santideva

ACUMULACIÓN DE MÉRITO

རིན་ཆེན་སེམས་དེ་གཟུང་བར་བྱ་བའི་ཕྱིར།

RIN CHEN	SEM	DE	ZUNG WAR	YA WAI	CHIR
precioso, joya	*mente**	*esa*	*captar, no dejar que se escape*	*hacer*	*con el fin de*

*bodichita, mente concentrada en la iluminación

Para captar esta preciosa mente,

དེ་བཞིན་གཤེགས་པ་རྣམས་དང་དམ་པའི་ཆོས།

DE ZHIN SHEG PA	NAM	DANG	DAM PE	CHO
buda, tatágata, «ido o llegado a la talidad»	*plural*	*y*	*sagrado, verdadero*	*Darma*

a los tatágatas y al Darma sagrado,

དཀོན་མཆོག་དྲི་མ་མེད་དང་སངས་རྒྱས་སྲས།

KON CHOG	DRI MA ME	DANG	SANG GYE SAE
raro, mejor	*inmaculado*	*y*	*hijos de los budas, bodisatvas*

esa joya inmaculada, y a la descendencia del Buda,

ཡོན་ཏན་རྒྱ་མཚོ་རྣམས་ལ་ལེགས་པར་མཆོད།

YON TEN	GYA TSHO	NAM	LA	LEG PAR	CHOD
bueno	*océano*	*plural*	*a*	*amablemente*	*ofrecer*

esos océanos de buenas cualidades, hago ofrendas amablemente:

Para captar esta preciosa mente, a los tatágatas y al Darma sagrado, esa joya inmaculada, y a la descendencia del Buda, esos océanos de buenas cualidades, hago ofrendas amablemente:

PRESENTACIÓN DE OFRENDAS

ཨེ་ཏོག་འབྲས་བུ་ཇི་སྙེད་ཡོད་པ་དང་།

ME TOG   **DRAE BU**   **YI ÑE YOE PA**   **DANG**
flores   *frutos*   *tantos como tenga*   *y*
                                 y puedan encontrarse en elmundo

Cuantas flores y frutos haya, y

སྨན་གྱི་རྣམ་པ་གང་དག་ཡོད་པ་དང་།

MEN   **GYI**   **NAM PA**   **GANG DAG**   **YOE PA**   **DANG**
medicinas   *de*   *diferentes tipos*   *cualquiera*   *hay, existe*   *y*

toda clase de medicina que haya, y

འཇིག་རྟེན་རིན་ཆེན་ཇི་སྙེད་ཡོད་པ་དང་།

YIG TEN   **RIN CHEN**   **YI NYE YOE PA**   **DANG**
mundo   *joyas*   *tantas como haya*   *y*

cuantas joyas haya en el mundo, y

ཆུ་གཙང་ཡིད་དུ་འོང་བ་ཅི་ཡོད་དང་།

CHU   **TSANG**   **YID DU ONG WA**   **CHI YOD**   **DANG**
agua   *pura*   *bella*   *cualquiera que haya*   *y*

cualquier agua pura y gratificante; y

Cuantas flores y frutos haya, toda clase de medicinas que haya, cuantas joyas haya en el mundo, cualquier agua pura y gratificante, y

རིན་ཆེན་རི་རབ་དང་ནི་དེ་བཞིན་དུ།

RIN CHEN   **RI RAB**   **DANG NI**   **DE ZHIN DU**
enjoyado   *montaña*   *y*   *similar*

montañas enjoyadas e igualmente

ནགས་ཚལ་ས་ཕྱོགས་དབེན་ཞིང་ཉམས་དགའ་དང་།

NAG TSHAL   **SA CHOG**   **WEN**   **ZHING**   **ÑAM GA**   **DANG**
bosque   *lugar*   *tranquilo*   *lugar*   *sentimiena feliz*   *y*

bosques, tranquilos y alegres, y

ལྗོན་ཤིང་མེ་ཏོག་རྒྱན་སྤྲས་སྤུད་པ་དང་།

YON SHING   **ME TOG**   **GYAN TRAE**   **PUD PA**   **DANG**
enredadera   *flores*   *adornadas con*   *decoradas*   *y*

enredaderas adornadas con guirnaldas de flores, y

ཤིང་གང་འབྲས་བཟང་ཡལ་ག་དུད་པ་དང་།

SHING	GANG	DRAE ZANG	YAL GA	DUD PA	DANG
árboles	*muchos tipos*	*frua bueno*	*ramas*	*que dobla*	*y*

árboles cuyas ramas se inclinan con buenos frutos y

Montañas enjoyadas así como bosques tranquilos y alegres, enredaderas adornadas con guirnaldas de flores y árboles cuyas ramas se inclinan con buenos frutos; y

ལྷ་སོགས་འཇིག་རྟེན་ན་ཡང་དྲི་དང་ནི།

LHA SOG	YIG TEN	NA YANG	DRI	DANG	NI
dioses y demás	*mundos*	*también*	*fragancia*	*y*	

fragancias de los reinos celestiales y de otros reinos, e

སྤོས་དང་དཔག་བསམ་ཤིང་དང་རིན་ཆེན་ཤིང་།

PO	DANG	PAG SAM SHING	DANG	RIN CHEN	SHING
incienso	*y*	*árboles que condeden los deseos*	*y*	*joyas*	*árboles*

incienso, árboles que condeden los deseos, y árboles de joyas,

མ་རྨོས་འཁྲུངས་པའི་ལོ་ཏོག་རྣམ་པ་དང་།

MA MO	TRUNG PAI	LO TOG	NAM PA	DANG
sin cultivo	*surgir*	*cosecha*	*clase*	*y*

cosechas que surgen sin haber sido cultivadas y

གཞན་ཡང་མཆོད་པར་འོས་པའི་རྒྱན་རྣམས་ནི།

ZHAN YANG	CHO PA	O PE	GYEN	NAM	NI
otras cosas también	*ofrenda*	*adecuadas*	*ornamento*	*plural*	

todo lo que sea digno de ofrecerse como ornamento y

fragancias de los reinos celestiales y de otros reinos, e incienso, árboles que conceden los deseos y árboles de joyas, cosechas que surgen sin cultivo y todo lo demás digno de ofrecerse como ornamento; y

མཚོ་དང་རྫིང་བུ་པདྨས་བརྒྱན་པ་དག།

TSHO	DANG	DZING BU	PAD MAE	GYEN PA DAG
lagos	*y*	*estanques*	*lotos*	*adornado*

lagos y estanques adornados con lotos, y

ངང་པ་ཤིན་ཏུ་སྐད་སྙན་ཡིད་འོང་ལྡན།

NGANG PA	SHIN TU	KAE ÑEN	YID ONG	DEN
patos	*muy*	*dulce canto*	*atractivo*	*tiene*

el maravillosamente agradable canto de los gansos salvajes y,

ནམ་མཁའ་རབ་འབྱམས་ཁམས་ཀྱིས་མཐས་གཏུགས་པ།

NAM KHA   **RAB YAM**   **KHAM**   **KYI**   **THAE TUG PA**
espacio   *infinito*   *reino*   *de*   *alcanzar el límite, tocar el final de*

llegando al límite mismo del infinitamente vasto reino del cielo,

ཡོངས་སུ་བཟུང་བ་མེད་པ་དེ་དག་ཀུན།

YONG SU   **ZANG WA**   **ME PA**   **DE DAG**   **KUN**
copletamente   *poseer*   *sin*   *estos*   *todos*

todos esos regalos que no pertenecen a nadie.

yagos y estanques adornados con lotos, y el grito maravillosamente agradable de los gansos salvajes, y todos esos regalos que no pertenecen a nadie, que llegan hasta el límite mismo del reino del cielo infinitamente vasto:

SOLICITAR ACEPTACIÓN

བློ་ཡིས་བླངས་ནས་ཐུབ་པ་སྐྱེས་ཀྱི་མཆོག

LO   **YI**   **LANG**   **NAE**   **THUB PA**   **KYE**   **KYI**   **CHO**
imaginar   *por*   *aceptar*   *luego*   *Buda*   *ser*   *de*   *excelente*

Imaginando todo esto, se lo ofrezco a los budas, los seres más excelentes,

སྲས་དང་བཅས་པ་རྣམས་ལ་ལེགས་འབུལ་ན།

SAE   **DANG**   **CHE PA**   **NAM**   **LA**   **LEG**   **BUL**   **NA**
hijos   *y*   *aquellos*   *plural*   *a*   *buena gana*   *ofrecer*

junto con su descendencia, los bodisatvas.

ཡོན་གནས་དམ་པ་ཐུགས་རྗེ་ཆེ་རྣམས་ཀྱིས།

YON   **NAE**   **DAM PA**   **THUG YE**   **CHE**   **NAM**   **KYI**
cualidades   *lugar*   *sagrado*   *compasivos*   *gran*   *plural*   *por*

Que estos compasivos, los excelentes recipientes de buenas cualidades,

བདག་ལ་བརྩེར་དགོངས་བདག་གི་འདི་དག་བཞེས།

DAG   **LA**   **TSER**   **GONG**   **DAG GI**   **DI DAG**   **ZHE**
yo   *a*   *compasión, bondad*   *pensar*   *en mi*   *estos*   *acepta por fvor*

piensen amablemente en mí y acepten mis ofrendas.

Imaginando todo esto, se lo ofrezco a los budas, los seres más excelentes, junto con su descendencia, los bodisatvas. Que estos compasivos, los excelentes recipientes de buenas cualidades, piensen amablemente en mí y acepten mis ofrendas.

བདག་ནི་བསོད་ནམས་མི་ལྡན་བཀའ་ཆེན་ཏེ།

DAG NI	SO NAM	MI DEN	TREN	CHEN	TE
Yo	*mérito*	*sin,*	*pobre*	*muy*	*así*

No tengo mérito y soy bastante pobre, y

མཆོད་པའི་ནོར་གཞན་བདག་ལ་ཅུང་མ་མཆིས།

CHOD PE	NOR	ZHAN	DAG	LA CHANG	MA	CHI
ofrenda	*riqueza*	*otro*	*Yo*	*nada*	*no*	*tener*

no tengo más riqueza que ofrecer.

དེས་ན་གཞན་དོན་དགོངས་པའི་མགོན་གྱིས་འདི།

DE NA	ZHAN	DON	GONG PE	GON	GYI	DI
por lo tanto	*otro*	*beneficio*	*considerar*	*benefactor*	*por*	*estos*

Por tanto, bienhechores, vosotros que pensáis en el bienestar de los demás,

བདག་གི་དོན་སླད་ཉིད་ཀྱི་མཐུས་བཞེས་ཤིག

DAG GI	DON	LAE ÑI KYI	THU	ZHE	SHIG
mi	*beneficio*	*por el bien de*	*poder*	*acepta*	*por favor!*

(Por el poder de tu deseo de ayudarme por favor acepta esta ofrenda que no necesitas.)

por favor aceptad estas ofrendas por mi bien.

No tengo méritos y soy bastante pobre y no tengo ninguna otra riqueza que ofrecer. Por tanto, bienhechores, vosotros que pensáis en el bienestar de los demás, por favor aceptad estas ofrendas por mi bien.

OFRECERSE A UNO MISMO

རྒྱལ་དང་དེ་སྲས་རྣམས་ལ་བདག་གིས་ནི།

GYAL DANG	DE	SAE	NAM	LA	DAG	GI NI
budas, victoriosos	*y*	*sus*	*hijos*	*plural*	*a*	*yo*	*por*

A los victoriosos y su descendencia, les ofrezco

བདག་གི་ལུས་ཀུན་གཏན་དུ་དབུལ་བར་བགྱི།

DAG GI	LU	KUN	TEN DU	BUL WAR GYI
mi	*cuerpo*	*todos**	*completamente, para siempre*	*Yo ofrezco*

* mi cuerpo en esta vida y las futuras

todos mis cuerpos, completamente y para siempre.

སེམས་དཔའ་མཆོག་རྣམས་བདག་ནི་ཡོངས་བཞེས་ཤིག

SEM PA	CHOG	NAM	DAG NI	YONG	ZHE SHIG
seres heroicos	*más excelente*	*plural*	*a mí*	*por completo, completamente*	*acepta por favor*

¡Excelentes seres heroicos, por favor aceptadme plenamente!

གུས་པས་ཁྱེད་ཀྱི་འབངས་སུ་མཆི་བར་བགྱི།

GU PE	KHYE KYI	BANG	SU	CHI WAR GYI
con devoción	*vuestro*	*súbdito, servidor*	*como*	*convertirse*

Seré vuestro devoto servidor

A los victoriosos y a sus descendientes les ofrezco todos mis cuerpos, completamente y para siempre. ¡Excelentes seres heroicos, por favor aceptadme plenamente! Seré vuestro devoto servidor.

BENEFICIOS DE SU CUIDADO

བདག་ནི་ཁྱེད་ཀྱིས་ཡོངས་སུ་བཟུང་བས་ན།

DAG NI	KHYE KYI	YONG SU	ZUNG	WE NA
yo	*vuestro*	*completamente*	*sostener*	*por*

Al estar completamente bajo vuestro cuidado,

སྲིད་ན་མི་འཇིགས་སེམས་ཅན་ཕན་པར་བགྱི།

SI	NA	MI YIG	SEM CHEN	PHEN PAR	GYI
samsara, convertirse	*si*	*sin miedo*	*seres*	*beneficio*	*hacer*

me libero del miedo a la existencia fenoménica y puedo actuar en beneficio de los seres.

སྔོན་གྱི་སྡིག་ལས་ཡང་དག་འདའ་བགྱིད་ཅིང་།

NGON GYI	DIG	LAE	YANG DAG	DA GYI CHING
anterior	*faltas*	*de, desde*	*completamente*	*ir más allá*

Me alejo completamente de mi antiguo comportamiento incorrecto.

སྡིག་པ་གཞན་ཡང་སླན་ཆད་མི་བགྱིད་དོ།

DIG PA	ZHAN YANG	LEN CHE	MI	GYI DO
faltas	*además*	*en el futuro*	*no*	*hacer*

Además, en el futuro no haré nada perjudicial.

Al estar completamente bajo vuestro cuidado, me libero del miedo a la existencia fenoménica y puedo actuar en beneficio de los seres. Me alejo completamente de mi antiguo comportamiento incorrecto. Además, en el futuro no haré nada perjudicial.

BAÑAR SUS CUERPOS

ཁྲུས་ཀྱི་ཁང་པ་ཤིན་ཏུ་དྲི་ཞིམ་པ།

TRU	KYI	KHANG PA		SHIN TU	DRI	ZHIM PA
bañar	*de*	*casa, edificio*		*muy*	*olor*	*agradable*

En baños exquisitamente perfumados

ཤེལ་གྱི་ས་གཞི་གསལ་ཞིང་འཚེར་བ་བསྐྱུར།

SHEL	GYI	SA ZHI	SAL ZHING	TSHER WA TAR
cristal	*de*	*suelo*	*resplandece*	*brillante*

Con suelo de cristal brillante y

རིན་ཆེན་འབར་བའི་ཀ་བ་ཡིད་འོང་ལྡན།

RIN CHEN	BAR WE	KA WA	YID ONG	DEN
joyas	*centelleantes*	*pilares*	*bellos*	*tienen, dotados con*

Encantadores pilares de joyas brillantes y

མུ་ཏིག་འོད་ཆགས་བླ་རེ་བྲེས་པ་དེར།

MU TIG	OE CHAG	LA RE DRAE PA	DER
perlas	*brillantes*	*canopias*	*ahí*

doseles de perlas lustrosas.

En baños exquisitamente perfumados con suelo de cristal resplande-
ciente y encantadoras columnas de joyas relucientes y doseles de perlas
lustrosas,

དེ་བཞིན་གཤེགས་དང་དེ་ཡི་སྲས་རྣམས་ལ།

DE ZHIN SHEG	DANG	DE YI	SAE	NAM	LA
budas, tatágatas	*y*	*sus*	*hijos, bodisatvas*	*plural*	*a*

Tatágatas y vuestra descendencia

རིན་ཆེན་བུམ་པ་མང་པོ་སྤོས་ཀྱི་ཆུ།

RIN CHEN	BUM PA	MANG PO	POE KYI CHU
enjoyado	*vasija*	*muchas*	*agua perfumada*

con muchos jarrones enjoyados de agua perfumada

ཡིད་འོང་ལེགས་པར་བཀང་བ་གླུ་དང་ནི།

YID ONG	LEG PAR	KANG WA	LU	DANG NI
bellas	*espléndido*	*completo, abundante*	*canción*	*y*

que son hermosas y rebosantes

རོལ་མོར་བཅས་པ་དུ་མས་སྐུ་ཁྲུས་གསོལ།

ROL MOR   CHE PA   DU ME   KU   TRU   SOL
música   y demás   muchos   cuerpo lavar   lo haré

bañaré vuestros cuerpos con el acompañamiento de canciones y música.

Tatágatas y vuestra descendencia, con muchos jarrones enjoyados de agua perfumada que son hermosos y rebosantes, bañaré vuestros cuerpos con el acompañamiento de canciones y música.

SECAR Y ADORNAR SUS CUERPOS

དེ་དག་སྐུ་ལ་མཚུངས་པ་མེད་པའི་གོས།

DE DAG   KU   LA   TSHUNG PA MED PE   GO
sus   cuerpos a   sin igual   paño, toallas

Secaré vuestros cuerpos con paños incomparables

གཙང་ལ་དྲི་རབ་བསྒོས་པས་སྐུ་ཕྱིའོ།

TSANG LA DRI   RAB   GO PE   KU   CHI O
puro   y   perfumado excelente vestir   cuerpo seco

que están limpios y perfumados exquisitamente.

དེ་ནས་དེ་ལ་ཁ་དོག་ལེགས་བསྒྱུར་བའི།

DE NAE   DE LA   KHA DOG   LEG GYUR WAI
entonces   a ellos   colores   apropiados

Entonces, os podré presentar de colores adecuados,

ན་བཟའ་ཤིན་ཏུ་དྲི་ཞིམ་དམ་པ་འབུལ།

NAB ZA   SHIN TU   DRI ZHIM   DAM PA   BUL
prendas   muy   dulce aroma   excelente ofrezco

prendas espléndidas y fragantes.

Secaré vuestros cuerpos con paños incomparables, limpios y exquisitamente perfumados. Entonces os podré presentar túnicas magníficas y fragantes de colores adecuados.

ADORNAR A LOS BODISATVAS

གོས་བཟང་སྲབ་ལ་འཇམ་པ་སྣ་ཚོགས་དང་།

GO   ZANG   SAB   LA   YAM PA   NA TSHOG   DANG
prendas bueno   fino   a   suave   diferentes   y

Con vestiduras variadas, tan suaves y finas, y

རྒྱན་མཆོག་བརྒྱ་ཕྲག་དེ་དང་དེ་དག་གིས།

GYEN	CHOG	GYA TRAG	DE	DANG	DE DAG	GI
ornamentos	mejores	cien		que	y	estos	por

con cien excelentes adornos y aún más,

འཕགས་པ་ཀུན་ཏུ་བཟང་དང་འཇམ་དཔྱངས་དང་།

PHAG PA	KUN TU ZANG	DANG	YAM YANG	DANG
arya, puro	Samantabadra	y	Manyugosa	y

adorno a los puros, Samantabadra, Manyugosa,

འཇིག་རྟེན་དབང་ཕྱུག་སོགས་ལའང་བརྒྱན་པར་བགྱི།

YIG TEN WANG CHUG	SOG	LANG	GYEN PAR	GYI
Lokesvara	y demás	también	adorno	hacer

Avalokitésvara, y todos los demás.

Con vestiduras variadas, tan suaves y finas, y con cien adornos excelentes y aún más, adorno a los puros, Samantabadra, Manyugosa, Avalokitésvara y todos los demás.

PERFUMAR SUS CUERPOS

སྟོང་གསུམ་ཀུན་ཏུ་དྲི་དང་ལྡང་བ་ཡི།

TONG SUM	KUN TU	DRI NGED	DANG WA	YI
miles de millones	todos	buen olor, perfume	impregnan	de

Con fragrancias que impregnan los mil millones de mundos

དྲི་མཆོག་རྣམས་ཀྱིས་ཐུབ་དབང་ཀུན་གྱི་སྐུ།

DRI	CHOG	NAM	KYI	THUB WANG	KUN	GYI	KU
perfumes	mejor	todos	por	sabios	todos	de	cuerpos

unjo los cuerpos de todos los budas con el más excelente de los aromas.

གསེར་སྦྱངས་བཙོ་མ་ཇེ་དོར་བྱས་པ་ལྟར།

SER	YANG	TSO MA	YI	DOR	YE PA TAR
oro	limpido	refinado	comparación	pulir	hecho como

De modo que, como se pule el oro puro y refinado,

འོད་ཆགས་འབར་བ་དེ་དག་ཕྱུགས་པར་བགྱི།

OE CHAG	BAR WA	DE DAG	YUG PAR	GYI
brillar	radiante	estos	ungir	hacer

resplandecen con brillo radiante.

Con fragancias que impregnan los mil millones de mundos, unjo los cuerpos de todos los budas con el más excelente de los aromas para que, como cuando se pule el oro puro y refinado, resplandezcan con un brillo radiante.

OFRECER FLORES

ཕུབ་དབང་མཆོད་གནས་མཆོག་ལ་ཡིད་འོང་བའི།

THUB WANG	CHOD	NAE	CHOG	LA	YI ONG WE
muni, Buda	*ofrenda*	*lugar*	*excelente*	*a*	*bello*

Presento a los budas, los más excelentes sitios de ofrenda

མེ་ཏོག་མནྡ་ར་དང་པདྨ་དང་།

ME TOG	MAN DA RA	DANG	PAD MA	DANG
flores	*mandara, lirios*	*y*	*lotos*	*y*

flores hermosas, mandara, lotos,

ཨུཏྤལ་ལ་སོགས་དྲི་ཞིམ་ཐམས་ཅད་དང་།

UT PAL LA	SOG	DRI ZHIM	THAM CHE	DANG
lotos azules	*y demás*	*rara fragancia*	*todos*	*y*

utpala y demás, con fragancias exquisitas y

ཕྲེང་བ་སྤེལ་ལེགས་ཡིད་འོང་རྣམས་ཀྱིས་མཆོད།

TRENG WA	PEL	LEG	YI ONG	NAM	KYI	CHO
guirnalda	*dispuesta*	*bien*	*de forma bella*	*plural*	*con*	*ofrezco*

bien dispuestas en guirnaldas atractivas.

A los Budas, los lugares de ofrenda más excelentes, les presento hermosas flores, mandaras, lotos, utpala y todo lo demás, cada una con una exquisita fragancia y bien dispuestas en guirnaldas atractivas.

OFRECER INCIENSO Y COMIDA

སྤོས་མཆོག་ཡིད་འཕྲོད་དྲི་ངད་ཁྱབ་པ་ཡི།

POE	CHOG	YID TRO	DRI NGAE	KHYAB PA YI
incienso	*excelente*	*agradable*	*perfumes sutiles*	*penetrante*

Excelente incienso con aroma agradable y penetrante.

བདུག་པའི་སྤྲིན་ཚོགས་རྣམས་ཀྱང་དེ་ལ་འབུལ།

DUG PE	TRIN	TSHOG	NAM	KYANG	DE	LA	BUL
humo	*nubes*	*multitud*	*todos*	*también*	*estos*	*a*	*ofrezco*

surgiendo como grandes nubes aromáticas, también lo ofrezco a estos budas.

ཞལ་ཟས་བཟའ་བཏུང་སྣ་ཚོགས་བཅས་པ་ཡི།

ZHAL ZAE	ZA	TUNG	NA TSHOG	CHE PA	YI
comida	*seco*	*líquido*	*diferentes clases*	*con*	*de*

Con una variada gama de comida y bebida.

ལྷ་བཤོས་རྣམས་ཀྱང་དེ་ལ་འབུལ་བར་བགྱི།

LHA	SHO	NAM	KYANG	DE	LA	BUL WAR	GYI
celestial	*comida*	*plural*	*también*	*ellos*	*a*	*ofrezco*	*hacer*

les ofrezco delicias celestiales.

También ofrezco a estos budas un excelente incienso con un aroma agradable y penetrante que surge como grandes nubes aromáticas. Con una variada gama de comidas y bebidas les ofrezco delicias celestiales.

OFRECER LÁMPARAS Y UN AMBIENTE EMBELLECIDO.

གསེར་གྱི་པདྨ་ཚར་དུ་དངར་བ་ཡི།

SER	GYI	PAD MA	TSHAR	DU	NGAR WA	YI
oro	*de*	*lotos*	*filas*	*en*	*dispuestas, puestas en*	*de*

Sobre hileras de lotos dorados

རིན་ཆེན་སྒྲོན་མེ་རྣམས་ཀྱང་དབུལ་བར་བགྱི།

RIN CHEN	DRON ME	NAM	KYANG	BUL WAR	GYI
enjoyadas	*lámparas*	*plural*	*también*	*ofrezco*	*hacer*

ofrezco lámparas enjoyadas.

ས་གཞི་བསྱར་བ་སྤོས་ཀྱིས་བྱུགས་པ་དེར།

SA ZHI	TAR WAR	POE	KYI	YUG PA	DER
terreno	*limpiar*	*perfume*	*con*	*rociar*	*ahí*

Limpio el suelo, lo rocío con agua perfumada y

མེ་ཏོག་ཡིད་འོང་སིལ་མ་དགྲམ་པར་བགྱི།

ME TOG	YID ONG	SIL MA	DRAM WAR	GYI
flores	*agradable*	*muchas piezas pequeñas*	*esparcir*	*hacer*

esparzo encantadores pétalos de flores.

Ofrezco lámparas enjoyadas sobre hileras de lotos dorados. Limpio el suelo, lo rocío con agua perfumada y esparzo encantadores pétalos de flores.

OFRECER PALACIOS

གཞལ་མེད་ཕོ་བྲང་བསྟོད་དབྱངས་ཡིད་འོང་ལྡན།

ZHAL ME PHO DRANG TOE   YANG   YID ONG   DEN
Enormes   palacios   alabanza   melodías   encantadoras   teniendo , imbuidos con

Vastos palacios, llenos de tiernas melodías de alabanza,

མུ་ཏིག་རིན་ཆེན་རྒྱན་འཕྱང་མཛེས་འབར་བ།

MU TIG   RIN CHEN   GYEN   CHANG   DZE   BAR WA
perla   joyas   ornamentos   cordeles   bello   radiante

hecho brillante y hermoso con cadenas de perlas y adornos de joyas,

དཔག་ཡས་ནམ་མཁའི་རྒྱན་གྱུར་དེ་དག་ཀྱང་།

PAG YAE   NAM KAI   GYEN   GYUR   DE DAG   KYANG
innumerables   del cielo   ornamentos   son   estos   también

adornos sin número, suficientes para llenar el cielo, estos también

ཐུགས་རྗེའི་རང་བཞིན་ཅན་ལ་དབུལ་བར་བགྱི།

THUG YEI   RANG ZHIN   CHEN   LA   BUL WA GYI
compasión   naturaleza   teniendo a   ofrezco

ofrezco a aquellos cuya naturaleza es la compasión.

Vastos palacios, llenos de tiernas melodías de alabanza, brillantes y hermosos con collares de perlas y adornos de joyas, adornos sin número, suficientes para llenar el cielo, estos los ofrezco a aquellos cuya naturaleza es la compasión.

OFRECER PARASOLES

རིན་ཆེན་གདུགས་མཛེས་གསེར་གྱི་ཡུ་བ་ཅན།

RIN CHEN   DUG   DZE   SER GYI   YU WA   CHEN
enjoyados   parasoles   bellos   dorados   puños   teniendo

Hermosos parasoles enjoyados con mangos dorados y

ཁོར་ཡུག་རྒྱན་གྱི་རྣམ་པར་ཡིད་འོང་བརྒྱན།

KHOR YUG   GYEN GYI NAM PAR   YID ONG   GYEN
bordes   ornamentads   atractivos   adornado

adornos exquisitos que adornan los bordes,

དབྱིབས་ལེགས་བལྟ་ན་སྡུག་པ་བསྒྲེང་བ་ཡང་།

YIB   LEG   TA   NA   DUG PA   DRENG WA   YANG
desde   agradable   ver   a   satisfactorio   levantado, sostenido   también
                           (se ve atractivo)

sus finas formas tan hermosas cuando se mantienen en alto

རྟག་ཏུ་ཐུབ་དབང་རྣམས་ལ་དབུལ་བར་བགྱི།

TAG TU THUB WANG   NAM LA   BUL WA GYI
siempre   sabio, buda   plural   a   ofrezco

sin cesar las ofrezco a los budas.

A los budas ofrezco incesantemente hermosas sombrillas enjoyadas con mangos dorados y exquisitos adornos que adornan los bordes, cuyas finas formas son tan hermosas cuando se mantienen en alto. Las ofrezco a los budas incesantemente.

OFRECER MÚSICA

དེ་ལས་གཞན་ཡང་མཆོད་པའི་ཚོགས།

DE   LAE   ZHAN   YANG   CHOD PE   TSHOG
esa   que   otro   también   ofrenda   reunida

Además, que surjan masas de ofrendas acompañadas por

རོལ་མོ་དབྱངས་སྙན་ཡིད་འོང་ལྡན།

ROL MO   YANG   ÑEN   YID ONG   DEN
música   melodías   dulce   fascinante   teniendo

la música de melodías dulces y fascinante

སེམས་ཅན་སྡུག་བསྔལ་ཞིམ་བྱེད་པའི།

SEM CHEN   DUG NGEL   SIM YE PE
seres   pena   aliviar
(En India la llegada de las nubes del monzón alivian el sufrimiento de la estación cálida.)

aliviar los sufrimientos de todos los seres sintientes

སྤྲིན་རྣམས་སོ་སོར་གནས་གྱུར་ཅིག།

TRIN   NAM   SO SOR   NAE   GYUR CHIG
nube   plural   cada   permanecer   hacer

como nubes de verano que estén presentes dondequiera que sean necesarias.

Además, que surjan masas de ofrendas como nubes de verano y, acompañadas por la música de melodías dulces y fascinantes, que estén presentes dondequiera que sean necesarias para aliviar los sufrimientos de todos los seres sintientes.

OFRECER LOS SÍMBOLOS SAGRADOS

དམ་ཆོས་དཀོན་མཆོག་ཐམས་ཅད་དང་།

DAM   CHO   KON CHOG   THAM CHE   DANG
sagrado   Darma   joya   todos   y

Sobre la joya del Darma sagrado y

 མཆོད་རྟེན་རྣམས་དང་སྐུ་གཟུགས་ལ།

CHO TEN   NAM   DANG   KU ZUG   LA
estupas   plural   y   estatuas   a

sobre las estupas y estatuas,

རིན་ཆེན་མེ་ཏོག་ལ་སོགས་ཆར།

RIN CHEN   ME TOG   LA SOG   CHAR
joyas   flores   y demás   caer

que las joyas, las flores y demás lluevan

རྒྱུན་མི་ཆད་པར་འབབ་པར་ཤོག།

GYUN MI CHAD PAR   BAB PAR   SHOG
ininterrumpido   flujo   que pueda ser

en un flujo en un flujo ininterrumpido.

Que las joyas, las flores y demás lluevan en un flujo ininterrumpido sobre la joya del Darma sagrado y sobre todas las estupas y estatuas.

OFRECER COMO LO HACEN LOS BODISATVAS

ཇི་ལྟར་འཇམ་དབྱངས་ལ་སོགས་པས།

YI TAR   YAM YANG   LA SOG PAE
Tal como   Manyugosa   y los otros (especialmente Samantabadra, como su
método de multiplicar)

Así como Manyugosa y los otros bodisatvas

རྒྱལ་བ་རྣམས་ལ་མཆོད་མཛད་པ།

GYAL WA   NAM   LA   CHO DZE PA
yinas , Buda   plural   a   hacer ofrendas

hicieron ofrendas a los victoriosos,

དེ་བཞིན་བདག་གིས་དེ་བཞིན་གཤེགས།

DE ZHIN   DAG GI   DE ZHIN SHEG
de manera similar   yo   por   Tatagatas

de manera similar yo hago ofrendas

མགོན་པོ་སྲས་དང་བཅས་རྣམས་མཆོད།

GON PO   SAE   DANG CHE   NAM   CHOD
benefactores   descendencia   y demás   plural   ofrendas

a los tatágatas, a nuestros benefactores, a sus descendientes y a todos los demás.

Así como Manyugosa y los otros bodisatvas hicieron ofrendas a los victoriosos, de manera similar yo hago ofrendas a los tatágatas, a nuestros benefactores, a sus descendientes y a todos los demás.

OFRECER ALABANZAS

ཡོན་ཏན་རྒྱ་མཚོ་རྣམས་ལ་བདག །

YON TEN   **GYAM TSO**   **NAM**   **LA**   **DAG**
buenas cualidades   *océano*   *plural*   *a*   *yo*

A esos océanos de buenas cualidades,

བསྟོད་དབྱངས་ཡན་ལག་རྒྱ་མཚོས་བསྟོད། །

TOD   **YANG**   **YEN LAG**   **GYAM TSOE**   **TOD**
alabanza   *melodías*   *ramas*   *océanos*   *alabanza*

ofrezco alabanzas, ensalzándolos con océanos de melodías diversas.

བསྟོད་དབྱངས་སྙན་སྙིན་དེ་དག་ལ། །

TOD   **YANG**   **NYEN TRIN**   **DE DAG**   **LA**
alabanza   *melodías*   *dulces nubes*   *estos*   *para*

Que nubes de dulces y melodiosas alabanzas

རེས་བ་ཀུན་ཏུ་འབྱུང་གྱུར་ཅིག །

NGE WA   **KUN TU**   **YUNG**   **GYUR CHIG**
ciertamente   *siempre*   *surgir*   *que pueda*

surjan para ellos sin falta.

A esos océanos de buenas cualidades ofrezco alabanzas, ensalzándolos con océanos de diversas melodías. Que sin falta surjan para ellos nubes de dulces y melodiosas alabanzas.

HOMENAJE A LAS TRES JOYAS

དུས་གསུམ་ག་ཤེགས་པའི་སངས་རྒྱས་ཀུན། །

DU SUM   **SHEG PE**   **SANG GYE**   **KUN**
tres tiempos   *venir e ir*   *budas*   *todos*

A todos los budas de los tres tiempos que pasan del samsara,

ཆོས་དང་ཚོགས་ཀྱི་མཆོག་བཅས་ལ། །

CHO   **DANG**   **TSHOG KYI CHOG**   **CHE**   **LA**
Darma   *y*   *mejor asamblea, Sanga*   *con*   *a*

al Darma y a la Sanga, la mejor de las asambleas,

ཞིང་རྡུལ་ཀུན་གྱི་གྲངས་སྙེད་ཀྱི། །

ZHING   **DUL**   **KUN**   **GYI**   **DRANG**   **ÑED**   **KYI**
mundo   *polvo*   *todos*   *de*   *número*   *cantidad*   *de*

con cuerpos tan numerosos como las motas de polvo del universo

ལུས་བཏུད་པས་ནི་བདག་ཕྱག་འཚལ།

LU	TU PAE		NI	DAG	CHAG TSAL
cuerpo	*prostraciones*		*yo*		*hago saludos*

les ofrezco saludos, inclinándome con cada uno.

A todos los budas de los tres tiempos que pasan del samsara y al Darma y a la Sanga, la mejor de las asambleas, con cuerpos tan numerosos como las motas de polvo del universo, les ofrezco saludos, inclinándome con cada uno.

HOMENAJE A LOS SITIOS SAGRADOS Y MAESTROS

བྱང་ཆུབ་སེམས་ཀྱི་གཞི་རྣམས་དང་།

CHANG CHUB SEM	KYI	ZHI	NAM	DANG
bodichita, mente de la iluminación	*de*	*fundamento**	*plural*	*y*

*los lugares, personas, estatuas y demás que nos apoyan para desarrollar la bodichita.

A todo lo que apoya una mente del despertar y

མཆོད་རྟེན་རྣམས་ལ་བདག་ཕྱག་འཚལ།

CHO TEN	NAM	LA	DAG	CHAG TSAL
estupas	*plural*	*a*	*yo*	*rindo homenaje*

a las estupas rindo homenaje.

མཁན་པོ་དེ་བཞིན་སློབ་དཔོན་དང་།

KHEN PO	DE ZHIN	LOB PON	DANG
abades	*así como*	*acharyas, eruditos*	*y*

A los sabios abades y eruditos y

བརྟུལ་ཞུགས་མཆོག་ལ་ཕྱག་འཚལ་ལོ།

TUL ZHUG	CHOG	LA	CHAG TSHAL LO
adeptos	*supremo*	*a*	*rindo homenaje*

a los adeptos supremos rindo homenaje.

A todo lo que apoya una mente del despertar y a las estupas rindo homenaje. A los sabios abades y eruditos y a los adeptos supremos rindo homenaje.

REFUGIARSE EN LAS TRES JOYAS

བྱང་ཆུབ་སྙིང་པོ་མཆིས་ཀྱི་བར།

CHANG CHUB	ÑING POR	CHI	KYI BAR
despertar	*esencia*	*ir*	*hasta*

Hasta que alcance la iluminación

སངས་རྒྱས་རྣམས་ལ་སྐྱབས་སུ་མཆི།

SANG GYE   NAM   LA   KYAB   SU   CHI
buda   plural   a   refugio   para   ir

me refugio en los budas.

ཆོས་དང་བྱང་ཆུབ་སེམས་དཔའ་ཡི།

CHO   DANG   CHANG CHUB SEM PA   YI
Darma   y   bodisatvas   de

De la misma forma en el Darma y

ཚོགས་ལའང་དེ་བཞིན་སྐྱབས་སུ་མཆི།

TSHOG   LANG   DE ZHIN   KYAB   SU   CHI
Sanga   también   similarmente   refugio   para   ir

en la Sanga de los bodisatvas me refugio.

Hasta que alcance la iluminación, busco refugio en los budas. De la misma manera, acudo en busca de refugio al Darma y a la Sanga de los bodisatvas.

REFUGIO EN EL BUDA

གཙོ་བོ་རྒྱལ་བ་འགྲོ་བའི་མགོན།

TSO WO   GYAL WA   DRO WAI   GON
principal   yinas, victoriosos   seres   benefactores

En nuestros líderes, los victoriosos, esos benefactores de los seres

འགྲོ་བ་སྐྱོབ་པའི་དོན་བཙོན་པ།

DRO WA   KYOB PAI   DON   TSON PA
seres   proteger   con el fin de   esforzarse

que se esfuerzan por protegerlos y

སྟོབས་ཆེན་འཇིགས་པ་ཀུན་སེལ་ལ།

TOB CHEN   YIG PA   KUN   SEL   LA
gran poder   miedo   todos   disipar   a

disipan todo miedo con su gran fuerza,

དེ་རིང་ཉིད་ནས་སྐྱབས་སུ་མཆི།

DE RING ÑID NAE   KYAB   SU   CHI
desde hoy   refugio   para   voy

me refugio a partir de este día.

En nuestros líderes, los victoriosos, esos benefactores de los seres que se esfuerzan por protegerlos y disipan todo miedo con su gran fuerza, me refugio a partir de este día.

REFUGIARSE EN EL DARMA Y EN LA SANGA DE LOS BODISATVAS

རེ་ཡིས་ཐུགས་སུ་ཆུད་པའི་ཆོས།

DE   YI   THUG   SU   CHUD PE   CHO
A ellos   por   corazón   en   estampado en   Darma

Todos los budas guardan en sus corazones el Darma,

འཁོར་བའི་འཇིགས་པ་སེལ་བ་དང་།

KHOR WAI   YIG PA   SEL WA   DANG
samsara   miedo   disipar   y

que disipa todo miedo en el samsara

བྱང་ཆུབ་སེམས་དཔའི་ཚོགས་ལ་ཡང་།

CHANG CHUB SEM PE   TSHOG   LA   YANG
bodisatva   asamblea, Sanga   a   también

en la Sanga de los bodisatvas

དེ་བཞིན་ཡང་དག་སྐྱབས་སུ་མཆི།

DE ZHIN   YANG DAG   KYAB   SU   CHI
igualmente   completamente   refugio   por   ir

también me refugio sin reservas.

Todos los budas guardan en sus corazones el Darma que disipa todo miedo en el samsara. En éste y a la Sanga de bodisatvas también me refugio sin reservas.

OFRECER EL PROPIO CUERPO

བདག་ནི་འཇིགས་པས་རྣམ་སྐྲག་ནས།

DAG NI   YIG PAE   NAM TRAG   NAE
Yo   miedo   aterrorizado   luego

Temblando de miedo ante el samsara

ཀུན་ཏུ་བཟང་ལ་བདག་ཉིད་དབུལ།

KUN TU ZANG   LA   DAG ÑI   BUL
Samantabadra   a   yo mismo   ofrezco

me entrego a Samantabadra.

འཇམ་དཔལ་དབྱངས་ལའང་བདག་ཉིད་ཀྱིས།

YAM PAL YANG   LANG   DAG ÑI   KYI
Manjughosa   también   yo mismo   por

A Manyugosa, con todo mi ser

བདག་གི་ལུས་འདི་དབུལ་བར་བགྱི།

DAG GI   LUE   DI   BUL WAR GYI
mi   cuerpo esto doy

le entrego esto, mi cuerpo

Temblando de miedo ante el samsara, me entrego a Samantabadra. A Manyugosa, con todo mi ser le entrego esto, mi cuerpo.

IMPLORAR A AVALOKITESVARA

ཐུགས་རྗེས་སྤྱོད་པ་མ་འཁྲུལ་བ།

THUG YE   CHO PA   MA   TRUL WA
compasión conducta no confundida

Tú, cuya conducta compasiva nunca se confunde,

སྤྱན་རས་གཟིགས་མགོན་དེ་ལ་ཡང་།

CHEN RE ZIG   GON   DE   LA   YANG
Chenrezi   benefactor de él a también

benefactor Avalokitésvara,

ཉམ་ཐག་ང་རོས་འོ་དོད་འབོད།

ÑAM THAG   NGA RO   O DOD BOD
agotado   gritar   lamento

con un grito afligido te pido ayuda:

སྡིག་ལྡན་བདག་ལ་བསྐྱབ་ཏུ་གསོལ།

DIG DEN   DAG   LA   KYAB TU   SOL
pecador   yo   a   proteger   plor favor

¡por favor protege a este pecador!

Tú, cuya conducta compasiva nunca se confunde, benefactor Avaloki-tésvara, con un grito afligido te pido ayuda: ¡por favor protege a este pecador!

PEDIR AYUDA A LOS BODISATVAS

འཕགས་པ་ནམ་མཁའི་སྙིང་པོ་དང་།

PHAG PA   NAM KE ÑING PO   DANG
Arya, Puro Akashagarbha   y

A los aryas Akasagarba,

ས་ཡི་སྙིང་པོ་དག་དང་ནི།

SA YI ÑING PO   **DAG**   **DANG NI**
Ksitigarbha   *y otros*   *y*

Ksitigarba y demás,

ཐུགས་རྗེ་ཆེ་མགོན་ཐམས་ཅད་ལ།

THUG YE   **CHE**   **GON**   **THAM CHE**   **LA**
compasión   *gran*   *benefactores*   *todos*   *a*

y a todos los compasivos benefactores

སྐྱབས་འཚོལ་སྙིང་ནས་ཨོ་དོད་འབོད།

KYAB   **TSHOL**   **ÑING NAE**   **O DOD BOD**
protección   *buscar*   *desde el corazón*   *Yo grito, lamento*

lloro desde mi corazón, buscando vuestra protección

A los aryas Akasagarba, Ksitigarba y demás y a todos los compasivos benefactores, lloro desde mi corazón, buscando vuestra protección.

REFUGIARSE EN VAJRAPANI

གང་ཞིག་མཐོང་ནས་གཤིན་རྗེ་ཡི།

GANG ZHIG   **THONG**   **NAE**   **SHIN YE**   **YI**
quienquiera   *ve*   *entonces*   *señor de la muerte*   *del*

Cuando alguno de los maliciosos,

ཕོ་ཉ་ལ་སོགས་དྲང་བ་རྣམས།

PHO Ñ A   **LA SOG**   **DANG WA**   **NAM**
mensajero   *y demás*   *los maliciosos*   *plural*

los mensajeros y otros servidores del Señor de la muerte, te ven

སྐྲག་ནས་ཕྱོགས་བཞིར་འབྱེར་བྱེད་པ།

TRAG NAE   **CHOG ZHIR**   **YE YE PA**
congelado   *cuatro direcciones*   *dispersar, huir*

se asustan y se dispersan por las cuatro direcciones:

རྡོ་རྗེ་ཅན་ལ་སྐྱབས་སུ་མཆི།

DOR YE CHEN   **LA**   **KYAB**   **SU**   **CHI**
Vajrapani   *a*   *refugio*   *por*   *ir*

Vajrapani, acudo a ti en busca de refugio.

Cuando alguno de los maliciosos, los mensajeros y otros servidores del Señor de la Muerte, te ven, se asustan y se dispersan por las cuatro direcciones: Vajrapani, acudo a ti en busca de refugio.

ARREPENTIRSE Y REFUGIARSE

སྔོན་ཆད་ཁྱོད་ཀྱི་བཀའ་ལས་འདས།

NGON CHAD	KHYOD	KYI	KA	LAE DAE
anteriormente	*tú*	*de*	*ordenes*	*desobedecer, apartarse*

Antes me desvié de tus instrucciones

ད་ནི་འཇིགས་པ་ཆེར་མཐོང་ནས།

DA NI	YIG PA	CHER	THONG	NAE
ahora	*miedo*	*grande*	*ver*	*entonces*

pero ahora lo que veo me produce un gran temor,

ཁྱོད་ལ་སྐྱབས་སུ་མཆི་ལགས་ཀྱིས།

KHYOD	LA	KYAB	SU	CHI	LAG	KYI
tú	*a*	*refugio*	*por ir*		*verdaderamente*	*por*

por eso acudo verdaderamente a ti en busca de refugio.

འཇིགས་པ་མྱུར་དུ་བསལ་དུ་གསོལ།

YIG PA	ÑUR DU	SAL DU	SOL
miedo	*rápidamente*	*eliminar*	*por favor*

Por favor, elimina rápidamente todos mis miedos.

Antes me desvié de tus instrucciones, pero ahora lo que veo me produce un gran temor, por eso acudo verdaderamente a ti en busca de refugio. Por favor, elimina rápidamente todos mis miedos.

CONFESIÓN

འདོད་ཆགས་ཞེ་སྡང་གཏི་མུག་དབང་གིས་ནི།

DOD CHAG	ZHE DANG	TI MUG	WONG	GI NI
deseo	*ira*	*opacidad*	*poder*	*por*

Debido al poder del deseo, la ira y la opacidad,

ལུས་དང་ངག་དང་དེ་བཞིན་ཡིད་ཀྱིས་ཀྱང་།

LU	DANG	NGAG	DANG	DE ZHIN	YID	KYI	KYANG
cuerpo	*y*	*palabra*	*y*	*igualmente*	*mente*	*por*	*también*

de mi cuerpo, palabra y mente,

སྡིག་པ་བདག་གིས་བགྱིས་པ་ཅི་མཆིས་པ།

DIG PA		DAG	GI	GYI PA	CHI CHI PA
pecado, dañino		*yo*	*por*	*hecho*	*cualquiera que hiciera*

he sido dañino. Cualesquiera que sean los errores que he cometido

དེ་དག་ཐམས་ཅད་བདག་གིས་སོ་སོར་བཤགས། ||

DE DAG   THAM CHE   DAG   GI   SO SOR   SHAG
estos   todos   yo   por   cada   confieso y pido perdón
(No quiero sufrir los resultados dolorosos de este mal karma)

ahora los confieso todos y cada uno de ellos y pido que me disculpen.

Debido al poder del deseo, la ira y la opacidad de mi cuerpo, palabra y mente, he sido insalubre. Cualesquiera que sean los errores que he cometido, ahora los confieso todos y cada uno de ellos y pido que me disculpen.

Preparación para Tomar el voto del bodisatva

ༀ་སྭ་སྟི་སི་དྡྷཾ།

OM SVASTI SIDDHAM
Illuminación indestructible.

བདག་སོགས་འགྲོ་བ་མ་གྱུར་ནམ་མཁའི་མཐའ་དང་

DAG SOG	DRO WA	MA	GYUR	NAM KE	THA	DANG
nosotros	*errantes*	*madre*	*sido*	*del cielo*	*límite*	*y*

Yo y todos los seres, tantos como la extensión del cielo,

མཉམ་པའི་སེམས་ཅན་ཐམས་ཅད་དུས་དེང་ནས་བཟུང་སྟེ་ཇི་སྲིད་

ÑAM PE	SEM CHEN	THAM CHE	DU	DENG	NAE ZUNG TE	YI SI
igual	*sensibles seres*	*todos*	*tiempo*	*ahora*	*desde*	*tanto como dure*

que han sido todos mi propia madre en mis innumerables vidas pasadas,

བྱང་ཆུབ་སྙིང་པོ་ལ་མཆིས་ཀྱི་བར་དུ་

CHANG CHUB	ÑING PO	LA	CHI	KYI BAR DU
bodi, despertar	*corazón,*	*a*	*alcanzar*	*hasta*

a partir de este momento y en todas nuestras vidas futuras hasta que se alcance la iluminación

རྗེ་བཙུན་རྩ་བ་དང་བརྒྱུད་པར་བཅས་པའི་དཔལ་ལྡན་

YE TSUN	TSA WA	DANG	GYUD PAR	CHE PE	PAL DEN
reverendo	*raíz*	*y*	*linaje*	*junto*	*glorioso*

nos refugiamos en nuestro reverendo gurú raíz

བླ་མ་དམ་པ་རྣམས་ལ་སྐྱབས་སུ་མཆིའོ།

LA MA	DAM PA	NAM	LA	KYAB	SU	CHI-O
gurus	*sagrado*	*todos*	*a*	*refugio*	*ir*	*para*

en los gloriosos santos gurús del linaje.

ཡི་དམ་དཀྱིལ་འཁོར་གྱི་ལྷ་ཚོགས་རྣམས་ལ་སྐྱབས་སུ་མཆིའོ།

YI DAM	KYIL KHOR	GYI	LHA	TSHOG	NAM	LA	KYAB SU CHI-O
camino deidades	*mandala*	*de*	*dios*	*mulitud*	*todos*	*a*	*ir por refugio*

Nos refugiamos en las multitudes de deidades del camino que hay en los mandalas.

ཇྫོགས་པའི་སངས་རྒྱས་བཅོམ་ལྡན་འདས་རྣམས་ལ་སྐྱབས་སུ་མཆིའོ།

DZOG PE **SANG GYE** **CHOM DEN DAE** **NAM** **LA** **KYAB SU CHI-O**
perfecto *buda* *bagaván* *plural* *a* *ir por refugio*

Nos refugiamos en el perfecto Buda Bagaván.

དམ་པའི་ཆོས་རྣམས་ལ་སྐྱབས་སུ་མཆིའོ།

DAM PE **CHO** **NAM** **LA** **KYAB SU CHI-O**
excelente *Darma* *todos* *a* *ir por refugio*

Nos refugiamos en el Darma más excelente.

འཕགས་པའི་དགེ་འདུན་རྣམས་ལ་སྐྱབས་སུ་མཆིའོ།

PHAG PE **GEN DUN** **NAM** **LA** **KYAB SU CHI-O**
arya, puro *sanga* *todos* *a* *ir por refugio*
(que consiste en los grandes bodisatvas)

Nos refugiamos en la Sanga pura.

Iluminación indestructible. A partir de este momento y en todas nuestras vidas futuras hasta que se alcance la iluminación, yo y todos los seres, tantos como la extensión del cielo, que han sido todos mi propia madre en mis innumerables vidas pasadas, nos refugiamos en nuestro reverendo gurú raíz y en los gloriosos santos gurús del linaje. Nos refugiamos en las multitudes de deidades del camino que hay en los mandalas. Nos refugiamos en el perfecto Buda Bagaván. Nos refugiamos en el Darma más excelente. Nos refugiamos en la Sanga pura.

[Recitar esto tres veces.]

སངས་རྒྱས་ཆོས་དང་ཚོགས་ཀྱི་མཆོག་རྣམས་ལ།

SANG GYE **CHO** **DANG** **TSOG** **KYI** **CHOG** **NAM** **LA**
buda *darma* *y* *asamblea de* *supremo* *(plural)* *a*
 (Sanga)

En el Buda, el Darma y la mejor Asamblea

བྱང་ཆུབ་བར་དུ་བདག་ནི་སྐྱབས་སུ་མཆི།

CHANG CHUB **BAR DU** **DAG NI** **KYAB SU CHI**
bodi, despertar *hasta* *Yo* *ir por refugio*

me refugio hasta que alcance la iluminación.

བདག་གིས་སྦྱིན་སོགས་བགྱིས་པའི་བསོད་ནམས་ཀྱིས།

DAG GI YIN **SOG** **GYI PE** **SO NAM** **KYI**
Yo *generosidad y demás** *hecho* *mérito* *mediante*
*disciplina moral, paciencia, diligencia, meditación, sabiduría

Que por el mérito de practicar la generosidad y demás cualidades trascendentes

འགྲོ་ལ་ཕན་ཕྱིར་སངས་རྒྱས་འགྲུབ་པར་ཤོག།

DRO	LA	PHEN	CHIR	SANG GYE	DRUB PAR	SHOG
errantes	a	beneficio	para el bien	budeidad	alcanzar	pueda

pueda alcanzar la budeidad para el beneficio de todos aquellos que vagan en el samsara

En el Buda, el Darma y la mejor Asamblea me refugio hasta que alcance la iluminación. Que por el mérito de practicar la generosidad y demás perfecciones pueda alcanzar la budeidad para el beneficio de todos aquellos que vagan en el samsara

འགྲོ་རྣམས་བསྒྲལ་འདོད་བསམ་པ་ཡིས།

DRO	NAM	DRAL	DOD	SAM PA	YI
errantes	plural	llevar a través	deseo	intención	por

Con el deseo y la intención de sacar a todos los seres del samsara,

སངས་རྒྱས་ཆོས་དང་དགེ་འདུན་ལ།

SANG GYE	CHO	DANG	GEN DUN	LA
Buda	Darma	y	Sanga	a

al Buda, al Darma y a la Sanga

བྱང་ཆུབ་སྙིང་པོ་མཆིས་ཀྱི་བར།

CHANG CHUB	ÑING PO	CHI	KYI	BAR
despertar	corazón	alcanzar	de	hasta

hasta alcanzar la iluminación total

རྟག་པར་བདག་ནི་སྐྱབས་སུ་མཆི།

TAG PAR	DAG NI	KYAB SU CHI
continuamente	Yo	ir por refugio

voy continuamente por refugio.

Con el deseo y la intención de sacar a todos los seres del samsara, hasta alcanzar la iluminación total, acudo incesantemente al Buda, al Darma y a la Sanga en busca de refugio.

ཤེས་རབ་སྙིང་རྗེ་དང་ལྡན་པའི།

SHE RAB	ÑING YE	DANG DEN PE
sabiduría discriminadora	bondad	tener

Con sabiduría discriminadora y bondad

བརྩོན་པས་སེམས་ཅན་དོན་དུ་བདག །

TSON PAE	SEM CHEN	DON DU	DAG
con diligencia	seres sensibles	por el bien de	yo

mi diligencia, trabajando por el bien de los seres

 སངས་རྒྱས་དྲུང་དུ་གནས་བཅའ་ནས།

SANG GYE   DRUNG DU   NAE CHA   NE
Buda   frente a   permanecer*   entonces
*como hizo el bodisatva Samantabadra
permaneceré cerca de innumerables budas

རྫོགས་པའི་བྱང་ཆུབ་སེམས་བསྐྱེད་དོ།

DZOG PE   CHANG CHUB   SEM   KYED DO
completo   despertar   intención, mente   desarrolar
desarrollaré una mente completamente iluminada.

Trabajando por el bien de los seres, con sabiduría discriminadora y bondad inspirando mi diligencia, permaneceré cerca de innumerables budas y desarrollaré una mente completamente iluminada.

སེམས་ཅན་ཐམས་ཅད་བདེ་བ་དང་

SEM CHEN   THAM CHE   DE WA   DANG
seres sensibles   todos   felicidad   y
Que todos los seres sensibles sean felices

བདེ་བའི་རྒྱུ་དང་ལྡན་པར་གྱུར་ཅིག།

DE WE   GYU   DANG   DEN PAR   GYUR CHIG
felicidad   causa   y   tener   que pueda ser
y tengan la causa de la felicidad.

སེམས་ཅན་ཐམས་ཅད་སྡུག་བསྔལ་དང་

SEM CHEN   THAM CHE   DUG NGAL   DANG
seres sensibles   todos   sufrimiento   y
Que todos los seres sensible se liberen del sufrimiento

སྡུག་བསྔལ་གྱི་རྒྱུ་དང་བྲལ་བར་གྱུར་ཅིག།

DUG NGAL   GYI   GYU   DANG   DRAL WAR   GYUR CHIG
sufrimiento   de   causa   y   separado, liberado   que pueda ser
y de la causa del sufrimiento.

སེམས་ཅན་ཐམས་ཅད་སྡུག་བསྔལ་མེད་པའི་

SEM CHEN   THAM CHE   DUG NGAL   MED PE
seres sensibles   todos   sufrimiento   carente de
Que todos los seres sensibles nunca se separen

བདེ་བ་དང་མི་བྲལ་བར་གྱུར་ཅིག།

DE WA   DANG   MI   DRAL WAR   GYUR CHIG
felicidad   y   no   separado   que pueda ser
de la felicidad que carece de sufrimiento.

སེམས་ཅན་ཐམས་ཅད་ཉེ་རིང་ཆགས་སྡང་དང་

SEM CHEN   **THAM CHE**   **ÑE**   **RING**   **CHAG**   **DANG**   **DANG**
seres sensibles   *todos*   *cerca*   *lejos*   *deseo*   *ira*   *y*

Que todos los seres sensibles permanezcan en ecuanimidad, libres de apreciar a amigos y familiares

བྲལ་བའི་བཏང་སྙོམས་ལ་གནས་པར་གྱུར་ཅིག །

DRAL WE   **TANG ÑOM**   **LA**   **NAE PAR**   **GYUR CHIG**
libres de   *equanimidad*   *con*   *morar*   *que pueda ser*

y de despreciar a extraños y enemigos

Que todos los seres sensibles sean felices y tengan la causa de la felicidad. Que todos los seres sensibles se liberen del sufrimiento y de la causa del sufrimiento. Que todos los seres sensibles nunca se separen de la felicidad que carece de sufrimiento. Que todos los seres sensibles permanezcan en ecuanimidad, libres de apreciar a amigos y familiares y de despreciar a extraños y enemigos.

ཐམས་ཅད་དུ་ཡངས་ས་གཞི་དག །

THAM CHE DU   **YANG**   **SA ZHI**   **DAG**
por todas partes   *amplia*   *base*   *todos*

La enorme base está completamente

གསེག་མ་ལ་སོགས་མེད་པ་དང་།

SEG MA   **LA SOG**   **ME PA**   **DANG**
piedrecitas   *y demás*   *faltas*   *y*

libre de pequeñas piedras y otras molestias.

ལག་མཐིལ་ལྟར་མཉམ་བེ་ཌུར་ཡེ།

LAG   **THIL**   **TAR**   **ÑAM**   **BE DUR YE**
mano   *palma*   *como*   *como*   *piedra beduria*

Elaborada con beduria es lisa y plana como la palma de la mano

རང་བཞིན་བཟང་པོར་གནས་གྱུར་ཅིག །

RANG ZHIN   **ZANG POR**   **NAE**   **GYUR CHIG**
naturalmente   *bueno**   *lugar*   *ha llegado a ser*

* Es un lugar agradable para invitar al Buda.

resulta ser un ambiente realmente agradable

La enorme base está completamente libre de pequeñas piedras y otras molestias. Elaborada con beduria es lisa y plana como la palma de la mano, resulta ser un ambiente realmente agradable.

ཨ་ལུས་སེམས་ཅན་ཀུན་གྱི་མགོན་གྱུར་ཅིང་།

MA LU	SEM CHEN	KUN	GYI	GON	GYUR CHING
sin exception	*seres sensibles*	*todos*	*de*	*protector*	*es*

Eres el benefactor de todos los seres sin excepción,

བདུད་སྡེ་དཔུང་བཅས་མི་བཟད་འཇོམས་མཛད་ལྷ།

DUD	DE	PUNG CHE	MI ZAD		YOM DZAE	LHA
demonio	*tipp*	*grupo con*	*irresistible, peligroso*		*vencer*	*dios*

el dios que derrota a las muy peligrosas huestes de demonios

དངོས་རྣམས་མ་ལུས་ཇི་བཞིན་མཁྱེན་གྱུར་པའི།

NGO NAM	MA LU	YI ZHIN	KYHEN	GYUR PE
todo	*sin excepción*	*como es*	*conocer*	*haces*

conoces todas las cosas sin excepción tal como son.

བཅོམ་ལྡན་འཁོར་བཅས་གནས་འདིར་གཤེགས་སུ་གསོལ།

CHOM DEN	KHOR	CHE	NAE	DIR	SHEG	SU SOL
bagaván	*séquito*	*con*	*lugar*	*aquí*	*completo*	*por favor*

Buda Bagaván, por favor, ven aquí con tu séquito.

Buda Bagaván, eres el benefactor de todos los seres sin excepción, el dios que derrota a las muy peligrosas huestes de demonios. Conoces todas las cosas sin excepción tal como son. Por favor, ven aquí con tu séquito.

བཅོམ་ལྡན་བསྐལ་པ་གྲངས་མེད་དུ་མ་རུ།

CHOM DEN	KAL PA	DRANG MED	DU MA	RU
bagaván	*eón*	*innumerable*	*muchos*	*en*

Buda Bagaván, durante innumerables eones

འགྲོ་ལ་བརྩེ་ཕྱིར་ཐུགས་རྒྱུད་རྣམ་སྦྱངས་ཤིང་།

DRO	LA	TSE	CHIR	THUG GYUD	NAM	YANG SHING
errantes	*a*	*cuidado,* *amor*	*on el fin de*	*carácter,* *corazón*	*completamente*	*purificar*

purificaste tu carácter para cuidar de los seres errantes y

སྨོན་ལམ་རྒྱ་ཆེར་དགོངས་པ་ཡོངས་རྫོགས་པའི།

MON LAM	GYA CHER	GONG PA	YONG DZOG PAI
aspiración	*vasta*	*intención, atención*	*completar*

completaste la intención de tu vasta aspiración.

ཁྱོད་བཞིན་འགྲོ་དོན་མཛད་དུས་འདི་ལགས་ན།

KHYO	ZHE	DRO	DON	DZED	DU	DI	LAG	NA
tú	*deseo*	*errantes*	*beneficio hacer*		*tiempo esto*		*hacer*	*si, cuando*

Ahora, como deseas beneficiar a los seres,

དེ་ཕྱིར་ཆོས་དབྱིངས་ཕོ་བྲང་ལྷུན་གྲུབ་ནས།

DE CHIR	CHO YING	PHO DRANG	LHUN DRUB	NAE
por lo tanto	*darmadatu, espacio que todo lo abarca*	*palace del mandala*	*surgir sin esfuerzo*	*del*

levántate sin esfuerzo desde el palacio del espacio que todo lo abarca,

རྫུ་འཕྲུལ་བྱིན་རླབས་སྣ་ཚོགས་སྟོན་མཛད་ཅིང་།

DZU TRUL	YIN LAB	NA TSHOG	TON	DZED CHING
mágico, milagro	*bendiciones*	*varias*	*mostrar*	*hacer*

mostrando la bendición de diversos milagros,

མཐའ་ཡས་སེམས་ཅན་ཚོགས་རྣམས་བསྒྲལ་བའི་ཕྱིར།

THA YAE	SEM CHEN	TSHOG NAM	DRAL WE	CHIR
sin límite	*seres sensibles*	*multitud*	*atravesar, liberar*	*con el fin de*

para sacar del samsara a ilimitados seres sintientes,

ཡོངས་དག་འཁོར་དང་བཅས་ཏེ་གཤེགས་སུ་གསོལ།

YONG DAG	KHOR	DANG CHE TE	SHEG	SU SOL
entero	*séquito*	*junto con*	*venir*	*por favor*

por favor ven aquí con todo tu séquito.

Buda Bagaván, durante innumerables eones purificaste tu carácter para cuidar de los seres errantes y completaste la intención de tu vasta aspiración. Ahora, como deseas beneficiar a los seres, por favor levántate sin esfuerzo desde el palacio del espacio que todo lo abarca y, mostrando la bendición de diversos milagros, ven aquí con todo tu séquito para sacar del samsara a ilimitados seres sintientes.

ཆོས་རྣམས་ཀུན་གྱི་དབང་ཕྱུག་གཙོ།

CHO NAM	KUN	GYI	WANG CHUG	TSO
darmas	*todos*	*de*	*poderoso*	*líder*
(		*Buda Sakiamuni*		)

Poderoso señor de todos los darmas,

བཙོ་མ་གསེར་གྱི་མདོག་འདྲ་ཞིང་།

TSO MA	SER GYI	DOG	DRA ZHING
refinado	*dorado*	*color*	*como*

tu color de oro refinado

ཉི་མ་ལས་ལྷག་གཟི་བརྗིད་ཆེ།

ÑI MA   LAE   LHAG   ZI YID   CHE
sol   que   mejor   esplendido grande

es más espléndido que el sol.

དད་པས་སྤྱན་ནི་དྲང་བར་བགྱི།

DE PAE   CHEN NI   DRANG WAR   GYI
con fe   ojo   atraer, invitar   hacer

Con fe te invitamos aquí.

Poderoso señor de todos los darmas, tu color de oro refinado es más espléndido que el sol. Con fe te invitamos aquí.

ཞི་ཞིང་ཕྱུགས་རྗེ་ཆེ་ལྡན་པ།

ZHI ZHING   THUG YE   CHE   DEN PA
pacificar   bondad   grande tener

Vuestra gran bondad trae la paz,

དུལ་ཞིང་བསམ་གཏན་ས་ལ་བཞུགས།

DUL ZHING   SAM TEN   SA   LA   ZHUG
controlado   estabilidad mental nivel sobre establecer*
del quinto camino en adelante

disciplinados que permanecéis en las etapas de la estabilidad tranquila

ཆོས་དང་ཡེ་ཤེས་ཆགས་བྲལ་བ།

CHO   DANG   YE SHE   CHAG   DRAL WA
Darma   y   conocimiento original deseo   carente de
(Darmakaya)

con el Darma y el conocimiento original carente de deseos,

ཀུན་ཏུ་མི་ཟད་ནུས་པར་ལྡན།

KUN TU   MI ZAD   NU PAR   DEN
siempre   nunca agotado   poder   tener*
i.e. el poder de ayudar a los demás

vuestro poder nunca se agota.

ཚུར་སྤྱོན་ཚུར་སྤྱོན་ཞི་དག་ལ།

TSHUR   CHON   TSHUR   CHON   ZHI DAG   LA
aquí   venir   aquí   venir   pacíficos

Pacíficos, ¡venid, venid, por favor!

Disciplinados que permanecéis en las etapas de la estabilidad tranquila, vuestra gran bondad trae la paz. Con el Darma y el conocimiento original carente de deseos, vuestro poder nunca se agota. Pacíficos, ¡venid, venid, por favor!

ཐུབ་པའི་སྐྱེས་མཆོག་ཐམས་ཅད་མཁྱེན།

THUB PE KYE	CHOG	THAM CHE	KHYEN
sabios	*supremo*	*todos*	*conocer*

Omnisciente, supremo entre los sabios,

ཤིན་ཏུ་ལེགས་བྱས་གཟུགས་བརྙན་འདིར།

SHIN TU	LEG CHE	ZUG	ÑEN	DIR
muy	*bueno hecho de*		*imagen*	*aquí*

muestra aquí tu hermoso cuerpo perfectamente formado.

དད་པས་སྤྱན་ནི་དྲང་བར་བགྱི།

DE PAE	CHEN NI DRANG WAR	GYI
con fe	*invitar, hacer señas*	*hacer*

Con fe te invitamos a venir y mostrar

གཤེགས་འགྲོན་སྐྱེ་འགྲིབ་མེད་པའི་སྐུ།

SHEG	YON	KYE	DRIB	ME PE	KU
venir	*ir*	*nacimiento*	*muerte*	*sin*	*cuerpo*

tu cuerpo libre de idas y venidas, nacimiento y muerte.

འཇིག་རྟེན་སྨོན་བཞིན་ཡོད་པ་དག།

YIG TEN	MON	ZHIN	YOD PA	DAG
mundo	*aspiración, deseo*	*de acuerdo*	*tener*	*todos*

De acuerdo con los deseos de todos los seres de este mundo,

དཀར་པོ་འཆར་བའི་ཚུལ་བཞིན་དུ།

KAR PO	CHAR WE	TSHUL	ZHIN DU
blanca	*creciente*	*manera*	*similar*

como la luna creciente,

འཇིག་རྟེན་སྐྱོབ་ཕྱིར་གཤེགས་སུ་གསོལ།

YIG TEN	KYOB	CHIR	SHEG SU	SOL
mundo	*proteger*	*con el fin de*	*venir*	*por favor*

por favor ven aquí para proteger el mundo..

Omnisciente, supremo entre los sabios, por favor muestra aquí tu hermoso cuerpo perfectamente formado. Con fe te invitamos a venir y mostrar tu cuerpo libre de idas y venidas, nacimiento y muerte. De acuerdo con los deseos de todos los seres de este mundo, como la luna creciente, por favor ven aquí para proteger el mundo.

འཕགས་ཡུལ་ཡངས་པ་ཅན་གྱི་གྲོང་ཁྱེར་ནས།

PHAG YUL	YANG PA CHEN		GYI	DRONG KHYER		NAE
tierra pura	*Vaisali*		*de*	*ciudad*		*desde*

Desde la ciudad de Vaisali en la tierra pura de India,

བདེ་བར་གཤེགས་པ་ཤཀྱ་སེང་གེ་ནི།

DE WAR SHEG PA		SHAK KYA	SENG GE		NI
Sugata. Ido Felizmente		*de los Sakya*	*leon (Buda)*		*énfasiss*

León Felizmente Ido de los Sakias,

སུམ་ཁྲི་དྲུག་སྟོང་འཁོར་དང་ལྷན་ཅིག་ཏུ།

SUM	TRI	DRUG	TONG	KHOR	DANG LEN CHIG TU
tres	*diez mil*	*seis*	*mil*	*séquito**	*junto con*

*de bodisatvas

junto con tu séquito de treinta y seis mil,

སྤྱན་འདྲེན་མཆོད་པའི་གནས་འདིར་གཤེགས་སུ་གསོལ།

CHEN DRENG		CHO PE		NAE	DIR	SHEG SU	SOL
invitar		*ofrenda*		*lugar*	*aquí*	*venir*	*por favor*

te invitamos a venir a este lugar de ofrendas.

Desde la ciudad de Vaisali en la tierra pura de India, León Felizmente Ido de los Sakias junto con tu séquito de treinta y seis mil, te invitamos a venir a este lugar de ofrendas.

བཅོམ་ལྡན་འདིར་ནི་བྱོན་པ་ལེགས།

CHOM DEN	DIR NI	YON PA	LEG
Bagaván	*aquí*	*venir*	*bueno, feliz*

Nos alegramos de que Buda Bagaván haya venido aquí,

བདག་ཅག་བསོད་ནམས་སྐལ་པར་ལྡན།

DAG CHE	SO NAM	KAL PAR	DEN
nosotros	*mérito*	*afortunado*	*tener*

nosotros los afortunados que tenemos el mérito suficiente para experimentar esto.

ཇི་སྲིད་མཆོད་པ་བདག་འབུལ་ན།

YI SI	CHO PA	DAG	BUL	NA
tanto como dure	*ofrenda*	*nosotros*	*presentar*	*si*

Mientras te hacemos estas ofrendas,

འདི་སྲིད་བཅོམ་ལྡན་བཞུགས་སུ་གསོལ།

DI SI	CHOM DEN	SHUG SU	SOL
estas muchas	*Bagaván*	*permanece, siéntate*	*por favor*

Bagaván, te pedimos que te quedes.

Nos alegramos de que Buda Bagaván haya venido aquí, nosotros los afortunados que tenemos el mérito suficiente para experimentar esto. Bagaván, te pedimos que te quedes mientras te hacemos estas ofrendas.

རིན་ཆེན་དུ་མ་ལས་གྲུབ་སེང་གེའི་ཁྲི།

RIN CHEN   DU MA   LAE   DRUB   SENG GEI   TRI
joyas   muchas   de   hecho   león   trono

Este trono de león hecho de muchas joyas

ཡིད་འཕྲོག་སྣ་ཚོགས་གོས་ཀྱིས་བཀབ་པའི་སྟེང་།

YID   TROG   NA TSHOG   GO   KYI   KAB PAI   TENG
mente agradable, varios   paños, por   cubierta   encima de
        cautivador   *prendas*

está adornado con una variedad de agradables brocados

པདྨ་ཉི་ཟླ་འོད་འབར་གདན་འབུལ་ན།

PAD MA   ÑI   DA   OD BAR   DEN   BUL   NA
loto   sol   luna brillar   cojín presentar cuando

sobre los que hay brillantes cojines de loto, sol y luna. Te ofrecemos esto, así que

བརྩེ་བས་དགོངས་ཏེ་ཆི་བདེར་བཞུགས་སུ་གསོལ།

TSE WAE   GONG   TE   CHI DER   ZHUG SU   SOL
amable   piensa en nosotros entonces felizmente descansa, permanece por favor

por favor piensa en nosotros amablemente y quédate aquí felizmente.

Este trono de león hecho de muchas joyas está adornado con una variedad de agradables brocados sobre los que hay brillantes cojines de loto, sol y luna. Te ofrecemos esto, así que, por favor, piensa en nosotros amablemente y quédate aquí felizmente.

འདིར་ནི་གཟུགས་དང་ལྷན་ཅིག་ཏུ།

DIR NI   ZUG   DANG   LEN CHIG TU
aquí   cuerpo y   junto
(i.e. por favor ven con un cuerpo que podamos ver)

Al venir aquí en forma corporal

འགྲོ་བའི་དོན་དུ་བཞུགས་ནས་ཀྱང་།

DRO WE   DON DU   ZHUG   NAE   KYANG
errantes   por el bien de permanace, siéntate entonces también

por favor quédate para beneficiar a todos los seres. Además

ན་མེད་ཚེ་དང་དབང་ཕྱུག་དང་།

NAD	MED	TSHE	DANG	WANG CHUG	DANG
enfermedades	*sin*	*vida*	*y*	*riqueza y poder*	*y*

concédenos riqueza, vidas libres de enfermedad y

མཆོག་རྣམས་ལེགས་པར་སྩལ་དུ་གསོལ།

CHOG NAM	LEG PAR	TSAL DU	SOL
todo lo excelente	*bien, agradable*	*concédenos*	*por favor*

concédenos generosamente todo lo mejor.

Al venir aquí en forma corporal, por favor quédate para beneficiar a todos los seres. Además, concédenos riqueza, vidas libres de enfermedad y concédenos generosamente todo lo mejor.

ཁྲུས་ཀྱི་ཁང་པ་ཤིན་ཏུ་དྲི་ཞིམ་པ།

TRU	KYI	KHANG PA	SHIN TU	DRI	ZHIM PA
baños	*de*	*casa*	*muy*	*pequeñas*	*agradable*

En casas de baño exquisitamente perfumadas

ཤེལ་གྱི་ས་གཞི་གསལ་ཞིང་འཚེར་བ་བསྩར།

SHEL	GYI	SA ZHI	SA ZHING	TSHER WA TAR
cristal	*de*	*suelo*	*brillante*	*abrillantadas*

con suelos de cristal brillante,

རིན་ཆེན་འབར་བའི་ཀ་བ་ཡིད་འོང་ལྡན།

RIN CHEN	BAR WE	KA WA	YID ONG	DEN
joya	*resplandeciente*	*pilares*	*bellos*	*teniendo, dotados con*

pilares encantadores de joyas resplandecientes y

མུ་ཏིག་འོད་ཆགས་བླ་རེ་བྲེས་པ་དེར།

MU TIG	OE CHAG	LA DRE	DRE PA	DER
perlas	*brillantess*	*canopias*	*extenderse*	*ahí*

doseles extendidos de perlas lustrosas,

དེ་བཞིན་གཤེགས་པ་རྣམས་དང་དེ་སྲས་ལ།

DE ZHIN SHEG PA	NAM	DANG	DE	SAE	LA
Tatagata, Buda	*todos*	*y*	*sus*	*hijos, bodisatvas*	*a*

Tatágatas y vuestros descendientes,

རིན་ཆེན་བུམ་པ་མང་པོ་སྤོས་ཀྱི་ཆུས།

RIN CHEN	BUM PA	MANG PO	POE KYI	CHU
enjoyado	*vasija*	*muchas*	*perfumada*	*agua*

con muchas vasijas enjoyadas de agua perfumada

ཡིད་འོང་ལེགས་པར་བཀང་བ་སྒྲ་དང་ནི།

YID ONG   LEG PAR   KANG WA LU   DANG NI
hermoso   bien   rellena   canción   y

que son hermosas y rebosantes,

རོལ་མོར་བཅས་པ་དུ་མས་སྐུ་ཁྲུས་གསོལ།

ROL MOR   CHE PA   DU MAE   KU   TRU   SOL
música   y demás   con muchas   cuerpo bañar   lo hare

bañaremos vuestros cuerpos con el acompañamiento de música y canto.

Tatágatas y vuestros descendientes, en casas de baño exquisitamente perfumadas, con suelos de cristal brillante, pilares encantadores de joyas resplandecientes y doseles extendidos de perlas lustrosas, con muchas vasijas enjoyadas de agua perfumada que son hermosas y rebosantes, bañaremos vuestros cuerpos con el acompañamiento de música y canto.

ཇི་ལྟར་བལྟམས་པ་ཙམ་གྱིས་ནི།

YI TAR   TAM PA   TSAM   GYI NI
Al igual   nacimiento   como   hecho

Del mismo modo que al nacer

ལྷ་རྣམས་ཀྱིས་ནི་ཁྲུས་གསོལ་ལྟར།

LHA   NAM   KYI NI   TRU SOL   TAR
dioses   todos   por   bañar   como

bañan a los dioses

ལྷ་ཡི་ཆུ་ནི་དག་པ་ཡིས།

LHA   YI   CHU NI   DAG PA   YI
dioses   de   agua   pura   con

con su agua pura,

དེ་བཞིན་བདག་གིས་སྐུ་ཁྲུས་གསོལ།

DE ZHIN   DAG GI   KU   TRU SOL
igualmente yo   por   cuerpo bañar

nosotros también bañaremos vuestros cuerpos.

Del mismo modo que al nacer bañan a los dioses con su agua pura, nosotros también bañaremos vuestros cuerpos.

རྒྱལ་བའི་སྐུ་གསུང་ཐུགས་ལ་ཉོན་མོངས་མི་མངའ་ཡང་།

GYAL WE   KU   SUNG   THUG LA   ÑON MONG   MI   NGA YANG
de los yinas   cuerpo palabra   mente a   aflicciones*   no   tiene   sin embargo
**de la estupidez, la ira, el deseo, etc.*

Aunque el cuerpo, la palabra y la mente de los budas están libres de aflicciones

 སེམས་ཅན་ལུས་ངག་ཡིད་གསུམ་དྲི་མ་སྦྱང་སླད་དུ།

SEM CHEN	LU	NGAG	YID	SUM	DRI MA	CHANG	LAE DU
seres sensibles	*cuerpo*	*palabra*	*mente*	*tres*	*impurezas*	*limpiar*	*con el fin de*

en aras de la limpieza de las impurezas del cuerpo, la palabra y la mente de todos los seres

རྒྱལ་བའི་སྐུ་གསུང་ཐུགས་ལ་ཁྲུས་ཆབ་འདི་གསོལ་བས།

GYAL WE	KU	SUNG	THUG	LA	TRU	CHAB	DI	SOL WAE
de los yinas, Victoriosos»	*cuerpo*	*palabra*	*mente*	*a*	*lavar*	*agua*	*esta*	*por ofrencer*

ofrecemos esta agua de baño al cuerpo, la palabra y la mente de los victoriosos

སེམས་ཅན་ལུས་ངག་ཡིད་གསུམ་སྒྲིབ་པ་དག་གྱུར་ཅིག

SEM CHEN	LU	NGAG	YID	SUM	DRIB PA	DAG	GYUR CHIG
seres sensibles	*cuerpo*	*palabra*	*mente*	*tres*	*impurezas, oscurecimientos*	*puro*	*debe volverse*

para que se purifiquen los oscurecimientos del cuerpo, la palabra y la mente de todos los seres.

Aunque el cuerpo, la palabra y la mente de los budas están libres de las aflicciones, en aras de la limpieza de las impurezas del cuerpo, la palabra y la mente de todos los seres, ofrecemos esta agua de baño al cuerpo, la palabra y la mente de los victoriosos para que se purifiquen los oscurecimientos del cuerpo, la palabra y la mente de todos los seres.

འདི་ནི་ཁྲུས་མཆོག་དཔལ་དང་ལྡན།

DI NI	TRU	CHOG	PAL DANG DEN
este	*baño*	*excelente*	*espléndido*

Este excelente y espléndido baño contiene

ཐུགས་རྗེའི་ཆུའི་བླ་ན་མེད།

THUG YEI	CHU NI	LA NA MED
de la bondad	*agua*	*insuperable*

el insuperable agua de la bondad,

བྱིན་རླབས་ཡེ་ཤེས་ཆུ་ཡིས་ནི།

YIN LAB	YE SHE	CHU	YI NI
bendecir	*conocimiento original*	*agua*	*por*

el agua bendita del conocimiento original.

ཅི་འདོད་དངོས་གྲུབ་རྩལ་དུ་གསོལ།

CHI	DOD	NGO DRUB	TSAL DU	SOL
cualquiera	*deseado*	*logro*	*conceder*	*pedir*

Al ofrecértelo, que se nos concedan todos los logros que deseemos.

Este excelente y espléndido baño contiene el insuperable agua de la bondad, el agua bendita del conocimiento original. Al ofrecértelo, que se nos concedan todos los logros que deseemos.

དེ་དག་སྐུ་ལ་མཚུངས་པ་མེད་པའི་གོས།

DE DAG   KU   LA   TSHUNG PA   MED PE   GOE
sus   cuerpo a   igual   sin   telas, toallas

Aplicamos a sus cuerpos toallas inigualables y

གཙང་ལ་དྲི་རབ་བགོས་པས་སྐུ་ཕྱིའོ།

TSANG LA DRI   RAB   GOE PAE   KU   CHI-O
puro   y perfumado excelente paños cuerpo superficie, cubierta

los envolvemos con estos paños limpios y de fino aroma.

དེ་ནས་དེ་ལ་ཁ་དོག་ལེགས་བསྒྱུར་བའི།

DE NAE   DE   LA   KHA DOG   LEG GYUR WE
entonces a ellos a   color   apropiado

les obsequiamos con de encantadores colores

ན་བཟའ་ཞིན་ཏུ་དྲི་ཞིམ་དམ་པ་འབུལ།

NAB ZA   ZHIN TU   DRI   ZHIM   DAM PA   BUL
vestidos   muy   fragancia agradable excelente regalar

soberbias prendas exquisitamente perfumadas.

Aplicamos a sus cuerpos toallas inigualables y los envolvemos con estos paños limpios y de fino aroma. A continuación, les obsequiamos con soberbias prendas de encantadores colores exquisitamente perfumadas.

གོས་བཟང་སྲབ་ལ་འཇམ་པ་སྣ་ཚོགས་དང་།

GOE   ZANG   SAB   LA   ZAM PA   NA TSHOG   DANG
vestidos bueno fino a   suave   varios   y

Con variados ropajes, tan suaves y finos y

རྒྱན་མཆོག་བརྒྱ་ཕྲག་དེ་དང་དེ་དག་གིས།

GYEN   CHOG   GYA TRAG DE   DANG DE DAG   GI
ornamento excelentes cien estos y   estos   por

con cien ornamentos excelentes y aún más,

འཕགས་པ་ཀུན་བཟང་དང་འཇམ་དབྱངས་དང་།

PHAG PA   KUN ZANG   DANG YAM YANG   DANG
arya, puro Samantabadra y   Manyugosa   y

adornamos a los bodisatvas, Samantabadra, Manyugosa,

འཇིག་རྟེན་དབང་ཕྱུག་སོགས་ལ་འང་བརྒྱན་པར་བགྱི།

YIG TEN WANG CHUG　SOG　　LANG　GYEN PAR　　GYI
Lokesvara, Avalokitésvara　y demás　　también　adornar　　　hacer

Avalokitésvara y todos los demás.

Con variados ropajes, tan suaves y finos, y con cien ornamentos excelentes y aún más, adornamos a los bodisatvas, Samantabadra, Manyugosa, Avalokitésvara y todos los demás.

སྲབ་འཇམ་ཡངས་པ་ལྷ་ཡི་གོས།

SAB　YAM　YANG PA　LHA YI　　GOE
fino　suave　generoso　de los dioses　ropas

Ropas divinas, finas, suaves y generosas,

མི་བསྐྱོད་རྡོ་རྗེའི་སྐུ་བརྙེས་ལ།

MI KYOD　　DOR YEI　　　KU　ÑE　LA
firme　　　vajra, indestructible*　cuerpo　tiene　a
*(i.e. el darmakaya)

a tu cuerpo indestructible

མི་ཕྱེད་དད་པས་བདག་འབུལ་ན།

MI CHE　　DAE PAE　DAG　　BUL　　NA
sin disminuir　fe　　yo, nosotros　otorgar　si, entonces

ofrecemos con total devoción.

བདག་ཀྱང་རྡོ་རྗེའི་སྐུ་ཐོབ་ཤོག

DAG　　　KYANG　DOR YEI　KU　THOB　SHOG
yo, nosotros　también　vajra　　cuerpo　obtener　que pueda

Que a través de esto podamos también ganar el cuerpo indestructible.

Con total devoción ofrecemos ropas divinas, finas, suaves y generosas, a tu cuerpo indestructible. Que a través de esto podamos también ganar el cuerpo indestructible.

སྣ་ཚོགས་དབང་པོའི་གཞུ་ལྟར་རབ་བཀྲ་ཞིང་།

NA TSHOG　WANG POI ZHU　TAR　RAB　　TRA ZHING
varios　　arcoiris　　　como　excelente　multicolor

Tan maravillosamente multicolor como diferentes arco iris,

གང་ལ་རེག་ན་བདེ་བའི་རྒྱུ་གྱུར་པ།

GANG　　LA　REG　NA　DE WE　　GYU　GYUR PA
*quienquiera, a　tocar　si　felicidad　causa　convertirse
donde quiera*

que trae felicidad a todos los que la tocan,

ཐོས་བཟང་རིན་ཆེན་བདག་བློ་སྦྱང་ཕྱིར་འབུལ།

GOE   ZANG RIN CHEN DAG   LO   YANG   CHIR   BUL
vestidos buenos enjoyados   yo, nosotros mente, purificar con el fin de ofrezco
intelecto

esta fina ropa enjoyada la ofrecemos para purificar nuestras mentes.

བཟོད་པ་དམ་པའི་ཐོས་ཀྱིས་བརྒྱན་པར་ཤོག

ZOD PA   DAM PAI   GOE   KYI   GYEN PAR   SHOG
paciencia   mejor   vestimenta   por   adornado   que pueda

Que seamos adornados con la suprema vestimenta de la paciencia.

Esta fina ropa enjoyada hace felices a todos los que la tocan es tan mara-
villosamente multicolor como diferentes arco iris. Ofrecemos esto para
purificar nuestras mentes. ¡Que seamos adornados con la suprema
vestimenta de la paciencia!

ས་གཞི་སྤོས་ཀྱིས་བྱུགས་ཤིང་མེ་ཏོག་བཀྲམ།

SA ZHI   POE   KYI   YUG SHING   ME TOG   TRAM
el fundamento perfume por   ungir   flores   esparcir, adornar
de la tierra

Ungiendo los cimientos del mundo con agua perfumada, con flores esparcidas y

རི་རབ་གླིང་བཞི་ཉི་ཟླས་བརྒྱན་པ་འདི།

RI RAB   LING   ZHI   ÑI   DAE   GYEN PA   DI
Monte Meru continentes cuatro sol   luna   adornado   esto

adornado con el Monte Meru, los cuatro continentes y el sol y la luna

སངས་རྒྱས་ཞིང་དུ་དམིགས་ཏེ་ཕུལ་བ་ཡིས།

SANG GYE   ZHING   DU   MIG TE   PHUL WA   YI
budas   reino   como   imaginar   ofrecerlo ahí   por

Imaginando el reino de Buda lo ofrecemos allí

འགྲོ་ཀུན་རྣམ་དག་ཞིང་དུ་སྤྱོད་པར་ཤོག

DRO   KUN   NAM DAG   ZHING   DU   CHO PAR   SHOG
errantes todos completamente puro reino   en, como disfrutar   que pueda

para que todos los seres puedan disfrutar del reino purísimo.

Ungimos los cimientos del universo con perfume y esparcimos flores.
Adornándolo con el monte Meru, los cuatro continentes y el sol y la
luna, imaginamos el reino de Buda y lo ofrecemos allí para que todos los
seres puedan disfrutar del reino purísimo.

མ་ཉེས་ཕྱིར་མ་ཛལ་བཟང་པོ་འདི་ཕུལ་བས།

ÑE	CHIR	MAN DAL	ZANG PO	DI	PUL WAE
por favor, alegraos	*con el fin de*	*mandala*	*excelente*	*esto*	*por ofrecer*

Ofrecemos este excelente mandala para traer alegría,

བྱང་ཆུབ་ལམ་ལ་བར་ཆད་མི་འབྱུང་ཞིང་།

CHANG CHUB	LAM	LA	BAR CHE	MI	YUNG ZHING
bodi, desperrtar	*camino*	*sobre*	*obstáculos*	*no*	*surgir*

que no surjan obstáculos en el camino hacia el despertar,

དུས་གསུམ་རྒྱལ་བའི་དགོངས་པ་རྟོགས་པ་དང་།

DU	SUM	GYAL WE	GONG PA	TOG PA	DANG
tiempos	*tres*	*de los Budas*	*mente, intención*	*despertar a*	*y*
(pasado, presente, y futuro)					

que podamos despertar a la claridad de todos los budas de los tres tiempos, y

སྲིད་པར་མི་འཁྲུལ་ཞི་བར་མི་གནས་པར།

SID PAR	MI	THRUL	ZHI WAR	MI	NAE PAR
samsara	*no*	*desconcertado*	*tranquilidad**	*no*	*permanecer*

*el estado de los arhat de paz y ausencia de perturbación

no queden desconcertados en el samsara ni atrapados en el nirvana,

ནམ་མཁའ་དང་མཉམ་པའི་འགྲོ་རྣམས་སྒྲོལ་བར་ཤོག། །

NAM KHA	DANG	ÑAM PE	DRO	NAM	DROL WAR	SHOG
cielo	*y*	*igual*	*errantes*	*todos*	*liberar*	*que pueda*

que podamos liberar a todos los seres, tantos como los que llenarían el cielo.

Ofrecemos este excelente mandala para alegrar a los budas. Que no surjan obstáculos en el camino hacia el despertar. Que podamos despertar a la claridad de todos los Budas de los tres tiempos. Que podamos liberar a todos los seres, tantos como los que llenarían el cielo, para que no queden desconcertados en el samsara ni atrapados en el nirvana.

Tomar el voto del bodisatva
La práctica principal

HOMENAJE

མགོན་པོ་ཐུགས་རྗེ་ཆེ་ལྡན་པ།

GON PO **THUG YE** **CHE** **DEN PA**
protector, *compasión* *grande* *tener*
benefactor

Nuestro benefactor más compasivo,

ཐམས་ཅད་མཁྱེན་པའི་སྟོན་པ་པོ།

THAM CHE **KHYEN PE** **TON PA PO**
todos *conocer* *maestro*

maestro omnisciente y

བསོད་ནམས་ཡོན་ཏན་རྒྱ་མཚོའི་ཞིང་།

SO NAM **YON TEN** **GYAM TSHO** **SHING**
mérito *buenas cualidades* *océano*

océano de buenas cualidades y mérito,

དེ་བཞིན་གཤེགས་ལ་ཕྱག་འཚལ་ལོ།

DE ZHIN SHEG **LA** **CHAG TSHAL LO**
Tatagata, Buda *a* *rindo homenaje*
Así Ido

el Así Ido, nos inclinamos ante ti.

Nuestro benefactor más compasivo, maestro omnisciente y océano de buenas cualidades y mérito, el Así Ido, nos inclinamos ante ti.

དག་པ་འདོད་ཆགས་བྲལ་བའི་རྒྱུ།

DAG PA **DOD CHAG** **DRAL WE** **GYU**
puro *deseo* *carente de* *causa*

La causa que es pura y carente de deseo,

དགེ་བས་ངན་སོང་ལས་སྒྲོལ་ཞིང་།

GE WAE **NGEN** **SONG LAE** **DROL ZHING**
virtud **congoja* *ido* *desde* *liberar, redimir*
*infierno, preta, animal

virtuosa, que libera los reinos inferiores,

གཅིག་ཏུ་དོན་དམ་མཆོག་གྱུར་པ།

CHIG TU   **DON DAM**   **CHOG**   **GYUR PA**
solo uno   *valor absoluto*   *supremo*   *es*

es el único valor absoluto supremo.

ཞི་གྱུར་ཆོས་ལ་ཕྱག་འཚལ་ལོ།

ZHI GYUR   **CHO**   **LA**   **CHAG TSHAL LO**
paificar, calmar   *Darma*   *a*   *rindo homenaje*

Ante el Darma, portador de paz, nos inclinamos.

La causa que es pura y carente de deseo, virtuosa, que libera los reinos inferiores, es el único valor absoluto supremo. Ante el Darma, portador de paz, nos inclinamos.

གྲོལ་ནས་གྲོལ་བའི་ལམ་ཡང་སྟོན།

DROL   **NAE**   **DROL WE**   **LAM**   **YANG**   **TON**
liberación   *entonces*   *de la liberación*   *camino*   *también*   *mostrar*

Alcanzando la liberación mostráis el camino hacia la liberación,

བསླབ་པ་དག་ལ་རབ་ཏུ་གུས།

LAB PA   **DAG**   **LA**   **RAB TU**   **GU**
entrenamiento*   *puro*   *a*   *completo*   *reverencia*
**en conducta moral, meditación y sabiduría*

con profunda reverencia por el entrenamiento puro.

ཞིང་གི་དམ་པ་ཡོན་ཏན་ལྡན།

ZHING   **GI**   **DAM PA**   **YON TEN**   **DEN**
reinos   *de*   *excelente*   *buenas cualidades*   *tener*

Campos sagrados de buenas cualidades,

དགེ་འདུན་ལ་ཡང་ཕྱག་འཚལ་ལོ།

GEN DUN   **LA**   **YANG**   **CHAG TSHAL LO**
sanga   *a*   *también*   *rindo homenaje*

Sanga nos inclinamos ante ti..

Mostráis el camino hacia la liberación alcanzando la liberación con profunda reverencia por el entrenamiento puro. Campos sagrados de buenas cualidades, Sanga nos inclinamos ante ti.

སྟོན་པ་བླ་མེད་སངས་རྒྱས་རིན་པོ་ཆེ།

TON PA   **LA ME**   **SANG GYE**   **RIN PO CHE**
maestro   *insuperable*   *Buda*   *precioso*

Precioso Buda, nuestro maestro insuperable,

སྐྱོབ་པ་བླ་མེད་དམ་ཆོས་རིན་པོ་ཆེ།

KYOB PA   LA ME   DAM   CHO   RIN PO CHE
protección   insuperable   sagrado Darma   precioso

precioso sagrado Darma, nuestra protección insuperable,

འདྲེན་པ་བླ་མེད་དགེ་འདུན་རིན་པོ་ཆེ།

DREN PA   LA ME   GEN DUN   RIN PO CHE
guía, líder   insuperable   Sanga   preciosa

preciosa Sanga, nuestros guías insuperables,,

བླ་མེད་དཀོན་མཆོག་གསུམ་ལ་ཕྱག་འཚལ་ལོ།

LA ME   KON CHOG   SUM   LA   CHAG TSHAL LO
insuperable   raro y precioso   tres   a   rendir homenaje, prostración
(estas Tres Joyas   )

Tres Joyas insuperables, os rendimos homenaje.

Precioso Buda, nuestro maestro isuperable, precioso sagrado Darma, nuestra protección sin igual, preciosa Sanga, nuestros guías insuperables, Tres Joyas insuperables, os rendimos homenaje.

 འཕགས་པ་ཐོགས་མེད་ལས་བརྒྱུད་པའི་རྒྱ་ཆེན་སྤྱོད་པའི་བླ་བརྒྱུད་ནི།

El Linaje de los gurús del
vasto linaje de la conducta del bodisattva
de arya Asanga

མཉམ་མེད་ཐུབ་པའི་དབང་པོ་བཅོམ་ལྡན་འདས།

ÑAM	MED	THUB PE	WANG PO	YOM DEN DAE
igual*	*no*	*sabio*	*poderoso*	*bagaván, liberado*

*esta oración lista el linaje ininterrumpido de los preceptores que han recibido, mantenido y transmitido el voto del bodisatva en el linaje de arya Asanga.

Poderoso sabio sin igual, Bagaván Sakiamuni,

རྒྱལ་ཚབ་བྱམས་པ་འཕགས་པ་ཐོགས་མེད་ཞབས།

GYAL	TSAB	YAM PA	PAG PA	TOG ME	ZHAB
yina, victorioso	*representante*	*Maitreya*	*arya, puro*	*sin obstáculos,*	*pies*
				Asanga	*(honorífico)*

representantes de Buda, Maitreya y arya Asanga,

སློབ་དཔོན་དབྱིག་གཉེན་འཕགས་པ་རྣམ་གྲོལ་སྟེ།

LO PON	YIG ÑEN	PHAG PA	NAM DROL	TE
erudito	*Vasubandu*	*arya*	*Vimuktisen*	*así*

acharya Vasubandu y arya Vimuktisen,

གསོལ་བ་འདེབས་སོ་དོན་གཉིས་མཐར་ཕྱིན་ཤོག

SOL WA	DEB SO	DON	ÑI	THAR CHIN	SHOG
oraciones	*hacer*	*beneficio*	*dos*	*cumplir*	*debe ser*

os rogamos que todos los seres y nosotros mismos obtengamos la iluminación.

Poderoso sabio sin igual, Bagaván Shakiamuni, representantes de Buda Maitreya y arya Asanga, acharya Vasubandhu y arya Vimuktisen, os rogamos que todos los seres y nosotros mismos obtengamos la iluminación.

གྲོལ་དང་མཆོག་དང་དུལ་བའི་སྟེ་རྣམ་གསུམ།

DROL	DANG	CHOG	DANG	DUL WE	DE NAM	SUM
liberación	*y*	*supremo*	*y*	*disciplina*	*estos grupos*	*tres*

Los tres linajes de Drol, Chog y Dulwa,

 རྣམ་པར་སྣང་མཛད་སེང་གེ་བཟང་པོའི་ཞབས།

NAM PAR NANG DZE   SENG GE   ZANG POI   ZHAB
Vairocana   león   bueno   pies (honorífico)

Nampar Nangdze y Senge Zangpo,

སངས་རྒྱས་ཡེ་ཤེས་ཡོན་ཏན་བཤེས་གཉེན་ལ།

SANG GYE YE SHE   YON TEN   SHE NYEN   LA
Buda   conocimiento original   cualidades   amigo   a

Sangye Yeshe y Yonten Shenyen,

གསོལ་བ་འདེབས་སོ་དོན་གཉིས་མཐར་ཕྱིན་ཤོག

SOL WA   DEB SO   DON   ÑI   THAR CHIN   SHOG
oraciones   hacer   beneficio   dos   cumplir   debe ser

os rogamos que todos los seres y nosotros mismos obtengamos la iluminación.

Los tres linajes de Drol, Chog y Dulwa, Nampar Nangdze y Senge Zangpo, Sangye Yeshe y Yonten Shenyen, os rogamos que todos los seres y nosotros mismos obtengamos la iluminación.

རིན་ཆེན་རི་བོ་རྒྱ་བཟང་འབུམ་གསུམ་པ།

RIN CHEN RI WO   DA ZANG BUM SUM PA

Rinchen Riwo y Dazang Bumsumpa,

རྔོག་ལོ་ཆེན་པོ་འབྲེ་སྟོན་ཤེས་རབ་འབར།

NGOG LO CHEN PO   DRE TON SHE RAB BAR

Ngoglo Chenpo y Treton Sherab Bar,

བྱང་ཆུབ་ཡེ་ཤེས་ཁུ་གཞོན་བཙོན་འགྲུས་ལ།

CHANG CHUB YE SHE   KHU ZHON TSON DRU   LA

Changchub Yeshe anyd Khuzhon Tsondru,

གསོལ་བ་འདེབས་སོ་དོན་གཉིས་མཐར་ཕྱིན་ཤོག

SOL WA DEB SO   DON   ÑI   THAR CHIN   SHOG

os rogamos que todos los seres y nosotros mismos obtengamos la iluminación.

Rinchen Riwo y Dazang Bumsumpa, Ngoglo Chenpo y Treton Sherab Bar, Changchub Yeshe y Khuzhon Tsondru, os rogamos que todos los seres y nosotros mismos obtengamos la iluminación.

དཀར་ཆུང་རིང་མོ་ཞང་ཡེ་ཆེན་པོ་དང་།

KAR CHUNG RING MO   ZHANG YE CHEN PO   DANG

Karchung Ringmo y Zhangye Chenpo,

གཉལ་ཞིག་འཇམ་དཔལ་རྡོ་རྗེ་རྒྱ་འཆིང་རུས།

ÑAL ZHIG YAM PAL   DOR YE GYA CHING RU

Ñalzhig Yampal y Dorye Gyaching Ru,

ཆུ་མིག་སེང་གེ་དཔལ་དང་ལྷོ་བྲག་པར།

CHU MI SENG GE PAL   DANG   LHO DRAG PAR

Chumig Senge Pal y Lhodragpa,

གསོལ་བ་འདེབས་སོ་དོན་གཉིས་མཐར་ཕྱིན་ཤོག།

SOL WA DEB SO   DON   ÑI   THAR CHIN   SHOG

os rogamos que todos los seres y nosotros mismos obtengamos la iluminación.

Karchung Ringmo y Zhangye Chenpo, Ñalzhig Yampal y Dorye Gyaching Ru, Chumig Senge Pal y Lhodragpa, os rogamos que todos los seres y nosotros mismos obtengamos la iluminación.

བཙུན་དགོན་བ་དང་ཆོས་དཔལ་རྒྱ་མཚོ་དང་།

TSEN GON WA   DANG   CHO PAL GYAM TSHO   DANG

Tsen Gonwa y Chopal Gyamsto,

དྲི་མེད་འོད་ཟེར་ཁྱབ་བདལ་ལྷུན་གྲུབ་དང་།

DRI MED OD ZER   KHYAB DAL LHUN DRUB   DANG

Drime Ozer y Khyabdal Lhundrub,

གྲགས་པ་འོད་སེར་སངས་རྒྱས་དབོན་པོ་ལ།

DRAG PA OD ZER   SANG GYE ON PO   LA

Dragpa Ozer y Sangye Onpo,

གསོལ་བ་འདེབས་སོ་དོན་གཉིས་མཐར་ཕྱིན་ཤོག།

SOL WA DEB SO   DON   ÑI   THAR CHIN   SHOG

os rogamos que todos los seres y nosotros mismos obtengamos la iluminación.

Tsen Gonwa y Chopal Gyamsto, Drime Ozer y Khyabdal Lhundrub, Dragpa Ozer y Sangye Onpa, os rogamos que todos los seres y nosotros mismos obtengamos la iluminación.

ཟླ་བ་གྲགས་པ་ཀུན་བཟང་རྡོ་རྗེ་དང་།

DA WA DRAG PA   KUN ZANG DOR YE   DANG

Dawa Dragpa y Kunzang Dorye,

ཀུན་དགའ་རྒྱལ་མཆན་སྣ་ཚོགས་རང་གྲོལ་ཞབས།

KUN GA GYAL TSEN   NA TSHOG RANG DROL ZHAB

Kunga Gyaltsen y Natshog Rangdrol,

བསྟན་འཛིན་གྲགས་པ་མདོ་སྔགས་བསྟན་འཛིན་ལ།

TEN DZIN DRAG PA   DO NGAG TEN DZIN   LA

Tendzin Dragpa y Dongag Tendzin,

གསོལ་བ་འདེབས་སོ་དོན་གཉིས་མཐར་ཕྱིན་ཤོག

SOL WA DEB SO   DON   ÑI   THAR CHIN   SHOG

os rogamos que todos los seres y nosotros mismos obtengamos la iluminación.

Dawa Dragpa y Kunzang Dorye, Kunga Gyaltsen y Natshog Rangdrol, Tendzin Dragpa y Dongag Tendzin, os rogamos que todos los seres y nosotros mismos obtengamos la iluminación.

འཕྲིན་ལས་ལྷུན་གྲུབ་པདྨ་འཕྲིན་ལས་ཞབས།

TRIN LAE LHUN DRUB   PE MA TRIN LAE   ZHAB

Trinlae Lhundrub y Pema Trinlae,

པདྨ་དབང་རྒྱལ་པདྨ་དབང་ཕྱུག་དང་།

PE MA WANG GYAL   PE MA WANG CHUG   DANG

Pema Wangyal y Pema Wangchug,

ངག་དབང་འཕྲིན་ལས་ཁམས་གསུམ་ཟིལ་གནོན་ལ།

NGA WANG TRIN LAE   KHAM SUM ZIL NON   LA

Ngawang Trinlae y Khamsum Zilnon,

གསོལ་བ་འདེབས་སོ་དོན་གཉིས་མཐར་ཕྱིན་ཤོག

SOL WA DEB SO   DON   ÑI   THAR CHIN   SHOG

os rogamos que todos los seres y nosotros mismos obtengamos la iluminación.

Trinlae Lhundrub y Pema Trinlae, Pema Wangyal, y Pema Wangchug, Ngawang Trinlae y Khamsum Zilnon, os rogamos que todos los seres y nosotros mismos obtengamos la iluminación.

ནམ་མཁའ་ཀློང་ཡངས་བདུད་འདུལ་རྡོ་རྗེ་དང་།

NAM KHA LONG YANG   DU DUL DOR YE   DANG

Namkha Longyang y Dudul Dorye,

རྒྱལ་བའི་མྱུ་གུ་མཉམ་ཉིད་རྡོ་རྗེ་ཞབས།

GYAL WAI ÑU GU   ÑAM ÑID DOR YE   ZHAB

Gyalwai Ñugu y Ñamñid Dorye,

ཐུབ་བསྟན་མདོ་སྔགས་བསྟན་པའི་ཉི་མ་དང་།

THUB TEN DO NGAG   TEN PE ÑI MA   DANG

Thubten Dongag y Tenpe Ñima,

ཚུལ་ཁྲིམས་བཟང་པོ་འཆི་མེད་རིག་འཛིན་བར།

TSHUL TRIM ZANG PO   CHI MED RIG DZIN   BAR

Tshultrim Zangpo y Chimed Rigdzin,

གསོལ་བ་འདེབས་སོ་དོན་གཉིས་མཐར་ཕྱིན་ཤོག།

SOL WA DEB SO   DON   ÑI   THAR CHIN   SHOG

os rogamos que todos los seres y nosotros mismos obtengamos la iluminación.

Namkha Longyang y Dudul Dorje, Gyalwe Ñugu y Ñamñid Dorye,
Thubten Dongag y Tenpe Ñima, Tshultrim Zangpo y Chimed Rigdzin,
os rogamos que todos los seres y nosotros mismos obtengamos la ilumi-
nación.

 སློབ་དཔོན་ཀླུ་སྒྲུབ་ལུགས་ཀྱི་ཟབ་མོ་དབུ་མ་དང་འབྲེལ་བའི་བླ་བརྒྱུད་ནི།

El linaje de los gurus del sistema del Acharya Nagaryuna del profundo camino medio del Madyamika

བསྟན་པའི་བདག་པོ་སངས་རྒྱས་བཅོམ་ལྡན་འདས།

TEN PE **DAG PO** **SANG GYE** **CHOM DEN DAE**
doctrina *maestro* *buda* *bagaván, iluminado*

Maestro de la Doctrina, bagaván Buda Sakiamuni,

འཕགས་པ་འཇམ་དཔལ་སློབ་དཔོན་ཀླུ་སྒྲུབ་ཞབས།

PHAG PA **YAM PAL** **LO PON** **LU DRUB** **ZHAB**
arya, puro *Manyushri* *acharya, erudito* *Nagaryuna* *pies (honorífico)*

arya Manyushri y acharya Nagaryuna,

རྒྱལ་སྲས་ཞི་བ་ལྷ་དང་འཕགས་པ་ལྷ།

GYAL **SAE** **ZHI WA LHA** **DANG** **PHAG PA LHA**
de los victoriosos *son* *Santideva* *y* *Aryadeva*

bodisatva Santideva y Aryadeva,

སངས་རྒྱས་བསྐྱངས་དང་ཟླ་བ་གྲགས་པ་ལ།

SANG GYE **KYANG** **DANG** **DA WA** **DRAG PA LA**
Buda *preciado* *y* *luna* *fama* *a*

Budapalita y Chandrakirti,

གསོལ་བ་འདེབས་སོ་མཐའ་བྲལ་དོན་རྟོགས་ཤོག།

SOL WA **DEB SO** **THA DRAL DON** **TOG** **SHOG**
oraciones *hacer* *sunyata, vacuidad* *despertar a* *debe ser*

os rogamos que podamos despertar a la presencia infinita.

Maestro de la Doctrina, bagaván Buda Sakiamuni, arya Manyushri y acharya Nagarjuna, bodisatva Santideva y Aryadeva, Budapalita y Chandrakirti, os rogamos que podamos despertar a la presencia infinita.

རིག་པའི་ཁུ་བྱུག་ཀུ་སི་ལི་ཆེ་ཆུང་།

RIG PE KHU YUG **KU SI LI CHE CHUNG**

Rigpe Khuyug y Kusili Chechung,

ཨེ་ཤེས་བྱེད་པ་བྱུང་སེམས་ཟླ་བ་རྒྱལ།

YE SHE YE PA   YANG SEM DA WA GYAL

Yeshe Yepa y Yangsem Dawagyal,

གྲོ་ལུང་པ་དང་སྤྱི་བོར་ལྷས་པ་ལ།

DRO LUNG PA   DANG   CHI WOR LHAE PA   LA

Drolungpa y Chiwor Lhaepa,

གསོལ་བ་འདེབས་སོ་ཐར་དྲལ་དོན་རྟོགས་ཤོག

SOL WA DEB SO   THAR DRAL   DON TOG   SHOG

os rogamos que podamos despertar a la presencia infinita.

Rigpai Khuyug y Kusili Chechung, Yeshe yepa y Yangsem Dawagyal,
Drolungpa y Chiwor Lhaepa, os rogamos que podamos despertar a la
presencia infinita.

མ་སྟོན་ཤཱཀ་སེང་མཆིམས་སྟོན་ནམ་མཁའ་གྲགས།

MA TON SHAK SENG   CHIM TON NAM KHA DRAG

Maton Shakseng y Chimton Namkha Drag,

སྨོན་ལམ་ཚུལ་ཁྲིམས་བྱང་སེམས་གྲུབ་པ་དང་།

MON LAM TSHUL TRIM   YANG SEM DRUB PA   DANG

Monlam Tsultrim y Yangsem Drubpa,

གཞོན་ནུ་རྡོ་རྗེ་དྲི་མེད་འོད་ཟེར་ལ།

ZHON NU DOR YE   DRI MED O ZER   LA

Zhonu Dorye y Drime Ozer,

གསོལ་བ་འདེབས་སོ་ཐ་དྲལ་དོན་རྟོགས་ཤོག

SOL WA DEB SO   THA DRAL   DON TOG   SHOG

os rogamos que podamos despertar a la presencia infinita.

Maton Shakseng y Chimton Namkha Drag, Monlam Tsultrim y
Yangsem Drubpa, Zhonu Dorye y Drime Ozer, os rogamos que podamos
despertar a la presencia infinita.

ཁྱབ་བརྡལ་ལྷུན་གྲུབ་གྲགས་པ་འོད་ཟེར་དང་།

KHYAB DAL LHUN DRUB   DRAG PA O ZER   DANG

Kyabdal Lhundrub y Dragpa Ozer,

སངས་རྒྱས་དབོན་པོ་ཟླ་བ་གྲགས་པ་དང་།

SANG GYE ON PO   DA WA DRAG PA   DANG

Sangye Onpo y Dawa Dragpa,

ཀུན་བཟང་རྡོ་རྗེ་ཀུན་དགའ་རྒྱལ་མཚན་ལ།

KUN ZANG DOR YE   KUN GA GYAL TSHEN   LA

Kunzang Dorye y Kunga Gyalsten,

གསོལ་བ་འདེབས་སོ་མཐར་བྲལ་དོན་རྟོགས་ཤོག།

SOL WA DEB SO   THA DRAL   DON TOG   SHOG

os rogamos que podamos despertar a la presencia infinita.

Khabdal Lhundrub y Dragpa Ozer, Sangye Onpo y Dawa Dragpa, Kunzang Dorye y Kunga Gyaltsen, os rogamos que podamos despertar a la presencia infinita.

སྣ་ཚོགས་རང་གྲོལ་བསྟན་འཛིན་གྲགས་པ་དང་།

NA TSHOG RANG DROL   TEN DZIN DRAG PA   DANG

Natshog Rangdrol y Tendzin Dragpa,

མདོ་སྔགས་བསྟན་འཛིན་འཕྲིན་ལས་ལྷུན་གྲུབ་ཞབས།

DO NGAG TEN DZIN   TRIN LAE LHUN DRUB   ZHAB

Dongag Tendzin y Trinlae Lhundrub,

པདྨ་འཕྲིན་ལས་པདྨ་དབང་རྒྱལ་ལ།

PE MA TRIN LAE   PE MA WANG GYAL   LA

Pema Trinlae y Pema Wangyal,

གསོལ་བ་འདེབས་སོ་མཐར་བྲལ་དོན་རྟོགས་ཤོག།

SOL WA DEB SO   THA DRAL   DON TOG   SHOG

os rogamos que podamos despertar a la presencia infinita.

Natshog Rangdrol y Tendzin Dragpa, Dongag Tendzin y Trinlae Lhundrub, Pema Trinlae y Pema Wangyal, os rogamos que podamos despertar a la presencia infinita.

པདྨ་དབང་ཕྱུག་ངག་དབང་འཕྲིན་ལས་དང་།

PE MA WANG CHUG   NGA WANG TRIN LAE   DANG

Pema Wangchug y Ngawang Trinlae,

ཁམས་གསུམ་ཟིལ་གནོན་ནམ་མཁའ་ཀློང་ཡངས་ཞབས།

KHAM SUM ZIL NON   NAM KHA LONG YANG   ZHAB

Khamsum Zilnon y Namkha Longyang,

བདུད་འདུལ་རྡོར་རྗེ་རྒྱལ་བའི་མྱུ་གུ་ལ།

DUN DUL DOR YE   GYAL WE ÑU GU   LA

Dudul Dorye y Gyalwe Ñugu,

གསོལ་བ་འདེབས་སོ་མཐའ་བྲལ་དོན་རྟོགས་ཤོག

SOL WA DEB SO   THA DRAL   DON TOG   SHOG

os rogamos que podamos despertar a la presencia infinita.

*Pema Wangchug y Ngawang Trinlae, Khamsum Zilnon y Namkha
Longyang, Dudul Dorye y Gyalwe Ñugu, os rogamos que podamos
despertar a la presencia infinita.*

དམ་པ་དེ་དག་ཀུན་གྱིས་རྗེས་བཟུང་ཞིང་།

DAM PA   DE DAG   KUN   GYI   YE ZUNG ZHING
los santos   estos   todos   por   seguir

Siguiendo a todos estos santos,

ངུར་སྨྲིག་འཛིན་པ་བརྟུལ་ཞུགས་དམ་པ་ཡིས།

NGUR MIG   DZIN PA   TUL ZHUG   DAM PA   YI
rojo   vestir   como un biksu   santo, excelente   por

los santos biksus vestidos de rojo,

རྒྱལ་བསྟན་ཉིན་མོར་བྱེད་པའི་ལྷག་བསམ་ཅན།

GYAL TEN   ÑIN MOR YE PE   LHAG   SAM   CHEN
las doctrinas del yina   como el sol hacer   excelente   pensamientos   el que tiene

cuyos excelentes pensamientos elevan el sol de las doctrinas del Victorioso

མཉམ་ཉིད་རྡོ་རྗེ་ཤཱི་ལ་བྷ་དྲ་ལམ།

ÑAM ÑI DOR YE   SHI LA BHA DRA LAM

Ñamñid Dorye, y Shila Bhadra también conocido como

ཚུལ་ཁྲིམས་བཟང་པོ་འཆི་མེད་རིག་འཛིན་བར།

TSHUL TRIM ZANG PO   CHI MED RIG DZIN   BAR

Tsultrim Zangpo, y el yogui Chimed Rigdzin,

གསོལ་བ་འདེབས་སོ་མཐའ་བྲལ་དོན་རྟོགས་ཤོག

SOL WA DEB SO   THA DRAL   DON TOG   SHOG

os rogamos que podamos despertar a la presencia infinita.

Siguiendo a todos estos santos, los santos biksus vestidos de rojo, cuyos excelentes pensamientos elevan el sol de las doctrinas del Victorioso, Ñamñid Dorye, y Shila Bhadra también conocidos como Tsultrim Zangpo, y el yogui Chimed Rigdzin, os rogamos que podamos despertar a la presencia infinita.

Oración del linaje del voto de bodisatva

བསྐལ་བཟང་འགྲོ་བའི་སྒྲོན་མེ་ཟས་གཙང་སྲས༔

KAL	ZANG	DRO WE	DRON ME	ZAE	TSANG	SAE
kalpa, eón	*bueno*	*seres sensibles*	*lámpara**	*comida*	*pura*	*hijo*

* el padre de Buda Sakyamuni

Buda Sakiamuni, la lámpara para los seres en este buen eón,

རྒྱལ་སྲས་འཇམ་པའི་དབྱངས་དང་ཀླུ་སྒྲུབ་ཞབས༔

GYAL	SAE	YAM PAI YANG	DANG	LU DRUB	ZHAB
del victorioso bodisatvas	*hijo*	*Manyugosa*	*y*	*Nagaryuna*	*pies (honorífico)*

bodisatva Manyugosa y Nagaryuna,

ཞི་བ་ལྷ་སོགས་ཟབ་མོ་ལྟ་བའི་ལུགས༔

ZHI WA LHA	SOG	ZAB MO	TA WE	LUG
Santideva	*y demás*	*profunda (vacuidad)*	*visión*	*estilo, camino*

Santideva y los demás, a vosotros que abrísteis el camino de la visión profunda,

དབུ་མའི་སྲོལ་འབྱེད་རྣམས་ལ་གསོལ་བ་འདེབས༔

U ME	SOL	YE	NAM	LA	SOL WA DEB
Madyamika Camino medio	*práctica, camino*	*abieto*	*plural*	*a*	*rogar*

la práctica del Madyamika, os rogamos.

Buda Sakiamuni, la lámpara para los seres en este buen eón, bodisatva Manyugosa y Nagaryuna, Santideva y los demás, os rogamos a vosotros que abrísteis el camino de la visión profunda: la práctica de Madyamika.

རྒྱལ་ཚབ་བྱམས་མགོན་འཕགས་པ་ཐོགས་མེད་དང༔

GYAL	TSHAB	YAM GON	PHAG PA	THOG ME	DANG
Victorioso, Buda	*representante*	*Maitreyanata*	*arya, puro*	*sin obstrucción Asanga*	*y*

Maitreyanata, el representante de Buda, junto con arya Asanga,

དབྱིག་གཉེན་ལ་སོགས་རྒྱ་ཆེན་སྤྱོད་པའི་ལུགས༔

YIG NYEN	LA SOG	GYA CHEN	CHOD PAI	LUG
Vasubanda	*y demás*	*vasta*	*conducta*	*estilo, camino*

Vasubandu y los demás, vosotros establecísteis el camino de la vasta conducta

 སེམས་ཙམ་སྲོལ་འཛིན་ཐེག་ཆེན་ཐུན་མོང་གི༔

SEM TSAM	SOL	DZIN	THEG CHEN	THUN MONG	GI
solo mente	*práctica,*	*sostener,*	*Mahayana*	*común,*	*de*
Yogachara	*camino*	*mantener*		*no tantra*	

la práctica de Solo Mente en el Mahayana común,

བརྒྱུད་པའི་བླ་མ་རྣམས་ལ་གསོལ་བ་འདེབས༔

GYUD PE	LA MA	NAM	LA	SOL WA DEB
linaje	*lamas*	*plural*	*a*	*rogamos*

Rogamos a los Gurús de este linaje.

Maitreyanata, el representante de Buda, junto con arya Asanga, Vasubandu y los demás, vosotros establecísteis el camino de la vasta conducta. Rogamos a los gurús del linaje de la práctica de Sólo Mente en el Mahayana común.

ཐུན་མོང་མ་ཡིན་རྒྱུད་སྡེའི་སྲོལ་འཛིན་པ༔

THUN MONG	MA YIN	GYUD	DE	SOL	DZIN PA
común	*no*	*tantra*	*clase, sección*	*camino, sistema*	*sostener*

Los sostenedores del sistema de las series tántricas especiales,

དཔལ་ལྡན་བི་རུ་པ་དང་ན་རོ་པ༔

PAL DEN	BI RU PA	DANG	NA RO PA
glorioso	*Birupa*	*y*	*Naropa*

gloriosos Birupa y Naropa,

མཉམ་མེད་ཨ་ཏི་ཤ་སོགས་ཉམས་ལེན་གྱི༔

ÑAM ME	A TI SHA	SOG	ÑAM LEN	GYI
inigualado	*Atisa*	*y demás*	*práctica tántrica*	*de*

inigualado Atisa y demás en la práctica de la sadana

བྱིན་རླབས་བརྒྱུད་པ་རྣམས་ལ་གསོལ་བ་འདེབས༔

YIN LAB	GYUD PA	NAM	LA	SOL WA DEB
bendición	*linaje*	*plural*	*a*	*rogar*

linaje de bendiciones, os rogamos.

Sostenedores del sistema de las series tántricas especiales, gloriosos Birupa y Naropa, inigualable Atisa y demás del linaje de bendiciones de las prácticas de las sadhanas, os rogamos.

དབུ་སེམས་སྔགས་ཀྱི་ལམ་སྟེ་ལུགས་གསུམ་གྱི༔

U	SEM	NGAG	KYI	LAM	TE	LUG	SUM	GYI
Madyamika	*Yogachara*	*Tantra*	*de*	*camino*	*estos*	*formas*	*tres*	*e*

Los linajes de estos tres estilos, los caminos del Madyamika, el Yogachara y el Tantra,

བརྒྱུད་པའི་ཆུ་བོ་གཅིག་འདྲེས་སྲོལ་འཛིན་པ༔

GYUD PE	CHU WO	CHIG	DRE	SOL	DZIN PA
de los linajes	*corriente*	*un*	*mezcla*	*camino*	*hizo*

fueron fusionados en una sola corriente

སེམས་དཔའ་ཆེན་པོ་དཀོན་མཆོག་དཔལ་འབྱོར་ཞབས༔

SEM PA	CHEN PO	KON CHOG PAL YOR	ZHAB
heroico ser	*grande*	*Konchog Paljor (su nombre)*	*pie*

por el heroico ser, Konchog Paljor.

པད་ཕྲིན་ལས་རྣམས་ལ་གསོལ་བ་འདེབས༔

PE MA TRIN LAE	NAM	LA	SOL WA DEB
Padma Trinlae (su nombre)	*plural*	*a*	*rogamos*

Te rogamos a ti y a todos los gurús del linaje hasta Padma Trinle.

*Los linajes de estos tres estilos, los caminos de Madyamika, Yogachara
y Tantra, fueron fusionados en una sola corriente por el heroico ser,
Konchog Paljor. Te rogamos a ti y a todos los gurús del linaje hasta
Padma Trinle.*

ངེས་དོན་བསྟན་པ་སྤེལ་མཛད་རིག་འཛིན་མཆོག༔

NGE	DON	TEN PA	PEL DZED	RIG DZIN	CHOG
cierto	*significado*	*doctrina*	*difundida*	*vidyadara, adepto*	*supremeo*
(como es la mente)					

El más excelente vidyadara que difunde la doctrina de la verdad definitiva,

ཀུན་བཟང་རྒྱ་མཚོ་རིགས་ཀུན་འདུས་པའི་གཙོ༔

KUN	ZANG	GYAM TSO	RIG	KUN	DUE PE	TSO
todos	*bueno*	*océano*	*kulas,*	*todos*	*abarcar*	*líder*
(su nombre, Kunzang Gyamtso)			*familias de buda*			

Kunzang Gyamtso, el líder que abarca todas las familias búdicas

པད་འི་ཐུགས་སྤྲུལ་འགྲོ་རྣམས་སྨིན་གྲོལ་བཀོད༔

PE ME	THUG TRUL	DRO	NAM	MIN	DROL	KO
de Padma-	*mente*	*aparición*	*seres*	*todos*	*madurar,*	*liberar*	*hace,*
sambava				*iniciación)*	*(enseñanza)*	*establece*

la aparición de la mente de Padmasambhava, madurando y liberando
a todos los seres,

རྡོ་རྗེ་ཐོགས་མེད་ཞབས་ལ་གསོལ་བ་འདེབས༔

DOR YE		THOG ME	ZHAB	LA	SOL WA DEB
vajra, indestructible		sin obstrucción	pie	a	rogar

(su nombre, Dorye Thogme)

Dorye Togme, a tus pies oramos.

El más excelente vidyadara que difunde la doctrina de la verdad definitiva, Kunzang Gyamtso, el líder que abarca todas las familias búdicas, y la aparición de la mente de Padmasambava, madurando y liberando a todos los seres, Dorye Togme, a tus pies oramos.

བསམ་བཞིན་རྡོ་རྗེ་འཛིན་པའི་རོལ་གར་ཅན༔

SAM	ZHIN	DOR YE	DZIN PA	ROL GAR	CHEN
deseo	de acuerdo con	vajra, vacuidad	sostener	drama, libre juego	siendo, teniendo

Manifiestas el despliegue del juego libre del vajra que cumple los deseos

འཕྲིན་ལས་གྲུབ་པའི་དབང་ཕྱུག་རྨད་དུ་བྱུང་བ༔

TRIN LAE	DRUB PE	WANG CHUG	ME YUNG WA
actividad	cumplir	poderoso	increíble, maravilloso

tienes el maravilloso poder de realizar todas las actividades necesarias,

ཧེ་རུ་ཀ་དཔལ་པདྨ་བཤེས་གཉེན་ཞབས༔

HE RU KA	PAL	PAD MA	SHE ÑEN	ZHAB
liberación fiera	glorioso	loto	amigo, guía	pies

(su nombre, Padma Shenyen)

glorioso heruka, Padma Sheñen,

འགྱུར་མེད་ལྷུན་གྲུབ་རྡོ་རྗེར་གསོལ་བ་འདེབས༔

GYUR ME	LHUN DRUB	DOR YER	SOL WA DEB
inmutable	espontaneos	vajra	rogar

(su nombre, Gyurme Lhundrub Dorye)

a ti y a Gyurme Lhundrub Dorye, oramos.

Manifiestas el despliegue del juego libre del Vajra que cumple los deseos, tienes el maravilloso poder de realizar todas las actividades necesarias, Glorioso Heruka, Padma Sheñen, a ti y a Gyurme Lhundrub Dorye, oramos.

རྒྱལ་དབང་པདྨའི་ལུང་ཟིན་ཐུགས་སྲས་མཆོག༔

GYAL	WANG	PAD ME	LUNG	ZIN	THUG	SAE	CHOG
victorioso, yina, Buda	poderoso	Padmasambava	enseñanza transmisión	mantener	corazón	hijo	supremo

El hijo supremo del corazón que mantiene las enseñanzas de Padma-sambhava, nuestro poderoso buda, y

རྡོ་རྗེ་འཆང་དངོས་ནམ་མཁའ་ཀློང་ཡངས་དང༔

DOR YE CHANG   NGO NAM KHA LONG YANG   DANG
Vajradara,   real   cielo   vasto   y
iluminación completa   (su nombre, Namkha Longyang)

el verdadero buda primordial, Namka Longyang, y

རིགས་ཀུན་ཁྱབ་བདག་པདྨ་དབང་རྒྱལ་སྡེ༔

RIG   KUN KHYAB DAG   PAD MA   WANG GYAL DE
familias de buda   todos   maestro omnipresente loto   poderoso Buda
*   (su nombre, Padma Wangyal De)*

el maestro omnipresente de todas las familias, Padma Wangyal De, y

གྲུབ་རིགས་འཛིགས་མེད་རྒྱལ་བའི་མྱུ་གུའི་ཞབས༔

DRUB   RIG   YIG ME   GYAL WE ÑU GU   ZHAB
práctica,   familia sin miedo   del Buda   disparar   pie (honorífico)
logro   (su nombre, Jigme Gyalwe Ñugu)

Jigme Gyalwe Ñugu de la familia del logro, y

ཚུལ་ཁྲིམས་བཟང་པོ་འཆི་མེད་རིག་འཛིན་བར།

TSHUL TRIM ZANG PO   CHI MED RIG DZIN   BAR

Tsultrim Zangpo y Chimed Rigdzin,

རྩ་བའི་བླ་མའི་ཞབས་ལ་གསོལ་བ་འདེབས༔

TSA WE   LA MA   ZHAB   LA   SOL WA DEB
raíz   gurú   pies   a   oramos

a vosotros y a mi gurú raíz, oramos.

El hijo supremo del corazón que mantiene las enseñanzas de
Padmasambhava, nuestro poderoso buda, y el verdadero buda
primordial, Namka Longyang, y el maestro omnipresente de todas las
familias, Padma Wangyal De, y Jigme Gyalwe Ñugu de la familia del
logro, y Tsultrim Zangpo y Chimed Rigdzin, a vosotros y a mi gurú
raíz oramos.

སྨོན་འཇུག་ཁྱུང་སེམས་སྡོམ་པ་ཆོ་ག་བཞིན༔

MON   YUG   YANG SEM DOM PA   CHO GA   ZHIN
aspiración, real   bodisatva   voto   ritual   de acuerdo con
intención   práctica   apropiadamente

Con el ritual de los Votos de aspiración y compromiso del bodisatva

ཤེ་གས་ནོས་སློབ་པ་ལམ་གྱི་གནས་སྐབས་སུཿ

LEG	NO	LOB PA	LAM	GYI	NAE KAB SU
bien	*recibir*	*aprender*	*camino*	*de*	*ocasión, durante*

plenamente obtenidos, durante los caminos del aprendizaje*

(*La bodichita de la verdad relativa es la práctica en la 1ª y 2ª de las 5 Vías. Es un producto construido mediante pensamiento que depende de la identificación de seres reales con problemas reales. La bodhichita de la verdad absoluta comienza a desarrollarse al entrar en la 3ª Vía y es la compasión espontánea intrínseca que surge sin esfuerzo cuando y donde se necesita. Se realiza al completar la 5ª Vía, en la que es no-dual con la vacuidad.)

ཀུན་རྫོབ་དོན་དམ་བྱང་ཆུབ་སེམས་བསྒོམས་མཐུས༔

KUN DZOB	DON DAM	CHANG CHUB SEM	GOM	THU
relativa	*absoluta*	*bodichita, mente del despertar*	*meditación, práctica*	*por el poder de*

practicaremos la bodichita relativa y absoluta.

འགྲོ་བའི་དོན་དུ་སངས་རྒྱས་ཐོབ་པར་ཤོག༔

DRO WE	DON	DU	SANG GYE	THOB PAR	SHOG
seres sensibles	*beneficio*	*para*	*budeidad, iluminación*	*obtener*	*que podamoa*

Entonces, por el poder de esta, que podamos alcanzar la budeidad por el bien de todos los seres.

Con el ritual de los Votos de aspiración y compromiso del bodisatva plenamente obtenidos, durante los caminos del aprendizaje practicaremos la bodichita relativa y absoluta. Entonces, por el poder de esta, que podamos alcanzar la budeidad por el bien de todos los seres.

བྱང་སེམས་བཀྲད་པའི་རིམ་པ་སྟེ་གཉིས་པ།

Con esto concluye el linaje del Voto del bodisatva en la segunda etapa de los votos. Honrar a las Tres Joyas como base de los Votos Pratimoksha fue lo primero, y ahora el linaje de los Votos Tántricos es lo tercero.

ཕྱིན་རླབས་ཉེ་བརྒྱུད་ཕྱགས་ཀྱི་བརྒྱུད་པ་ནི།

El linaje corto de las bendiciones del linaje tántrico

རིགས་ཀུན་ཁྱབ་བདག་བཅོམ་ལྡན་རྣམ་སྣང་མཛད།

RIG	KUN	KHYAB	DAG	CHOM	DEN	NAM NANG DZE
buda	*todos*	*impregnar*	*señor*	*Bagaván,*		*Vairocana*
familias				*iluminado*		

Maestro omnipresente de todas las familias, Bagaván Vairocana,

བསྟན་པའི་བདག་པོ་མཉམ་མེད་ཐུབ་པའི་དབང་།

TEN PE	DAG PO	ÑAM ME	THUB PE	WANG
doctrina	*líder, maestro*	*inigualable*	*capaz*	*poderoso*

maestro de la Doctrina, inigualable Sakiamuni,

ལྷ་དབང་བརྒྱ་བྱིན་དགྲ་བཅོམ་ཀུན་དགའ་བོར།

LHA	WANG	GYA YIN	DRA	YOM	KUN GA WOR
dios	*poderoso*	*Indra*	*enemigo*	*vencer*	*todo alegre*
			(arhat)		*(Ananda)*

Indra, rey de los dioses, y el arhat Ananda,

གསོལ་བ་འདེབས་སོ་དོན་གཉིས་ལྷུན་འགྲུབ་ཤོག

SOL WA DEB SO	DON	ÑI	LHUN DRUB	SHOG
rogar	*beneficio*	*dos*	*surgir sin esfuerzo*	*que pueda*

os rogamos que nuestro bienestar y el de los demás se cumpla sin esfuerzo.

Maestro omnipresente de todas las familias, Bagaván Vairocana, maestro de la Doctrina, inigualable Sakiamuni, Indra, rey de los dioses, y el arhat Ananda, os rogamos que nuestro bienestar y el de los demás se cumpla sin esfuerzo.

སློབ་དཔོན་ཀླུ་སྒྲུབ་ཤཱཀྱ་སེང་གེ་ཞབས།

LOB PON	LU DRUB	SHA KYA	SENG GE	ZHAB
acharya, erudito	*Nagaryuna*	**clan Sakya*	*león*	*pies*

* aquí se refiere a Padmasambava, el «Segundo Buda»

Acharya Nargayuna, y Sakia Senge,

 སྱ་ནམ་རྡོ་རྗེ་བདུད་འཇོམས་རྗེ་འབངས་བཅུས།

NA NAM DOR YE DUD YOM	YE	BANG	CHE
uno de los cinco discípulos íntimos de Padmasambava	*se refiere al rey Trisong Deutsen*	*se refiere a los 23 discípulos restantes*	*con*

Nanam Dorye Duyom, rey Trisong Deutsen y los veintitrés discípulos, restantes,

རིག་འཛིན་ཆེན་པོ་དངོས་གྲུབ་རྒྱལ་མཚན་ལ།

RIG DZIN	CHEN PO	NGO DRUB GYAL TSHEN
vidyadara	*grande*	*Ngodrub Gyaltsen (su nombre)*

gran vidyadara, Ngodrub Gyaltsen,

གསོལ་བ་འདེབས་སོ་དོན་ཉི་ལྷུན་འགྲུབ་ཤོག

SOL WA DEB SO	DON	ÑI	LHUN DRUB	SHOG
rogar	*beneficio*	*dos*	*surgir sin esfuerzo*	*que pueda*

a vosotros os rogamos que nuestro propio bienestar y el de los demás se cumpla sin esfuerzo.

Acharya Nagarjuna y Sakia Senge, Nanam Dorye Duyom, rey Trisong Deutsan y los veintitres discípulos restantes, gran Vidyadara Ngodrub Gyaltsen, a vosotros os rogamos que nuestro propio bienestar y el de los demás se cumpla sin esfuerzo.

རྣམ་རྒྱལ་མགོན་པོ་སྔགས་འཆང་རྡོ་རྗེ་དཔལ།

NAM GYAL GON PO	NGAG CHANG DOR YE PAL

Namgyal Gonpo y Ngagchang Dorye Pal,

རྡོ་རྗེ་མགོན་པོ་བྱམས་པ་བཤེས་གཉེན་དང་།

DOR YE GON PO	YAM PA SHE ÑEN	DANG

Dorye Gonpo y Yampa Sheñen,

ངག་དབང་གྲགས་པ་སངས་རྒྱས་དཔལ་བཟང་ལ།

NGA WANG DRAG PA	SANG GYE PAL ZANG	LA

Ngawang Dragpa y Sangye Palzang,

གསོལ་བ་འདེབས་སོ་དོན་ཉི་ལྷུན་འགྲུབ་ཤོག

SOL WA DEB SO	DON	ÑI	LHUN DRUB	SHOG
rogar	*beneficio*	*dos*	*surgir sin esfuerzo*	*que pueda*

os rogamos que nuestro propio bienestar y el de los demás se cumpla sin esfuerzo.

Namgyal Gonpo y Ngachang Dorje Pal, Dorye Gonpo y Yampa Sheñen, Ngawang Dragpa y Sangye Palzang, te rogamos que nuestro bienestar y el de los demás se cumpla sin esfuerzo.

ཀུན་དགའ་དོན་གྲུབ་ཀུན་དགའ་ལྷུན་གྲུབ་ཞབས།

KUN GA DON DROB   KUN GA LHUN DRUB   ZHAB

Kunga Dondrub y Kunga Lhundrub,

ཤཱཀྱ་བཟང་པོ་པདྨ་དབང་གི་རྒྱལ།

SHA KYA ZANG PO   PE MA WANG GI GYAL

Shakya Zangpo y Pema Wangi Gyal,

ལེགས་ལྡན་རྡོ་རྗེ་བཀྲ་ཤིས་སྟོབས་རྒྱལ་ལ།

LEG DEN DOR YE   TRA SHI TOB GYAL   LA

Legden Dorye y Tashi Tobgyal,

གསོལ་བ་འདེབས་སོ་དོན་གཉིས་ལྷུན་འགྲུབ་ཤོག

SOL WA DEB SO   DON   ÑI   LHUN DRUB   SHOG

os rogamos que nuestro propio bienestar y el de los demás se cumpla sin esfuerzo

Kunga Dondrub y Kunga Lhundrub, Shakya Zangpo y Pema Wangi Gyal, Legden Dorye y Tashi Tobgyal, os rogamos que nuestro propio bienestar y el de los demás se cumpla sin esfuerzo.

ངག་གི་དབང་པོ་བསྟན་འཛིན་ནོར་བུ་དང་།

NGA GI WANG PO   TEN DZIN NOR BU   DANG

Ngagi Wangpo y Tendzin Norbu,

ཆོས་དབྱིངས་རང་གྲོལ་དྲག་རྩལ་རྡོ་རྗེ་ཞབས།

CHO YING RANG DROL   DRAG TSAL DOR YE

Choying Rangdrol y Dragtsal Dorye,

པདྨ་འཕྲིན་ལས་སྐལ་བཟང་པདྨ་དབང་།

PE MA TRIN LAE   KAL ZANG PE MA WANG

Peme Trinlae y Kalzang Pemawang,

གསོལ་བ་འདེབས་སོ་དོན་གཉིས་ལྷུན་འགྲུབ་ཤོག

SOL WA DEB SO   DON   ÑI   LHUN DRUB   SHOG

os rogamos que nuestro propio bienestar y el de los demás se cumpla sin esfuerzo

Ngagi Wangpo y Tendzin Norbu, Choying Rangdrol y Dragtsal Dorye, Pema Trinlae y Kalzang Pemawang, os rogamos que nuestro propio bienestar y el de los demás se cumpla sin esfuerzo.

པདྨ་བཤེས་གཉེན་ཁམས་གསུམ་ཟིལ་གནོན་ཞབས།

PAD MA SHE ÑEN   KHAM SUM ZIL NON   ZHAB

Padma Sheñen y Khasum Zilnon,

འཇིགས་མེད་དཔའ་བོ་ནམ་མཁའ་ཀློང་ཡངས་དང་།

YIG ME PA WO   NAM KHA LONG YANG   DANG

Yigme Pawo y Namkha Longyang,

པདྨ་དབང་རྒྱལ་བདུད་འདུལ་རྡོ་རྗེ་ལ།

PAD MA WANG GYAL   DU DUL DOR YE

Padma Wangyal y Dudul Dorye,

གསོལ་བ་འདེབས་སོ་དོན་གཉིས་ལྷུན་གྲུབ་ཤོག།

SOL WA DEB SO   DON   ÑI   LHUN DRUB   SOG

os rogamos que nuestro propio bienestar y el de los demás se cumpla sin esfuerzo.

Padma Sheñen y Khamsum Zilnon, Yigme Pawo y Namkha Longyang, Padma Wangyal y Dudul Dorye, os rogamos que nuestro propio bienestar y el de los demás se cumpla sin esfuerzo.

རྒྱལ་བའི་སྨྱུ་གུ་མཉམ་ཉིད་རྡོ་རྗེ་དང་།

GYAL WE ÑU GU   ÑAM ÑI DOR YE   DANG

Gyalwe Ñugu y Ñamñi Dorye,

ཐུབ་བསྟན་མདོ་སྔགས་བསྟན་པའི་ཉི་མ་དང་།

THUB TEN DO NGAG   TEN PE ÑI MA   DANG

Thubten Dongag y Tenpe Ñima,

ཚུལ་ཁྲིམས་བཟང་པོ་འཆི་མེད་རིག་འཛིན་བར།

TSHUL TRIM ZANG PO   CHI MED RIG DZIN   BAR

Tsultrim Zangpo y Chimed Rigdzin,

གསོལ་བ་འདེབས་སོ་དོན་གཉིས་ལྷུན་གྲུབ་ཤོག།

SOL WA DEB SO   DON   ÑI   LHUN DRUB   SHOG

os rogamos que nuestro propio bienestar y el de los demás se cumpla sin esfuerzo.

Gyalwe Ñugu y Ñamñi Dorye, Thubten Dongag y Tenpe Ñima, Tsultrim Zangpo y Chimed Rigdzin, os rogamos que nuestro propio bienestar y el de los demás se cumpla sin esfuerzo.

Indicar el beneficio de las oraciones del linaje

འདི་ལྟར་གསོལ་བ་བཏབ་པའི་བྱིན་རླབས་ཀྱིས།

DI	TAR	SOL WA TAB PE	YIN LAB	KYI
esta	*como*	*oración*	*bendición*	*por*

Por la bendición de haber orado de esta manera,

རྒྱ་ཆེན་སྤྱོད་པའི་རིང་ལུགས་མཐར་ཕྱིན་ཅིང་།

GYA CHEN	CHOD PE	RING LUG	THAR CHIN CHING
vasta grande	*conducta, actividad*	*tradición*	*completar*
(Yogachara)			

completando el camino de la práctica de la vasta conducta del bodisatva,

ཟབ་མོ་དབུ་མའི་ལྟ་བའི་དོན་རྟོགས་ནས།

ZAB MO	U ME	TA WE	DON	TOG	NAE
profundo	*Madyamika*	*visión*	*significado*	*despertar al*	*entonces*

que podamos despertar al significado de la profunda Vía Media. Entonces,

མཐའ་བྲལ་འོད་གསལ་གཉུག་མའི་རང་ངོ་རུ།

THA	DRAL	OE SAL	ÑUG ME	RANG	NGO	RU
limite	*carente de*	*luz clara*	*original*	*propio*	*rostro, esencia*	*como, a*
(La inseparabilidad de vacuidad y presencia que es la esencia de todos los seres.)						

a la luz clara e ilimitada de la esencia intrínseca original,

མཁའ་མཉམ་འགྲོ་བ་མ་ལུས་འདྲེན་པར་ཤོག།

KHA	ÑAM	DRO WA	MA LU	DREN PAR	SHOG
cielo	*igual*	*seres sensibles*	*sin excepción*	*conducir*	*que podamos*

Que podamos entonces conducir a todos los seres sin excepción, de igual extensión que el cielo.

Por la bendición de haber orado de esta manera, completando el camino de la práctica de la vasta conducta del bodisatva del Darma de Buda, que podamos despertar al significado de la profunda Vía Media. Que podamos entonces conducir a todos los seres sin excepción, de igual extensión que el cielo, a la luz clara e ilimitada de la esencia intrínseca original.

བྱམས་དང་སྙིང་རྗེའི་ལྷ་ལམ་ཡངས་པ་ལ།

YAM	DANG	ÑING YEI	LHA	LAM	YANG PA	LA
amor	*y*	*bondad*	*dioses*	*camino*	*vasto*	*en*

El vasto cielo del amor y la bondad está

ཐོས་བསམ་སྒོམ་པ་རྣམ་མཁའི་ནོར་བུ་གང་།

THO	SAM	GOM PA	NAM KE	NOR BU	GANG
estudio	*reflexión*	*meditación*	*del cielo* *(el sol)*	*joya*	*relleno*

plenamente iluminado por el sol del estudio, la reflexión y la meditación.

མྲ་དབྱུང་འོད་ཀྱི་གཏེར་ཆེན་བླ་མེད་ཀྱིས།

MAE YUNG	OD	KYI	TER	CHEN	LA MED	KYI
marvillosa	*luz*	*de*	*tesoro*	*grande*	*insuperable*	*por*

Por la maravillosa luz de este gran tesoro insuperable

སྔ་འགྱུར་བསྟན་པའི་པདྨ་ཚལ་བཞད་པར་མཛོད།

NGA	GYUR	TEN PE	PAD TSAL	ZHAD PAR	DZOD
tempranas *(Ñingma)*	*traducción*	*doctrinas*	*loto jardín*	*flores*	*tesoro*

que el jardín de loto de las doctrinas Ñingma sea un tesoro de flores.

El vasto cielo del amor y la bondad está plenamente iluminado por el sol del estudio, la reflexión y la meditación. Por la maravillosa luz de este gran tesoro insuperable, que el jardín de loto de las doctrinas Ñingma sea un tesoro de flores.

སྐྱ་མེད་དཀོན་མཆོག་རྒྱ་མཚོའི་བདེན་པ་དང་།

LU ME	KON CHOG	GYAM TSOI	DEN PA	DANG
infalible *no engañosas (Buda, Darma, Sanga)*	*joyas*	*océano*	*verdad*	*y*

Por la verdad del océano de las Joyas infalibles y

རབ་འབྱམས་རྒྱལ་བ་རྒྱ་མཚོའི་ཐུགས་རྗེ་དང་།

RAB YAM	GYAL WA	GYAM TSHOI	THUG YE	DANG
vasto	*yinas, victoriosos*	*océano*	*bondad*	*y*

por la bondad del océano de los budas omnipresentes y

མཐུ་ལྡན་ཆོས་སྲུང་རྒྱ་མཚོའི་ནུས་མཐུ་ཡིས།

THU DEN	CHO	SUNG	GYAM TSHOI	NU	THU	YI
fuerza	*Darma*	*protectores*	*océano*	*contundente*	*fuerza*	*por*

por la fuerza contundente del océano de los fuertes Protectores del Darma,

འདུས་སྡེ་བསྐལ་པ་རྒྱ་མཚོར་བརྟན་གྱུར་ཅིག།

DU DE	KAL PA	GYAM TSOR	TEN	GYUR CHIG
sanga, asamblea *de practicantes*	*eón*	*océano*	*firme,* *permanecer*	*sea*

que la Sangha permanezca por un océano de eones.

Por la verdad del océano de las Joyas infalibles, y por la bondad del océano de los budas omnipresentes, y por la fuerza contundente del océano de los fuertes Protectores del Darma, que la Sanga permanezca por un océano de eones.

རྒྱལ་བསྟན་སྤྱི་དང་རྡོ་རྗེ་ཐེག་པ་ཡི།

GYAL	TEN	CHI	DANG	DOR YE	THEG PA	YI
Buda, victorioso	doctrina	general	y	vajra, indestructible	yana, vehículo (tantra)	de

Las doctrinas generales de Buda y las del Vajrayana

བསྟན་པ་འཛིན་སྐྱོང་སྤེལ་ལ་བླ་མེད་པ།

TEN PA	DZIN	KYONG	PEL	LA	LA ME PA
doctrina	mantener	proteger	extender, desarrollar	como	insuperable

se mantienen, protegen y desarrollan de forma insuperable

གུ་རུ་པདྨའི་ཨེ་ཝཾ་ཆོས་སྒར་པའི།

GU RU PAD ME	E VAM	CHO GAR PAI
de Padmasambhava (el monasterio principal en Tibet del linaje Changter)	sabiduría y bondad	de las tiendas de telas

en el monasterio de gurú Padme Evam Chogar.

བསྟན་པ་མཐའ་གྲུར་ཁྱབ་པའི་བཀྲ་ཤིས་ཤོག།

TEN PA	THA GRUR	KHYAB PE	TA SHI	SHOG
doctrinas	espacioso	impregnar	felicidad	pueda

¡Que estas doctrinas se extiendan por todas partes trayendo felicidad a todos!

Las doctrinas generales de Buda y las del Vajrayana se mantienen, protegen y desarrollan de forma insuperable en el monasterio del gurú Padme Evam Chogar. ¡Que estas doctrinas se extiendan por todas partes trayendo felicidad a todos!

Refugio

 སངས་རྒྱས་དང་བྱང་ཆུབ་སེམས་དཔའ་ཐམས་ཅད་བདག་ལ་དགོངས་སུ་གསོལ།

SANG GYE DANG CHANG CHUB SEM PA THAM CHE DAG LA GONG SU SOL
budas y bodisatvas todos mí a por favor escuchad, por favor atended

¡Budas y bodisatvas, por favor, escúchadme!

སློབ་དཔོན་བདག་ལ་དགོངས་སུ་གསོལ།

LOB PON DAG LA GONG SU SOL
maestro mí a por favor, escucha

Maestro, ¡escúchame, por favor!

བདག་མིང་(·········)འདི་ཞེས་བགྱི་བ་དུས་འདི་ནས་བཟུང་ནས་

DAG MING DI ZHE GYI WA DU DI NAE ZUNG NAE
Yo nombre este llamado ahora, desde vidas futuras este momento

A partir de este momento, yo (dí tu nombre) en todas mis vidas futuras,

ཇི་སྲིད་བྱང་ཆུབ་སྙིང་པོ་ལ་མཆིས་ཀྱི་བར་དུ།

YI SI CHANG CHUB ÑING PO LA CHI KYI BAR DU
por tanto iluminación esencia del corazón a venir, obtener hasta tiempo

en tantas como sean necesarias para alcanzar la iluminación plena,

ཀང་གཉིས་རྣམས་ཀྱི་མཆོག་སངས་རྒྱས་ལ་སྐྱབས་སུ་མཆིའོ།

KANG ÑI NAM KYI CHOG SANG GYE LA KYAB SU CHIO
piernas dos (plural) de, mejor, buda a me refugio (humanos) entre supremo

me refugio en el Buda, supremo entre los humanos,

འདོད་ཆགས་དང་བྲལ་བ་རྣམས་ཀྱི་མཆོག

DOD CHAG DANG DRAL WA NAM KYI CHOG
deseo carente de (plural) de mejor

me refugio en el Darma,

ཆོས་ལ་སྐྱབས་སུ་མཆིའོ།

CHO LA KYAB SU CHIO
Darma* a me refugio

(*Darma es la verdad original inmutable, la única verdad de la vacuidad, es autoexistente y no desea ni requiere nada)

el mejor de todos los caminos, carente de deseo,

ཚོགས་རྣམས་ཀྱི་མཆོག་དགེ་འདུན་ལ་སྐྱབས་སུ་མཆིའོ།

TSHOG NAM   KYI   CHOG   GEN DUN LA   KYAB SU CHIO
asambleas   de   mejor   sanga*   a   me refugio

(*la sanga se refiere aquí a la Sanga del bodisatva, que tiene la 7ª etapa de la 4ª vía o al menos la 1ª etapa de la 3ª vía. Deben 1) poseer el conocimiento más elevado del Darma, 2) ser dignos de respeto por sus propias buenas cualidades, no por el dinero, la posición social o el poder mundano, 3) hablar y actuar siempre de forma pacífica.)

me refugio en la Sanga, la mejor de las asambleas.

¡Budas y bodisatvas, por favor, escuchadme! Maestro, ¡escúchame, por favor! A partir de este momento, en todas mis vidas futuras, tantas como sean necesarias para alcanzar la iluminación plena, yo (...di tu propio nombre...), me refugio en el Buda, supremo entre los humanos, me refugio en el Darma, el mejor de todos los caminos, carente de deseo, me refugio en la Sanga, la mejor de las asambleas.

ཕྱོགས་བཅུའི་སངས་རྒྱས་བྱང་ཆུབ་སེམས་དཔའ་དང་༔

CHOG   CHUI   SANG GYE   CHANG CHUB SEM PA   DANG
direcciones diez   budas   bodisatvas   y

Budas y bodisatvas de las diez direcciones,

བླ་མ་ཡི་དམ་མཁའ་འགྲོ་དགོངས་སུ་གསོལ༔

LA MA   YI DAM   KHAN DRO   GONG SU SOL
gurús   deidades del camino   dakinis   por favor escuchadme

gurús, deidades del camino y dakinis, ¡por favor, escuchadme!

དེ་ནས་བཟུང་སྟེ་བྱང་ཆུབ་མ་ཐོབ་བར༔

DENG NAE   ZUNG TE   CHANG CHUB   MA THOB   BAR
hoy   desde   vidas que tenga iluminación   no obtenga   hasta

Desde hoy, en todas mis vidas mientras no obtenga la iluminación,

རྐང་གཉིས་གཙོ་བོ་སངས་རྒྱས་བཅོམ་ལྡན་འདས༔

KANG ÑI   TSO WO   SANG GYE CHOM   DEN   DAE
piernas dos principal,   buda   derrotadas   teniendo todas   ido del
            líder   todas las faltas las buenas cualidades samsara
                                (Bagaván   )

en el Buda Bagaván, el líder de todos los humanos,

ཞི་བ་ཆགས་བྲལ་བདེན་གཉིས་དམ་པའི་ཆོས༔

ZHI WA   CHAG DRAL   DEN ÑI   DAM PE   CHO
pacífico   carente de deseo dos verdades   sagrado   Darma
                              (relativa y absoluta)

en el sagrado Darma de la verdad relativa y absoluta, pacífica y carente de deseo,

ཚོགས་མཆོག་འཕགས་པའི་དགེ་འདུན་ཐམས་ཅད་ལ༔

TSHOG CHO PHAG PE GEN DUN THAM CHE LA
asamblea, mejor arya, noble Sanga todos a
sociedad (grandes bodisatvas)

en toda la Sanga de grandes bodisatvas, la mejor asamblea,

བདག་ནི་ཉེ་བར་གུས་པས་སྐྱབས་སུ་མཆི༔

DAG NI ÑE WAR GUE PAE KYAB SU CHI
yo cercano, sincero devoción refugiarse

me refugio con devoción sincera.

Budas y bodisatvas de las diez direcciones, gurús, deidades del sendero y dakinis, ¡por favor, escuchadme! Desde hoy, en todas mis vidas mientras no obtenga la iluminación, en el Buda Bagaván, el líder de todos los humanos, en el sagrado Darma de la verdad relativa y absoluta, pacífico y libre de deseo, en toda la Sangha de grandes bodisatvas, la mejor asamblea, me refugio con genuina devoción.

ཞེས་ལན་གསུམ༔ [Dí esto tres veces]

མི་དགེ་བཅུ་སྤྱང་གི་སྐྱོམ་པ་བཟུང་ནི༔

[Manteniendo la firme intención de abandonar las diez acciones no virtuosas que se enumeran a continuación, recita lo siguiente:]

སྐྱབས་གནས་བསླུ་མེད་དཀོན་མཆོག་རྣམ་པ་གསུམ༔

KYAB NAE LU MED KON CHOG NAM PA SUM
refugio lugar fiable, joyas amables tres
no engaña (Buda, Darma, Sanga)

Ruego a las Tres Joyas, mi refugio seguro

དེང་འདིར་བདག་ལ་ཉེ་བར་དགོངས་སུ་གསོལ༔

DENG DIR DAG LA ÑE WAR GONG SU SOL
hoy aquí mí a verdadera considerar por favor

que me atiendan aquí y ahora.

Ruego a las Tres Joyas, mi refugio seguro, que me atiendan aquí y ahora.

འཕགས་པ་དཀོན་མཆོག་གསུམ་གྱི་སྤྱན་སྔ་རུ༔

PHAG PA KON CHOG SUM GYI CHEN NGA RU
arya, noble joyas tres de frente a para

Antes las nobles Tres Joyas,

བདག་གི་ལུས་ངག་ཡིད་གསུམ་དད་པ་ཡིས༔

DAG GI	LU	NGAG	YI	SUM	DAE PA	YI
mi	cuerpo	palabra	mente	tres	fe	por

con fe sincera y mi cuerpo, palabra y mente al completo,

གཞན་ལ་གནོད་པ་སྤངས་ལ་དགེ་བ་བསྒྲུབ༔

ZHEN	LA	NOE PA	PANG	LA	GE WA	DRUB
otros	a	dañar, perturbar	abandonar	entonces	virtud	practica

abandono dañar a los demás y solo practicaré la virtud de ahora en adelante.

Ante las nobles Tres Joyas con fe sincera y mi cuerpo, palabra y mente al completo, abandono dañar a los demás y solo practicaré la virtud de ahora en adelante.

སྲོག་གཅོད་མ་ཡིན་ལེན་དང་ལོག་པར་གཡེམ༔

SOG CHO	MA YIN LEN	DANG	LOG PAR YEM
matar	coger lo que no se ha dado, robar	y	actividad sexual inmoderada

Matar, coger lo que no se ha dado y la actividad sexual inmoderada,

ལུས་ཀྱི་མི་དགེ་གསུམ་པོ་རབ་སྤངས་ནས༔

LU	KYI	MI GE	SUM PO	RAB	PANG	NAE
cuerpo	de	faltas, vicios	tres	completamente	abandonar	entonces

renuncio completamente a estos tres vicios del cuerpo y

དགེ་བའི་ལས་གསུམ་བསྒྲུབ་པར་དམ་བཅའ་འོ༔

GE WAI	LAE	SUM	DRUB PAR	DAM CHA O
virtuoso	acción	tres	práctica	prometo, decido firmemente

(i.e. salvar a los seres de la muerte, ayudar a los demás y mantener los límites de la moralidad)

decido firmemente y prometo practicar las tres actividades virtuosas del cuerpo.

Renuncio completamente a los tres pecados del cuerpo: matar, coger lo que no se ha dado e involucrarme en la actividad sexual inmoderada, y decido firmemente y prometo practicar las tres actividades virtuosas del cuerpo.

རྫུན་དང་ཕྲ་མ་ཚིག་རྩུབ་ངག་འཁྱལ་སྟེ༔

DZUN	DANG	TRA MA	TSHIG TSUB	NGAG KHYAL	TE
mentir	y	calumniar, malmeter	lenguaje grosero	inútil, charla sin sentido	estos

A la mentira, a la calumnia, a la grosería y a la palabrería inútil,

ངག་གི་མི་དགེ་བཞི་པོ་རབ་སྤངས་ནས༔

NGAG	GI	MI GE		ZHI PO	RAB		PANG	NAE
palabra	*de*	*faltas, vicios*		*cuatro*	*completamente*		*abandono*	*entonces*

renuncio completamente a estos cuatro vicios de la palabra y

དགེ་བའི་ལས་བཞི་བསྒྲུབ་པར་དམ་བཅའ་འོ༔

GE WAI	LAE	ZHI	DRUB PAR	DAM CHA O
virtuosas	*acciones*	*cuatro*	*práctica*	*decido firmemente a*

(hablar sólo la verdad pura, reconciliar a los que están peleados, hablar dulcemente y con calma, y decir mantras y leer libros sagrados)

decido y prometo firmemente practicar las cuatro actividades virtuosas de la palabra.

Renuncio completamente a los cuatro vicios de la palabra: la mentira, la calumnia, la grosería y la palabrería hueca y decido y prometo firmemente practicar las cuatro actividades virtuosas de la palabra.

བརྣབ་སེམས་གནོད་སེམས་ལོག་པར་ལྟ་བ་སོགས༔

NAB SEM	NOD SEM	LOG PAR TA WA	SOG
codicia	*malicia, malas intenciones*	*visiones erróneas*	*(plural)*

Codicia, malicia y visiones erróneas,

ཡིད་ཀྱི་མི་དགེ་གསུམ་པོ་རབ་སྤངས་ནས༔

YI	KYI	MI GE	SUM PO	RAB		PANG	NAE
mente	*de*	*faltas,vicios*	*tres*	*completamente*		*abandonar*	*entonces*

renuncio completamente a estos tres vicios de la mente

དགེ་བའི་ལས་གསུམ་བསྒྲུབ་པར་དམ་བཅའ་འོ༔

GE WAI	LAE	SUM	DRUB PAR	DAM CHA O
virtuosas	*acciones*	*tres*	*practicar*	*decido firmemente*

(i.e. saber que la propia riqueza es suficiente y no necesitar más, preocuparse por el bienestar de los demás y tener fe en el karma y las Tres Joyas).

decido y prometo firmemente practicar las tres actividades virtuosas de la mente.

Renuncio completamente a los tres vicios de la mente: la codicia, la malicia y tener visiones erróneas y decido y prometo firmemente practicar las tres actividades virtuosas de la mente.

Tomar los Votos del bodisatva

 སློབ་དཔོན་དགོངས་སུ་གསོལ།

LO PON   **GONG SU SOL**
maestro, oficiante   *por favor escúchame*

Maestro, ¡por favor, escúchame!

ཇི་ལྟར་སྔོན་གྱི་དེ་བཞིན་གཤེགས་པ་དགྲ་བཅོམ་པ།

YI TAR   **NGON GYI**   **DE ZHIN SHEG PA**   **DRA**   **CHOM PA**
así como   *los anteriores*   *tatagata, buda*   **enemigo*   *vencedor, (arhat)*

* esto no se refiere al arhat hinayana sino que es un título de Buda como aquel que ha superado las aflicciones y sus rastros sutiles

Así como en épocas anteriores los Tatágatas, los Arhats,

ཡང་དག་པར་རྫོགས་པའི་སངས་རྒྱས་བཅོམ་ལྡན་འདས་རྣམས་དང་།

YANG DAG PAR DZOG PE   **SANG GYE**   **CHOM DEN DAE**   **NAM**   **DANG**
supremo   *completamente buda*   *bagaván*   *(plural)*   *y*
                                      (epíteto de buda)

los supremos y completos Budas Bagaván, y

ས་ཆེན་པོ་ལ་རབ་ཏུ་བཞུགས་པའི་བྱང་ཆུབ་སེམས་དཔའ་རྣམས་ཀྱིས།

SA   **CHEN PO LA**   **RAB TU ZHUG PE**   **CHANG CHUB SEM PA NAM**   **KYI**
etapas*   *grande*   *sobre establecido firmemente bodisatvas*   *(plural)*   *por*

*las diez etapas del camino del bodisatva hacia la iluminación.

los bodisatvas firmemente establecidos en las grandes etapas,

དང་པོ་བླ་ན་མེད་པ་ཡང་དག་པར་རྫོགས་པའི

DANG PO   **LA NA ME PA**   **YANG DAG PAR**   **DZOG PAI**
al principio, cuando   *insuperable,*   *supremo*   *completo*
comenzaron sus carreras   *sin igual*

cuando comenzaron sus carreras, desarollaron la intención altruista de obtener la suprema e insuperable iluminación completa,

བྱང་ཆུབ་ཆེན་པོར་ཐུགས་བསྐྱེད་པ་དེ་བཞིན་དུ།

CHANG CHUB   **CHEN POR**   **THUG KYE PA**   **DE ZHIN DU**
iluminación   *grande*   *surgir la intención*   *así, similarmente*
                                altruista de despertar

la gran iluminación,

བདག་མིང་(⋯⋯⋯)འདི་ཞེས་བགྱི་བ་ཡང་།

DAG   MING   DI ZHE   GYI WA   YANG
Yo   nombre   así llamado   hago   también

ahora, de la misma manera, yo (...di tu propio nombre...) también

སློབ་དཔོན་གྱིས་བླ་ན་མེད་པ་ཡང་དག་པར་རྫོགས་པའི

LO PON   GYI   LA NA ME PA   YANG DAG PAR   DZOG PAI
maestro   desde   insuperable   supremo   completo*

*Pido al maestro que despierte y desarrolle este deseo en mí. El deseo de beneficiar a todos los seres conduciéndolos a la iluminación es inherente a nuestro potencial de Buda, pero necesita ser despertado y desarrollado..

solicito del maestro

བྱང་ཆུབ་ཆེན་པོར་སེམས་བསྐྱེད་པར་མཛོད་དུ་གསོལ།

CHANG CHUB CHEN POR   SEM KYE PAR   DZO DU SOL
gran   iluminación   intención, surja   pido

el surgimiento de la intención altruista de obtener la suprema e insuperable gran iluminación completa.

Maestro, ¡por favor, escúchame! Así como en épocas anteriores los tatágatas, los arhats, los supremos y completos budas bagaván y los bodisatvas firmemente establecidos en las grandes etapas, al inicio de sus carreras, desarrollaron la intención altruista de obtener la suprema e insuperable gran iluminación completa, ahora, de la misma manera, yo (di tu propio nombre) también solicito del maestro el surgimiento de la intención altruista de obtener la suprema e insuperable gran iluminación completa.

ཕན་པར་བསམས་པ་ཙམ་གྱིས་ཀྱང་།

PHEN PAR   SAM PA   TSAM   GYI   KYANG
útil, beneficioso   pensamiento   solo, mero   por   incluso
para otros, bueno

Si el mero pensamiento de ayudar a los demás

སངས་རྒྱས་མཆོད་ལས་ཁྱད་འཕགས་ན།

SANG GYE   CHOD   LAE   KHYED   PHAG   NA
buda   ofrezco   que   especial   noble,   si, por lo tanto
*   adorar   (comparativo)*

es más excelente que la adoración a los budas,

སེམས་ཅན་མ་ལུས་ཐམས་ཅད་ཀྱི།

SEM CHEN   MA LU   THAM CHE   KYI
seres, todos los   sin   todos   de
que están en samsara   excepción

no hace falta mencionar la grandeza de esforzarse

བདེ་དོན་བརྩོན་པ་སྨོས་ཅི་དགོས།

DE	**DON**	**TSON PA**	**MOE CHI GOE**
felicidad	*beneficio,* *ventaja*	*con fuerza, diligentemente,* *con energía*	*no hace falta mencionar*

por la felicidad y el bienestar de todos los seres sin excepción.

Si el mero pensamiento de ayudar a los demás es más excelente que la adoración a los budas, no hace falta mencionar la grandeza de esforzarse por la felicidad y el bienestar de todos los seres sin excepción.

ཨློན་པ་སེམས་བསྐྱེད་ནི༔

Desarrollar la bodichita de aspiración

བླ་མེད་དཀོན་མཆོག་གསུམ་པོ་དགོངས་སུ་གསོལ༔

LU ME   KON CHOG   SUM PO   GONG SU SOL
infalible   joyas   tres   por favor escúchame
(Buda, Darma, Sanga)

Tres Joyas infalibles, por favor, ¡prestadme atención!

བདག་མིང་ (·······) ཞེས་བགྱི་བས༔

DAG   MING   ZHE GYI WAE
Yo   nombre   así llamado

yo, (…dí tu propio nombre…),

འདི་ནས་བཟུང་སྟེ་བྱང་ཆུབ་མ་ཐོབ་བར༔

DI   NAE   ZUNG TE   CHANG CHUB   MA   THOB   BAR
ahora desde   vidas futuras   iluminación   no   obtener   mientras, hasta

de ahora en adelante, en todas mis vidas hasta alcanzar la iluminación,

བདག་གི་མར་གྱུར་འགྲོ་བ་སེམས་ཅན་ལ༔

DAG GI   MAR GYUR   DRO WA   SEM CHEN   LA
mi   quien ha sido   vagando en   ser   a
    mi madre   samsara

hacia los seres que se mueven en el samsara, que han sido todos mi propia madre en mis innumerables vidas pasadas,

མ་དང་བུ་ཡི་འདུ་ཤེས་རབ་བསྐྱེད་ནས༔

MA   DANG   BU YI   DU SHE   RAB   KYE   NAE
madre   y   hijo de   conocimiento,   completamente   desarrollar   entonces
        pensar

desarrollaré plenamente la actitud de una madre hacia sus hijos.

སེམས་ཅན་མ་གྲོལ་བ་རྣམས་བསྒྲལ་བ་དང༔

SEM CHEN   MA DRAL WA NAM   DRAL WA DANG
seres   que no han sido liberados   liberar
    del samsara

Entonces liberaré a todos aquellos seres que aún no han salido del samsara, y

 མ་གྲོལ་བ་རྣམས་དགྲོལ་བར་བྱ་བ་དང་༔

MA DROL WA NAM   DROL WAR   YA WA   DANG
no   liberar   todos (aquellos)   libre   hacer   y

liberaré a todos aquellos que no son libres

དབུགས་མ་དབྱུང་བ་དག་ནི་དབུགས་དབྱུང་ཕྱིར་༔

WUG MA YUNG WA DAG NI   WUG YUNG   CHIR
desesperados   inspirar, dar   con el fin de
sin confianza   respiro

e inspiraré y ayudaré a todos aquellos desesperados y sin confianza.

སྨོན་པ་བྱང་ཆུབ་མཆོག་ཏུ་སེམས་བསྐྱེད་དོ་༔

MON PA   CHANG CHUB   CHOG TU   SEM   KYE DO
aspiración   iluminación   mejor   a   intención   surgir, desarrollar

Para ello, generaré la aspiración altruista hacia la más excelente iluminación.

Tres Joyas infalibles, por favor, ¡prestadme atención! De ahora en adelante, en todas mis vidas hasta alcanzar la iluminación, yo, (di tu propio nombre), desarrollaré plenamente la actitud de una madre hacia sus hijos, hacia los seres que se mueven en el samsara, que han sido todos mi propia madre en mis innumerables vidas pasadas. Entonces liberaré a todos aquellos seres que aún no han salido del samsara, a todos aquellos que no son libres, e inspiraré y ayudaré a los desesperados y sin confianza. Para ello, generaré la aspiración altruista hacia la más excelente iluminación.

ཕྱོགས་བཅུན་བཞུགས་པའི་སངས་རྒྱས་དང་།

CHOG   CHU   NA   ZHUG PE   SANG GYE   DANG
dirección   diez   en   permanecer   budas   y

Budas y bodisatvas de las diez direcciones,

བྱང་ཆུབ་སེམས་དཔའ་ཐམས་ཅད་བདག་ལ་དགོངས་སུ་གསོལ།

CHANG CHUB SEM PA   THAM CHE   DAG   LA   GONG   SU SOL
bodisatvas   todos   me   a   atender   ruego

por favor, prestadme atención.

སློབ་དཔོན་བདག་ལ་དགོངས་སུ་གསོལ།

LO PON   DAG   A   GONG   SU SOL
maestro   me   a   atender   por favor

Maestro, por favor, préstame atención.

Budas y bodisatvas de las diez direcciones, por favor, prestadme atención. Maestro, por favor, préstame atención.

བདག་མིང་(········)འདི་ཞེས་བགྱི་བ་བདག་གི་སྐྱེ་བ་གཞན་དག་ཏུ

DAG MING	DI ZHE	GYI WA	DAG GI	KYE WA	ZHAN DAG	TU
mi nombre	*(propio nombre)*	*hecho*	*mi*	*vidas*	*otros*	*En*

En todas mis vidas anteriores, yo, (di tu propio nombre),

སྦྱིན་པ་ལས་བྱུང་བ་དང་།

YIN PA	LAE	YUNG WA	DANG
generosidad	*desde*	*surgir*	*y*

por generosidad,

ཚུལ་ཁྲིམས་ལས་བྱུང་བ་དང་།

TSHUL THRIM	LAE	YUNG WA	DANG
moralidad	*desde*	*surgir*	*y*

por moralidad, y

བསྒོམ་པ་ལས་བྱུང་བའི་དགེ་བའི་རྩ་བ་བགྱིས་པ་དང་།

GOM PA	LAE	YUNG WAI	GE WAI	TSA WAI	GYI PA	DANG
meditación	*desde*	*surgir*	*virtuoso*	*raíz (mérito)*	*hecho*	*y*

por meditación he generado mérito y también

གཞན་ལ་བགྱིད་དུ་ཚལ་བ་དང་།

ZHEN	LA	GYID DU	TSAL WA	DANG
otros	*a*	*haciendo*	*alentar*	*y*

alentando a otros a practicar la virtud,

གཞན་གྱིས་བགྱིས་པ་ལ་རྗེས་སུ་ཡི་རངས་པ་དེས།

ZHEN	GYI	GYI PA	LA	YE SU	YI RANG PA	DE
otros	*por*	*hechos*	*a*	*compasivo*	*alegrar*	*por*

y regocijándome en la virtud hecha por otros. Ahora haré uso de todo
este mérito.

ཇི་ལྟར་སྔོན་གྱི་དེ་བཞིན་གཤེགས་པ་དགྲ་བཅོམ་པ་ཡང་དག་པ་

YI TAR	NGON GYI	DE ZHIN SHEG PA	DRA CHOM PA	YANG DAG PA
Tal como	*ateriores*	*tatagatas*	*arhats (todos los budas,*	*supremo*
			no el estado hinayana)	

Así como los primeros tatágatas, arhats, supremos y

རྫོགས་པའི་སངས་རྒྱས་བཅོམ་ལྡན་འདས་རྣམས་དང་།

DZOG PE	SANG GYE	CHOM DEN DAE	NAM	DANG
completo	*buda*	*bagaván*	*(plural)*	*y*

completos budas bagaván y

ས་ཆེན་པོ་ལ་རབ་ཏུ་བཞུགས་པའི་བྱང་ཆུབ་སེམས་དཔའ་

SA   CHEN PO   LA   RAB TU   ZHUG PE   CHANG CHUB SEM PA
*etapas   grande   en   firmemente establecerse   bodisatvas
* Por encima del séptimo de los diez estadios del bodisatva

que permanecen firmemente en las grandes etapas

སེམས་དཔའ་ཆེན་པོ་རྣམས་ཀྱིས།

SEM PA CHEN PO   NAM   KYI
mahasattvas, grandes héroes   (plural)   por

los bodisatvas y mahasatvas hicieron,

དང་པོ་བླ་ན་མེད་པ་ཡང་དག་པ་རྫོགས་པའི་

DANG PO   LA NA ME PA   YANG DAG PA   DZOG PAI
al principio   insuperable   suprema   completa

al comienzo de sus carreras espirituales,

བྱང་ཆུབ་ཆེན་པོ་ཐུགས་བསྐྱེད་པ་དེ་བཞིན་དུ།

CHANG CHUB   CHEN PO   THUG   KYE PA   DE ZHIN DU
iluminación   grande   mente, intención desarrollar   similar

elevaron la intención altruista de obtener la insuperable, suprema y completa, gran iluminación, ,

བདག་མིང་(⸱⸱⸱⸱⸱⸱⸱⸱) འདི་ཞེས་བགྱི་བས་ཀྱང་།

DAG MING   DI ZHE   GYI WAE   KYANG
Yo   nombre   (propio nombre)   hecho por mi   también

de la misma manera, yo (di tu propio nombre) también,

དུས་འདི་ནས་བཟུང་སྟེ།

DUE DI   NAE   ZUNG TE
ahora   desde   en todas mis vidas futuras

desde este momento en adelante,

ཇི་སྲིད་བྱང་ཆུབ་སྙིང་པོ་ལ་མཆིས་ཀྱི་བར་དུ།

YI SI   CHANG CHUB   ÑING PO   LA   CHI KYI   BAR DU
mientras dure   iluminación   corazón   a   obtener   hasta
(Utilizando toda mi virtud reunida en los tres tiempos cumpliré estos votos, anteponiendo la iluminación de los demás a la mía.)

hasta que todos los seres obtengan la iluminación

སེམས་ཅན་མ་བསྒྲལ་བ་རྣམས་བསྒྲལ་བ་དང་།

SEM CHEN   MA DRAL WA NAM   DRAL WA   DANG
seres   que no ha sido liberados   liberar   y
del samsara

liberaré a todos los seres que vagan aún en el samsara, y

ཨ་གྲོལ་བ་རྣམས་དགྲོལ་བ་དང་།

MA DROL WA NAM   **DROL WA**   **DANG**
los que no son libres   *liberar*   *y*

liberaré a los que no han sido liberados, y

དབུགས་མ་དབྱུང་རྣམས་དབུགས་དབྱུང་བ་དང་།

WUG   **MA YUNG**   **NAM**   **WUG**   **YUNG WA**   **DANG**
respiración, inspiración no   *respirar*   *aquellos inspiración*   *respirar*   *y*

daré esperanza y confianza a aquellos en los que falta la inspiración,

ཡོངས་སུ་མྱ་ངན་ལས་མ་འདས་པ་རྣམས།

YONG SU   **NYA NGEN**   **LAE**   **MA**   **DAE PA**   **NAM**
completamente sufrimiento   *desde*   *no*   *libre*   *aquellos*

a todos aquellos que no han pasado completamente del sufrimiento,

མྱ་ངན་ལས་འདས་པའི་སླད་དུ།

NYA NGEN   **LAE**   **DAE WAI**   **LAE DU**
sufrimiento   *del*   *ir*   *con el fin de*
(obtener la iluminación)

haré pasar del sufrimiento y con el fin de hacer esto

བླ་ན་མེད་པ་ཡང་དག་པར་རྫོགས་པའི་

LA ME PA   **YANG DAG PAR**   **DZOG PAI**
insuperable   *supremo*   *y*   *completo*

genero la intención altruista

བྱང་ཆུབ་ཆེན་པོར་སེམས་བསྐྱེད་པར་བགྱིའོ།

CHANG CHUB CHEN POR   **SEM KYE PAR GYIO**
gran iluminación   *generar*

de obtener la suprema y completa gran iluminación.

En todas mis vidas anteriores, yo, (di tu propio nombre), mediante la generosidad, la moralidad y la meditación he generado mérito y también he alentando a otros a practicar la virtud, regocijándome en la virtud hecha por otros. Ahora haré uso de todo este mérito. Así como los primeros tatágatas, arhats, budas bagaván supremos y completos y los bodisatvas y mahasatvas que permanecen firmemente en las grandes etapas, al comienzo de sus carreras espirituales, generaron la intención altruista de obtener la insuperable, suprema y completa, gran iluminación, de la misma manera, desde este momento en adelante en todas mis vidas hasta que todos los seres obtengan la iluminación, yo (di tu nombre) también, liberaré a todos los seres que aún no han salido del samsara, y a todos aquellos que aún no han sido liberados.

Daré esperanza y confianza a los que carecen de inspiración, y haré pasar más allá a los que no han pasado completamente del sufrimiento. Para ello genero la intención altruista de obtener la suprema y completa gran iluminación.

གོང་གི་ཚིག་རྣམས་བསྟན་འགྱུར་ནང་གི་ཚིག་ཡིན་ལ་ཁ་གསལ་བའི་ཕྱིར་འདི་ལྟར་འཆང་མ་རྒྱ་བ་རྣམས་འཆང་རྒྱ་ནས། ཞི་བ་བྱང་ཆུབ་ཆེན་པོའི་གོ་འཕང་ཐོབ་པའི་སླད་དུ། ཞེས་པའི་དོན་ནོ།

[Las palabras anteriores proceden de la colección del Tangyur y dejan claro que el significado de las palabras que recitamos es «en aras de iluminar a los no iluminados y alcanzar la etapa del gran despertar pacífico»].

འཆག་པ་སེམས་བསྐྱེད་ནི།

Bodichita de compromiso en la práctica real

དངོས་གཞི་ནི། Práctica principal

སློབ་མས་སྤྲོས་པ་ལེན་པའི་སེམས་བསྐྱེད་པ། [El discípulo que desee hacer el voto por el que se compromete a la práctica real de la realización de la bodichita debe realizarlo de la siguiente manera:]

སློབ་དཔོན་གྱིས་རིགས་ཀྱི་བུ་མིང་(··········)འདི་ཞེས་བྱ་བ་ཁྱོད།

LO PON	GYI	RIG	KYI	BU	MING	DI	ZHE YA WA	KHYO
maestro	*por*	*familia*	*de*	*niño*	*nombre*	*este*	*llamado*	*ti*
					[nombre del discípulo]			

El maestro dice: «Buena persona llamada (...nombre del discípulo...), ¿deseas recibir

བྱང་ཆུབ་སེམས་དཔའ་མིང་(··········)འདི་ཞེས་བྱ་བ་ལས།

CHANG CHUB SEM PA	MING	DI	ZHE YA WA	LAE
bodisatva	*nombre*	*este*	*llamado*	*en frente*
	[nombre del maestro]			

de este bodisatva llamado (...nombre del maestro...),

འདས་པའི་བྱང་ཆུབ་སེམས་དཔའ་ཐམས་ཅད་ཀྱི།

DAE PE	CHANG CHUB SEM PA	THAM CHE	KYI
anteriores	*bodisatvas*	*todos*	*de*

los votos del entrenamiento de todos los

བསླབ་པའི་གཞི་གང་དག་དང་།

LAB PE	ZHI	GANG DAG	DANG
entrenamiento	*fundamentos, votos*	*cualquiera*	*y*

bodisatvas del pasado y

ཚུལ་ཁྲིམས་གང་དག་དང་།

TSHUL RIM	GANG DAG	DANG
prácticas de moralidad	*cualquiera*	*y*

todas sus disciplinas morales y

མ་འོངས་པའི་བྱང་ཆུབ་སེམས་དཔའ་ཐམས་ཅད་ཀྱི་

MA ONG PE   CHANG CHUB SEM PA   THAM CHE   KYI
futuro   bodisatvas   todos   de

los votos de entrenamiento de todos los

བསླབ་པའི་གཞི་གང་དག་དང་།

LAB PE   ZHI   GANG DAG   DANG
entrenamiento   fundamento, votos cualquiera   y

bodisatvas del futuro y

ཚུལ་ཁྲིམས་གང་དག་དང་།

TSHUL TRIM   GANG DAG   DANG
prácticas de moralidad   cualquiera   y

todas sus disciplinas morales y

ད་ལྟ་ཕྱོགས་བཅུའི་འཇིག་རྟེན་གྱི་ཁམས་ན་བཞུགས་པའི་

DA TA   CHOG   CHU   YIG TEN   GYI   KHAM   NA   ZHUG PAI
ahora   direcciones diez   el mundo   de   reinos   en   permanecer

los votos del entrenamiento de

བྱང་ཆུབ་སེམས་དཔའ་ཐམས་ཅད་ཀྱི་བསླབ་པའི་གཞི་གང་དག་དང་།

CHANG CHUB SEM PA THAM CHE KYI LAB PE   ZHI GANG DAG   DANG
bodisatva   todos   de entrenamiento votos cualquiera   y

todos los bodisatvas que residen ahora en todos los reinos de las diez direcciones del mundo y

ཚུལ་ཁྲིམས་གང་དག་ལ།

TSHUL TRIM   GANG DAG   LA
prácticas de moralidad   cualquiera   a

todas sus disciplinas morales,

འདས་པའི་བྱང་ཆུབ་སེམས་དཔའ་ཐམས་ཅད་ཀྱིས་

DAE PE   CHANG CHUB SEM PA   THAM CHE   KYI
anteriores,   bodisatvas   todos   por
pasado

todo el entrenamiento pasado de los

བསླབས་པར་གྱུར་པ་དང་།

LAB PAR   GYUR PA   DANG
entrenarse,   hicieron   y
que han practicado

bodisatvas, y

མ་འོངས་པའི་བྱང་ཆུབ་སེམས་དཔའ་ཐམས་ཅད་སློབ་པར་འགྱུར་པ་དང་།

MA ONG PE CHANG CHUB PA THAM CHE LOB PAR GYUR PA DANG
futuro   bodisatva   todos   estudio   serán   y

y todo el entrenamiento de los bodisatvas futuros, y

ད་ལྟ་ཕྱོགས་བཅུའི་འཇིག་རྟེན་གྱི་ཁམས་ཐམས་ཅད་ན་བཞུགས་པའི་

DA TA CHOG CHUI YIG TEN GYI KHAM THAM CHE NA ZHUG PAI
presente diez direcciones los mundos de reinos todos en permanecen

y todo lo que está siendo entrenado por los bodisatvas

བྱང་ཆུབ་སེམས་དཔའ་ཐམས་ཅད་ཀྱི་བསླབ་པའི་གཞི་ཐམས་ཅད་དང་།

CHANG CHUB SEM PA THAM CHE KYI LAB PE ZHI THAM CHE DANG
bodisatvas todos de entrenamiento base todos y

que permanecen actualmente en los reinos de las diez direcciones del mundo,

བྱང་ཆུབ་སེམས་དཔའི་ཚུལ་ཁྲིམས་ཐམས་ཅད་

CHANG CHUB SEM PE TSUL TRIM THAM CHE
bodisatva moral todos

todas las prácticas morales de los bodisatvas,

དེར་སྡོམ་པའི་ཚུལ་ཁྲིམས་དང་།

DER DOM PE TSHUL TRIM DANG
sus votos moralidad y

y todas sus disciplinas morales

དགེ་བའི་ཆོས་སྡུད་པའི་ཚུལ་ཁྲིམས་དང་།

GE WAI CHO DUD PE TSUL TRIM DANG
virtuoso Darma acumular moralidad y

sus prácticas morales de acumular darmas virtuosos y

སེམས་ཅན་གྱི་དོན་བྱ་བའི་ཚུལ་ཁྲིམས་ལེན་པར་འདོད་དམ།

SEM CHEN GYI DON YA WAI TSUL TRIM LEN PAR DO DAM
*seres de beneficio hacer moralidad adoptar, deseas
recibir o no?*

sus prácticas morales de beneficiar a los seres? ¿Deseas recibir esto?»

El maestro dice: «Buena persona llamada (...nombre del discípulo...) ¿deseas recibir de este bodisatva llamado (...nombre del maestro...) los votos del entrenamiento de todos los bodisatvas del pasado y todas sus disciplinas morales, y los votos del entrenamiento de todos los bodisatvas del futuro y todas sus disciplinas morales, y los votos del entrenamiento de todos los bodisatvas que actualmente residen en todos los reinos en las diez direcciones del mundo y todas sus disciplinas morales, todo lo que fue entrenado por todos los bodisatvas anteriores, y todo lo que será entrenado por todos los bodisatvas futuros, y todo lo que está siendo entrenado por todos los bodisatvas que actualmente residen en los reinos en las diez direcciones del mundo, todas las prácticas morales de los bodisatvas, sus prácticas morales de votos, sus prácticas morales de acumular Darma virtuoso, y sus prácticas morales de beneficiar a los seres? ¿Deseas recibir esto?»

ཞེས་ལན་གསུམ་དྲིས་ལ། [Al discípulo se le pregunta esto tres veces]

སློབ་མས་འཚལ་ལགས། ཞེས་ལན་གསུམ་བརྗོད་དོ།། [El discípulo que desea recibirlos responde «Sí, quiero» tres veces]

བླ་མེད་དཀོན་མཆོག་གསུམ་པོ་དགོངས་སུ་གསོལ༔

LU ME   KON CHOG   SUM PO   GONG SU SOL
infalibles   joyas   tres   por favor atendedme

Tres Joyas infalibles, ¡por favor, prestadme atención! .

བདག་མིང་(········)ཞེས་བགྱི་བས༔

DAG MING*.............* ZHE GYI WAE
mi nombre   así llamado

yo, (...di tu propio nombre...),

རྫོགས་པའི་སངས་རྒྱས་བྱང་ཆུབ་སེམས་དཔའ་དང༔

DZOG PE   SANG GYE   CHANG CHUB SEM PA   DANG
completo   budas   bodisatvas   y

el mismo modo que todos los budas perfectos, bodisatvas y

སྔོན་གྱི་འདས་པའི་རྒྱལ་བ་ཐམས་ཅད་ཀྱང༔

NGON GYI DAE PE   GYAL WA   THAM CHE   KYANG
idos anteriormente   yinas, Budas   todos   también
(del samsara)

victoriosos que en el pasado fueron más allá del samsara

སྡོམ་པ་ལ་ནི་རབ་ཏུ་གནས་པ་ལྟར༔

DOM PA   LA NI RAB TU   NAE PA   TAR
votos   a/con   firmemente, constantemente   permanecer   así

se mantienen firmes en sus votos, de la misma forma,

དེང་ནས་བཟུང་སྟེ་འཁོར་བ་མ་སྟོངས་བར༔

DENG   NAE   ZUNG TE   KHOR WA   MA   TONG   BAR
hoy   desde   futuras vidas   samsara   no   vacío   hasta, mientras dure

a partir de hoy y en todas mis vidas futuras, mientras el samsara no se haya vaciado,

མ་ལུས་འགྲོ་བ་སྒྲོལ་བའི་དོན་གྱི་ཕྱིར༔

MA LU   DRO WA   DROL WAI   DON GYI   CHIR
sin   seres   liberados   beneficio   con el fin de
excepción

con el fin de beneficiar a todos los seres liberándolos,

བླ་མེད་འཆུག་པའི་བྱང་ཆུབ་སེམས་བསྐྱེད་ནས༔

LA ME   YUG PE   CHANG CHUB SEM   KYE   NAE
insuperable   comprometerse   bodichita   surgir   entonces, y
             en la práctica real

generaré la insuperable bodichita del compromiso y

ཕ་རོལ་ཕྱིན་པ་དྲུག་ལ་བསླབ་པར་བགྱི༔

PHA ROL CHIN PA   DRUG   LA   LAB PAR   GYI
paramitas   seis   en   entrenamiento hacer*
generosidad, moralidad, paciencia, diligencia, meditación y verdadero discernimiento

me entrenaré en la práctica de las seis paramitas.

Tres Joyas infalibles, ¡por favor, prestadme atención! Del mismo modo que todos los budas perfectos, bodisatvas y victoriosos que en el pasado fueron más allá del samsara se mantienen firmes en sus votos, yo, (...di tu propio nombre...), a partir de hoy y en todas mis vidas futuras, mientras el samsara no se haya vaciado, con el fin de beneficiar a todos los seres liberándolos, generaré la insuperable bodichita del compromiso y me entrenaré en la práctica de las seis paramitas.

སེམས་ཅན་མ་ལུས་སྒྲོལ་ཕྱིར་བཙོན་འགྲུས་བསྐྱེད༔

SEM CHEN   MA LU   DROL   CHIR   TSON DRU   KYE
seres   sin excepción   liberar   con el fin de   diligencia   desarrollar

Desarrollando la diligencia para liberar a todos los seres sin excepción,

ཚུལ་ཁྲིམས་རྣམ་པ་གསུམ་ཡང་བསྲུང་བར་བགྱི༔

TSHUL TRIM   NAM PA SUM   YANG   SUNG WAR   GYI
moralidad   tipos   tres   también   proteger   hacer
(de votos, de darmas virtuosos, y de beneficiar a los demás)

mantendré los tres tipos de moralidad.

བདག་གིས་བྱང་ཆུབ་མཆོག་ཏུ་སེམས་བསྐྱེད་ནས༔

DAG	GI	CHANG CHUB	CHOG	TU	SEM KYE	NAE
mí	*por*	*iluminación*	*mejor*	*a*	*bodichita*	*entonces*

En mí genero la intención altruista de obtener la iluminación más excelente.

ཁམས་གསུམ་འཁོར་བའི་སེམས་ཅན་མ་ལུས་ཀུན༔

KHAM	SUM	KHOR WAI	SEM CHEN	MU LU	KUN
mundo	*tres*	*samsara*	*seres*	*sin excepción*	*todos*
(los tres mundos: del deseo, de la forma y sin forma)					

Entonces, a todos los seres sin excepción que aún vagan por los tres mundos del samsara

མ་བསྒྲལ་བསྒྲལ་དང་མ་གྲོལ་དགྲ་ཙོལ་བར་བྱ༔

MA	DRAL	DRAL	DANG	MA	DROL	DROL WAR	YA
no	*salir*	*salir*	*y*	*no*	*liberado*	*libre*	*hacer*

que no han salido aún, los sacaré, y a los que no han sido liberados, los liberaré.

དབུགས་མ་དབྱུང་བ་དག་ཀྱང་དབུགས་དབྱུང་ནས༔

UG MA YUNG WA	DAG	KYANG	UG YUNG	NAE
sin esperanza y confianza	*Yo*	*también*	*animaré*	*entonces*

A los que carecen de esperanza y confianza, los ayudaré y animaré, y

བླ་མེད་མྱུ་ངན་འདས་པའིས་ལ་འགོད༔

LA ME	NYA NGAN DAE PE	SA	LA	GOD
insuperable	*nirvana, libertad de cualquier pena*	*establecer en*		*poner*

estableceré a todos los seres en el nirvana insuperable.

Desarrollando la diligencia para liberar a todos los seres sin excepción, mantendré los tres tipos de moralidad. En mí genero la intención altruista de obtener la iluminación más excelente. Entonces, a todos los seres sin excepción que aún vagan por los tres mundos del samsara, los sacaré, y a los que no han sido liberados, los liberaré. A los que carecen de esperanza y confianza los ayudaré y animaré, y estableceré a todos los seres en el nirvana insuperable.

 དོན་དམ་སེམས་བསྐྱེད་ནིཿ

Desarrollar la bodichita absoluta

བསྐུ་མེད་དཀོན་མཆོག་གསུམ་པོ་དགོངས་སུ་གསོལཿ

LU ME	KON CHOG	SUM PO	GONG SU	SOL
infalibles	*joyas*	*tres*	*por favor atendedme*	

Tres Joyas infalibles, ¡por favor, prestadme atención! .

བདག་དང་མཁའ་ཁྱབ་མཐའ་ཡས་སེམས་ཅན་ཀུནཿ

DAG	DANG	KHA	KHYAB		THA YE	SEM CHEN	KUN
Yo	*y*	*cielo*	*llenar, impregnar*		*sin límites*	*seres*	*todos*

Yo y todos los ilimitados seres sensibles que llenan el cielo,

ཡེ་ནས་སངས་རྒྱས་རང་བཞིན་ཡིན་པ་ལཿ

YE	NAE	SANG GYE	RANG ZHIN	YIN PA	LA
principio	*desde*	*buda*	*inherente, esencia*	*tener, ser*	*de ahí*
(primordialmente)					

somos, desde el principio, esencialmente Buda.

དེ་ལྟར་ཡིན་པར་ཤེས་པའི་བདག་ཉིད་ཀྱིསཿ

DE TAR YIN PAR	SHE PE	DAG ÑID	KYI
así	*es*	*conocer*	*presencia, verdad*	*con, tener*
(carente de la dualidad reificada de sujeto y objeto)			

La plena presencia de saber que así es como somos

མཐའ་བྲལ་བྱང་ཆུབ་མཆོག་ཏུ་སེམས་བསྐྱེད་དོཿ

THA DRAL	CHANG CHUB	CHOG	TU	SEM	KYE DO
sin límites (sunyata)	*iluminación*	*mejor*	*a*	*bodichita*	*hace surgir*

revela la mente como un despertar perfecto ilimitado.

Tres Joyas infalibles, ¡por favor, prestadme atención! Yo y todos los ilimitados seres sensibles que llenan el cielo, somos, desde el principio, esencialmente Buda. La plena presencia de saber que así es como somos revela la mente como un despertar perfecto ilimitado.

དབང་རྒྱལ་ལ་བསླབ་བྱ་གཅིག་ཏུ་བསྡུག་པ་ནི།

Instrucción en la Enseñanza unificada
para gente sencilla

རྩལ་པོ་ལ་གདམས་པའི་མདོ་ལས།
Del sutra Raja Upadesa

རྒྱལ་པོ་ཆེན་པོ། ཁྱོད་ནི་འདི་ལྟར་བྱ་བ་མང་བ།

GYAL PO CHEN PO   KHYO NI DI TAR   YA WA   MANG WA
gran rey   *tú*   *como esta realizar acciones muchas*

Majestad, tienes muchos trabajos que hacer tú mismo

བྱེད་པ་མང་བ་སྟེ། ཐམས་ཅད་ཀྱིས་ཐམས་ཅད་དུ།

YE PA   MANG WA   TE   THAM CHE   KYI   THAM CHE   DU
actor   muchas   así   todos   por   todos   a

y muchas órdenes que dar a los demás.. Estás tan ocupado que

སྦྱིན་པ་ནས་ཤེས་རབ་ཀྱི་ཕ་རོལ་དུ་ཕྱིན་པའི་

YIN PA   NAE   SHE RAB   KYI   PHA ROL DU CHIN PAI
dar,   desde   sabiduría,   de   paramitas, cualidades
generosidad   verdadero discernimiento   transcendentes

no tienes tiempo para practicar el entrenamiento completo desde generosidad hasta sabiduría

བར་ལ་བསླབ་པར་མི་ནུས་ཀྱི།

BAR   LA   LAB PAR   MI NU KYI
hasta en   entrenamiento no con intensidad

de las seis paramitas.

དེ་བས་ན་རྒྱལ་པོ་ཆེན་པོ་ཁྱོད་ཡང་

DE WAE   NA   GYAL PO CHEN PO   KHYO   YANG
por lo tanto si   rey   grande   tú   también

Por lo tanto, Majestad,

དག་པར་རྫོགས་པའི་བྱང་ཆུབ་ལ་འདུན་པ་དང་། དད་པ་དང་།

DAG PAR   DZOG PE   CHANG CHUB   LA   DUN PA   DANG   DAE PA   DANG
suprema   completa iluminación   para deseo,   y   fe   y
                                        anhelo

a la iluminación suprema y completa, con anhelo, fe y

དོན་དུ་གཉེར་བའི་སྨོན་པ་དང་གསུམ།

DON DU   ÑER WAI   MON PA   DANG   SUM
por el bien de   cuidando de   aspiración   y   tres

tierna aspiración,

འགྲོ་ཡང་རུང་།   འདུག་ཀྱང་རུང་།   ཉལ་ཡང་རུན།

DRO YANG RUNG   DUG   KYANG RUNG   ÑAL   YANG RUN
ir   también   permanecer   también   dormir   también

ya sea que te vayas o te quedes, duermas

སད་ཀྱང་རུང་།   ཟ་ཡང་རུང་།   བཏུང་ཡང་རུང་།

SAE   KYANG RUNG   ZA   YANG RUNG   TUNG   YANG RUNG
caminar   también   comer   también   beber   también

o camines, comas o bebas,

རྟག་པར་རྒྱུན་དུ་དྲན་པས་ཡིད་ལ་བཟུང་སྟེ་སྒོམས་ཤིག།

TAG PAR GYUN DU   DREN PAE YID LA ZUNG   TE GOM SHIG
siempre   continuamente recuerdo   mantener en mente   medita de esta forma

siempre debes mantener continuamente el recuerdo y sostenerlo como tu meditación.

Majestad, tienes muchos trabajos que hacer tú mismo y muchas órdenes que dar a los demás. Estás tan ocupado que no tienes tiempo para practicar el entrenamiento completo de las seis paramitas, desde la generosidad hasta la sabiduría. Por lo tanto, Majestad, ya sea que te vayas o te quedes, duermas o te despiertes, comas o bebas, siempre debes mantener continuamente el recuerdo de la iluminación suprema y completa, con anhelo, fe y tierna aspiración. Esta es tu meditación.

གཞན་གྱི་དགེ་བ་ལ་རྗེས་སུ་ཡི་རང་བར་གྱིས་ཤིག།

ZHEN GYI   GE WA   LA   YE SU YI RANG WAR   GYI   SHIG
otro   de   virtud   en   alegrarse   hacer   debes

Alégrate de la virtud realizada por los demás y,

རྗེས་སུ་ཡི་རང་ནས་ཀྱང་སངས་རྒྱས་དང་བྱང་ཆུབ་སེམས་པ་

YE SU YI RANG NAE   KYANG   SANG GYE   DANG CHANG CHUB SEM PA
alegrándote en   entonces también   buda   y   bodisatvas
sus virtudes

haz una ofrenda de ese regocijo compasivo

དང་ཉན་ཐོས་དང་རང་སངས་རྒྱས་ཐམས་ཅད་ལ་ཕུལ་ཅིག།

DANG ÑEN THO DANG RANG SANG GYE   THAM CHE LA   PHUL   CHIG
y   oyentes   y   budas aislados   todos   a   ofrezco   hacer

a todos los budas, bodisatvas, oyentes y budas solitarios.

ཕུལ་ནས་སེམས་ཅན་ཐམས་ཅད་དང་ཐུན་མོང་དུ་གྱིས་ཤིག།

PHUL   NAE   SEM CHEN   THAM CHE   DANG   THUN MONG DU   GYI SHIG
ofrezco entonces seres   todos   y   compartir   hacer

Hazles ofrendas y comparte la virtud con todos los seres.

དེ་ནས་སེམས་ཅན་ཐམས་ཅད་ཀྱིས་སངས་རྒྱས་ཀྱི་ཆོས་ཡོངས་སུ་

DE NAE SEM CHEN THAM CHE KYI SANG GYE KYI CHO YONG SU
entonces seres   todos   por budas   de Darma   completamente

A continuación, dedica el mérito para que todos los seres puedan llegar a ser plenamente completos

རྫོགས་པར་འགྱུར་བར་ཉིན་གཅིག་བཞིན་དུ་

DZOG PAR   GYUR WAR   ÑIN   CHIG   ZHIN DU
completo   llegar a ser, obtener   día   uno   como

dentro del darma del Buda en un solo día

བླ་ན་མེད་པའི་བྱང་ཆུབ་ཏུ་བསྔོས་ཤིག།

LA NA ME PE CHANG CHUB TU   NGO SHIG
insuperable   iluminación   dedicar

y así obtener la iluminación insuperable..

Alégrate de la virtud realizada por los demás y haz una ofrenda de ese regocijo compasivo a todos los budas, bodisatvas, oyentes y budas solitarios. Hazles ofrendas y comparte la virtud con todos los seres. A continuación, dedica el mérito para que todos los seres puedan llegar a ser plenamente completos dentro del darma del Buda en un solo día y así obtener la iluminación insuperable.

རྒྱལ་པོ་ཆེན་པོ།   དེ་ལྟར་ན་རྒྱལ་སྲིད་ཀྱང་བྱེད་ལ།

GYAL PO CHEN PO DE TAR   NA   GYAL SI   KYANG   YE   LA
gran rey   así   si   reino   también hace para

Majestad, si actúas de este modo podrás

རྒྱལ་པོའི་བྱ་བ་ཡང་ཉམས་པར་མི་འགྱུར་ལ།

GYAL POI   YA WA   YANG   ÑAM PAR MI GYUR LA
del rey   actividad   también no se deteriora, no diminuyeh

gobernar sin ningún declive en el reino, y

བྱང་ཆུབ་ཀྱི་ཚོགས་ཀྱང་ཡོངས་སུ་རྫོགས་པར་འགྱུར་རོ།

CHANG CHUB KYI TSHOG   KYANG   YONG SU   DZOG PAR   GYUR RO
iluminación   de   acumulaciones también completamente completar   venir

tanto tú como tus súbditos completaréis plenamente las acumulaciones de mérito y sabiduría necesarias para alcanzar la iluminación.

Majestad, si actúas de este modo podrás gobernar sin ningún declive en el reino y tanto tú como tus súbditos completaréis plenamente las acumulaciones de mérito y sabiduría necesarias para alcanzar la iluminación.

Aquí acaba el extracto del sutra.

ཇི་ལྟར་སྔོན་གྱི་བདེ་གཤེགས་ཀྱིས།

YI TAR	NGON GYI	DE SHEG	KYI
de la misma forma	*anteriores, previos*	*sugatas, budas, Idos felizmente*	*por*

Igual que los budas del pasado

བྱང་ཆུབ་ཐུགས་ནི་བསྐྱེད་པ་དང་།

CHANG CHUB	THUG NI	KYE PA	DANG
iluminación	*mente, corazón*	*surgir y desarrollar*	*y*

desarrollaron en sus corazones la intención de alcanzar la iluminación por el bien de los demás,

བྱང་ཆུབ་སེམས་དཔའི་བསླབ་པ་ལ།

CHANG CHUB SEM PE	LAB PA	LA
de los bodisatvas	*entrenamiento*	*para, de*

y siguieron el entrenamiento de los bodisatvas,

དེ་དག་རིམ་བཞིན་གནས་པ་ལྟར།

DE DAG	RIM	ZHIN	NAE PA	TAR
estos	*etapas*	*gradualmente*	*quedarse*	*como*

progresando a través de las etapas del camino,

བདག་ཀྱང་འགྲོ་ལ་ཕན་དོན་དུ།

DAG	KYANG	DRO	LA	PHEN	DON DU
yo	*también*	*seres*	*para*	*beneficio*	*con el fin de*

yo también, con el fin de aportar beneficio a los seres,

བྱང་ཆུབ་སེམས་ནི་བསྐྱེད་བགྱི་ཞིང་།

CHANG CHUB SEM	NI	KYE GYI ZHING
intención de obtener la iluminación para los demás	*esto*	*surgir y desarrollar*

generaré y desarrollaré la intención altruista hacia la iluminación y,

དེ་བཞིན་དུ་ནི་བསླབ་པ་ལ།

DE ZHIN DU	NI	LAB PA	LA
similarmente	*este*	*entranamiento*	*para*

como los budas, seguiré este entrenamiento,

རིམ་པ་བཞིན་དུ་བསླབ་པར་བགྱི།

RIM PA   ZHIN DU   LAB PAR   GYI
etapas   como, gradualmente entrenar   haré

practicando cada una de sus etapas.

Igual que los budas del pasado desarrollaron en sus corazones la inten-
ción de alcanzar la iluminación por el bien de los demás y siguieron el
entrenamiento de los bodisatvas, progresando a través de las etapas del
camino, yo también, con el fin de aportar beneficio a los seres, generaré
y desarrollaré la intención altruista hacia la iluminación y, como los
budas, seguiré este entrenamiento, practicando cada una de sus etapas.

དེང་དུས་བདག་ཚེ་འབྲས་བུ་ཡོད།

DENG DU   DAG   TSHE   DRAE BU   YO
este momento yo   vida   fruto   tiene

Ahora, en este momento, mi vida ha dado fruto.

མི་ཡི་སྲིད་པ་ལེགས་པར་ཐོབ།

MI YI   SID PA   LEG PAR   THOB
humana existencia bien, completa obtenido

He obtenido verdaderamente la existencia humana.

དེ་རིང་སངས་རྒྱས་རིགས་སུ་སྐྱེས།

DE RING   SANG GYE   RIG   SU   KYE
hoy   budas   familia en   nacer

Hoy he nacido en la familia del Buda,

སངས་རྒྱས་སྲས་སུ་ད་གྱུར་ཏོ།

SANG GYE SAE   SU   DA   GYUR TO
buda   hijo   como ahora convertirse

me he convertido en un hijo de los budas, en un bodisatva.

Ahora, en este momento, mi vida ha dado fruto. He obtenido
verdaderamente la existencia humana. Hoy he nacido en la familia del
Buda, me he convertido en un hijo de los budas, en un bodisatva.

དེ་ནི་བདག་གིས་ཅི་ནས་ཀྱང་།

DE NI   DAG   GI   CHI NAE   KYANG
ahora   yo   por   cualquiera también

A partir de ahora solo debo

རིགས་དང་མཐུན་པའི་ལས་བརྩམས་ཏེ།

RIG   DANG   THUN PE   LAE   TSAM TE
Buda   *y*   *armoniosas*   *acción,*   *practicar*
familia   *comportamiento*

practicar actividades que estén en armonía con mi nueva familia

སྐྱོན་མེད་བཙུན་པའི་རིགས་འདི་ལ།

KYON ME   TSUN PE   RIG   DI   LA
sin faltas   *reverenda*   *familia esta para*

para que esta intachable y reverenda familia

 རྙོག་པར་མི་འགྱུར་དེ་ལྟར་བྱ།

ÑOG PAR   MI   GYUR   DE TAR   YA
echar a perder,   *no*   *convertirse*   *así*   *hacer*
provocar molestias por

no se moleste con mis acciones.

A partir de ahora, sólo debo practicar actividades que estén en armonía con mi nueva familia, para que esta intachable y reverenda familia no se moleste con mis acciones.

བདག་གིས་དེ་རིང་སྐྱོབ་པ་ཐམས་ཅད་ཀྱི།

DAG   GI   DE RING   KYOB PA   THAM CHE   KYI
yo   *por*   *hoy*   *budas,*   *todos*   *de*
                           protectores

Hoy, ante todos los budas,

སྤྱན་སྔར་འགྲོ་ལ་བདེ་གཤེགས་ཉིད་དང་ནི།

CHEN NGAR   DRO   LA   DE SHEG ÑID   DANG NI
antes   *seres*   *a*   *budeidad*   *y*

invito a todos los seres a ser mis huéspedes

བར་དུ་དེ་ལ་མགྲོན་དུ་བོས་ཟིན་གྱི།

BAR DU   DE   LA   DRON   DU   BOE   ZIN   GYI
hasta   *que*   *a*   **huésped*   *como*   *llamar, invitar*   *hacer*   *de*
*(Cuidaré de ellos)

hasta que alcancen la budeidad.

ལྷ་དང་ལྷ་མིན་ལ་སོགས་དགའ་བར་བྱོས།

LHA   DANG   LHA MIN   SOG   GA WAR   YO
dioses   *y*   *asuras*   *y demás*   *felices*   *ser*

Por tanto, ¡que los dioses, los asuras y todos los seres sean felices!

Hoy, ante todos los budas, invito a todos los seres a ser mis huéspedes hasta que alcancen la budeidad. Por tanto, ¡que los dioses, los asuras y todos los seres sean felices!

བྱང་ཆུབ་སེམས་མཆོག་རིན་པོ་ཆེ།

CHANG CHUB SEM   CHOG   RIN PO CHE
bodichita, mente de   excelente   preciosa
la iluminación   suprema

Que esta intención altruista hacia la iluminación, preciosa y excelente,,

མ་སྐྱེས་པ་རྣམས་སྐྱེས་གྱུར་ཅིག།

MA KYE PA NAM   KYE   GYUR CHIG
aquellos en los que   surgir   que pueda
no ha surgido

surja en aquellos en los que aún no ha surgido.

སྐྱེས་པ་ཉམས་པ་མེད་པ་ཡང་།

KYE PA   ÑAM PA ME PA   YANG
para aquellos en los que   no se deteriore   también
ha surgido

Que no se deteriore en aquellos en los que ha surgido, y

གོང་ནས་གོང་དུ་འཕེལ་བར་ཤོག།

GONG NAE GONG DU   PHEL WAR   SHOG
más y más   incrementar   que pueda, deba

que aumente cada vez más.

Que esta intención altruista hacia la iluminación, preciosa y excelente, surja en aquellos en los que aún no ha surgido. Que no se deteriore en aquellos en los que ha surgido. Que aumente cada vez más.

བྱང་ཆུབ་སེམས་དང་མི་འབྲལ་ཞིང་།

CHANG CHUB SEM   DANG   MI DRAL ZHING
bodichita, intención altruista   y   nunca ser separado de
por la iluminación

Que nunca me separe de la intención altruista hacia la iluminación y,

བྱང་ཆུབ་སྤྱོད་ལ་གཞོལ་བ་དང་།

CHANG CHUB   CHO   LA   ZHOL WA   DANG
bodisatva   conducta   en   ligado a,   y
*   concentrado en*

y me mantenga fiel a la conducta de un bodisatva,

སངས་རྒྱས་རྣམས་ཀྱིས་ཡོངས་བཟུང་ནས།

SANG GYE	NAM	KYI	YONG	ZUNG	NAE
buda	(plural)	por	totalmente, completamente	sostener	entonces

que todos los budas me sostengan por completo y

བདུད་ཀྱི་ལས་རྣམས་སྤོང་བར་ཤོག།

DUD	KYI	LAE	NAM	PONG WAR	SHOG
maras, demonios*	de	actividad kármica	(plural)	abandonar	pueda

*los que obstruyen el camino a la iluminación

que pueda abandonar todas las actividades kármicas que surgen debido a los demonios que obstruyen.

Que nunca me separe de la intención altruista hacia la iluminación y me mantenga fiel a la conducta de un bodisatva, que todos los budas me sostengan por completo y que pueda abandonar todas las actividades kármicas que surgen debido a los demonios que obstruyen.

སྐྱིད་ན་བདེ་བ་ཚོགས་སུ་བསྔོ།

KYI	NA	DE WA	TSHOG	SU	NGO
feliz alegría	, si	felicidad	todos	a	dedicar

Siempre que me alegre, dedicaré esa alegría a la felicidad de todos los seres:

ཕན་བདེ་ནམ་མཁའ་གང་བར་ཤོག།

PHEN DE	NAM KHA	GANG WAR	SHOG
beneficio y felicidad, con bienestar	cielo	completar, tanto*	que pueda

*i.e. lo suficiente para satisfacer a todos los seres

¡que llene el cielo su felicidad!

སྡུག་ན་ཀུན་གྱི་སྡུག་བསྔལ་ཁུར།

DUG	NA	KUN GYI	DUG NGAL	KHUR
problema, pena	si	todos seres	sufrimiento	Yo asumo esa carga

Siempre que tenga problemas tomaré el sufrimiento de todos los seres como mi propia carga:

སྡུག་བསྔལ་རྒྱ་མཚོ་སྐེམས་པར་ཤོག།

DUG NGA	GYAM TSHO	KEM PAR	SHOG
pesares	océanos	fino, secar	que pueda llegar a ser

¡que se sequen los océanos de sufrimiento!

Siempre que me alegre, dedicaré esa alegría a la felicidad de todos los seres: ¡que llene el cielo su felicidad! Siempre que tenga problemas tomaré el sufrimiento de todos los seres como mi propia carga: ¡que se sequen los océanos de sufrimiento!

བདག་གི་དགེ་བའི་ལས་རྣམས་འདི་དག་གིས།

DAG GI	GE WAI	LAE	NAM	DI DAG	GI
mis	*virtuosas*	*acciones*	*(plural)*	*estos*	*por*

Que todas mis acciones virtuosas

འཛིག་རྟེན་དུ་ནི་སྱུར་དུ་འཚང་རྒྱ་ཤོག

YIG TEN	DU	NI	ÑUR DU	TSHANG GYA	SHOG
mundo	*en*	*énfasis*	*rápidamente*	*obtener la iluminación*	*deben ganar*

lleven rápidamente a todos los seres del mundo a la iluminación.

འགྲོ་ལ་ཕན་ཕྱིར་ཆོས་རྣམས་སྟོན་བགྱིད་ཅིང་།

DRO	LA	PHEN	CHIR	CHO NAM	TON	GYI CHING
seres	*para*	*ayudar*	*con el fin de*	*Darma enseñanzas*	*hacer*	

Para beneficiar a los seres, enseñaré el Darma y

སེམས་ཅན་སྡུག་བསྔལ་མང་པོས་གཟིར་ལས་སྒྲོལ།།   ‖

SEM CHEN	DUG NGAL	MANG POE	ZIR	LAE DROL
seres	*pesares*	*muchos*	*presionar*	*libre de*

así liberaré a todos los seres de las muchas penas que los oprimen.

Que todas mis acciones virtuosas lleven rápidamente a todos los seres del mundo a la iluminación. Para beneficiar a los seres, enseñaré el Darma y así liberaré a todos los seres de las muchas penas que los oprimen.

ཤ་ཀྱའི་རྒྱལ་པོ་ཁྱོད་སྐུ་ཅི་འདྲ་དང་།

SHA KYAI	GYAL PO	KHYOD	KU	CHI DRA	DANG
Sakia	*rey*	*tú*	*cuerpo*	*como tal, similar a*	*y*

Buda Sakiamuni, que podamos llegar a ser como tú en cuerpo,

འཁོར་དང་སྐུ་ཚེའི་ཚད་དང་ཞིང་ཁམས་དང་།

KHOR	DANG	KU TSHEI	TSHE	ZHING KHAM	DANG
séquito	*y*	*duración vital*	*cantidad*	*reino*	*y*

séquito, duración de vida y reino,

ཁྱོད་ཀྱི་མཚན་མཆོག་བཟང་པོ་ཅི་འདྲ་བ།

KHYO KYI	TSEN	CHOG	ZANG PO	CHI DRA WA
tus	*signos,*	*supremas*	*buenas*	*similar a*

y como tú en tus supremos y excelentes rasgos distintivos.

 དེ་འདྲ་ཁོ་ནར་བདག་སོགས་འགྱུར་བར་ཤོག །

DE DRA   KHO NAR   DAG SOG   GYUR WAR SHOG
así   verdaderamente nosotros   podamos llegar a ser

¡Que podamos llegar a ser verdaderamente como tú!

Buda Sakiamuni, que podamos llegar a ser como tú en cuerpo, en séquito, duración de vida y reino, y como tú en tus supremos y excelentes rasgos distintivos. ¡Que podamos llegar a ser verdaderamente como tú!

ཁྱེད་ལ་བསྟོད་ཅིང་གསོལ་བ་བཏབ་པའི་མཐུས། །

KHYE LA   TO CHING   SOL WA TAB PE   THU
tu   a   alabar   oración   por el poder de

Por el poder de alabarte en oración,

བདག་སོགས་གང་དུ་གནས་པའི་ས་ཕྱོགས་སུ། །

DAG SOG   GANG DU   NAE PE   SA CHOG   SU
nosotros   dondequiera residir   lugares   en

que todos, dondequiera que habitemos,

ནད་དང་དབུལ་ཕོངས་འཐབ་རྩོད་ཞི་བ་དང་། །

NAE   DANG UL PHONG THAB TSO   SHI WA   DANG
enfermedad y   pobreza   disputas   pacificar y
*   eliminar*

veamos eliminadas nuestras enfermedades, pobreza y disputas,

ཆོས་དང་བཀྲ་ཤིས་འཕེལ་བར་མཛད་དུ་གསོལ། །

CHO   DANG   TRA SHI   PHEL WAR   DZE DU SOL
Darma   y   buena fortuna incrementar por favor hazlo

que el Darma y la felicidad prosperen y se extiendan.

Por el poder de alabarte en oración, que todos, dondequiera que habitemos, veamos eliminadas nuestras enfermedades, pobreza y disputas, y que el Darma y la felicidad prosperen y se extiendan.

སྟོན་པ་འཇིག་རྟེན་ཁམས་སུ་བྱོན་པ་དང་། །

TON PA   YIG TEN   KHAM SU   YON PA   DANG
maestro   mundo   reino   a   vino   y

Buda, nuestro maestro, vino a este reino del mundo y

བསྟན་པ་ཉི་འོད་བཞིན་དུ་གསལ་བ་དང་། །

TEN PA   ÑI   OD ZHIN DU   SAL WA   DANG
doctrina del sol luz similar hizo clara   y

dio la doctrina que ilumina como la luz del sol.

བསྟན་འཛིན་ཕོ་ནུ་བཞིན་དུ་མཐུན་པ་ཡིས།

TEN DZIN	PHO DU	ZHIN DU	THUN PA	YI
mantenedores	*relación cálida*	*como*	*armonía*	*por*
de la doctrina	*como hermano y hermana*			

Con los mantenedores de la doctrina como hermanos armoniosos,

བསྟན་པ་ཡུན་རིང་གནས་པའི་བཀྲ་ཤིས་ཤོག ། །

TEN PA	YUN RING	NAE PE	TRA SHI	SHOG
doctrina	*mucho tiempo*	*permanecer,*	*prosperidad,*	*que pueda ser así*
		establecerse	*felicidad*	

que el Darma tenga buena fortuna por mucho tiempo.

Buda, nuestro maestro, vino a este reino del mundo y dio la doctrina que ilumina como la luz del sol. Con los mantenedores de la doctrina como hermanos armoniosos, que el Darma tenga buena fortuna por mucho tiempo.

Compilado por Chimed Rigdzin Rinpoché.

Honrar la palabra de Buda
El sutra del corazón

ༀ། གུ་རུ་དེ་ཝ་ཌཱ་ཀི་ནི༔

GURU **DE VA** **DAK KI NI**
espiritual *dios* *dakini, deidad femenina principal*

Gurú, Deva, Dakini,

བླ་མ་ཡི་དམ་མཁའ་འགྲོ་གསུམ་ལ་སྐྱབས་སུ་མཆི༔

LA MA **YI DAM** **KHAN DRO** **SUM** **LA** **KYAB** **SU** **CHI**
gurú *meditación deidad* *dakini* *tres* *a* *refugio, protección* *para* *ir (saludar)*

Maestro Espiritual, deidades de meditación y dakinis: a vosotros acudimos en busca de refugio.

སངས་རྒྱས་ཆོས་དང་དགེ་འདུན་གསུམ་ལ་སྐྱབས་སུ་མཆི༔

SANG GYE CHO **DANG GEN DUN** **SUM** **LA** **KYAB** **SU** **CHI**
Buda *Darma y* *Sanga* *tres* *a* *refugio* *para ir*

Buda, Darma y Sanga: acudimos a las Tres Joyas en busca de refugio.

ཡེ་ཤེས་ལྷ་དང་དམ་ཚིག་ལྷ་ལ་སྐྱབས་སུ་མཆི༔

YE SHE **LHA** **DANG** **DAM TSHIG** **LHA** **LA** **KYAB** **SU** **CHI**
conocimiento original *dios* *y* *samaya, compromiso* *dios* *a* *refugio* *para ir*

Deidades del conocimiento original y deidades del compromiso: a vosotras acudimos en busca de refugio.

ཆོས་སྐུ་ལོངས་སྐུ་སྤྲུལ་སྐུ་གསུམ་ལ་སྐྱབས་སུ་མཆི༔

CHO KU **LONG SU** **TRUL KU** **SUM** **LA** **KYAB** **SU** **CHI**
darmakaya, modo intrínseco *sambhogakaya, modo radiante* *nirmanakaya, modo participativo* *tres* *a* *refugio* *para ir*

Darmakaya, Sambogakaya, Nirmanakaya: a los tres acudimos en busca de refugio.

Gurú, Deva, Dakini; Maestro espiritual, deidades de meditación y dakinis: a vosotros acudimos en busca de refugio. Buda, Darma y Sanga: acudimos a las Tres Joyas en busca de refugio. Deidades del conocimiento original y deidades del compromiso: a vosotras acudimos en busca de refugio. Modo intrínseco, modo radiante, modo participativo: a vosotros acudimos en busca de refugio.

བདག་དང་དྲིན་ཅན་ཕ་མས་གཙོ་བྱས་སེམས་ཅན་རྣམས༔

DA   DANG   DRIN CHEN   PA   MAE   TSO YAE   SEM CHEN NAM
Yo y   amable, útil   padre madre   principalmente seres sensibles

Yo y todos los seres sensibles, y en particular mis amabilísimos padres,

ཡེ་ནས་སངས་རྒྱས་ཡིན་པ་ཉིད་ལ་དེར་ཤེས་ཀྱི༔

YE NAE   SANG GYE YIN PA ÑID   LA DER SHE   KYI
desde el mismo buda   son   verdaderamente a a esto conocimiento de
principio

hemos sido budas desde el principio. El conocimiento de esto

བྱང་ཆུབ་མཆོག་ཏུ་རྒྱ་ཆེན་སེམས་ནི་བསྐྱེད་པར་བགྱི༔

CHANG CHUB   CHOG   TU   GYA CHEN   SEM NI   KYE PA   GYI
bodi,   excelente como muy amplia mente,   desarrollar hacer
iluminación   actitud

es el despertar perfecto y de esta forma generamos una vasta intención.

Yo y todos los seres sensibles, y en particular mis amabilísimos padres,
hemos sido budas desde el principio. El conocimiento de esto es el
despertar perfecto y de esta forma generamos una vasta intención.

ཨོཾ་སྭ་བྷ་ཝ་ཤུཏྡྷ༔   སརྦ་དྷརྨ

OM   SWA BHA VA SHUD DHA   SAR WA   DHAR MA
cinco   naturaleza   pura   todo   fenómenos
sabidurías

Om. Naturaleza pura. Todos los fenómenos tienen una naturaleza
muy pura.

སྭ་བྷ་ཝ་བི་ཤུཏྡྷོ྅ཧཾ༔

SWA BHA VA   BI SHUD DHO   A HAM
nauraleza   muy pura   yo, mi

Esta es mi naturaleza.

ཕྱི་ནང་སྣོད་བཅུད་སྟོང་པ་ཉིད་གྱུར་དེ་ཡི་ངང༔

CHI   NANG NOD   CHUD   TONG PA ÑID GYUR   DE YI NGANG
externo interno contenedor, contenidos,   sunyata,   son,   estado de esa
*   universo   todos los seres vacuidad   llegan a ser*

En el estado en que todo lo exterior e interior, el universo y todos los
seres, es vacío,

ཨོཾ་མ་ཎི་པདྨེ་ཧཱུྃ་ཞེས་བརྗོད་པའི་མཐུས༔

OM MA NI   PAD ME HUNG   ZHE YO PE THU
el mantra de Chenrezi   así recitar por el poder de

por el poder de decir «Om Mani Padme Hung»,

གཉིས་སུ་མེད་དང་གཉིས་མེད་ལ་གནས་སྐད་ཅིག་གིས༔

ÑI SU ME DANG ÑI ME LA NAE KAE CHIG GI
dos como no y dos no como permanecer un instante por

permaneciendo en la no-separación y la no-dualidad, en un instante,

དྲི་མེད་པདྨ་ཉི་ཟླ་བརྩེགས་པའི་གདན་སྟེང་དུ༔

DRI ME PAD MA ÑI DA TSEG PE DAN TENG DU
sin mancha loto sol luna construido cojín encima de

sobre cojines hechos de un loto sin mancha, el sol y la luna,

རང་ཉིད་འཕགས་པ་སྤྱན་རས་གཟིགས་དབང་སྐུ་མདོག་དཀར༔

RANG ÑID PHAG PA CHEN RAE ZI WONG KU DO KAR
yo mismo arya Avalokitesvara cuerpo color blanco

aparezco como el noble Chenrezi. Mi cuerpo es blanco,

ཕྱག་གཡས་ཤེལ་དཀར་ཕྲེང་བ་གཡོན་པས་ཨུཏྤལ་བསྣམས༔

CHAG YAE SHEL KAR TRENG WA YON PAE UT PAL NAM
mano derecha cristal blanco mala, rosario izquierda loto sostener

con la mano derecha sostengo un rosario de cristal blanco, y un loto con
la izquierda.

རིན་ཆེན་རྒྱན་དང་སྐུ་སྨད་དར་གྱི་འཁོར་གསུམ་ཁེབས༔

RIN CHEN GYAN DANG KU MAE DAR GYI KHOR SUM KHEB
joya ornamentos y cuerpo inferior seda de completamente cubierto

Estoy adornado con joyas y la parte inferior de mi cuerpo está cubierta
de seda

*Om. Naturaleza pura. Todos los fenómenos tienen una naturaleza muy
pura. Esta es mi naturaleza.*

*En el estado en que todo lo externo e interno, el universo y todos los
seres, es vacío, por el poder de decir «Om Mani Padma Hung», permaneciendo en la no-separación y la no-dualidad, en un instante, sobre
cojines construidos de un loto sin mancha, el sol y la luna, aparezco
como el noble Chenrezi. Mi cuerpo es blanco, con la mano derecha
sostengo un rosario de cristal blanco, y un loto con la izquierda. Estoy
adornado con joyas y la parte inferior de mi cuerpo está cubierta de seda.*

ཐུགས་ཀའི་ཧཱུྃ་ལས་འོད་ཟེར་སྤྲོ་བསྡུའི་སྦྱོར་བ་ཡིས༔

THU KAI HUNG LAE O ZER TRO DUI YOR WA YI
corazón letra desde rayos de luz irradiar reunir juntar por

Desde una letra Hung en mi corazón, se irradian rayos de luz hacia
fuera y se reúnen de nuevo fundiéndose en la Hung.

འཕགས་པ་མཆོད་དང་སེམས་ཅན་ཀུན་གྱི་དོན་ཡེ་བྱེད་གྱུརཿ

PHA PA	CHO	DANG	SEM CHEN	KUN	GYI	DON	YE	GYUR
arya, noble	ofrenda	y	sensibles	todos	de	beneficio hacer bienestar		llegar a ser*

* En primer lugar, los rayos de luz viajan hacia arriba como ofrendas a todos los Budas y Bodisatvas, convirtiéndose en cualquier cosa agradable que se desee. Luego la luz vuelve a la letra con las bendiciones de los santos. A continuación, de nuevo la luz irradia hacia fuera, esta vez descendiendo y tocando a todos los seres de los seis reinos purificando sus pecados.

De este modo, se hacen ofrendas a los nobles y se beneficia a todos los seres.

བདག་མདུན་རྩ་བ་སྲ་འརྟན་བྱང་ཆུབ་དཔག་བསམ་ཤིངཿ

DA	DUN	TSA WA	SA TEN	YANG CHU	PA SAM	SHING
yo mismo	ante	raíz	fuerte, firme	bodhi	desear	árbol

Delante de mí está el árbol de los deseos Bodi firmemente arraigado,

ཡལ་ག་ལོ་མ་མེ་ཏོག་འབྲས་བུ་ཕུན་ཚོགས་དཔལཿ

YAL GA	LO MA	ME TO	DRAE BU	PHUN TSHO	PAL
ramas	hojas	flores	frutos	muy bueno	esplendido

con ramas, hojas, flores y frutos, todos excelentes y espléndidos.

Desde una letra Hung en mi corazón, se irradian rayos de luz hacia fuera y se reúnen de nuevo fundiéndose en la Hung. De este modo, se hacen ofrendas a los nobles y se beneficia a todos los seres. Delante de mí está el árbol de los deseos Bodi firmemente arraigado, con ramas, hojas, flores y frutos, todos excelentes y espléndidos.

གཏེར་ཆེན་བུམ་པས་ཀུན་ནས་ཡོངས་གང་མཆོད་པའི་སྤྲིནཿ

TER CHEN	BUM PAE	KUN NAE YONG	GANG	CHO PE	TRIN
tesoro grande	vasija	siempre completamente relleno	ofrenda		nube

Como la vasija del gran tesoro, el árbol está siempre lleno de nubes de ofrendas.

དེ་དབུས་སེང་ཁྲི་པདྨ་ཉི་ཟླའི་གདན་གྱི་སྟེངཿ

DE	WU	SENG	TRI	PA MA	ÑI DAI	DAN	GYI TENG
ese	centro	león	trono	lotos	sol luna	cojines	encima de

En su centro, en un trono de león sobre cojines de loto, sol y luna,

འཛར་འོད་ཁ་དོག་སྣ་ལྔ་ཀུན་ཏུ་འཕྲིགས་པའི་ཀློངཿ

YA	OD	KHA DO	NA NGA	KUN TU	TRI PE	LONG
arcoiris	luz,rayos	colores	cinco tipos*	todos es	moviendose, brillando	profundidad

* blanco, rojo, azul, amarillo, verde

dentro de una masa resplandeciente de rayos de luz arco iris de los cinco colores,

མཉམ་མེད་ཐུབ་པའི་དབང་པོ་ཤཱཀྱ་སེང་གེ་ཉིད༔

ÑAM ME   THUB PE   WONG PO   SHA KYA SENG GE NYID
inigualado   Muni, sabio   Indra, señor   Buda Sakiamuni
(título de el Buda)

está el inigualado señor de los sabios, Sakia Senge..

Como la vasija del gran tesoro, el árbol está siempre lleno de nubes de ofrendas. En su centro, en un trono de león sobre cojines de loto, sol y luna, dentro de una masa resplandeciente de rayos de luz arco iris de los cinco colores, está el inigualado señor de los sabios, Sakia Senge.

སྐུ་མདོག་སེར་པོ་འཛམ་བུ་ཆུ་བོའི་གསེར་མདངས་ལྡན༔

KÜ   DO   SER PO   DZAM BU CHU WOI SER   DANG DAN
cuerpo color   amarillo,   nranja de color   tono dorado tiene
dorado

Su cuerpo es amarillo con el matiz del oro anaranjado.

ཕྱག་གཉིས་གཡས་པས་ས་གནོན་གཡོན་པས་མཉམ་བཞག་སྟེང༔

CHA   ÑI YAE   PAE SA NON YON   PAE ÑAM ZHA   TENG
manos   dos derecha por tierra toca,   izquierda por en meditación   encima de
apunta   descansa en el regazo

Tiene dos manos, la derecha toca la tierra y la izquierda descansa en su regazo

བཻ་ཌཱུ་རྱ་ཡི་ལྷུང་བཟེད་བདུད་རྩིས་བཀང་བ་བསྣམས༔

BE DUR YA   YI   LHUNG ZE   DU TSI   KANG WA   NAM
lapislázuli   de   cuenco de monje   amrita, elixir   lleno   sostener
mendicante   que libera

sosteniendo un cuenco de lapislázuli lleno de amrita.

Su cuerpo es amarillo con el matiz del oro anaranjado. Tiene dos manos, la derecha toca la tierra y la izquierda descansa en su regazo soste-niendo un cuenco de lapislázuli lleno de amrita.

དབུ་ལ་གཙུག་ཏོར་ཕྱག་ཞབས་འཁོར་ལོས་མཚན་པ་སོགས༔

WU   LA   TSUG TOR   CHA   ZHA   KHOR LOE   TSHAN PA SO
cabeza sobre usnisha,domo   manos   pies   rueda   señalados, marcados y
como una protuberancia

Su cabeza posee una protubernacia, sus manos y pies están adornados con las formas de ruedas, y muestra

 མཚན་མཆོག་བཟང་པོ་སོ་གཉིས་དཔེ་བྱད་བརྒྱད་བཅུས་སྤྲས༔

TSHAN	CHO	ZANG PO	SO ÑI	PE YE	GYA CHUE	TRAE
marcas	excelentes	buenas	treinta y dos	menoress	ochenta	adornado con

los demás treinta y dos signos mayores excelentes y ochenta signos menores del cuerpo de un buda.

སྐུ་ལ་ཆོས་གོས་རྣམས་གསུམ་གསོལ་ཞིང་རི་རི་དབང་ལྟར༔

KU	LA	CHO	GO	NAM SUM	SOL ZHING	RI WONG	TAR
cuerpo	sobre	Darma	ropa	tres tipos	vestir	Monte Meru	como

Lleva sobre su cuerpo las tres túnicas del Darma y, como el monte Meru

ལྡང་དེ་སྤྱན་ནི་སྤྱམ་མེར་བརྗིད་པའི་ཉམས་དང་བཅས༔

LANG NGE	LHAN NE	LHAM MER	YI PE ÑAM	DANG CHE
poderoso	firme, calmado y pacífico	magnífico	gran personalidad	con

es poderoso, firme y magníficamente impresionante.

Su cabeza posee una protubernacia, sus manos y pies están adornados con las formas de ruedas, y muestra los demás treinta y dos signos mayores excelentes y ochenta signos menores del cuerpo de un buda. Lleva sobre su cuerpo las tres túnicas del Darma y, como el monte Meru, es poderoso, firme y magníficamente impresionante.

འཛུམ་པའི་ཞལ་རས་བརྩེ་བའི་སྤྱན་གྱིས་ཀུན་ལ་གཟིགས༔

DZUM PE	ZHAL RAE	TSE WAI	CHEN GYI	KUN LA	ZI
sonriente	cara	compasivo	ojo	por, con todos a	mira

Su rostro sonríe y sus ojos compasivos miran a todos los seres.

གཡས་སུ་པདྨའི་གདན་ལ་སྤྱན་རས་གཟིགས་དབང་སོགས༔

YAE SU	PA MAI	DAN LA	CHEN RAE ZI WONG	SOG
a su derecha	loto	cojín sobre	Avalokitésvara	etc.

A su derecha, sobre cojines de loto, están Avalokitésvara y los demás

ལོངས་སྐུའི་ཆས་འཛིན་བྱང་ཆུབ་སེམས་དཔའ་རྣམས་དང་ནི༔

LONG KUI	CHAE	DZIN	CHANG CHUB SEM PA NAM	DANG NI
sambogakaya	vestido	vestir	bodisatvas	

bodisatvas vestidos con ropajes del sambogakaya.

གཡོན་དུ་གདིང་བའི་སྟེན་དུ་ཤཱ་རི་བུ་ལ་སོགས༔

YON DU	DING WAI	TENG DU	SHA RI BU	LA SOG
izquierda	cojín de monje	encima de	Sariputra	y demás

A su izquierda, sobre cojines de monje, están Sariputra y los demás

བྱང་ཆུབ་སེམས་དཔའ་འདུལ་འཛིན་འཕགས་པ་རྣམས་ཀྱིས་བསྐོར༔

YANG CHUB SEM PA DUL DZIN PHAG PA NAM KYI KOR
bodisatva moralidad santo aryas por rodeado
(en la forma de bhikshus) (bodisatvas)

bodisatvas que aparecen en forma de monjes, y así está rodeado de los nobles.

Su rostro sonríe y sus ojos compasivos miran a todos los seres. A su derecha, sobre cojines de loto, están Avalokitésvara y los demás bodisatvas vestidos con ropajes del sambogakaya. A su izquierda, sobre cojines de monje, están Sariputra y los demás bodisatvas que aparecen en forma de monjes, y así está rodeado de los nobles.

རྒྱབ་ཏུ་ཉན་ཐོས་དང་ནི་རང་སངས་རྒྱས་ཀྱི་ཚོགས༔

GYAB TU ÑAN THOE DANG NI RANG SANG GYE KYI TSHO
espalda a esravakas, y pratyekabudas, de grupos
oyentes budas que no enseñans

A su espalda, multitud de oyentes y budas que no dan enseñanzas

གུས་པས་ལུས་བཏུད་མཆུ་སྤྲིན་ཕྱག་ན་རྡོ་རྗེ་མདུན༔

GUE PAE LU TU THU DEN CHA NA DOR YE DUN
respeto, fe cuerpo inclinarse poderoso Vajrapani al frente

inclinan sus cuerpos en señal de respeto. Al frente está el poderoso Vajrapani.

སྟེང་ཕྱོགས་ཤིང་གི་རྩེ་མོར་དེ་བཞིན་གཤེགས་མང་པོ༔

TENG CHO SHING GI TSE MOR DE ZHIN SHE MANG PO
superior dirección árbol de punto más alto tatágatas, buda muchos

En la parte superior, en la copa del árbol, hay muchos tatágatas.

གཞན་ཡང་ཡུལ་ག་ལ་གནས་ལྷ་ཡི་བུ་བུ་མོ༔

ZHAN YANG YUL GA LA NAE LHA YI BU BU MO
encima rama sobre estar dioses hijos hijas

Muchos dioses y diosas están sobre las ramas

མང་པོས་བསྐོར་ཞིང་མེ་ཏོག་ལ་སོགས་མཆོད་པར་འབུལ༔

MANG POE KHOR ZHING ME TO LA SO CHO PAR BUL
muchos por rodeados flores y demá ofrendas hacer

que rodean al Buda y le ofrecen flores y todo lo que es bello.

A su espalda, multitud de oyentes y budas que no dan enseñanzas inclinan sus cuerpos en señal de respeto. Al frente está el poderoso Vajrapani. En la parte superior, en la copa del árbol, hay muchos tatágatas. Muchos dioses y diosas están sobre las ramas que rodean al Buda y le ofrecen flores y todo lo que es bello.

གཙོ་བོས་གསུངས་རྣམས་རྗེ་ལྟར་སེམས་པའི་སྒྲ་ཆེན་སྒྲོག༔

TSO WOE	SUNG NAM	YI TAR	SEM PE	DRA	CHEN	DRO
líder (Buda)	palabra	como es apropiado	mente	sonido	grande	proclama

Con voz potente, el Buda proclama las palabras adecuadas para sus mentes.

དགའ་མགུའི་ཚུལ་གྱིས་འཁོར་རྣམས་རྗེས་སུ་ཡི་རང་བསྟོད༔

GA GUI	TSHUL	GYI	KHOR NAM	YE SU YI RANG	TO
muy feliz	método, sistema	por	círculo, séquito	se alegra de sus virtudes	alabanza sus cualidades

Todo su séquito se regocija felizmente por ello y lo alaba.

སྟེན་འོག་ཀན་གཉིས་ང་བོ་ཆེ་ལས་གསུང་རབ་རྣམས༔

TENG	OG	KAN	ÑI	NGA WO CHE	LAE	SUNG	RAB NAM
encima de	debajo de	paladar	ambos	gran tambor	desde	palabra	excelente

Desde el gran tambor de sus paladares superior e inferior,

ལྕེ་ཡི་དབྱུ་གུས་བསྐུལ་ཞིང་ཆོས་སྒྲ་ཡོངས་གང་གྱུར༔

CHE	YI	YU GUE	KUL	ZHING	CHO	DRA	YONG	GANG	GYUR
lengua	de	baqueta	invocar		darma	sonido	completamente	llena	es

el excelente discurso es invocado por la baqueta de su lengua, llenando todos los mundos con el sonido del Darma.

Con voz potente, el Buda proclama las palabras adecuadas para sus mentes. Todo su séquito se regocija felizmente por ello y lo alaba. Desde el gran tambor de sus paladares superior e inferior, el excelente discurso es invocado por la baqueta de su lengua, llenando todos los mundos con el sonido del Darma.

སྨྲ་བསམ་བརྗོད་མེད་ཤེས་རབ་ཕ་རོལ་ཕྱིན།

MA	SAM	YO ME	SHE RAB	PHA ROL	CHIN
palabra	pensamiento	expresión sin	prajna, discernimiento sabio*	lugar más allá	ido

*transcendente, más allá del dualismo

El sabio discernimiento trascendental, más allá del habla, el pensamiento o la expresión,

མ་སྐྱེས་མི་འགགས་ནམ་མཁའི་ངོ་བོ་ཉིད།

MA KYE	MI	GAG	NAM KE	NGO WO	ÑI
no nacido	no	parar	del cielo (sunyata)	verdadera naturaleza	sí misma

no tiene comienzo ni fin, como la realidad del cielo.

སོ་སོ་རང་རིག་ཡེ་ཤེས་སྤྱོད་ཡུལ་བ།

SO SO	RANG RIG	YE SHE	CHOD	YUL WA
cada cosa	*swavidya, presencia natural propia*	*jnana,* conocimiento original*	*actividad*	*esfera*

* a través de su conocimiento primordial conoce todas las cosas tal como son en sunyata

Esta es la esfera de actividad del conocimiento original que revela cada apariencia tal como es.

དུས་གསུམ་རྒྱལ་བའི་ཡུམ་ལ་ཕྱག་འཚལ་ལོ།། །།

DU	SUM	GYAL WAI	YUM	LA	CHAG TSHAL LO
tiempos	*tres **	*yinas, budas*	*Madre #*	*a*	*saludos*

* pasado, presente y futuro, i.e, todos
# no hay budeidad sin despertar a la vacuidad

Saludamos a la Madre de todos los budas de los tres tiempos.

El sabio discernimiento trascendental, más allá del habla, el pensamiento o la expresión, no tiene comienzo ni fin, como la realidad del cielo. Esta es la esfera de actividad del conocimiento original que revela cada apariencia tal como es. Saludamos a la Madre de todos los budas de los tres tiempos.

El Corazón de la perfecta liberación del sabio discernimiento transcendental

རྒྱ་གར་སྐད་དུ།

GYA GAR   KAE   DU
India   lenguaje   en
(Sánscrito)

En la lengua de India:

བྷ་ག་ཝ་ཏི་པྲཛྙཱ་པཱ་ར་མི་ཏ་ཧྲི་ད་ཡ།

BHA GA WA TI   PRAY ÑA   PA RA MI TA   HRI DA YA
perfecto, victorioso   conocimiento   ido más allá,   corazón, esencia
y liberado   más alto   transcendente

Bhagawatiprajnaparamitahridaya.

བོད་སྐད་དུ།

BO   KAE   DU
Tíbet lenguaje en

En la lengua de Tíbet:

བཅོམ་ལྡན་འདས་མ་ཤེས་རབ་ཀྱི་ཕ་རོལ་

CHOM   DAN DAE MA   SHE RAB   KYI   PHA ROL
victorioso sobre   poseer ir del (final   más elevado de   lugar lejano
el pecado y   buenas samsara femenino) conocimiento,
la ignorancia   cualidades   discernimiento sabio

ཏུ་ཕྱིན་པའི་སྙིང་པོ།

TU   CHIN PE   ÑING PO
para   ido   corazón, esencia (de las enseñanzas de Prajnaparamita)

Chom Dan Dae Ma She Rab Kyi   Pha Rol Tu   Chin Pe   Ñing Po.

བམ་པོ་གཅིག་གོ།

BAM PO   CHI GO
hato de papeles,   solo uno
volúmenes

que forma un solo tomo.

En la lengua de India: Bhagawatiprajnaparamitahridaya. En la lengua de Tíbet: Chom Dan Dae Ma She Rab Kyi   Pha Rol Tu   Chin Pe   Ñing Po, *que forma un solo tomo.*

 འདི་སྐད་བདག་གིས་ཐོས་པ་དུས་གཅིག་ན།

DI	KAE	DA	GI	THO PA DU	CHI	NA
este lenguaje, palabra		yo	por	oir	tiempo una vez	en

Así lo he oído: en una ocasión

བཅོམ་ལྡན་འདས་རྒྱལ་པོའི་ཁབ་བྱ་རྒོད་ཕུང་པོའི་རི་ལ་

CHOM DAN DAE	GYAL POI KHAB	YA GO	PHUNG POI	RI	LA
Bagaván, Buda Sakiamuni	Rajagriha en el estado de Bihar, India	buitre	cerro, pico	colina	en

el Bagaván se alojaba en la colina del Pico del Buitre en Rajagriha

དགེ་སློང་གི་དགེ་འདུན་ཆེན་པོ་དང་།

GE LONG	GI	GEN DUN	CHEN PO	DANG
biksu, monjes completamente ordenados	de	sanga (biksus hinayana)	grande *	y

* El uso de «grande»significa que al menos estaban presentes un millar

junto con una gran asamblea de la sanga de monjes ordenados

བྱང་ཆུབ་སེམས་དཔའི་དགེ་འདུན་ཆེན་པོ་དང་ཐབས་ཅིག་ཏུ་བཞུགས་ཏེ།

CHANG CHUB SEM PE GEN DUN	CHEN PO	DANG	THAB CHIG TU ZHU	TE
bodisatva (bodisatvas pero con ropas de biksu)	sanga	grande	y	juntos	sentados	así

y bodisatvas.

Así lo he oído: en una ocasión el Bagaván se alojaba en la colina del Pico del Buitre en Rajagriha junto con una gran asamblea de la sanga de monjes ordenados y bodisatvas.

དེའི་ཚེ་བཅོམ་ལྡན་འདས་ཟབ་མོ་སྣང་བ་ཞེས་བྱ་བའི་

DEI	TSHE	CHOM DAN DAE	ZAB MO	NANG WA	ZHE YA WAI
ese	tiempo	Bagaván, Buda Sakiamuni	profunda	iluminación	conocida como

En ese momento el Bagaván estaba descansando uniformemente en la contemplación absorta conocida como «Iluminación Profunda»

ཆོས་ཀྱི་རྣམ་གྲངས་ཀྱི་ཏིང་ངེ་འཛིན་

CHO	KYI	NAM DRANG	KYI	TING NGE DZIN
darmas, fenómenos	de	examinar, mirar con detalles	de	samadi, contemplación absorta

ལ་སྙོམས་པར་ཞུགས་སོ།

LA	ÑOM PAR	ZHU SO
en	mantener (meditación en vacuidad sin discursividad)	igualdad

que discierne la naturaleza de los fenómenos.

En ese momento el Bagaván estaba descansando uniformemente en la contemplación absorta conocida como "Iluminación Profunda" que discierne la naturaleza de los fenómenos.

ཡང་དེའི་ཚེ་བྱང་ཆུབ་སེམས་དཔའ་ཆེན་པོ་འཕགས་པ་

YANG	DEI	TSHE	CHANG	CHUB	SEM	PA		CHEN PO	PHAG PA
también	*ese*	*tiempo*	*bodisatva*					*grande*	*arya, noble*

En aquel momento el gran bodisatva

སྤྱན་རས་གཟིགས་དབང་ཕྱུག་ཤེས་རབ་ཀྱི་ཕ་རོལ་ཏུ་ཕྱིན་པ་

CHEN RE ZI	WONG CHU	SHE RAB	KYI	PHA ROL	TU	CHIN PA
Avalokitésvara discernir	*poderoso*	*prajna, sabio*	*de*	*lugar lejano*	*para*	*ido*

arya Avalokitésvara observaba claramente

ཟབ་མོའི་སྤྱོད་པ་ཉིད་ལ་རྣམ་པར་བལྟ་ཞིང་

ZAB MOI	CHO PA ÑI	LA	NAM PAR	TA ZHING
profundo	*practicar*	*en, con*	*completamente, bien*	*mirar*

dentro de la profunda práctica del sabio discernimiento trascendental.

ཕུང་པོ་ལྔ་པོ་དེ་དག་ལ་ཡང་རང་བཞིན་གྱིས་

PHUNG PO	NGA PO	DE DA	LA	YANG	RANG ZHIN	GYI
skandas, composición	*cinco**	*estos*	*a*	*también*	*naturalmente, inherente*	*por*

* forma, sentimientos, percepción, formación, consciencia

A través de esto vio

སྟོང་པར་རྣམ་པར་བལྟའོ།

TONG PAR	NAM PAR	TA O
vacío, sin existencia inherente	*completamente, bien*	*vio*

la vacuidad inherente de los cinco factores de composición.

En aquel momento el gran bodisatva arya Avalokitésvara observaba claramente dentro de la profunda práctica del sabio discernimiento trascendental. A través de esto vio verdaderamente la vacuidad inherente de los cinco factores de composición.

དེ་ནས་སངས་རྒྱས་ཀྱི་མཐུས་ཚེ་དང་ལྡན་པ་ཤ་རིའི་བུས་

DE NAE	SANG GYE	KYI	THU	TSHE DANG DEN PA	SHA RI BUE
entonces	*Buda (Sakiamuni)*	*de*	*por ese poder*	*ayushman, título de respeto*	*Sariputra, por*

Entonces, a través del poder del Buda, el venerable Sariputra

བྱང་ཆུབ་སེམས་དཔའ་སེམས་དཔའ་ཆེན་པོ་འཕགས་པ་

YANG CHU SEM PA SEM PA CHEN PO   PHAG PA
bodisatva   mahasatva, gran ser   arya, noble

habló de la siguiente manera al bodisatva mahasatva

སྤྱན་རས་གཟིགས་དབང་ཕྱུག་ལ་འདི་སྐད་ཅེས་སྨྲས་སོ།

CHEN RE ZI WONG CHU   LA   DI   KAE CHE   MA SO
Avalokitésvara   a   esta palabra   dijo

arya Avalokitésvara:

རིགས་ཀྱི་བུ་གང་ལ་ལ་ཤེས་རབ་ཀྱི་ཕ་རོལ་ཏུ་ཕྱིན་པ་

RIG KYI BU   GANG LA LA   SHE RAB KYI PHA ROL TU CHIN PA
kulaputra, hijo de alguien, quien sea, prajnaparamita,
buena familia   cualquier de ellos   sabio discernimiento transcendental

«¿De qué manera deben entrenarse

ཟབ་མོའི་སྤྱོད་པ་སྤྱད་པར་འདོད་པ་དེས་

ZAB MOI   CHO PA   CHAE PAR   DO PA   DE
profunda   conducta,   practicar,   gustar, desear por ellos
*   vía, modo   meditar   hacer*

aquellos de buena familia que desean seguir la práctica profunda

ཇི་ལྟར་བསླབ་པར་བྱ།   དེ་སྐད་ཅེས་སྨྲས་པ་དང་།

YI TAR   LA PAR   YA   DE   KAE CHE   MAE PA   DANG
en que   entrenar,   hacer   esa   palabra   dijo   y
vía, cómo   practicar

del sabio discernimiento trascendental?» Así habló.

Entonces, a través del poder del Buda, el venerable Sariputra habló de la siguiente manera al bodisatva mahasatva arya Avalokitésvara: «¿De qué manera deben entrenarse aquellos de buena familia que desean seguir la práctica profunda del sabio discernimiento trascendental?». Así habló.

བྱང་ཆུབ་སེམས་དཔའ་སེམས་དཔའ་ཆེན་པོ་

CHANG CHUB SEM PA   SEM PA CHEN PO
bodisatva   mahasatva

El bodisatva mahasatva

འཕགས་པ་སྤྱན་རས་གཟིགས་དབང་ཕྱུག་གིས་

PHAG PA   CHEN RE ZI WONG CHU   GI
arya   Avalokitésvara   por

arya Avalokitésvara

ཚེ་དང་ལྡན་པ་ཤཱ་རི་དྭ་ཏིའི་བུ་ལ་འདི་སྐད་ཅེས་སྨྲས་སོ།

TSHE DANG DAN PA   SHA RI DVA TAI BU   LA   DI   KAE CHE   MA SO
ayushman, venerable   Sariputra   a   esta   palabra   dijo

dio esta respuesta al venerable Sariputra:

ཤཱ་རིའི་བུ་རིགས་ཀྱི་བུ་འམ།   རིགས་ཀྱི་བུ་མོ་གང་ལ་ལ་

SHA RI BU RIG KYI BU   AM RIG KYI BU MO   GANG   LA LA
Sariputra   kulaputra, hijo o   kulaputri, hija   quienquiera   a cada uno
de buena familia   de buena familia   de ellos
(i.e. un discípulo apropiado)

«Sariputra, cualquiera de esos hijos o hijas de buena familia

ཤེས་རབ་ཀྱི་ཕ་རོལ་ཏུ་ཕྱིན་པ་ཟབ་མོའི་སྤྱོད་པ་

SHE RAB KYI PHA ROL TU CHIN PA   ZAB MOI   CHO PA
sabio discernimiento transcendental   profndo   práctica, vía

que desee seguir la práctica profunda del sabio discernimiento trascendental

སྤྱད་པར་འདོད་པ་དེས་འདི་ལྟར་རྣམ་པར་བལྟ་བར་བྱ་སྟེ།

CHAD PAR DO PA DE   DI TAR   NAM PAR   TA WAR YA   TE
practicar   como   por ellos como estas completamente mirar hacer   esto
bien

debe mirar minuciosamente de la manera que voy a describir

ཕུང་པོ་ལྔ་པོ་དེ་དག་ཀྱང་རང་བཞིན་གྱིས་

PHUNG PO NGA PO   DE DAG   KYANG   RANG ZHIN GYI
*skandas,   cinco *   estos   también   naturalmente,*
montones   inherentemente

* forma, sentimientos, percepción, formación, consciencia

y ver así claramente que los cinco factores de composición

སྟོང་པར་རྣམ་པར་ཡང་དག་པར་རྗེས་སུ་བལྟའོ།

TONG PAR   NAM PAR   YANG DAG PAR   YE SU   TA O
vacío,   completamente puramente   a, después mirar, ver
sin substancia

están intrínsecamente vacíos de existencia inherente.»

El bodisatva mahasatva arya Avalokitésvara dio esta respuesta al venerable Sariputra: «Sariputra, cualquiera de esos hijos o hijas de buena familia que desee seguir la práctica profunda del sabio discernimiento trascendental, debe mirar minuciosamente de la manera que voy a describir y ver así claramente que los cinco factores de composición están intrínsecamente vacíos de existencia inherente.»

གཟུགས་སྟོང་པའོ། སྟོང་པ་ཉིད་གཟུགས་སོ།

ZUG	TONG PA O	TONG PA ÑI	ZUG SO
forma	*vacío, sunyata*	*sunyata, vacuidad*	*forma*

«La forma es vacío. La vacuidad es forma.

གཟུགས་ལས་སྟོང་པ་ཉིད་གཞན་མ་ཡིན།

ZUG	LAE	TONG PA ÑI	ZHAN	MA	YIN
forma	*del*	*sunyata, vacuidad*	*otro*	*no*	*es*

La vacuidad no es más que forma.

སྟོང་པ་ཉིད་ལས་ཀྱང་གཟུགས་གཞན་མ་ཡིན་ནོ།

TONG PA ÑI	LAE	KYANG	ZUG	ZHAN	MA	YIN NO
sunyata, vacuidad	*del*	*también*	*forma*	*otro*	*no*	*es*

La forma no es más que vacuidad.

དེ་བཞིན་དུ་ཚོར་བ་དང་། འདུ་ཤེས་དང་།

DE ZHIN DU	TSHOR WA	DANG	DU SHE	DANG
similarmente	*sentimientos*	*y*	*percepción,*	*y*
de este modo			*identificación*	

Del mismo modo, los sentimientos, la percepción,

འདུ་བྱེད་དང་། རྣམ་པར་ཤེས་པ་རྣམས་སྟོང་པའོ།

DU YE	DANG	NAM PAR SHE PA	NAM	TONG PA O
asociar	*y*	*consciencia*	*todos*	*vacío*
y construir				

la formación y la consciencia son todos vacío.»

«La forma es vacío. La vacuidad es forma. La vacuidad no es más que forma. La forma no es más que vacuidad. Del mismo modo, los sentimientos, la percepción, la formación y la consciencia son todos vacío.»

ཤཱ་རིའི་བུ། དེ་ལྟར་ཆོས་ཐམས་ཅད་སྟོང་པ་ཉིད་དེ།

SHA RI BU	DE TAR	CHO	THAM CHE	TONG PA ÑI	DE
Sariputra	*de esa forma*	*darmas*	*todos*	*sunyata*	*eso*

«Así, Sariputra, de ese modo todos los fenómenos son en sí mismos vacuidad,

མཚན་ཉིད་མེད་པ། མ་སྐྱེས་པ། མ་འགགས་པ།

TSHAN ÑI	ME PA	MA KYE PA	MA GAG PA
*características**	*sin*	*no nacido*	*sin fin*

*su realidad no se puede percibir confiando en signos

carecen de signos e identificación. No tienen principio ni fin,

ཌྲི་མ་མེད་པ། ཌྲི་མ་དང་བྲལ་བ། མེད་པ།

DRI MA   ME PA   DRI MA   DANG DRAL WA   ME PA
mancha   sin   mancha   libre de   sin

ni tienen mancha ni están libres de manchas,

བྲི་བ་མེད་པ།   གང་བ་མེད་པའོ།

DRI WA   ME PA   GANG WA   ME PA O
declinar,   sin   lleno, completo,   sin
disminuir   incrementar

tampoco tienen disminución ni aumento».

«*Así, Shariputra, de ese modo todos los fenómenos son en sí mismos vacuidad, carecen de signos e identificación. No tienen principio ni fin, ni tienen mancha ni están libres de mancha, tampoco tienen disminución ni aumento.*»

ཤཱ་རིའི་བུ། དེ་ལྟ་བས་ན་སྟོང་པ་ཉིད་ལ་གཟུགས་མེད།

SHA RI BU DE TAR WAE NA   TONG PA ÑI   LA   ZUG   ME
Sariputra   de esta forma, por lo tanto sunyata, vacuidad   a, en   forma   sin

Por lo tanto, Sariputra, la vacuidad no tiene forma;

ཚོར་བ་མེད།   འདུ་ཤེས་མེད།

TSHOR WA   ME   DU SHE   ME
sentimiento   sin   percepción   sin

ni sentimiento, ni percepción,

འདུ་བྱེད་རྣམས་མེད།   རྣམ་པར་ཤེས་པ་མེད།

DU YE NAM   ME   NAM PAR SHE PA   ME
formación   sin   consciencia   sin

ni formación ni consciencia;

མིག་མེད།   རྣ་བ་མེད།   སྣ་མེད།   ལྕེ་མེད།

MIG   ME   NA WA   ME   NA   ME   CHE   ME
ojo   sin   oído   sin   nariz   sin   lengua   sin

ni ojo, ni oído, ni nariz, ni lengua,

ལུས་མེད།   ཡིད་མེད།   གཟུགས་མེད།   སྒྲ་མེད།

LUE   ME   YI   ME   ZUG   ME   DRA   ME
cuerpo sin   actividad sin   forma   sin   sonido   sin
mental

ni cuerpo, ni actividad mental, ni forma, ni sonido,

ཌྲི་མེད།   རོ་མེད།   རེག་བྱ་མེད།   ཆོས་མེད་དོ།

DRI	ME	RO	ME	REG YA	ME	CHO	ME DO
olor	*sin*	*gusto*	*sin*	*tangible*	*sin*	*fenómenos*	*sin*
objetos							

ni olor, ni gusto, ni sensación táctil, ni objetos de la actividad mental.

མིག་གི་ཁམས་མེད་པ་ནས་ཡིད་ཀྱི་ཁམས་མེད།

MIG GI KHAM	ME PA NE	YI	KYI	KHAM	ME
ojo de esfera de	*sin desde,*	*actividad mental*	*de*	*esfera de*	*sin*
operación	*hasta*			*operación*	

(i.e. los 18 datus de los seis órganos, seis objetos y seis consciencias)

La vacuidad no tiene el dominio de la visión ni el domino de los otros sentidos hasta no tener ni el dominio de la actividad mental.

ཡིད་ཀྱི་རྣམ་པར་ཤེས་པའི་ཁམས་ཀྱི་བར་དུ་མེད་དོ།

YID	KYI	NAM PAR SHE PE	KHAM	KYI	BAR DU	ME DO
mente,	*de*	*vijnana, consciencia*	*esfera de*	*de*	*hasta*	*sin*
actividad mental			*operación*			

(i.e. ninguna de las posibilidades de existencia son inherentemente verdaderas)

Y la vacuidad no tiene los dominios de la consciencia hasta no tener ni la consciencia de la actividad mental.

«Por lo tanto, Sariputra, la vacuidad no tiene forma; ni sentimiento, ni percepción, ni formación ni consciencia, ni ojo, ni oído, ni nariz, ni lengua, ni cuerpo, ni actividad mental, ni forma, ni sonido, ni olor, ni gusto, ni sensación táctil, ni objetos de la actividad mental. La vacuidad no tiene el dominio de la visión ni el domino de los otros sentidos hasta no tener ni el dominio de la actividad mental. Y la vacuidad no tiene los dominios de la consciencia hasta no tener ni la consciencia de la actividad mental.»

མ་རིག་པ་མེད།   མ་རིག་པ་ཟད་པ་མེད་པ་

MA RIG PA	ME	MA RIG PA	ZAE PA	ME PA
ignorancia	*sin*	*ignorancia*	*acabar*	*sin*

La vacuidad carece de ignorancia y de la extinción de la ignorancia

ནས་རྒ་ཤི་མེད།

NAE	GA	SHI	ME
desde	*vejez*	*muerte*	*sin*

y de los doce factores de surgimiento codependiente hasta el de la vejez y la muerte

ཪྒ་ཤི་ཟད་པའི་བར་དུ་ཨང་མེད་དོ།

GA   SHI   ZAE PE   BAR DU ANG   ME DO
vejez   muerte   acabar*   hasta   también   sin

*Así, los doce eslabones siguientes de la existencia condicionada dependiente están vacíos:1 la ignorancia; 2 la formación; 3 la conciencia; 4 el nombre y la forma; 5 los seis órganos de los sentidos; 6 el contacto; 7 los sentimientos; 8 el ansia o anhelo; 9 el embelesamiento sensual; 10 la procreación; 11 el nacimiento; 12 la vejez y la muerte...

y de la extinción de la vejez y la muerte.

དེ་བཞིན་དུ་སྡུག་བསྔལ་བ་དང་།   ཀུན་འབྱུང་བ་དང་།

DE ZHIN DU   DU NGAL WA   DANG   KUN YUNG WA   DANG
de esta forma   sufrimiento   y   la causa del sufrimiento   y

Del mismo modo, la vacuidad carece del sufrimiento y sus causas,

འགོག་པ་དང་།   ལམ་མེད།

GO PA   DANG   LAM   ME
la cesación   y   camino desde   sin*
del sufrimiento   el sufrimiento

* Las cuatro Nobles Verdades se muestran dentro de la vacuidad

de la cesación y del camino que lleva a la cesación del sufrimiento.

ཡེ་ཤེས་མེད།   ཐོབ་པ་མེད།   མ་ཐོབ་པའང་མེད་དོ།

YE SHE   ME   THO PA ME   MA THO PA   ANG   ME DO
conocimiento sin   logro   sin   no logro   también sin
original

La vacuidad carece del conocimiento original intrínseco, del logro y de la ausencia de logro.

«La vacuidad carece de ignorancia y de la extinción de la ignorancia y de los doce factores de surgimiento codependiente hasta el de la vejez y la muerte y de la extinción de la vejez y la muerte. Del mismo modo, la vacuidad carece del sufrimiento y sus causas, de la cesación y del camino que lleva a la cesación del sufrimiento. La vacuidad carece del conocimiento original intrínseco, del logro y de la ausencia de logro.»

ཤཱ་རིའི་བུ།   དེ་ལྟ་བས་ན་བྱང་ཆུབ་སེམས་དཔའ་རྣམས་

SHA RI BU   DE TAR WAE NA   CHANG CHUB SEM PA NAM
Sariputra   por lo tanto   bodisatvas

Por lo tanto Sariputra,

ཐོབ་པ་མེད་པའི་ཕྱིར།

THO PA   ME PE   CHIR
logro   sin*   por esa razón

*no hay nada inherentemente substancial que se pueda ganar

como no hay nada que se pueda ganar, los bodisatvas

ཤེས་རབ་ཀྱི་ཕ་རོལ་ཏུ་ཕྱིན་པ་ལ་བརྟེན་ཅིང་གནས་ཏེ།

SHE RAB KYI PHA ROL TU CHIN PA   LA   TEN CHING   NAE   TE
prajna paramita,   en   confiar, utilizar permanecer   así
sabio discernimiento transcendental

confían en el sabio discernimiento transcendental y, permaneciendo

སེམས་ལ་སྒྲིབ་པ་མེད་པས་སྐྲག་པ་མེད་དེ།

SEM   LA   DRI PA   ME PAE   TRAG PA   ME DE
mente   a   obscurecimiento, sin/por lo tanto   miedo   sin
cubrir, tapar

con la mente sin oscurecimientos, y sin miedo.

ཕྱིན་ཅི་ལོག་ལས་ཤིན་ཏུ་འདས་ནས་

CHIN CHI LO   LAE   SHIN TU   DAE   NE
engaño, falsedad   desde   completamente pasar   entonces
Tras pasar completamente más allá del dominio del engaño

མྱ་ངན་ལས་འདས་པར་མཐར་ཕྱིན་ཏོ།

ÑA NGAN LAE DAE PAR   THAR CHIN TO
nirvana, más allá de la pena /a, en   acabar, cumplir
logran la completa liberación del nirvana.

«*Por lo tanto Sariputra, como no hay nada que se pueda ganar, los bodisatvas confían en el sabio discernimiento transcendental y, permaneciendo con la mente sin oscurecimientos, y sin miedo, tras pasar completamente más allá del dominio del engaño, logran la completa liberación del nirvana.*»

དུས་གསུམ་དུ་རྣམ་པར་བཞུགས་པའི་སངས་རྒྱས་ཐམས་ཅད་ཀྱང་

DU SUM   DU NAM PA ZHU PE   SANG GYE THAM CHE   KYANG
tres tiempos   en bien   permanecer budas   todos   también
(pasado, presente, futuro)

Todos los budas que moran en los tres tiempos también

ཤེས་རབ་ཀྱི་ཕ་རོལ་ཏུ་ཕྱིན་པ་ལ་བརྟེན་ནས་

SHE RAB KYI PHA ROL TU CHIN PA   LA   TEN   NAE
sabio discernimiento transcendental   en   confiar   entonces
confían en el sabio discernimiento trascendental y así,

བླ་ན་མེད་པ་ཡང་དག་པར་རྫོགས་པའི་བྱང་ཆུབ་

LA NA ME PA   YANG DA PAR   DZO PE   YANG CHUB
insuperable   muy puro, perfecto   completo   bodi, iluminación
(mahayana)

con un despertar perfecto e insuperable,

ཏུ་མངོན་པར་རྫོགས་པར་སངས་རྒྱས་སོ།

TU   NGON PAR   DZO PAR   SANG GYE SO
con   manifiesto   completo   budeidad

son budas completamente iluminados.

«Todos los budas que moran en los tres tiempos también confían en el sabio discernimiento trascendental y así, con un despertar perfecto e insuperable, son budas completamente iluminados.»

དེ་ལྟ་བས་ན་ཤེས་རབ་ཀྱི་ཕ་རོལ་ཏུ་ཕྱིན་པའི་སྔགས།

DE TA WAE NA   SHE RAB KYI PHA ROL TU CHIN PE   NGA
por lo tanto   sabio discernimiento trascendental   mantra, lo que protege la mente

Debido a esto existe el mantra del sabio discernimiento trascendental,,

རིག་པ་ཆེན་པོའི་སྔགས།   བླ་ན་མེད་པའི་སྔགས།

RIG PA   CHEN POI   NGA   LA NA ME PE   NGA
vidya,   gran   mantra   insuperable   mantra
presencia

el mantra de la gran presencia, el mantra insuperable.

མི་མཉམ་པ་དང་མཉམ་པར་བྱེད་པའི་སྔགས།

MI ÑAM PA   DANG   ÑAM PAR   YED PE   NGA
no igual   y   igual, igualado   hacer, producir   mantra

Este es el mantra que equilibra lo desequilibrado.

སྡུག་བསྔལ་ཐམས་ཅད་རབ་ཏུ་ཞི་བར་བྱེད་པའི་སྔགས།

DU NGAL   THAM CHE   RAB TU   ZHI WAR   YE PE   NGA
sufrimiento   todos   completamente   pacificar   hacer   mantra

Este es el mantra que pacifica completamente todo el sufrimiento.

མི་རྫུན་པས་ན་བདེན་པར་ཤེས་པར་བྱ་སྟེ།

MI   DZUN PAE NA   DEN PAR   SHE PAR   YA   TE
no   miente/por lo tanto   verdad   conocer   hacer   así

Esto no es un engaño, así que puedes llegar a saber que es verdad.

«Debido a esto existe el mantra del sabio discernimiento trascendental, el mantra de la gran presencia, el mantra insuperable.Este es el mantra que equilibra lo desequilibrado. Este es el mantra que purifica completamente todo el sufrimiento. Esto no es un engaño, así que puedes llegar a saber que es verdad.»

ཤེས་རབ་ཀྱི་ཕ་རོལ་ཏུ་ཕྱིན་པའི་སྔགས་སྨོས་པ།

SHE RAB KYI PHA ROL TU CHIN PE   **NGA**   **MAE PA**
prajnaparamita, sabio discernimiento trascendental   *mantra*   *dice*

Recita el mantra del sabio discernimiento trascendental:

ཏ་དྱ་ཐཱ།   ག་ཏེ་ག་ཏེ་པཱ་ར་ག་ཏེ

TA DYA THA   **GA TE**   **GA TE**   **PA RA GA TE**
así es como este   *ido*   *ido*   *ido más allá*

De esta manera, ido, ido, ido más allá,

པཱ་ར་སཾ་ག་ཏེ་བོ་དྷི་སྭཱ་ཧཱ།།

PA RA SAM GA TE   **BO DHI**   **SVA HA**
completamente ido más allá   *despierto,*   *así es*
(nunca vuelve)   *iluminado*

completamente ido más allá. Despierto, ¡tal como es!

ཤཱ་རིའི་བུ་བྱང་ཆུབ་སེམས་དཔའ་སེམས་དཔའ་ཆེན་པོས་དེ་ལྟར

SHA RI BU   **CHANG CHUB SEM PA SEM PA CHEN POE**   **DE TAR**
Sariputra   *bodisattva,*   *mahasattva*   */por*   *de esta forma*
     ser iluminado   *gran ser*

Sariputra, de esta manera un bodisatva mahasatva

ཤེས་རབ་ཀྱི་ཕ་རོལ་ཏུ་ཕྱིན་པ་ཟབ་མོ་ལ་བསླབ་པར་བྱའོ།

SHE RAB KYI PHA ROL TU CHIN PA ZAB MO LA   **LA PAR**   **YA O**
sabio discernimiento trascendental   *profundo*   *a, en entrenar,*   *practicar*

debe entrenarse en el profundo sabio discernimiento trascendental.

«Recita el mantra del sabio discernimiento trascendental: "De esta manera, ido, ido, ido más allá, completamente ido más allá. Despierto, ¡tal como es!" Sariputra, de esta manera un bodisatva mahasatva debe entrenarse en el profundo sabio discernimiento trascendental.»

དེ་ནས་བཅོམ་ལྡན་འདས་ཏིང་ངེ་འཛིན་དེ་ལས་བཞེངས་ཏེ

DE NAE   **CHOM DEN DAE TING NGE DZIN**   **DE**   **LAE**   **ZHENG**   **TE**
entonces   *bagaván*   *samadi, contemplación que*   *desde*   *surge*   *así*
     (Sakiamuni)   *absorta*

Entonces el Bagaván se levantó de su absorta contemplación

བྱང་ཆུབ་སེམས་དཔའ་སེམས་དཔའ་ཆེན་པོ

YANG CHU SEM PA   **SEM PA CHEN PO**
bodisatva   *mahasatva*

y alabó al bodisatva mahasatva

 འཕགས་པ་སྤྱན་རས་གཟིགས་དབང་ཕྱུག་ལ་

PHAG PA   CHEN RE ZYO WONG CHU   LA
arya, noble   Avalokitésvara   a

al arya Avalokitésvara,

ལེགས་སོ་ཞེས་བྱ་བ་བྱིན་ནས།

LEG SO   ZHE YA WA   YIN   NAE
bueno, bien   así   es   entonces

diciendo:

ལེགས་སོ་ལེགས་སོ།   རིགས་ཀྱི་བུ།   དེ་དེ་བཞིན་ནོ།

LEG SO   LEG SO   RIG   KYI   BU   DE   DE ZHIN NO
sí, muy   sí, muy   familia   de   hijo   que   así es
bueno   bueno

«Muy bien. Muy bien. Hijo de buena familia, así es.

དེ་དེ་བཞིན་ཏེ།   ཇི་ལྟར་ཁྱོད་ཀྱིས་བསྟན་པ་བཞིན་དུ་

DE   DE ZHIN   TE   YI TAR   KHYO KYI   TAN PA   ZHIN DU
que   así es   así   como que   tú   por   mostrado   así es

Es así, tal como tú lo has mostrado

ཤེས་རབ་ཀྱི་ཕ་རོལ་ཏུ་ཕྱིན་པ་ཟབ་མོ་ལ་སྤྱད་པར་བྱ་སྟེ།

SHE RAB KYI PHA ROL TU CHIN PA ZAB MO   LA   CHA PAR   YA TE
sabio discernimiento trascendental   profundo   a   practicar   hacer esto

tan sabio discernimiento trascendental profundo debe ser practicado.

དེ་བཞིན་གཤེགས་པ་རྣམས་ཀྱང་རྗེས་སུ་ཡི་རང་ངོ།

DE ZHIN SHEG PA NAM   KYANG   YE SU YI RANG NGO
tatágatas,   también   se felicitan con esto*
*los que han recorrido esta vía, budas.

Todos los Tathagatas se regocijarán por ello.»

Entonces el Bagaván se levantó de su absorta contemplación y alabó al bodisatva mahasatva arya Avalokitesvara, diciendo: «Muy bien. Muy bien. Hijo de buena familia, así es. Es así, y tan sabio discernimiento trascendental profundo debe ser practicado tal como tú lo has mostrado. Todos los Tathagatas se regocijarán por ello.»

བཅོམ་ལྡན་འདས་ཀྱིས་དེ་སྐད་ཅེས་བཀའ་སྩལ་ནས།

CHOM DEN DAE KYI   DE KAE CHE   KA TSAL   NAE
bagaván   por   así   habló   entonces
(Sakiamuni)

El Bagaván habló así y entonces

ཚེ་དང་ལྡན་པ་ཤཱ་རི་དུ་ཏིའི་བུ་དང་།

TSHE DANG DAN PA	SHA RI DVA TI BU	DANG
ayushman, venerable	*Sariputra*	*y*

el venerable Sariputra y

བྱང་ཆུབ་སེམས་དཔའ་སྤྱན་རས་གཟིགས་དབང་ཕྱུག་དང་།

YANG CHU SEM PA	CHEN RE ZI WONG CHU	DANG
bodisatva	*Avalokitésvara*	*y*

el bodisatva Avalokitésvara y

ཐམས་ཅད་དང་ལྡན་པའི་འཁོར་དེ་དག་དང་།

THAM CHE	DANG DAN PE	KHOR	DE DA	DANG
todos	*juntos*	*círculo, entorno*	*estos*	*y*

y todos sus séquitos, y todos

ལྷ་དང་། མི་དང་། ལྷ་མ་ཡིན་དང་།

LHA	DANG	MI	DANG	LHA MA YIN	DANG
dioses	*y*	*hombres*	*y*	*asuras*	*y*

los dioses, los hombres, los dioses celosos,

དྲི་ཟར་བཅས་པའི་འཇིག་རྟེན་ཡི་རངས་ཏེ།

DRI ZAR	CHE PE	YIG TEN	YI RANG TE
gandarvas, espíritus del lugar	*y demás*	*mundo*	*alegrarse*

los espíritus del lugar y demás del mundo se regocijaron y

བཅོམ་ལྡན་འདས་ཀྱིས་གསུངས་པ་ལ་མངོན་པར་བསྟོད་དོ།།

CHOM DAN DAE	KYI	SUNG PA	LA	NGON PAR	TOE DO
Bagaván	*por*	*palabra*	*a*	*manifiestamente*	*alabaron*

alabaron sinceramente el discurso del bagaván Buda.

El Bagaván habló así, y entonces el venerable Sariputra y el bodisatva Avalokitésvara y todos sus séquitos, y todos los dioses, los hombres, los dioses celosos, los espíritus del lugar y demás del mundo se regocijaron y alabaron sinceramente el discurso del bagaván Buda.

འཕགས་པ་ཤེས་རབ་ཀྱི་ཕ་རོལ་ཏུ་ཕྱིན་པའི་སྙིང་པོ་རྫོགས་སོ།། །།

Esto concluye EL CORAZÓN DE LA PERFECTA LIBERACIÓN DEL SABIO DISCERNIMIENTO TRANSCENDENTAL.

ན་མོ། བླ་མ་ལ་ཕྱག་འཚལ་ལོ།

NA MO   LA MA   LA   CHA TSHAL LO
homenaje   gurú   a   saludos

Namo. Homenaje al gurú.

སངས་རྒྱས་ལ་ཕྱག་འཚལ་ལོ།

SANG GYE   LA   CHA TSHAL LO
buda   a   saludos

Homenaje al Buda.

ཆོས་ལ་ཕྱག་འཚལ་ལོ།

CHO   LA   CHA TSHAL LO
darma   a   saludos

Homenaje al Darma.

དགེ་འདུན་ལ་ཕྱག་འཚལ་ལོ།

GEN DUN   LA   CHA TSHAL LO
sangha   a   saludos

Homenaje a la Sanga.

ཡུམ་ཆེན་མོ་ཤེས་རབ་ཀྱི་ཕ་རོལ་ཏུ་ཕྱིན་མ་ལ་

YUM CHEN MO   SHE RAB KYI PHA ROL TU CHIN MA   LA
*Gran Madre (sunyata como   sabio discernimiento trascendental   con
la madre de todos los budas)   (concebido como una diosa)*

Homenaje a la Gran Madre Prajnaparamita (sabio discernimiento trascendental) y

སྲས་ཕྱོགས་བཅུའི་སངས་རྒྱས་ཀྱི་འཁོར་གྱིས་

SAE   CHO CHUI   SANG GYE   KYI   KHOR   GYI
hijos   diez direcciones budas   de   séquito   por (i.e. por todas partes)

rodeándola el círculo de sus hijos,

བསྐོར་བ་དང་བཅས་པ་ལ་ཕྱག་འཚལ་ལོ།

KOR WA DANG CHE WA   LA   CHA TSHAL LO
rodear   juntos   a   saludos

los budas de las diez direcciones.

ཁྱེད་རྣམས་ལ་ཕྱག་འཚལ་བའི་མཐུ་དང་ནུས་པ་ལ་བརྟེན་ནས།

KHYE NAM   LA   CHA TSHAL WAI   THU   DANG   NU PA   LA TE NAE
*tú   a   de los homenajes   poder   y   poder,   en consecuencia
                                          efectivo   fuerza   de, dependiendo de*

por la fuerza y el poder efectivo del rendirte homenaje

བདག་གི་བདེན་པའི་ཚིག་འདི་འགྲུབ་པར་གྱུར་ཅིག །

DA GI	DEN PE	TSHIG	DI	DRU PAR	GYUR CHI
mia	*verdaderas*	*palabras*	*esto*	*lograr,*	*debe ser*
				llegar a pasar	

Estas palabras mías, que son verdaderas, deben cumplirse.

Namo. Homenaje al gurú. Homenaje al Buda. Homenaje al Darma. Homenaje a la Sanga. Homenaje a la Gran Madre Prajnaparamita (sabio discernimiento trascendental) y al círculo de sus hijos que la rodean, los budas de las diez direcciones. Por la fuerza y el poder efectivo del rendirte homenaje, estas palabras mías, que son verdaderas, deben cumplirse.

སྔོན་ལྷའི་དབང་པོ་བརྒྱ་བྱིན་གྱིས་ཤེས་རབ་ཀྱི་ཕ་རོལ་ཏུ་ཕྱིན་པའི་

NGON	LHAI WONG PO GYA YIN GYI SHE RAB KYI PHA ROL TU CHIN PAI
anteriormente Devindra	*Sakra por sabio discernimiento trascendental*
(el rey de los dioses)	

En tiempos pasados Lawong Giayin

དོན་ཟབ་མོ་ཡིད་ལ་བསམ་ཞིང་

DON	ZAB MO	YI	LA	SAM ZHING
significado	*profundo*	*mente,*	*en, con*	*pensar*
		actividad mental		

contempló el profundo significado del sabio discernimiento trascendental.

ཚིག་ཟབ་མོ་ཁ་ཏོན་དུ་བྱས་པ་ལ་བརྟེན་ནས་

TSHI	ZAB MO	KHA TON DU	YAE PA	LA TEN NAE
palabras	*profundo*	*leer hacer*	*basado en,*	*en consecuencia*

Leyó sus profundas palabras y así

བདུད་སྡིག་ཅན་ཕྱིར་བཟློག་པ་དེ་བཞིན་དུ།

DU	DI CHAN	CHIR DO PA	DE ZHIN DU
mara,	*inmoral*	*repeler, repulsar*	*así, en consecuencia demonio*

pudo repeler todas las tendencias demoníacas corruptoras.

བདག་གིས་ཀྱང་ཤེས་རབ་ཀྱི་ཕ་རོལ་ཏུ་ཕྱིན་པའི་

DA	GI	KYANG	SHE RAB KYI PA ROL TU CHIN PAI
yo	*por*	*también*	*sabio discernimiento trascendental*

De la misma manera, nosotros también contemplamos el significado profundo

དོན་ཟབ་མོ་ཡིད་ལ་བསམས་ཤིང་།

DON	ZAB MO	YI	LA	SAM ZHING
significado	*profundo*	*mente,*	*en, con*	*pensamiento*
actividad mental				

del sabio discernimiento trascendental

ཚིག་ཟབ་མོ་ཁ་ཏོན་དུ་བྱས་པ་ལ་བརྟེན་ནས་

TSHI	ZAB MO	KHA TON	DU YAE PA	LA TEN NAE
palabras profundas		*leer*	*hacer*	*en consecuencia*

y leemos estas palabras profundas, y debido a esto

བདག་ཅག་དཔོན་སློབ་ཡོན་མཆོད་འཁོར་

DA CHA	PON	LOB	YON	CHO	KHOR
nosotros	*guru*	*discípulo*	*patronos*	*beneficiarios*	*círculo*

todos nosotros; gurús, discípulos, patrocinadores, beneficiarios y todos
con los que nos relacionamos

དང་བཅས་པ་ཐམས་ཅད་ཀྱི་འགལ་རྐྱེན་བར་ཆད་

DANG CHE PA	THAM CHE	KYI	GAL KYEN	BAR CHAE
juntos	*todos*	*de*	*dificultades, problemas*	*interrupciones, obstáculos*

¡debemos tener todos nuestros problemas, obstáculos y

མི་མཐུན་པའི་ཕྱོགས་ཐམས་ཅད་ཕྱིར་བཟློག་ཏུ་གཔར་གྱུར་ཅིག

MI THUN PE	CHO	THAM CHE	CHIR DO PAR	GYUR CHI
no ayuda, no armonioso	*lado*	*todos*	*repelido, repulsado*	*debe ser!*

dificultades completamente repelidos!

མེད་པར་གྱུར་ཅིག   ཞི་བར་གྱུར་ཅིག

ME PAR	GYUR CHI	ZHI WAR	GYUR CHI
sin	*debe ser!*	*pacificado*	*debe ser!*

¡Debemos estar sin ellos! ¡Deben ser pacificados!

En tiempos pasados, Lawong Giayin contempló el profundo significado del sabio discernimiento trascendental. Leyó sus profundas palabras y así pudo repeler todas las tendencias demoníacas corruptoras. De la misma manera, nosotros también contemplamos el significado profundo del sabio discernimiento trascendental y leemos estas palabras profundas, y debido a esto todos nosotros; gurús, discípulos, patrocinadores, beneficiarios y todos con los que nos relacionamos ¡debemos tener todos nuestros problemas, obstáculos y dificultades completamente repelidos! ¡Debemos estar sin ellos! ¡Deben ser pacificados!

གང་གི་རྟེན་ཅིང་འབྲེལ་བར་འབྱུང་།

GANG	GI	TEN CHING	DREL WAR	YUNG
cuál	*de*	*dependiente*	*conectado*	*surgir*

Todo lo que surge en cooriginación dependiente

 འགགས་པ་མེད་པ་སྐྱེ་མེད་པ།

GAG PA   **ME PA**   **KYE**   **ME PA**
acabarse,   *sin*   *nacimiento,*   *sin interrupción*
principio

no tiene final ni principio,

ཆད་པ་མེད་པ་རྟག་མེད་པ།

CHA PA   **ME PA**   **TAG**   **ME PA**
nihilismo,   *sin*   *permanencia*   *sin*
no continuidad

ni desaparición ni permanencia,

འོང་བ་མེད་པ་འགྲོ་མེད་པ།

ONG WA   **ME PA**   **DRO**   **ME PA**
venir   *sin*   *ire*   *sin*

ni ir ni venir,

ཐ་དད་དོན་མིན་དོན་གཅིག་མིན།

THA DA   **DON**   **MIN**   **DON**   **CHI**   **MIN**
diferente,   *significado*   *sin*   *significado*   *solo uno*   *sin*
separado

ni significados diversos ni un solo significado.

སྤྲོས་པ་ཉེར་ཞི་ཞི་བསྟན་པ།

TRO PA   **ÑER ZHI**   **ZHI**   **TAN PA**
conceptos   *completamente pacificados*   *pacífico*   *doctrinas*

Así todas las construcciones conceptuales están completamente pacificadas.
A las doctrinas pacíficas,

རྫོགས་པའི་སངས་རྒྱས་སྐུ་རྣམས་ཀྱི།

DZO PE   **SANG GYE**   **MA NAM**   **KYI**
perfecto   *buda*   *palabra*   *de*

a las excelentes enseñanzas del discurso del Buda perfecto,

དམ་པ་དེ་ལ་ཕྱག་འཚལ་ལོ།།

DAM PA   **DE**   **LA**   **CHA TSHAL LO**
excelente,   *ese*   *a*   *saludos sagrado*

rendimos homenaje.

Todo lo que surge en cooriginación dependiente no tiene final ni principio, ni desaparición ni permanencia, ni ir ni venir, ni significados diversos ni un solo significado. Así todas las construcciones conceptuales están completamente pacificadas. A las doctrinas pacíficas, a las excelentes enseñanzas del discurso del Buda perfecto rendimos homenaje.

ཐབས་དང་སྐྱབས་དང་དག་པ་དང་།

THAB   DANG   KYAB   DANG   DA PA   DANG
método   y   salvar   y   puro   y

El método, la protección, la pureza y

ཐེག་ཆེན་ངེས་པར་འབྱུང་བ་དང་།

THEG CHEN   NGE PAR YUNG WA   DANG
mahayana   declinar (la propia práctica   y
se convierte en hinayana)

la práctica mahayana en declive, y

སེམས་ཅན་རྣམས་ནི་རབ་བསླུ་བའི།

SEM CHEN NAM NI   RAB   LU WAI
seres sensibles   completamente   decepcionados, engañados

la obra de Mara que engaña a los seres sensibles:

བདུད་ཀྱི་ལས་ཀུང་སྤོང་བར་ཤོག།།   །།

DU   KYI   LAE   KYANG   PONG WAR   SHO
mara,   de   obra   también   abandonar,   debe ser
demonio   expulsar

todos estos problemas deben ser repelidos.

El método, la protección, la pureza y la práctica mahayana en declive, y
la obra de Mara que engaña a los seres sensibles: todos estos problemas
deben ser repelidos.

རྫོགས་པའི་བྱང་ཆུབ་བསྒྲུབ་པ་ལ།

DZO PE   CHANG CHUB   DRU PA   LA
completa   bodi, iluminación   practicar   para

Para que los que practican obtengan la iluminación completa,,

ཕྱི་དང་ནང་གི་འཚེ་བ་ཡི།

CHI   DANG   NANG   GI   TSHE WA   YI
externo   y   interno   de   problemas   de

todos los problemas externos e internos

བར་དུ་གཅོད་པ་ཐམས་ཅད་ཀུན།

BAR DU CHO PA   THAM CHE   KUN
interrupciones,   todos   todos
obstáculos

que crean obstáculos

ཉེ་བར་ཞི་བར་མཛད་དུ་གསོལ།། །།

ÑE WAR ZHI WAR DZA DU SOL
completamente   pacificados   hacer   por favor

deben ser totalmente pacificados!

Para que los que practican obtengan la iluminación completa. ¡Por favor, que todos los problemas externos e internos que crean obstáculos sean totalmente pacificados!

འདི་ཡང་བོད་རྒྱ་ལ་ལོའི་ས་རྟ་ལོར་འཕགས་ཡུལ་འཁོར་གདོང་བླ་བྲང་ནང་རྒྱལ་བའི་བཀའ་འགྱུར་ཆེན་མོ་རྟེན་གཙོར་གསར་ཕེབས་སྐབས་པོད་བླ་དྲུག་པ་ཆུ་སྤོང་བླ་བའི་ཚོས་བཞིའི་ཉིན་སྟོན་ཡུལ་ལྡུ་རྟ་ཧ་སིར་དྲང་སྲོང་སྲུང་བ་རེ་དགས་ཀྱི་ནགས་སུ་འཁོར་ལུ་སྟེ་བཟང་པོ་ལ་བཀའ་དང་པོ་བདེན་པ་བཞིའི་ཚོས་ཀྱི་འཁོར་ལོ་བསྐོར་བའི་ཉིན་གྱི་དུས་དྲན་སྲུང་ཆེད་མར་མེའི་ཐེང་བ་བརྒྱ་ཕྲག་འགའ་ཞིག་འབུལ་སྐབས་འདོན་དགོས་རྒྱའི་ཆེད།   བྱང་བདག་བཀྲ་ཤིས་སྟོབས་རྒྱལ་དབང་པོའི་སྡེའི་གསུང་ལ་ཁ་བསྐུར་བྱས་ནས་འཁོར་གདོང་གཏེར་སྤྲུལ་འཆི་མེད་རིག་འཛིན་གྱིས་སྐད་གསུམ་ཤན་སྦྱར་བྱས་པའོ།། །།

Esta ceremonia de homenaje al discurso del Buda, incluido el Sutra del Corazón, fue traducida con motivo de la instalación del kangyur, el Tripitaka tibetano, en el Khordong Labrang de India. Esta ceremonia se celebró el 8 de agosto de 1978, el cuarto día del sexto mes tibetano del año 2904 desde la fecha del primer giro de la rueda del Darma según la tradición tibetana, y el año 2522 de la era budista según la tradición Teravada. Este día es importante por ser el día del discurso del Buda, ya que fue el día en que Buda Sakiamumi enseñó por primera vez el Darma de las Cuatro Nobles Verdades a los cinco primeros discípulos, incluido Aniruda, en Sarnath. Khordong Tertrul Chimed Rigdzin unió estos tres textos basándose en las palabras de Yangdag Trashi Tobgial Wangpoi De.

Traducido al inglés por C.R. Lama y James Low en 1978
Traducción revisada por James Low en agosto de 2013

༄༄། གདམས་ཉན་བསྐུན་པའི་སྒོལ་འབྲེད་ཆེན་པོ་ཉེར་ལྔ་ལ་གསོལ་འདེབས་དད་པའི་མེ་ཏོག་ཅེས་བྱ་བ་བཞུགས་སོ།

La Flor de la fe

que es

La Oración a los treinta y cinco grandes que establecieron los sistemas del Darma en Tíbet

 རྩ་གསུམ་ཀུན་འདུས་སྣོབ་དཔོན་པདྨ་འབྱུང་།

TSA SUM	KUN	DU	LOB PON	PE MA YUNG
tres raíces*	todos	incluir	acharya, maestro	Padmasambava
*gurú, deva, dakini				

Acharya Padmasambava que incluye a las tres raíces,

མཁན་ཆེན་ཞི་འཚོ་ཆོས་རྒྱལ་ཁྲི་སྲོང་ཞབས།

KHAN	CHEN	ZHI TSHO	CHO GYAL	TRI SONG	ZHAB
erudito, abad	grande	Santaraksita	darmaraja*	Trisong Deutsan	pies

*Un rey que apoya y gobierna en consonancia con el Darma

el gran erudito Santaraksita, el rey del Darma, Trisong Deutsan,

གནུབ་ཆེན་སངས་རྒྱས་ཉང་སྟོན་ཉིམ་འོད།

NUB CHEN SANG GYE	ÑANG TON ÑI MA OE
(discípulo de Padmasambava)	(el gran gTer-sTon)

Nubchen Sangye Yeshe y Ñangton Ñima Ozer,

བཀའ་གཏེར་ཤིང་རྟ་ལྔ་ལ་གསོལ་བ་འདེབས།

KA	TER		SHING TA	NGA	LA	SOL WA DEB
kama, doctrinas orales	terma, doctrinas tesoro		grandes eruditos que las hicieron fácilmente disponibles	cinco	a	rogamos

rogamos a los cinco grandes carros de las doctrinas orales y tesoro.

Acharya Padmasambava que incluye a las tres raíces, el gran erudito Santaraksita, el rey del Darma, Trisong Deutsan, Nubchen Sangye Yeshe y Ñangton Ñima Ozer, a vosotros, los cinco grandes carros de las doctrinas orales y de las doctrinas tesoro, os rogamos.

རོར་རྗེ་འཆང་དངོས་བླ་ཆེན་སྙིང་པོའི་ཞབས།

DOR YE CHANG	NGO	LA	CHEN	ÑING POI	ZHAB
vajradara, buda primordial		verdadero gurú	grande	Sa-Chen Kun-dGa' sÑing-Po	pies (honorífico)

Verdadero Vajradara, gran gurú Kunga Ñingpo,

བསོད་ནམས་རྩེ་མོ་གྲགས་པ་རྒྱལ་མཚན་དང་།

SO NAM TSE MO   DRAG PA GYAL TSHAN   DANG
(nombre)   (nombre)   y

Sonam Tsemo, Dragpa Gyaltshan,

ས་སྐྱ་པཎ་ཆེན་འཕགས་པ་རིན་པོ་ཆེ།

SA KYA PAN CHEN   PHAG PA RIN PO CHE
(nombre)   (nombre)

Sakya Panchen y Phagpa Rinpoché

རྗེ་བཙུན་གོང་མ་ལྔ་ལ་གསོལ་བ་འདེབས།

YE TSUN   GONG MA   NGA   LA   SOL WA DEB
reverendo,   superior, temprano cinco   a   rogar
santo   (fundadores de la escuela Sakyapa)

rogamos a estos cinco santos fundadores.

Verdadero Vajradara, gran gurú Kunga Ñingpo, Sonam Tsemo, Dragpa Gyaltshan, Sakya Panchen y Phagpa Rinpoché, rogamos a estos cinco santos fundadores.

དགྱེས་མཛད་རྡོ་རྗེ་མར་སྟོན་བློ་གྲོས་ཞབས།

GYE DZAE DOR YE   MAR TON LO DRO   ZHAB
Hevajra   (Marpa)   piés
(Marpa practicó Hevajra)

Marpa Chokyi Lodro que practicó Hevajra,

མི་ལ་རས་ཆེན་མཉམ་མེད་སྒམ་པོ་པ།

MI LA RE CHEN   ÑAM MED   GAM PO PA
Milarepa   inigualable   Gampopa

Milarepa y el inigualable Gampopa,

དུས་གསུམ་མཁྱེན་པ་འགྲོ་མགོན་བསོད་ནམས་གྲགས།

DU SUM KHYEN PA   DRO GON SO NAM DRAG
(primer Karmapa)   (nombre)

Dusum Khyenpa, y Drogon Sonam Drag:

བཀའ་བརྒྱུད་གོང་མ་ལྔ་ལ་གསོལ་བ་འདེབས།

KA GYU   GONG MA   NGA   LA   SOL WA DEB
kadgyupa   superior   cinco   a   rogamos

rogamos a los cinco fundadores del linaje Kagyupa.

Marpa Chokyi Lodro que practicó Hevajra, Milarepa y el inigualable Gampopa, Dusum Khyenpa, y Drogon Sonam Drag: rogamos a los cinco fundadores del linaje Kagyupa.

འོད་དཔག་མེད་མགོན་དཔལ་ལྡན་མར་མེ་མཛད།

OE PA ME GON PAL DEN MAR ME DZAE
Amitaba benefactor Dipamkara Srijnana, Atisha

Sri Dipamkara, la verdadera presencia del benefactor Amitaba,

རྒྱལ་བའི་འབྱུང་གནས་སྤྱན་ལྔ་ཚུལ་ཁྲིམས་འབར།

GYAL WE YUNG NAE CHEN NGA TSHUL TRIM BAR
(Dromton) (nombre)

Gyalwe Yungnae, Chenga Tshultrim Bar,

རིན་ཆེན་གསལ་དང་གཞོན་ནུ་རྒྱལ་མཚན་ཞབས།

RIN CHEN SAL DANG ZHON NU GYAL TSHAN ZHAB
(nombre) y (nombre) pies

Rinchen Sal y Zhonu Gyaltshan:

བཀའ་གདམས་བཤེས་གཉེན་ལྔ་ལ་གསོལ་བ་འདེབས།

KA DAM SHE ÑEN NGA LA SOL WA DEB
Kadampa kalyanmitra, amigos espirituales cinco a rogamos

rogamos a los cinco amigos espirituales Kadampa.

Sri Dipamkara, la verdadera presencia del benefactor Amitaba, Gyalwe Yungnae, Chenga Tshultrim Bar, Rinchen Sal y Zhonu Gyaltshan: rogamos a los cinco amigos espirituales Kadampa.

བརྟེན་པའི་འཁོར་ལོ་རྗེ་བཙུན་ཙོང་ཁ་པ།

TEN PE KHOR LO YE TSUN TSONG KA PA
(título de la consorte de Manyushri) santo (nombre)

Jetsun Tsong Khapa, amigo reconocido por Tenpe Khorlo,

རྒྱལ་ཚབ་ཆོས་རྗེ་མཁས་གྲུབ་དགེ་ལེགས་དཔལ།

GYAL TSHAB CHO YE KHAE DRUB GE LEG PAL
(Darma Rinchen) (nombre)

Gyaltshab Choje, Khaedrub Geleg Palzang,

དགེ་འདུན་གྲུབ་པ་པཎ་ཆེན་ཆོས་ཀྱི་རྒྱལ།

GEN DUN DRUB PA PAN CHEN CHO KYI GYAL
(nombre) (nombre)

Gendun Drubpa y Panchen Chokyi Gyal

འཇམ་མགོན་ཡབ་སྲས་ལྔ་ལ་གསོལ་བ་འདེབས།

YAM GON	YAB	SAE	NGA	LA	SOL WA DEB
Manyushri	*padre,gurú*	*hijo*	*cinco*	*a*	*rogamos*
	(los cinco que establecieron los Gelug)				

rogamos al padre Manyushri y a sus cinco hijos.

Jetsun Tsong Khapa amigo reconocido por Tenpe Khorlo, Gyaltshab Choje, Khaedrub Geleg Pazang, Gendun Drubpa y Panchen Chokyi Gyal: rogamos al padre Manyushri y a sus cinco hijos.

དེ་ལྟར་གསོལ་བ་བཏབ་པའི་བྱིན་རླབས་ཀྱིས།

DE TAR	SOL WA TAB PE	YIN LAB	KYI
de esta forma	*rogando*	*bendiciones*	*por*

Gracias a las bendiciones por haber rogado de esta forma,

བདག་སོགས་ཚེ་རིང་ནད་མེད་ཆོས་བཞིན་སྤྱོད།

DAG SOG	TSHE RING	NAE ME	CHO	ZHIN	CHOE
nosotros (Yo y todos los seres sensibles)	*larga vida*	*sin enfermedades*	*Darma*	*como, de acuerdo con*	*practicar, actuar comportarse*

que podamos tener una vida larga sin enfermedades y siempre actuar en armonía con el Darma.

ཡོངས་འཛིན་བཤེས་གཉེན་མཆོག་གིས་རྗེས་བཟུང་ནས།

YONG DZIN	SHE ÑEN	CHOG	GI	YE ZUNG	NAE
grandes eruditos y maestros	*amigos espirituales*	*lo más excelente*	*por*	*sostener, cuidar*	*entonces*

Que, al ser adoptados por los gurús y amigos espirituales más excelentes,

མྱུར་དུ་བྱང་ཆུབ་གོ་འཕང་ཐོབ་པར་ཤོག།

NYUR DU	CHANG CHUB	GO PANG	THOB PAR	SHO
rápidamente	*bodi, iluminación*	*estadio, rango*	*obtener*	*deber*

podamos obtener rápidamente el estadio de la iluminación.

Gracias a las bendiciones por haber rogado de esta forma, que podamos tener una vida larga sin enfermedades y siempre actuar en armonía con el Darma. Que, al ser adoptados por los gurús y amigos espirituales más excelentes, podamos obtener rápidamente el estadio de la iluminación.

རིས་མེད་ཐུབ་བསྟན་འཛིན་པའི་དམ་པ་རྣམས།

RI ME	THUB TAN	DZIN PE	DAM PA NAM
imparcial, sin sesgo sectario	*entre las doctrinas del Buda*	*sostener, mantener*	*los santos*

Que los santos que mantienen las doctrinas del Buda sin sesgo

བསྐལ་བརྒྱར་ཞབས་བརྟན་འཕྲིན་ལས་ཕྱོགས་བཅུར་འཕེལ།

KAL	GYAR	ZHAB TAN		TRIN LAE	CHOG	CHUR	PHEL
kalpas, eones	*en cien*	*permancer, quedarse y mantener sana*		*actos*	*direcciones*	*diez*	*extender*

permanezcan por cientos de eones y extiendan su actividad por las diez direcciones.

དགེ་འདུན་སྡེ་དང་བཤད་སྒྲུབ་བསྟན་པ་རྒྱས།

GEN DUN	DE	DANG	SHAE	DRUB	TAN PA	GYE
sanga	*grupos y*		*explicar*	*practicar*	*doctrinas*	*extender, incrementar*

Que estos grupos de sanga y sus doctrinas de explicación y práctica se incrementen y

ས་གསུམ་བཀྲ་ཤིས་སྣང་བས་ཁྱབ་གྱུར་ཅིག།

SA	SUM	TRA SHI	NANG WAE	KHYAB	GYUR CHIG
niveles, mundos*	*tres*	*buena fortuna*	*apariencias, luz*	*llenar*	*llegar a ser*

* dioses, seres humanos, nagas, i.e. por encima, sobre y por debajo de la tierra

que los tres mundos se llenen de todo lo que es auspicioso.

Que los santos que mantienen las doctrinas de Buda sin sesgo permanezcan por cientos de eones y extiendan su actividad por las diez direcciones. Que estos grupos y sus doctrinas de explicación y práctica se incrementen y que los tres mundos se llenen de todo lo que es auspicioso.

ཅེས་སྐྱེ་ལམས་ཀྱི་སྣང་ཚུལ་ཅུང་ཟད་ཅིག་ལ་བརྟེན་ནས་སྒྲུབ་བསྟན་རིས་སུ་མཆད་པ་ལ་གུས་ པའི་ བྱ་བྲལ་མ་མནྱུ་ གོ་ཥ་ཞེས་བྱིས་པ་དགེ།

Basándome en una ligera idea que apareció en un sueño, yo, Yadrel Manyugosa (Mipam Rinpoché), escribí esto con devoción imparcial hacia todas las doctrinas de Buda.

༄༅།། སློབ་དཔོན་པདྨས་མཛད་པའི་སྨོན་ལམ་ཕྱོགས་བཅུ་དུས་བཞི་བཞུགས།། །།

Las diez direcciones y los cuatro tiempos

Una Oración de aspiración

de

Padma Sambava

ན་མོ་གུ་རུ༔ སྤྲེལ་ལོ་སྤྲེལ་ཟླ་ར་བའི་ཚེས་བཅུ་ལ༔ བསམ་ཡས་བར་ཁང་གཡུ་ཞལ་ཅན་ དུ་རྗེ་དབྱིངས་ཀྱི་དཀྱིལ་འཁོར་ཞལ་ཕྱེས་ཚེ་ཨོ་རྒྱན་གྱིས་སྨོན་ལམ་འདི་གསུངས་པས་རྗེ་ འབངས་ཐམས་ཅད་ཀྱིས་ཐུགས་དམ་ནར་མར་མཛོད༔ ཕྱི་རབས་རྣམས་ཀྱིས་འདི་ལ་ཕྱགས་ དམ་རྗེ་གཅིག་ཏུ་མཛོད༔

Homenaje al Gurú. El décimo día del mes del mono en el año del mono, en el pavimiento verde de la planta central del monasterio de Samye, cuando Padma Sambava meditó y mostró el mandala de Vajradatu, pronunció esta oración de aspiración (para el beneficio de los seres) y dijo que el rey y todos sus súbditos (el rey Trisong Deutsan y el resto de los veinticinco discípulos cercanos) debían practicarla con vigor. Los que vengan en el futuro también deben practicarla siempre con determinación.

ཕྱོགས་བཅུ་དུས་བཞིའི་རྒྱལ་བ་སྲས་དང་བཅས༔

CHOG	CHU	DU	ZHI	GYAL WA	SAE		DANG CHE
direcciones	*diez**	*tiempos*	*cuatro#*	*budas*	*bodisatvas*		*con*

*4 cardinales, 4 intermedias y arriba y abajo, i.e. por todas partes

\# pasado, presente, futuro y tiempo más allá del tiempo

Budas y bodisatvas de las diez direcciones y los cuatro tiempos, junto con

བླ་མ་ཡི་དམ་མཁའ་འགྲོ་ཆོས་སྐྱོང་ཚོགས༔

LA MA	YI DAM		KHA DRO	CHO KYONG	TSOG
gurús	*deidades del camino*		*dakinis*	*protectores del Darma*	*multitud*

multitud de gurús, deidades del camino, dakinis y protectores del Darma,

ཨ་ལུས་ཞིང་གི་རྡུལ་སྙེད་གཤེགས་སུ་གསོལ༔

MA LUS	**ZHING**	**GI**	**DUL**	**ÑE**	**SHEG SU SOL**
sin excepción,	*reino, el*	*de*	*polvo*	*tantos como*	*venid por favor*
todo el mundo	*universo*			*haya*	

todos sin excepción, tan numerosos como partículas de polvo en el universo, ¡por favor, venid aquí!

Budas y bodisatvas de las diez direcciones y los cuatro tiempos, junto con multitud de gurús, deidades del camino, dakinis y protectores del Darma, todos sin excepción, tan numerosos como partículas de polvo en el universo, ¡por favor, venid aquí!

མདུན་གྱི་ནམ་མཁར་པད་ཟླའི་གདན་ལ་བཞུགས༔

DUN GYI	**NAM KHAR**	**PAE**	**DAI**	**DEN**	**LA**	**ZHU**
en frente	*cielo*	*loto*	*luna*	*asiento, cojín*	*sobre*	*sentar*

Por favor, sentáos en el cielo ante mí sobre cojines de sol y luna.

ལུས་ངག་ཡིད་གསུམ་གུས་པས་ཕྱག་འཚལ་ལོ༔

LU	**NGAG**	**YID**	**SUM**	**GUE**	**PAE**	**CHAG TSHAL LO**
cuerpo	*palabra*	*mente*	*tres*	*devoción*	*por, con*	*saludar, rendir homenaje, prostrarse*

Os rindo homenaje devotamente con el cuerpo, la palabra y la mente, y

ཕྱི་ནང་གསང་བ་དེ་བཞིན་ཉིད་ཀྱིས་མཆོད༔

CHI	**NANG**	**SANG WA**	**DE ZHIN ÑID**	**KYI**	**CHOE**
exterior	*interior*	*secreto*	*tatáta, la talidad*	*por*	*ofrezco*
(el universo)	*(mis amigos, posesiones, etc.)*	*(mi propio cuerpo)*	*directa de la realidad*		

hago las ofrendas externas, internas y secretas en el estado de apertura.

ཏེན་མཆོག་བདེ་གཤེགས་རྣམས་ཀྱི་སྤྱན་སྔ་རུ༔

TEN CHOG	**DE SHEG NAM**	**KYI**	**CHEN NGA RU**
los grandes	*Sugatas, Budas*	*de*	*ante*

Ante los grandes, los Sugatas,

སྔོན་གྱི་སྡིག་པའི་ཚོགས་ལ་བདག་གནོང་ཞིང༔

NGON GYI	**DIG PE**	**TSHOG**	**LA**	**DAG**	**NONG ZHING**
anteriormente	*errores dañinos*	*acumulación*	*a*	*yo*	*vergüenza y tristeza*

siento vergüenza y pena por los errores perjudiciales que he acumulado en el pasado.

དལྟའི་མི་དགེ་འགྱོད་པས་རབ་ཏུ་བཤགས༔

DAN TAI	MI GE	GYOE PAE		RAB TU	SHAG
presente	*no virtud*	*lamentar, con arrepentimiento*		*por entero, completamente*	*confesar y rogar ser excusado*

Confieso sinceramente con pesar y pido perdón por mis actuales faltas,

ཕྱིན་ཆད་དེ་ལས་ལྡོག་ཕྱིར་བདག་གིས་བསྡམ༔

CHIN CHAE	DE		LAE	DOG CHIR	DAG	GI	DAM
en el futuro	*estos errores dañinos*		*del*	*abandonar, enmendarse y no volver a hacer*	*yo, mi*	*por*	*prometer, decidir firmemente*

y prometo que en el futuro abandonaré estos caminos.

བསོད་ནམས་དགེ་ཚོགས་ཀུན་ལ་ཡི་རང་ངོ༔

SO NAM	GE	TSHOG	KUN	LA	YI RANG NGO
mérito	*virtud*	*acumulación*	*todos*	*para,con*	*alegría solidaria*
(	*todas las buenas acciones de otros*			)	

Me regocijo por el mérito y la virtud acumulados por todos los seres.

རྒྱལ་བའི་ཚོགས་རྣམས་མྱ་ངན་མི་འདའ་བར༔

GYAL WAI	TSHOG NAM	ÑA NGAN	MI	DA WAR
Yinas	*multitud*	*nirvana*	*no*	*entrar, obtener*
(	*todos los gurús etc.*)	(*no morir*		)

Pido a las multitudes de iluminados que no pasen al nirvana sino que

སྡེ་སྣོད་གསུམ་དང་བླ་མེད་ཆོས་འཁོར་བསྐོར༔

DE NOE	SUM	DANG	LA ME	CHO KHOR	KOR
pitaka, cestas (vinaya, sutra, abidarma)	*tres*	*y*	*insuperable (mahayana)*	*darmachakra* (*enseñar el Darma*)	*girar*

enseñen las doctrinas fundacionales y las mahayana.

དགེ་ཚོགས་མ་ལུས་འགྲོ་བའི་རྒྱུད་ལ་བསྔོ༔

GE TSHOG	MA LU	DRO WAI	GYUD	LA	NGO
*virtudes**	*sin excepción*	*seres, los que vagan en el samsara*	*mentes, continuidad*	*para dar,*	*dedicar*

*especialmente las que proceden de esta oración

Dedico todas las virtudes sin excepción a las corrientes de las mentes de todos los seres que

འགྲོ་རྣམས་བླ་མེད་ཐར་པའི་སར་ཕྱིན་ཤོག༔

DRO NAM	LA ME	THAR PE	SAR	CHIN	SHOG
seres	*insuperable*	*liberación (el nirvana mahayana que no reside en ninguna parte)*	*estadio, rango*	*obtener*	*que deben*

deben alcanzar el estado de la liberación insuperable.

Por favor, sentáos en el cielo ante mí sobre cojines de sol y luna. Os rindo homenaje devotamente con el cuerpo, la palabra y la mente, y hago las ofrendas externas, internas y secretas en el estado de apertura. Ante los grandes, los Sugatas, siento vergüenza y pena por los errores perjudiciales que he acumulado en el pasado. Con pesar, confieso sinceramente y pido perdón por mis actuales faltas, y prometo que en el futuro abandonaré estos caminos.

Me regocijo por el mérito y la virtud acumulados por todos los seres. Pido a las multitudes de iluminados que no pasen al nirvana sino que enseñen las doctrinas fundacionales y las mahayana. Dedico todas las virtudes sin excepción a las corrientes de las mentes de todos los seres: deben alcanzar el estado de la liberación insuperable.

སངས་རྒྱས་སྲས་བཅས་བདག་ལ་དགོངས་སུ་གསོལ༔

SANG GYE   SAE   CHE   DAG   LA   GONG SU SOL
Budas   bodisatvas   con, etc   mi   a   escuchar, prestar atención

Budas, bodisatvas, ¡escuchadme, por favor!

བདག་གིས་བཙམས་པའི་སྨོན་ལམ་རབ་བཟང་འདི༔

DAG   GI TSAM PE   MON LAM   RAB ZANG   DI
yo,   por escribir   oración de   muy bueno   esto
Padma Sambava   aspiración
          (también seguimos recitándola y utilizándola como base de nuestro estudio)

Que por hacer esta excelente oración de aspiración,

རྒྱལ་བ་ཀུན་ཏུ་བཟང་དང་དེ་སྲས་དང༔

GYAL WA   KUN TU ZANG   DANG   DE SAE   DANG
Yina, Buda   Samantabadra   y   bodisatvas   y

Que un conocimiento similar al del Victorioso, el de Samantabadra y el de los bodisatvas y

འཕགས་པ་འཇམ་དཔལ་དབྱངས་ཀྱིས་མཁྱེན་པ་ལྟར༔

PHAG PA   YAM PAL YANG KYI   KHYEN PA   TAR
arya, noble   Manyugosa   por   conocido, conocimiento   como los de, similar a

el de arya Manyugosa

དེ་དག་ཀུན་གྱི་རྗེས་སུ་བདག་སློབ་ཤོག༔

DE DAG   KUN   GYI   YE SU   DAG   LOB   SHO
que   todos   de   seguir tras   yo   estudiar pueda!

pueda ser obtenido por mí mediante el estudio y la práctica.

Budas, bodisatvas, ¡escuchadme, por favor! Que por hacer esta excelente oración de aspiración, pueda obtener un conocimiento similar al del Victorioso, el de Samantabadra, el de los bodisatvas y el de Arya Manyugosa, mediante el estudio y la práctica.

བསྟན་པའི་དཔལ་གྱུར་བླ་མ་རིན་ཆེན་རྣམས༔

TEN PE   **PAL**   **GYUR** **LA MA** **RIN CHEN** **NAM**
las doctrinas de Buda *gloria, excelencia* *es*   *gurú*   *precioso*   *(pl.)*

Los preciosos gurús que son la gloria de la doctrina,

ནམ་མཁའ་བཞིན་དུ་ཀུན་ལ་ཁྱབ་པར་ཤོག༔

NAM KHA **ZHIN DU** **KUN** **LA** **KHYAB PAR SHOG**
cielo   *como*   *todos*   *a*   *impregnar! extenderse!*

que se extiendan por todas partes como el cielo.

ཉི་ཟླ་བཞིན་དུ་ཀུན་ལ་གསལ་བར་ཤོག༔

ÑI **DA** **ZHIN DU**   **KUN** **LA** **SAL WAR**   **SHOG**
sol *luna* *como, similar a* *todos* *a* *claro, brillante** *debe ser!*
*brillante con una clara comprensión del Darma

¡Que iluminen en todos los lugares como el sol y la luna!

རི་བོ་བཞིན་དུ་རྟག་ཏུ་བརྟན་པར་ཤོག༔

RI WO   **ZHIN DU**   **TAG TU**   **TEN PAR**   **SHOG**
Monte Meru *como*   *siempre* *firme, estable** *debe ser!*
*estable en la clara comprensión del Darma

¡Que sean siempre firmes y estables como el monte Meru!

¡Que los preciosos gurús que son la gloria de la doctrina se extiendan por todas partes como el cielo! ¡Que iluminen en todos los lugares como el sol y la luna! ¡Que sean siempre firmes y estables como el monte Meru!

བསྟན་པའི་གཞི་མ་དགེ་འདུན་རིན་པོ་ཆེ༔

TEN PE   **ZHI MA**   **GEN DUN**   **RIN PO CHE**
de las doctrinas *base, fundamento* *sanga, asamblea*   *preciosa*
(mantienen la comprensión   *de los que practivcan la virtud*
directa del Darma)

Que la preciosa sanga que es el fundamento de la doctrina

ཐུགས་མཐུན་ཁྲིམས་གཙང་བསླབ་གསུམ་གྱིས་ཕྱུག་ཤོག༔

THUG **THUN** **TRIM**   **TSANG** **LAB SUM** **GYI** **CHUG SHOG**
mentes *armoniosa* *moralidad,práctica* *pura* *tres estudios* *por* *llegar a ser rica*
             ética   *(moralidad, contemplación, sabiduría)*

tenga mentes armoniosas y moralidad pura y sea rica en los tres estudios.

བསྟན་པའི་སྙིང་པོ་གསང་སྔགས་སྒྲུབ་པའི་སྡེ༔

TEN PE   **ÑING PO** **SANG NGAG**   **DRUB PE** **DE**
de las doctrinas *esencia* *vajrayana, tantra* *practicar* *grupo, personas*

Que aquellos que practican la esencia de la doctrina, el vajrayana,

 དམ་ཚིག་ལྡན་ཞིང་བསྐྱེད་རྫོགས་མཐར་ཕྱིན་ཤོག༔

DAM TSHIG	DEN ZHING	KYE	DZOG	THAR CHIN	SHO
votos, promesas, intención firme	tener	sistema de desarrollo	sistema de perfección	cumplir, completar	deben!

tengan votos puros y completen los sistemas de desarrollo y perfección.

¡Que la preciosa sanga, que es el fundamento de la doctrina, tenga mentes armoniosas y moralidad pura y sea rica en los tres estudios! ¡Que aquellos que practican la esencia de la doctrina, el vajrayana, tengan votos puros y completen los sistemas de desarrollo y perfección!

བསྟན་པའི་སྦྱིན་བདག་ཆོས་སྐྱོང་རྒྱལ་པོ་ཡང་༔

TEN PE	YIN DAG	CHO KYONG	GYAL PO	YANG
de las doctrinas	mecenas, patrones	que ayudan al Darma protectores	rey	también

También para el patrón de la doctrina, el rey que ayuda al darma,

ཆབ་སྲིད་རྒྱས་ཤིང་བསྟན་ལ་སྨན་པར་ཤོག༔

CHAB SI	GYAE SHING	TEN	LA	MEN PAR	SHOG
gobierno, administración	extender	doctrina	a	medicina (i.e. ser beneficioso)	hacer!

que su administración se extienda y sea como una medicina para la doctrina.

བསྟན་པའི་ཞབས་འདེགས་རྒྱལ་རིགས་བློན་པོ་ཡང་༔

TEN PE	ZHAB DEG	GYAL RIG	LON PO	YANG
de las doctrinas	proteger	familia del rey	ministros	también

Para la familia del rey y los ministros que protegen las doctrinas

བློ་གྲོས་རབ་འཕེལ་རྩལ་དང་ལྡན་པར་ཤོག༔

LO DRO	RAB	PHEL	TSAL	DANG DEN PAR	SHOG
intelecto	grande	incrementar	poderoso	llegara a ser	debe ser!

que sus intelectos aumenten enormemente y se vuelvan poderosos

¡Que la administración del patrón de la doctrina, el rey que ayuda al darma, se extienda y sea como una medicina para la doctrina! ¡Que los intelectos de la familia del rey y los ministros que protegen las doctrinas, aumenten enormemente y se vuelvan poderosos!

བསྟན་པའི་གསོས་བྱེད་ཁྱིམ་བདག་འབྱོར་ལྡན་རྣམས༔

TEN PE	SOE YE	CHIM DAG	YOR DEN NAM
de las doctrinas	que ofrece, patrones	propietario	ricos

Para los patrocinadores de la doctrina, los propietarios y los ricos,

ཕོངས་སྤྱོད་ལྡན་ཞིང་ཉེར་འཚེ་མེད་པར་ཤོག༔

LONG CHOE	DEN ZHING	ÑER TSHE		ME PAR	SHO
riqueza	*tener*	*problemas, dificultades*		*sin*	*debe ser!*

que tengan riqueza y estén libres de problemas.

བསྟན་ལ་དད་པའི་ཡངས་པའི་རྒྱལ་ཁམས་ཀུན༔

TEN	LA	DAE PE	YANG PE	GYAL KHAM	KUN
doctrina	*a*	*fe*	*vasta*	*gentes del reino (todos)*	*todos*

Para todos los seres de todas partes que tienen fe en el darma,

བདེ་སྐྱིད་ལྡེན་ཞིང་བར་ཆད་ཞི་བར་ཤོག༔

DE KYI	DEN ZHING	BAR CHAD		ZHI WAR	SHO
felicidad	*tener*	*obstáculos, impedimentos*		*pacificados*	*debe ser!*

que tengan felicidad y la cesación de todos los obstáculos.

¡Que los patrocinadores de la doctrina, los propietarios y los ricos, tengan riqueza y estén libres de problemas! ¡Que todos los seres de todas partes que tienen fe en el darma, tengan felicidad y la cesación de todos los obstáculos.

ལམ་ལ་གནས་པའི་རྣལ་འབྱོར་བདག་ཉིད་ཀྱང་༔

LAM	LA	NAE PE	NAL YOR		DAG	ÑID	KYANG
camino	*en*	*permanecer*	*yogui, gran practicante*		*yo*		*también*
(		*i.e. practicar*	)				

También para mí, el yogui que permanece en el camino,

དམ་ཚིག་མི་ཉམས་བསམ་པ་འགྲུབ་པར་ཤོག༔

DAM TSIG	MI ÑAM	SAM PA		DRUB PAR	SHO
votos	*no perdido*	*pensamientos, deseos*		*cumplidos*	*debe ser*

¡que sin perder mis votos, puedan cumplirse todos mis deseos!

བདག་ལ་བཟང་ངན་ལས་ཀྱི་སི་འབྲེལ་གྱུར་གང་༔

DAG	LA	ZANG	NGAN	LAE		KYI	TREL GYUR	GANG
yo, mi	*a*	*bueno*	*malo*	*acciones, karma*		*por conexión*		*cualquiera*
(		*tanto si me ayudan como si me dañan*				)		

Todos los seres que están conectados conmigo, ya sea por acciones buenas o malas,

གནས་སྐབས་མཐར་ཐུག་རྒྱལ་བས་རྗེས་འཛིན་ཤོག༔

NAE KAB	THAR THUG	GYAL WAE		YE DZIN	SHO
temporalmente	*definitivamente*	*Budas, gurús*		*sostener*	*deben*
	(hasta el logro del estado de Dorye Chang)				

¡que sean sostenidos por los budas tanto en el presente como hasta el logro final!

འགྲོ་རྣམས་བླ་མེད་ཐེག་པའི་སྒོར་ཞུགས་ནས༔

DRO NAM **LA ME** **THEG PE** **GOR** **ZHUG NAE**

seres, los que vagan *insuperable* *yana, vehículo* *puerta* *entrar* *entonces*
en samsara *(anutara, vajrayana y atiyoga)*

Que todos los seres entren por la puerta del vehículo insuperable y entonces

ཀུན་བཟང་རྒྱལ་སྲིད་ཆེན་པོ་ཐོབ་པར་ཤོག༔ །།

KUN ZANG **GYAL SI** **CHEN PO** **THOB PAR** **SHO**

Samantabadra, darmakaya *reino* *grande* *obtener* *debe*
(darmadhatu)

obtengan el vasto reino de Kuntuzangpo.

¡Que yo, el yogui que permanece en el camino, sin perder mis votos, logre todos mis deseos! ¡Que todos los seres que están conectados conmigo, ya sea por acciones buenas o malas, sean sostenidos por los budas tanto en el presente como hasta el logro final! ¡Que todos los seres entren por la puerta del vehículo insuperable y obtengan entonces el vasto reino de Kuntuzangpo!

དེ་ལྟར་གྱི་སྨོན་ལམ་དུས་དྲུག་ཏུ་བརྩོན་པར་བྱ༔ ས་མ་ཡ་རྒྱ༔ ལྷ་སྲས་སུ་རུབ་རྣམ་འཕྲུལ་ གཏེར་ཆེན་མཆོག་གྱུར་བདེ་ཆེན་གླིང་པས་གནས་མཆོག་སེང་ཆེན་གནམ་བྲག་གི་གཡས་ཟུར་ བྲག་རི་རིན་ཆེན་བརྩེགས་པའི་གོང་མོ་འོག་མ་ནས་ཕོ་གཏེར་དུ་སྤྱན་དྲངས་པའི་བི་རོའི་སྐུ་ ཆོས་དར་ཤོག་རས་མཚོ་རྒྱལ་ཕྱག་བྲིས་བོད་ཡིག་བཤུར་མ་ལས། དེ་ཕྱལ་ཉིད་དུ་པདྨ་གར་ དབང་བློ་གྲོས་མཐའ་ཡས་ཀྱིས་དག་པར་བཤུས་པ་དགེ་ལེགས་འཕེལ།། །།

Practica con diligencia esta oración de aspiración durante los seis periodos del día y de la noche. Votos. Sello.

La encarnación del hijo del rey Trisong Deutsan, Murub Tsanpo, el gran Terton Chogyur Dechen Lingpa, en el gran lugar sagrado de Sengchen Namdrag desde el lado derecho de la colina rocosa llamada Rinchen Tsegpe Gongmo Ogma para el bienestar de los seres (sacó el tesoro).

Había un poco de tela de Vairocana (el traductor), un poco de papel de seda en el que Yeshe Tsogyal había escrito en la escritura manuscrita.

Se lo entregó inmediatamente a Padma Garwang Lodro Thaye, quien hizo una copia correcta. Que se extienda la virtud.

DEWACHEN

ཀྱེ་སྐྱབ་འགྲོ་བ་ཀུན་གྱོལ་གྱི་སྐྱོན་ལས་ཆ་ལག་བདེ་བ་ཅན་གྱི་ཞིང་ཁམས་ཀྱི་བཀོད་པའི་ཡོན་ཏན་མ་ཞེས་བྱ་བ་བཞུགས༔

La Aspiración para renacer en Dewachen

བཅོམ་ལྡན་ཤཱཀྱའི་རྒྱལ་པོའི་ཞིང་འདི་ནས༔

CHOM DE SHA KYAI GYAL POI   ZHING   DI   NE
Bagaván   Sakiamuni   reino   este   desde

Desde este reino del Bagaván Sakiamuni,,

ནུབ་ཕྱོགས་གངྒཱའི་ཀླུང་གི་བྱེ་མ་སྙེད༔

NUB   CHOG   GANG GAI LUNG   GI   YE MA   ÑED
oeste   dirección   Ganges   río   de   arena   tanta como

viajando en dirección oeste a través de tierras tan numerosas como las arenas del Ganges,

རྫོགས་སངས་རྒྱས་ཀྱི་ཞིང་ཁམས་བདེ་བ་ཅན༔

DZOG   SANG GYE   KYI   ZHING KHAM   DE WA   CHEN
completo,   buda   de   reino, esfera   feliz   gran
perfecto   (Amitaba)

se encuentra Dewachen, el reino del buda perfecto.

ཁྲག་ཁྲིག་ཕྲག་བརྒྱ་འདས་པའི་ཕ་རོལ་ན༔

TRAG TRIG TRAG GYA   DAE PE   PHA ROL   NA
cien mil millones   pasado   otro lado,   allí
ir más allá

Inconcebiblemente lejos,

ཞིང་ཁམས་སྐྱོན་མེད་རྣམ་དག་བདེ་བ་ཅན༔

ZHING KHAM   KYON ME   NAM DAG   DE WA CHEN
reino   sin faltas   muy puro   Sukavati

este reino carece de faltas, el muy puro Dewachen.

Desde este reino del Bagaván Sakiamuni, viajando en dirección oeste a través de tierras tan numerosas como las arenas del Ganges, se encuentra Dewachen, el reino del buda perfecto. Dewachen, este reino tan puro y libre de faltas está muy, muy lejos.

ས་གཞི་ཐམས་ཅད་རིན་ཆེན་རང་བཞིན་ཏེ༔

SA ZHI   THAM CHE   RIN CHEN RANG ZHIN   TE
fundamento,   todos   joyas   naturaleza   entonces, así
base

El suelo está hecho enteramente de joyas y, al ser

ལག་མཐིལ་ལྟར་མཉམ་ཆོང་རོང་མེད་པའི་གནས༔

LAG THIL   TAR   ÑAM   CHONG RONG   ME PEI   NAE
palma de   como   plano,   lugares difíciles,   sin   lugar
la mano   igual   picos y gargantas

plano como la palma de la mano, no presenta dificultades.

མེ་ཏོག་པདྨའི་ཚོགས་ཀྱིས་རབ་བརྒྱན་ཞིང༔

ME TOG   PAD MAI   TSHOG   KYI   RAB   GYEN ZHING
flores   lotos   multitud   por   bien, lleno   adornar

Bien adornado con miríadas de flores y lotos,

ལྟ་བས་མི་ངོམ་མཛེས་ཤིང་ཡིད་དུ་འོང༔

TA WAE   MI   NGOM   DZE SHING   YID DU ONG
de mirar   no   cansar   bello   atractivo

es infinitamente fascinante, bello y atractivo.

El suelo está hecho enteramente de joyas y, al ser plano como la palma de la mano, no presenta dificultades. Bien adornado con miríadas de flores y lotos, es infinitamente fascinante, bello y atractivo.

ཞིང་མཆོག་དེ་ན་ལྷ་མིའི་སྟོན་པ་ནི༔

ZHING   CHOG   DE   NA   LHA   MI   TON PA   NI
reino   supremo   ese   en   dioses   humanos   maestro

En este excelentísimo reino, el maestro de dioses y hombres.

སྐུ་ཚེ་དཔག་མེད་རྫོགས་པའི་སངས་རྒྱས་བཞུགས༔

KU   TSHE PAG ME   DZOG PE   SANG GYE   ZHUG
cuerpo Amitayus   completo   Buda   sentar
(vida ilimitada)

reside el perfecto buda Amitayus.

ཉོན་མོངས་སྤངས་ཤིང་སྨོན་ལམ་དག་པའི་གནས༔

ÑON MONG   PANG SHING   MON LAM   DAG PE   NAE
aflicciones, kleshas   abandonar   oración de   puro   lugar*
                                          aspiración

*estupidez, ira, deseo y demás

Abandonando todas nuestras aflicciones, en este lugar que surje de la aspiración pura,

བདག་དང་འགྲོ་ཀུན་ཞིང་དེར་སྐྱེ་འགྱུར་ཤོག༔

DAG   DANG   DRO   KUN   ZHING   DER   KYE   GYUR SHOG
Yo   y   seres   todos   reino   allí   nacer   pueda

que yo y todos los seres sensibles renazcamos allí.

En este excelentísimo reino, reside el buda perfecto, Amitayus, el maestro de dioses y hombres. Abandonando todas nuestras aflicciones, que yo y todos los seres sensibles renazcamos en este reino de aspiración pura.

དག་གསལ་ས་བའི་ཞིང་ཁམས་བདེ་བ་ཅན༔

DAG	SAL	SA WE		ZHING KHAM	DE WA CHEN
puro	claro	firme, sólido	reino		Sukavati

En el reino de Dewachen, puro, claro y estable,

རྒྱལ་བའི་རྣམ་འཕྲུལ་སྙན་པའི་སྒྲ་དབྱངས་འབྱིན༔

GYAL WE	NAM TRUL		ÑEN PE	DRA	YANG	YIN
Yina, Victorioso, Buda	fantasmal, apariencia mágica		dulce	sonido	melodía	aparecer, surgir

surgen dulces melodías como emanaciones mágicas de los victoriosos.

འཚོ་བའི་ཡོ་བྱད་ཅི་ལྟར་བསམས་པ་བཞིན༔

TSHO WE	YO YAD	YI TAR	SAM PA	ZHIN
dela vida	cosas necesarias	cualquiera que sean	deseo	de acuerdo con

Todas las necesidades de la vida, cualquier cosa que se desee,

འབད་རྩོལ་མེད་པར་ལེགས་པར་འབྱུང་བའི་གནས༔

BAE	TSOL	ME PAR	LEG PAR	YUNG WAI	NAE
esfuerzo	afanarse	sin	bien, bueno	surgir	lugar

surge fácilmente allí, sin esfuerzo ni afán.

En el reino de Dewachen, tan puro, claro y estable, surgen dulces melodías como emanaciones mágicas de los victoriosos. Todas las necesidades de la vida, cualquier cosa que se desee, surge fácilmente allí, sin esfuerzo ni afán.

ཞིང་མཆོག་དེ་ན་སེམས་ཅན་ངན་སོང་དང༔

ZHING	CHOG	DE	NA	SEM CHEN	NGEN SONG	DANG
reino	el más excelente	que	en	seres sensibles	*estados afligidos	y
*infierno, fantasmas insaciables, animales						

En este excelentísimo reino, los seres sensibles

ལྷ་མ་ཡིན་དང་གཤིན་རྗེའི་མིང་ཡང་མེད༔

LHA MA YIN	DANG	SHIN YEI		MING	YANG	ME
dioses celosos, asuras	y	señor de la muerte (no hay nada desagradable que perturbe la mente)		nombre	también	sin

ni siquiera oyen las palabras «estados de aflicción», «dioses celosos» o «el señor de la muerte».

 དེ་ན་ཕལ་པའི་བུད་མེད་ཡོད་མ་ཡིན༔

DE NA PHEL PE BUE ME YOE MA YIN
que en común mujer no son

Como en Dewachen nadie tiene cuerpo de mujer

མངལ་ན་གནས་པའང་ཡོད་པ་མ་ཡིན་ནོ༔

NGEL NA NAE PANG YOE PA MA YIN NO
útero en permanecer también existir no es

nadie nace allí de un vientre.

En este excelentísimo reino, los seres sensibles ni siquiera oyen las palabras «estados de aflicción», «dioses celosos» o «el señor de la muerte». Como en Dewachen nadie tiene cuerpo de mujer, nadie nace allí de un vientre.

རིན་ཆེན་རྣམས་ཀྱི་མེ་ཏོག་པད་ལས༔

RIN CHEN NAM KYI ME TOG PE MA LAE
joyas (plural) de flores lotos frente a

Aparecer en una flor de loto hecha de joyas

བརྫུས་ཏེ་སྐྱེས་པའི་རང་བཞིན་ཤ་སྟག་གོ༔

DZU TE KYE PE RANG ZHIN SHA TAG GO
milagroso, así nacimiento forma solo, simplemente
mágico

es la forma mágica que tienen todos de nacer allí.

མི་དགེ་སྤངས་ཞིང་སྨོན་ལམ་དག་པའི་གནས༔

MI GE PANG SHING MON LAM DAG PAI NAE
vicio, falta abandonar aspiración puro lugar

Al entrar en esta tierra que surge de la aspiración pura se abandona toda la falta de virtud.

བདག་དང་འགྲོ་ཀུན་ཞིང་དེར་སྐྱེ་འགྱུར་ཤོག༔

DAG DANG DRO KUN ZHING DER KYE GYUR SHOG
Yo y seres todos reino allí nacidos debe ser
sensibles

Que yo y todos los seres sensibles nazcamos en este reino.

El único modo de nacimiento que se encuentra allí es la aparición mágica en un loto hecho de joyas. Al entrar en esta tierra que surge de la aspiración pura se abandona toda la falta de virtud. Que yo y todos los seres sensibles nazcamos en este reino.

རྣམ་དག་འོད་གསལ་ཞིང་ཁམས་བདེ་བ་ཅན༔

NAM DAG   OE SEL   ZHING KHAM   DE WA CHEN
muy puro   luz clara   reino   Sukavati, Feliz

Dewachen es el reino de la luz completamente pura.

ཞིང་དེར་སྐྱེས་པའི་སེམས་ཅན་ཐམས་ཅད་ལ༔

ZHING   DER   KYE PE   SEM CHEN   THAM CHE   LA
reino   allí   nacer   seres sensibles   todos   para

Todos los seres sensibles nacidos en este reino

ན་ཚ་ལ་སོགས་སྡུག་བསྔལ་གཏན་མི་འབྱུང༔

NA TSHA   LA SOG   DUG NGEL   TEN   MI   YUNG
fiebre   y demás   sufrimiento   de verdad   no   surgir

nunca experimentarán fiebre ni otros sufrimientos.

ཞིང་དེར་སྐྱེས་ནས་དན་སོང་འབྱུང་མི་སྲིད༔

ZHING   DER KYE   NE   NGEN SONG   YUNG   MI   SI
reino   allí   nacer   entonces   estados de aflicción   surgir,   no   posible
los tres reinos inferiores venir

Habiendo nacido allí no se puede caer en los estados de aflicción, ni

མི་ཁོམ་གནས་སུ་སྐྱེ་བ་མི་སྲིད་དོ༔

MI KHOM   NAE   SU   KYE WA   MI   SI DO
dificultad   lugares   en   nacido   no   posible
(lugares donde no es posible practicar el Darma))

es posible nacer donde haya obstáculos.

Dewachen es el reino de la luz completamente pura. Todos los seres sensibles nacidos en este reino nunca experimentarán fiebre ni otros sufrimientos. Habiendo nacido allí no se puede caer en los estados de aflicción ni nacer donde haya obstáculos.

ཞིང་དེར་སྐྱེས་པའི་བྱང་ཆུབ་སེམས་དཔའ་རྣམས༔

ZHING   DER   KYE PE   CHANG CHUB SEM PA NAM
reino   allí   nacido   bodisatvas (i.e. todos los nacidos en Dewachen)

Los bodisatvas que nacen en este reino

ཚེ་ལོ་དཔག་ཏུ་མེད་པ་སྐུ་བཞུགས་ནས༔

TSHE LO   PAG TU ME PA   KU   ZHUG   NAE
años de vida   inconmensurables   cuerpo   permanecer   entonces

permanecen en un mismo cuerpo un número incalculable de años.

ཐྲེ་བ་དུ་མར་བྱུང་སེམས་སར་གནས་ཏེ༔

KYE WA **DU MAR** **CHANG SEM** **SAR** **NAE TE**
vidas *muchas* *bodisatva* *etapas, bhumis* *permanecen*

Durante muchas de esas vidas permanecen en las etapas de bodisatva y

སྤྱོད་པ་རླབས་ཆེན་མཛད་བཞེད་མ་གཏོགས་པ༔

CHOD PA **LAB CHEN DZE** **ZHED** **MA TOG PA**
hechos, actividades *gran ola* *hacer* *deseo,* *solo**
(para otros) *interés*

*Los grandes bodisatvas de Dewachen pueden entrar en la budeidad cuando lo deseen, habiendo completado plenamente el camino. Actúan como bodisatvas compasivos hasta que llega el momento de entrar en la budeidad y seguir actuando por el bienestar de todos..

su único deseo es realizar una gran oleada de actividad beneficiosa y luego,

ཐྲེ་བ་གཅིག་རྗེས་རྫོགས་སངས་རྒྱས་གྱུར་ཅིང༔

KYE WA **CHIG** **YE** **DZOG** **SANG GYE** **GYUR CHING**
nacimiento *un* *tras* *completa* *budeidad* *venir, obtener*

tras un último nacimiento, alcanzar la budeidad completa.

ཚོགས་གཉིས་རབ་རྫོགས་སྨོན་ལམ་དག་པའི་ཞིང༔

TSHOG **ÑI RAB** **DZOG** **MON LAM** **DAG PE** **ZHING**
acumulaciones *dos completamente* *completo* *aspiración* *pura* *reino*
(mérito y sabduría)

En este reino de aspiración pura, las dos acumulaciones se completan plenamente.

བདག་དང་འགྲོ་ཀུན་ཞིང་དེར་ཐྲེ་འགྱུར་ཤོག༔

DAG **DANG** **DRO** **KUN** **ZHING** **DER** **KYE** **GYUR SHOG**
Yo *y* *seres* *todos* *reino* *allí* *nacer* *debe ser!*

¡Que yo y todos los seres sensibles nazcamos en este reino!

Los bodisatvas que nacen en este reino permanecen en un mismo cuerpo un número incalculable de años. Durante muchas de esas vidas permanecen en las etapas de bodisatva y su único deseo es realizar una gran oleada de actividad beneficiosa y luego, tras un último nacimiento, alcanzar la budeidad completa. En este reino de aspiración pura, las dos acumulaciones se completan plenamente. ¡Que yo y todos los seres sensibles nazcamos en este reino!

ཐུབ་པས་བསྔགས་པའི་ཞིང་ཁམས་བདེ་བ་ཅན༔

THUB PAE **NGAG PE** **ZHING KHAM** **DE WA CHEN**
Muni, Buda, por *alabar* *reino* *Sukhavati*

El reino de Dewachen ha sido alabado por los budas.

དྭངས་ཅན་གྱི་རིན་ཆེན་ཕོ་བྲང་ནཿ

DANG WA CHEN   GYI   RIN CHEN PHO DRANG   NA
puro, claro   de   joya   palacio   en

En el palacio de las joyas puras y claras

སྐུ་ཚེ་དཔག་མེད་རྫོགས་པའི་སངས་རྒྱས་བཞུགསཿ

KU TSHE   PAG ME   DZOG PE   SANG GYE   ZHUG
duración vital incalculable completa   buda   residir
(Tsepagme – vida incalculable)

reside el buda perfecto Tsepagme.

ཚེ་དཔག་མེད་མགོན་གཡས་ན་སྤྱན་རས་གཟིགསཿ

TSHE PAG ME   GON   YAE   NA   CHEN RAE ZIG
Amitayus,   protector, derecha en   Avalokitésvara
Amitaba   benefactor

A la derecha del benefactor Tsepagme está Chenrezi

བྱམས་དང་སྙིང་རྗེས་འགྲོ་བ་ཀུན་ལ་གཟིགསཿ

YAM   DANG ÑING YE   DRO WA   KUN   LA   ZIG
amor   y   compasión seres sensibles todos   a   mirar (y ayudar)

que mira a todos los seres con amor y compasión.

El reino de Dewachen ha sido alabado por los budas. En el palacio de las joyas puras y claras reside el buda perfecto Tsepagme. A la derecha del benefactor Tsepagme está Chenrezi, que mira a todos los seres con amor y compasión.

མགོན་པོའི་གཡོན་ན་ཕྱག་སེམས་མཐུ་ཆེན་ཐོབཿ

GON POI   YON   NA   CHANG SEM   THU CHEN THOB
Protector   izquierda en   bodisatva   Vajrapani
(Amitayus)

A la izquierda del benefactor se encuentra el bodisatva Vajrapani

དྲི་མེད་བསྟན་པ་རྒྱས་པའི་ཕྲིན་ལས་མཛདཿ

DRI MED   TEN PA   GYE PE   TRIN LAE   DZAE
sin mancha   doctrina extender actividad   hacer

que realiza la actividad de difundir la doctrina inmaculada.

རྒྱལ་བའི་འཁོར་གཞན་ཡོན་ཏན་ཕུན་ཚོགས་ཞིངཿ

GYAL WE   KHOR   ZHEN YON TEN   PHUN TSHOG SHING
del Yina,   círculo otro   buenas cualidades completamente desarrolladas,
del Victorioso   todo es bueno

El resto del séquito del Victorioso tiene todas las buenas cualidades plenamente desarrolladas y

ཡེ་ཤེས་ཆེར་རྒྱས་བསམ་གྱིས་མི་ཁྱབ་བཞུགས༔

YE SHE   **CHER**   **GYE**   **SAM**   **GYI**   **MI**   **KHYAB**   **ZHUG**
conocimiento original grande   difundir   mente   por   no   concebir   residir

residen difundiendo el inconcebible gran conocimiento original.

A la izquierda del benefactor se encuentra el bodisatva Vajrapani, que realiza la actividad de difundir la doctrina inmaculada. El resto del séquito del Victorioso tiene todas las buenas cualidades plenamente desarrolladas. Residen difundiendo el inconcebible gran conocimiento original.

བདག་ནི་ནམ་ཞིག་འཆི་བའི་དུས་བྱུང་ཚེ༔

DAG NI   **NAM ZHIG**   **CHI WE**   **DU**   **YUNG**   **TSHE**
Yo (y todos cuando   morir   tiempo venir   tiempo, entonces los seres)

Cuando llegue el momento de nuestra muerte,

གནས་ངན་རྣམས་སུ་ནམ་ཡང་མི་གོལ་བར༔

NAE   **NGEN NAM**   **SU**   **NAM YANG**   **MI**   **GOL WAR**
lugares   malos   en   nunca   no   perderse

que no nos extraviemos en malos lugares.

ལྷ་མཆོག་ཁྱེད་ཀྱི་ཞལ་མཐོང་མདུན་བསུས་ནས༔

LHA CHOG   **KHYE KYI ZHAL THONG DUN**   **SUE**   **NE**
Dios el más excelente tu   rostro ver   antes   encontrar   entonces
(Amitayus)

Excelentísima deidad, que podamos presentarnos ante ti y ver tu rostro.

བདེ་བ་ཅན་གྱི་ཞིང་དེར་སྐྱེ་བར་ཤོག༔

DE WA CHEN   **GYI**   **ZHING DER**   **KYE WAR**   **SHOG**
Sukavati   de   reino   allí   nacer, en   debe ser!

Debemos nacer allí, en el reino de Dewachen.

Cuando llegue el momento de nuestra muerte, que no nos extraviemos en malos lugares. Excelentísima deidad, que podamos presentarnos ante ti y ver tu rostro. Debemos nacer allí, en el reino de Dewachen.

པདྨ་ལས་འཁྲུངས་དམ་ཆོས་ཉན་གྱུར་ཞིང༔

PE MA   **LAE**   **TRUNG**   **DAM**   **CHO**   **ÑEN GYUR ZHING**
loto   desde   nacido   santo   darma   escuchar

Nacido de un loto y oyendo el santo Darma,

ཀྱལ་བས་ལུང་བསྟན་མངོན་ཤེས་རྫུ་འཕྲུལ་ཐོབ༔

GYAL WAE	LUNG TEN	NGON SHE	DZE TRUL	THOB
Yina, Victorioso, por	predicción*	poder de	milagro	obtener
(Amitayus)		superconocimiento		

*sobre mi camino de darma futuro y la budeidad

que podamos recibir predicciones del Victorioso y obtener conocimiento de vidas pasadas y otros poderes milagrosos.

སེམས་ཅན་ཐམས་ཅད་ཞིང་མཆོག་དམ་པ་དེར༔

SEM CHEN	THAM CHE	ZHING	CHOG	DAM PA	DER
seres sensibles	todos	reino	el más excelente	santo	allí

Al reino santo más excelente, que todos los seres sensibles

བདག་གིས་འདྲེན་པའི་རྟེན་འབྲེལ་སྒྲིག་པར་ཤོག༔

DAG	GI	DREN PE	TEN DREL	DRIG PAR	SHOG
yo	por	guía	conexión*	organizar	debe ser

*pueda ser capaz, pueda tener la oportunidad

tengan la conexión que me permita guiarlos allí.

Nacido de un loto y oyendo el santo Darma, que podamos recibir predicciones del Victorioso y obtener conocimiento de vidas pasadas y otros poderes milagrosos. Que todos los seres sensibles tengan la conexión conmigo que me permita guiarlos hasta allí, hasta ese reino sagrado tan excelente.

དེ་ལྟར་བདག་གི་སྨོན་ལམ་བཟང་པོ་འདི༔

DE TAR	DAG GI	MON LAM	ZANG PO	DI
como	mi	aspiración	bueno	esta

Esta es mi aspiración pura.

བླ་མ་མཆོག་དང་མགོན་པོ་སྤྱན་རས་གཟིགས༔

LA MA	CHOG	DANG	GON PO	CHEN RE ZI
gurú	el más excelente	y	protector	Avalokitéshvara

Que los gurús más excelentes y el benefactor Chenrezi, con

འཁོར་བཅས་ལ་སོགས་རྒྱལ་དང་རྒྱལ་བ་ཡི༔

KHOR CHE	LA SOG	GYAL	DANG	GYAL WA	YI
con séquito, círculo	y demás	Yina, Victorioso Amitayus	y	Yina	de

todos sus séquitos y el Victorioso y sus discípulos excelentes

སྲས་མཆོག་རྣམས་ཀྱིས་འགྲུབ་པར་མཛད་དུ་གསོལ༔

SAE	CHOG	NAM	KYI	DRUB PAR	DZE DU	SOL
discípulos (bodisatvas)	el más excelente	plural	por	cumplir	hacer	por favor

hagan que se cumpla.

Esta es mi aspiración pura. Que los gurús más excelentes y el benefactor Chenrezi junto con todos sus séquitos y el Victorioso y sus excelentes discípulos hagan que se cumpla.

ཐུབ་ཟངས་མཆོད་དུ་མར་པོ་ནས་སྤྲུལ་སྐུ་རིག་འཛིན་ཆེན་པོས་ (རིག་འཛིན་རྒོད་ལྡེམ་) གཏེར་ནས་སྤྱན་དྲངས་པའོ།

[Desde el tesoro de cobre rojo occidental, la encarnación Rigdzin Chenpo (Rig-Dzin-rGod-lDem) reveló esto del tesoro oculto. Forma parte de las aspiraciones pertenecientes a la sadana externa de Chenrezi.]

པདྨ་འདམ་གྱིས་མ་གོས་ལྟར།

PE MA   DAM   GYI   MA   GOE   TAR
loto   cieno   por   no   tocado,   como
                                              afectado

Igual que el loto no está manchado por el cieno,

སྲིད་གསུམ་དྲི་མས་མ་གོས་པའི།

SI   SUM   DRI MAE   MA   GOE PAI
mundos   tres   manchas, por   no   afectado
(del samsara)   impurezas

sin estar manchado por las impurezas de los tres mundos,

སྲིད་པའི་པདྨོ་ལས་བྱུང་བའི།

SI PE   PAD MO   LAE   YUNG WE
llegar a ser   loto   del   aparecer

surgiendo del loto del devenir,

བདེ་བ་ཅན་དུ་སྐྱེ་བར་ཤོག།

DE WA CHEN   DU   KYE WAR   SHOG
Sukavati   en   nacido   debe ser

que podamos nacer en Dewachen.

Igual que el loto no está manchado por el cieno, que podamos nacer en Dewachen surgiendo de un loto no manchado por las impurezas de los tres mundos.

འདི་ནས་ཉིང་མཚམས་སྦྱར་མ་ཐག།

DI NAE   ÑING TSHAM YAR   MA THAG
aquí (en   renacer,   immediatamente
esto mundo)   dejar este mundo

Que al dejar este mundo, inmediatamente,

དག་པའི་ཞིང་ཁམས་བདེ་བ་ཅན།

DAG PE **ZHING KHAM** **DE WA CHEN**
puro *reino* *Sukavati*

en el reino puro de Dewachen

པདྨའི་སྙིང་པོའི་ཟེའུ་འབྲུ་ལ།

PE ME **ÑING POI** **ZEU DRU** **LA**
loto *centro, corazón* *pistilos* *sobre*

sobre los estambres en el centro del loto,

བརྫུས་ཏེ་སྐྱེ་བ་ལེན་པར་ཤོག

DZU TE **KYE WA** **LEN PAR** **SHOG**
milagroso *nacimiento* *tener* *que podamos*

podamos renacer milagrosamente.

Que al dejar este mundo podamos nacer inmediata y milagrosamente en el reino puro de Dewachen sobre los estambres en el centro de un loto.

མི་གཙང་ལུས་འདི་བོར་བར་གྱུར་མ་ཐག

MI TSANG **LU** **DI** **BOR WAR** **GYUR** **MA THAG**
impuro *cuerpo* *este* *abandonar* *venir* *immediatamente*

Inmediatamente después de abandonar este cuerpo impuro,

བདེ་བ་ཅན་དུ་བརྫུས་ཏེ་སྐྱེ་བར་ཤོག

DE WA CHEN **DU** **DZU TE** **KYE WAR** **SHOG**
Sukavati *en* *milagroso* *nacimiento* *debe obtener*

¡debemos nacer milagrosamente en Dewachen!

སྐྱེ་མ་ཐག་ཏུ་ས་བཅུ་རབ་བགྲོད་ནས།

KYE MA **THAG TU** **SA CHU** **RAB** **DRO** **NAE**
nacimiento *immediatamente* *diez etapas a* *completar* *ascender, entonces*
la iluminación *atravesar*

Inmediatamente después de nacer debemos ascender las diez etapas y

སྤྲུལ་པས་ཕྱོགས་བཅུར་གཞན་དོན་བྱེད་པར་ཤོག

TRUL PAE **CHOG CHUR** **ZHEN** **DON** **YE PAR** **SHOG**
encarnación, *diez direcciones,* *otros* *benecio,* *actuar para, hacer* *debe*
por emanación *todas partes* *bienestar*

actuar en beneficio de los demás enviando emanaciones en todas direcciones.

Después de abandonar este cuerpo impuro debemos nacer inmediata y milagrosamente en Dewachen. Inmediatamente después de nacer debemos ascender las diez etapas y actuar en beneficio de los demás enviando emanaciones en todas direcciones.

༄༅།། བདེབ་ཅན་དུ་སྐྱེ་བ་འཆེན་པའི་ཆོག་མདོར་བསྡུས་པ་ཞིང་མཆོག་བསྒྲོད་པའི་བདེ་ལམ་ཞེས་བྱ་བ་བཞུགས།།

Un camino rápido para cruzar fácilmente al reino excelente

que es

Un ritual breve para renacer en Dewachen

ན་མོ་གུ་རུ། བདེ་ཆེན་ཞིང་ཆོག་མདོར་བསྡུས་བྱེད་ན། བདེབར་གཤེགས་པའི་སྐུང་བརྙན་དང་ འོད་མདོའི་གླེགས་བམ་སོགས་རྟེན་གསུམ་གྱི་མདུན། འབྱོར་བ་དངབ་སྟུན་པའི་བཀོད་པ་གང་ འབྱོར་བ་འཐམས། སྐྱབས་སེམས་ནི།

Saludo al Gurú. Cuando realices el breve ritual del reino de la Gran Felicidad, delante de las tres representaciones simbólicas consistentes en una estatua o pintura del Así Ido (Amitaba), el volumen encuadernado del Sutra de Amitaba y una estupa, despliega las ofrendas que puedas.

Realiza en primer lugar la toma de refugio y el desarrollo de la mente iluminada.

REFUGIO

སངས་རྒྱས་ཆོས་དང་ཚོགས་ཀྱི་མཆོག་རྣམས་ལ།

SANG GYE	CHO	DANG	TSHOG	KYI	CHOG	NAM	LA
Buda	*darma*	*y*	*asamblea, sangha*	*de*	*excelente, mejor*	*(plural)*	*a*

En el Buda, el Darma y la mejor asamblea

བྱང་ཆུབ་བར་དུ་བདག་ནི་སྐྱབས་སུ་མཆི།

CHANG CHUB	BAR DU	DAG	NI	KYAB SU CHI
bodi, iluminación	*hasta*	*yo (y todos los seres)*	*(énfasis)*	*refugiarse,*

nos refugiamos hasta alcanzar la iluminación.

བདག་གི་སྦྱིན་སོགས་བགྱིས་པའི་བསོད་ནམས་ཀྱིས།

DAG GI	YIN	SOG	GYI PE	SO NAM	KYI
yo	*dar, generosidad*	*y demás**	*hecho*	*mérito*	*por*

*i.e. las otras paramitas y prácticas del bodisatva

Que por el mérito de practicar la generosidad y demás

འགྲོ་ལ་ཕན་ཕྱིར་སངས་རྒྱས་འགྲུབ་པར་ཤོག

DRO	LA	PHAN	CHIR	SANG GYE	DRUB PAR	SHOG
seres, los que vagan en samsara	*a*	*beneficio, ayuda*	*para*	*budeidad*	*lograr, ganar*	*pueda yo, yo debo*

pueda obtener la budeidad para el beneficio de todos los seres.

Nos refugiamos en el Buda, el Darma y la suprema Asamblea hasta alcanzar la iluminación. Que por el mérito de practicar la generosidad y demás, podamos obtener la budeidad para beneficiar a todos los seres.

DESARROLLO DE LA BODICHITA

སེམས་ཅན་ཐམས་ཅད་བདེ་བ་དང་

SEM CHEN	THAM CHE	DE WA	DANG
sensibles	*todos*	*felicidad*	*y*

Que todos los seres sean felices

བདེ་བའི་རྒྱུ་དང་ལྡན་པར་གྱུར་ཅིག

DE WE	GYU	DANG	DEN PAR	GYUR CHIG
de felicidad	*causa*	*y*	*con*	*pueda*

y posean la causa de la felicidad.

སྡུག་བསྔལ་དང་སྡུག་བསྔལ་གྱི་རྒྱུ་དང་བྲལ་བར་གྱུར་ཅིག །

DÜN NGEL   DANG   DÜN NGEL   GYI   GYU   DANG   DREL BAR   GYUR CHIG
sufrimiento   y   sufrimiento   de   causa   y   separado,   que estén libres de

que carezcan de pesar y de sus causas.

སྡུག་བསྔལ་མེད་པའི་བདེ་བ་དང་མི་བྲལ་བར་གྱུར་ཅིག༔

DÜN NGEL   ME PE   DE WA   DANG   MI   DREL WAR   GYUR CHIG
sufrimiento   libre de   felicidad   y   no   separado   deben

Que nunca se separen de la felicidad que carece de sufrimiento.

ཉེ་རིང་ཆགས་སྡང་གཉིས་དང་བྲལ་བའི་

ÑE   RING   CHAG   DANG   ÑI   DANG   DREL WAI
cercano (amigos, familiares)   lejano (enemigos, extraños)   deseo, apego   ira, disgusto   ambos   y   libre de

Que permanezcan en ecuanimidad sin deseo hacia los amigos y familiares

བཏང་སྙོམས་ལ་གནས་པར་གྱུར་ཅིག༔

TANG ÑOM   LA   NAE PAR   GYUR CHIG
ecuanimidad, imparcialidad   en   permanecer   deben

ni enemistad hacia los enemigos y extraños.

Que todos los seres sensibles tengan felicidad y la causa de la felicidad. Que carezcan de pesar y de sus causas. Que nunca se separen de la felicidad que carece de sufrimiento. Que permanezcan en ecuanimidad, sin deseo hacia los amigos y parientes ni enemistad hacia los enemigos y extraños.

OFRENDAS

སྲས་བཅས་རྒྱལ་བའི་བསོད་ནམས་ཕུང་པོ་དང་།

SAE   CHE GYAL WE   SO NAM   PHUNG PO   DANG
Bodisatvas junto, con   de los Victoriosos virtudes,   mérito   montones, cantidad enorme (la acumulación de mérito)   y

Por el poder del vasto mérito de los budas y bodisatvas, y

སྒྲིབ་བྲལ་ཆོས་དབྱིངས་ཟབ་མོའི་བདེན་མཐུ་ཡིས།

DRIB   DRAL   CHO YING   ZAB MOI   DEN   THU   YI
obscurecimientos (de las aflicciones y sus trazas sutiles)   sin   darmadatu, la esfera de todos los fenómenos   profunda   verdad   poder (la acumulación de sabiduría)   de

por la profunda verdad de la realidad de los fenómenos carentes de oscurecimientos,

ཕྱོགས་འདིར་ནམ་མཁའ་མཛོད་ཀྱི་འབྱོར་བ་ལྟར།

CHOG	DIR	NAM KHA	DZO	KYI	YOR WA	TAR
dirección	aquí	del cielo	tesoro, almacén	de	riqueza	similar

como riqueza que llena el tesoro del cielo, que donde estemos

མཆོད་སྤྲིན་རྒྱ་མཚོས་གང་ཞིང་མཛེས་གྱུར་ཅིག།

CHO	TRIN	GYAM TSHO	GANG ZHING	DZE	GYUR CHIG
ofrenda	nubes*	océano#	se llene por completo	bellas	puedan llegar a ser

*i.e. muchas que llegan rápidamente
\# i.e. grande y profundo

se llene de forma preciosa con un océano de nubes de ofrendas.

Por el poder del vasto mérito de los budas y bodisatvas, y la profunda verdad de la realidad de los fenómenos carentes de oscurecimiento, que este lugar sea hermoso, lleno de un océano de nubes de ofrendas como la riqueza del tesoro del cielo.

མཆོད་པའི་སྤྲིན་གཟུངས་བཟླ།

[Ahora recita el darani de la nube de ofrendas.]

DARANI DE LA NUBE DE OFRENDAS

ན་མོ་རཏྣ་ཏྲ་ཡཱ་ཡཿ   ན་མོ་བྷ་ག་ཝ་ཏེ།

NA MO	RAT NA	TRA YA YA	NA MO	BHA GA WA TE
saludos	joyas	tres*	saludos	los perfectos (Budas)

* Buda, Darma, Sanga; gurú, deva, dakini; darmakaya, sambogakaya, nirmanakaya

Homenaje a las Tres Joyas. Homenaje a los Perfectos.

བཛྲ་སཱ་ར་པྲ་མ་རྡ་ནེཿ   ཏ་ཐཱ་ག་ཏ་ཡ༵ཿ

BEN DZE	SA RA	PRA MA DHA NI	TA THA GA TA YA
vajra. indestructible (sunyata)	esencia	gran regalo	todos los tatágatas, los budas Así Idos

Esencia indestructible. ¡Gran regalo! Todos los Así Idos,

ཨ༵ར་ྷ་ཏེཿ   སམྱཀ་སཾ་བུ་དྡྷ་ཡཿ   ཏ་དྱ་ཐཿ

AR HAT	SAM YAK SAM BUD DHA YA	TA DYA THA
vencedor del enemigo	samyak samBudas, budas completamente iluminados	es así

los vencedores, los budas completamente iluminados, es así.

Homenaje a las Tres Joyass. Homenaje a los Perfectos. Esencia indestructible. ¡Gran regalo! Todos los Así Idos, los vencedores, los budas completamente iluminados, es así.

ༀ་བཛྲ་བཛྲ༔

OM   **BEN DZE**   **BEN DZE**
concimiento original   *indestructible, vacuidad*   *indestructible*

Om. Indestructible,

མ་ཧཱ་བཛྲ་མ་ཧཱ་ཏེ་ཛྲ་བཛྲ༔

MA HA   BEN DZE   MA HA TE DZA BEN DZE
grande   indestructible   grande resplandor indestructible

Gran indestructible, gran resplandor indestructible.

མ་ཧཱ་བི་དུ་བཛྲ་མ་ཧཱ་བོ་དྷི་ཙིཏྟ་བཛྲ

MA HA   BI DYA   BEN DZE   MA HA   BO DHI TSIT TA   BEN DZE
gran   presencia   indestructible grande   bodichita,   indestructible

Gran presencia indestructible. Gran mente despierta indestructible.

མ་ཧཱ་བོ་དྷི་མ་ཉོ་ཏ༔

MA HA   BO DHI   MA NO TA
gran   iluminación   significado

Gran significado de la iluminación.

*Om. Indestructible, gran indestructible, gran resplandor indestructible.
Gran presencia indestructible. Gran mente despierta indestructible. Gran
significado de iluminación.*

ཨུད་བྷ་ས་ཀྲ་མ་ན་བཛྲ་སཪྦ་ཀཪྨ༔

UD BHA   SAM KRA MA NA   BEN DZE   KAR MA
surgir   por etapas   indestructible   todas las acciones

Surge por etapas, actividad indestructible.

ཨ་ཁ་ར་ཎི་བི་ཤུདྡྷ་ནི་བཛྲ་ཡེ་སྭ་ཧཱ༔

A WA RA NI   BI SHU DHA NI   BEN DZE YE   SWA HA
claridad   muy   pura   indestructible   es

Claridad muy pura e indestructible. Es.

*Surge por etapas, actividad indestructible. Claridad muy pura e indes-
tructible. Es.*

ༀ་བཛྲ་དྷ᷌རྨ་ཉི་ཊ།   པྲ་ཉི་ཊ།

OM   **BEN DZA**   **DHAR MA**   **RA NI TA**   **PRA RA NI TA**
*conocimiento indestructible   darma   resplandeciente   vitalidad
original   joya*

Om. Sabiduría resplandeciente indestructible. Vitalidad.

ༀ་པུ་ར་ཎི་ཏ།   སཪྦ་བུདྡྷ་ཀྵེ་ཏྲ།

SAM   PRA RA NI TA   SAR WA   BUD DHA   KSHE TRA
completa   vitalidad   todos   buda   reinos

Vitalidad completa. Todos los reinos búdicos.

པྲ་ཙ་ལི་ཏི།   པ་རྫྙ་པ་ར་མི་ཏ།

PRA TSA LI TI   **PRADZ NYA   PA RA MI TA**
conocer (los reinos   *sabiduría de   paramita, transcendental*
puros y la sabidurí en sí misma) la vacuidad

Sabiduría transcendental de conocimiento.

ནཱ་ད་སྭ་བྷེ་བཛྲ་ཛྨ་ཧྲི་ད་ཡ།

NA DA   SWA BHA VE   BEN DZA   DHAR MA   HRI DA YA
sonido   intrínseco   indestructible darma   corazón, esencia

Sonido, esencia del Darma intrínsecamente indestructible.

ས་ནྟོ་ཥ་ནི་ཧཱུྃ་ཧཱུྃ་ཧཱུྃ་ཧོ་ཧོ་ཧོ་ཨ་ཁཾ་སྭ་ཧཱ།

SA NA TO SHA NI   HUNG HUNG HUNG HO HO HO   A KHAM SWA HA
satisfacer (todos los seres) todos surgen (flujo continuo)   llenan el cielo

Todos satisfechos, surgen sin fin llenando el cielo.

Om. Sabiduría resplandeciente indestructible. Vitalidad. Vitalidad completa. Todos los reinos búdicos. Sabiduría transcendental de conocimiento. Sonido, esencia del Darma intrínsecamente indestructible. Todos satisfechos, surgen sin fin llenando el cielo.

IMAGINAR DEWACHEN

མི་མཛད་འཇིག་རྟེན་འདི་ནས་ནུབ་ཕྱོགས་སུ།

MI YED   YIG TEN   DI   NE   NUB   CHOG   SU
muchos,   mundos   este desde oeste dirección en
sin número   (lugar)

En dirección oeste desde aquí, más allá de los innumerables mundos,

སངས་རྒྱས་ཞིང་མང་འདས་པའི་ཕ་མཐའ་ན།

SANG GYE   ZHING   MANG   DAE PAI   PHA THA   NA
de los budas reino   muchos más allá, más allá fuera en el

más allá y en el lado lejano de muchos reinos búdicos,

རྒྱལ་སྲས་སྨོན་ལམ་གང་གའི་རྡུལ་སྙེད་དང་།

GYAL	SAE	MON LAM	GANG GE	DUL	ÑED	DANG
yinas	*bodisatvas*	*aspiración*	*río Ganges*	*granos*	*tantos*	*y*
(ver apéndice 1)				*de arena*	*como*	

formado por una aspiración tan vasta como las arenas del río Ganges para unir las buenas cualidades de todos los reinos de los budas y bodisatvas, y

རྒྱ་ཆེན་བསོད་ནམས་ཡེ་ཤེས་ཕུང་པོ་ལས།

GYA CHEN	SO NAM	YE SHE	PHUNG PO	LAE
vasto, grande	*mérito*	*sabiduría*	*montón*	*enfrente de*
		(*de Amitaba*	)	

por un enorme acopio de mérito y sabiduría

གྲུབ་པའི་ཞིང་མཆོག་ཕུལ་བྱུང་བདེ་བ་ཅན།

DRUB PE	ZHING	CHOG	PHUL YUNG	DE WA CHEN
hecho,	*reino*	*excelente*	*muy maravilloso,*	*Sukavati, «Feliz»*
logrado			*perfecto*	

se encuentra el excelente reino del muy maravilloso Dewachen.

En dirección oeste desde aquí, más allá de los innumerables mundos, más allá y en el lado lejano de muchos reinos búdicos, formado por una aspiración tan vasta como las arenas del río Ganges para unir las buenas cualidades de todos los reinos de los budas y bodisatvas, y por un enorme acopio de mérito y sabiduría, se encuentra el excelente reino del muy maravilloso Dewachen.

ལག་མཐིལ་ལྟར་མཉམ་ཐ་གྲུ་ཀུན་ནས་ཡངས།

LAG THIL	TAR	ÑAM	THA DRU	KUN	NE	YANG
palma de	*como*	*plano, liso*	*grande, espacioso*	*todos*	*desde*	*vasto*
la mano			*abundante, extenso*			

Plano como la palma de la mano, es vasto y espacioso en todas direcciones.

རིན་ཆེན་རི་བོ་ནོར་བུའི་ནགས་འཚལ་དང་།

RIN CHEN	RI WO	NOR BUI	NAG TSHAL	DANG
joyas, cosas preciosas	*montaña*	*joyas*	*bosques*	*y*

Hay montañas preciosas y bosques de joyas, junto con

ལྷ་རྫས་མེ་ཏོག་ཚལ་དང་བདུད་རྩིའི་མཚོ།

LHA	DZE	ME TOG	TSHAL	DANG	DU TSI	TSHO
dios	*objetos*	*flores*	*arboledas*	*y*	*amrita, ambrosía,*	*lago*
					elixir liberador	

(estas arboledas y lagos son como los que se encuentran en los reinos de los dioses)

todo lo que complace a los dioses: flores, arboledas, lagos de ambrosía y

དབྱངས་སྙན་སྤོས་ཆུའི་ཆུ་ཀླུང་འབབ་པ་དང་།

YANG   **ÑEN**   **POE CHUI**   **CHU LUNG   BA PA   DANG**
sonido, música   dulce,   agua perfumada   ríos   bajar   y
melodiosa   agradable

ríos caudalosos de agua perfumada que emiten sonidos agradables, así como

ནམ་མཁར་རྒྱུ་བའི་གཞལ་མེད་ཁང་པ་སོགས།

NAM KHAR   GYU WE   ZHAL ME KHANG PA   SOG
cielo   desplazarse   palacios   y demás
                (algunos sobre nubes y algunos surgen arriba de diosas de ofrecimiento)

palacios divinos que se desplazan por el cielo.

Plano como la palma de la mano, es vasto y espacioso en todas direc-
ciones. Hay montañas preciosas y bosques de joyas, junto con todo lo
que complace a los dioses: flores, arboledas, lagos de ambrosía y ríos
caudalosos de agua perfumada que emiten sonidos agradables, así como
palacios divinos que se desplazan por el cielo.

གཞན་འཕྲུལ་འཆི་མེད་དགའ་བའི་གྲོང་ཁྱེར་ལྟར།

ZHAN TRUL   CHI ME GA WE   DRONG KHYER   TAR
Zhan Trul Wong Zhed,   Chime Gawa, el nombre   ciudad   como
el más bellos del   de su ciudad que es muy
cielo de los 33   bella y maravillosa

Como la ciudad «Alegría Interminable» en el cielo «Forma Mágica»,

ངོ་མཚར་བཀོད་པའི་ཁྱད་པར་འབྱམས་ཀླས་པའི།

NGO TSHAR   KOE PE   KHYE PAR   YAM LAE PE
maravillosa   erigida, construida,   especial, detallada   sin límite, infinita
                diseñada

Dewachen está maravillosamente construida con infinitas características especiales.

སྙིང་པོ་བྱང་ཆུབ་ཤིང་རྒྱལ་མཛེས་པའི་དྲུང་།

ÑING PO   CHANG CHUB SHING   GYAL   DZE PE   DRUNG
en su punto   bodi,   árbol   real,   cerca
central   iluminación   bellos
                                            muy finos

En su centro, junto al hermoso y espléndido árbol Bodhi,

རིན་ཆེན་སེང་ཁྲི་པདྨས་བརྒྱན་པའི་སྟེང་།

RIN CHEN   SENG   TRI   PAE MAE   GYAN PE   TENG
precioso,   león   trono   loto   adornado   encima de
enjoyado   *(un loto grande como un cojín)*

sobre un precioso trono de león adornado con un loto,

ས་གསུམ་ཆོས་ཀྱི་རྒྱལ་པོ་ཉག་གཅིག་པུ།

SA SUM   CHO KYI   GYAL PO   ÑAG CHIG PU
tres niveles*   del darma   señor   solo uno, único
* encima de la tierra, sobre la tierra y debajo de la tierra, i.e. por todas partes.

se encuentra el que es rey del Darma en todas partes,

སྙན་གྲགས་ཆོས་ཀྱི་དབྱིངས་མཐར་ཁྱབ་པ་ཡི།

ÑAN DRAG CHO KYI YING   THAR   KHYAB PA   YI
fama   darmadatu, espacio   límite (más allá   va por todas partes,   de
que todo lo abarca   del tiempo y el espacio)   inunda

cuya fama se ha extendido en todas direcciones,

མགོན་པོ་འོད་ཟེར་དཔག་མེད་ཚེ་མཐའ་ཡས།

GON PO   OE ZER   PA ME   TSHE   THA YAE
protector,   rayos de luz   incontables,   vida   sin límite
benefactor   (Amitaba)   sin medida   (*Amitayus)
* Los dos nombres se refieren al mismo buda que tiene esos dos aspectos.

nuestro gran protector «Luz Sin Medida Vida Sin Límite».

Como la ciudad de la Alegría Interminable en el cielo de la Forma Mágica, Dewachen está maravillosamente construida con infinitas características especiales. En su centro, junto al hermoso y espléndido árbol Bodhi, sobre un precioso trono de león adornado con un loto, se encuentra el que es rey del Darma en todas partes, cuya fama se ha extendido en todas direcciones, nuestro gran protector Luz Sin Medida Vida Sin Límite.

ལྟ་བས་མི་ངོམས་མཚན་དཔེའི་དཔལ་འབར་ཞིང་།

TA WAE   MI NGOM   TSHAN PE   PAL   BAR ZHING
fascinador   no satisfecho   signos auspiciosos   esplendor,   brillar
(i.e. se quiere   menores y mayores   gloria
mirar siempre)

Infinitamente atractivo, brillas con el esplendor de las auspiciosas marcas mayores y menores, y

རི་རབ་རྒྱ་མཚོ་ཆེ་ལས་འཕོན་པ་བཞིན།

RI RAB   GYAM TSHO   CHE   LE   THON PA   ZHIN
Monte Meru   océano   gran   desde   surgir   como

como el monte Meru que surge del gran océano

རྣམ་མང་འཁོར་གྱི་ནང་ནས་མངོན་འཕགས་ཏེ།

NAM MANG   KHOR GYI NANG   NE   NGON PHAG   TE
muchísimos   séquito,   dentro   de   elevarse encima   así
círculo

te elevas por encima del abundante séquito que te rodea.

བསོད་ནམས་ཉིམ་བརྒྱ་པའི་གཟི་བརྗིད་ཀྱིས།

SO NAM	ÑI MA	GYA PE	ZI YI	GYI
mérito*	sol	cien (muchísimo)	tremenda, majestad	por

*como resultado de su mérito acumulado

Gracias a tus méritos, brillas con la majestuosidad de cien soles y

རབ་འབྱམས་ཞིང་གི་དཀྱིལ་འཁོར་འགེང་བཞིན་དུ།

RAB YAM	ZHING	GI	KYIL KHOR	GENG	ZHIN DU
por todas partes, infinitamente vasto	reino	de	círculo mandala	lleno	similar

tu vasto reino es como un círculo infinito.

Infinitamente atractivo, brillas con el esplendor de las auspiciosas marcas mayores y menores, y como el monte Meru que surge del gran océano, te elevas por encima del abundante séquito que te rodea. Gracias a tus méritos, brillas con la majestuosidad de cien soles y tu vasto reino es como un círculo infinito.

དྲུག་ཅུ་རྩ་བཞིའི་ཡན་ལག་ཡོངས་རྫོགས་པ།

DRUG CHU TSA ZHI	YAN LAG	YONG DZOG PA
64	rama, aspecto	todas sin excepción

Utilizando las sesenta y cuatro ramas de

ཚངས་པའི་དབྱངས་ཀྱིས་སྒྲ་ཀུན་ཟིལ་མནན་ནས།

TSHANG PAI	YANG	KYI	DRA	KUN	ZIL NAN	NE
Brahma, dios hindú de la creación	melodías	por	sonido	todos	acallar (todos los demás se silencian al escucharlas)	entonces

las melodías de Brahma, acallas todos los demás sonidos.

སྤྱན་རས་གཟིགས་དང་མཐུ་ཆེན་ཐོབ་པ་སྟེ།

CHEN RE ZI	DANG	THU CHEN THOB PA	TE
Avalokitésvara	y	Vajrapani, Mahastamaprapta	como

Luego, a Chenrezi y Vajrapani,

རྒྱལ་སྲས་འཁོར་གྱི་གཙོ་བོ་རྣམ་གཉིས་སོགས།

GYAL SAE	KHOR	GYI	TSHO WO	NAM ÑI SOG
bodisatva	círculo	de	líder, principal	dos

tus dos bodisatvas principales,

ཞིང་འདིར་པད་མོའི་སྐྱེ་གནས་བཟུང་བ་དང་།

ZHING	DIR	PAE MOI	KYE	NE	ZUNG WA	DANG
reino	aquí (Dewachen)	loto	nacer	entonces	permanecer ahí	y

y a los que han renacido en un loto y permanecen en Dewachen

 སངས་རྒྱས་ཞིང་མང་དག་ལས་ལྷགས་པ་ཡིས།

SANG	GYE	ZHING	MANG	DAG	LE	LHAG PA		YI
buda		reino	muchos		de	venir, acercarse		por

y a los que vienen de muchos reinos búdicos diferentes,

དག་པའི་འཁོར་ལ་གདམས་ངག་སྟོན་ཅིང་བཞུགས།

DAG PAI		KHOR	LA	DAM NGAG		TONG CHING	ZHUG
puro		séquito, círculo	a	instructiones		enseñar	permaneces

a todo tu círculo puro das enseñanzas e instrucciones.

Utilizando las sesenta y cuatro ramas de las melodías de Brahma, acallas todos los demás sonidos. Luego, a Chenrezi y Vajrapani, tus dos bodisatvas principales, y a los que han renacido en un loto y permanecen en Dewachen, y a los que vienen de muchos reinos búdicos diferentes, a todo tu círculo puro das enseñanzas e instrucciones.

གཟུགས་སྐུ་བདེ་ཆེན་ཞིང་ནས་མི་གཡོ་བཞིན།

ZUG KU		DE CHEN		ZHING	NE	MI YO ZHIN
cuerpo		muy feliz		reino	de	no dejar, no cambiar

Nunca abandonas este reino tan feliz.

མཁྱེན་བརྩེ་རིས་མེད་གདུལ་བྱའི་རྗེས་ཞུགས་པའི།

KHYEN		TSE		RI ME		DUL YAI	YE ZHUG PAI
conocimiento		compasión		imparcial, igual		discípulos	mantener

Apoyas a tus discípulos imparcialmente con sabiduría y compasión.

རྒྱལ་དང་དེ་སྲས་སྤྱོད་ཡུལ་བསམ་མི་ཁྱབ།

GYAL		DANG	DE SAE		CHOD YUL	SAM MI KHYAB
Victorioso (Amitaba)		y	sus bodisatvas		actividades	inconcebibles, sin medida

Victorioso, tus actividades y las de tus bodisattvas son inconcebibles.

དཔང་དུ་བགྱིས་ནས་གསོལ་འདེར་བརྩེ་བས་དགོངས།

PANG	DU	GYI	NE	SOL	DIR	TSE WAE		GONG
testigo	como	hacer	de	plegaria	aquí	con compasión		escucha, conoce

Sé mi testigo, por favor, y escucha esta plegaria con compasión

Nunca abandonas este reino tan feliz. Apoyas a tus discípulos imparcialmente con sabiduría y compasión. Victorioso, tus actividades y las de tus bodisattvas son inconcebibles. Sé mi testigo, por favor, y escucha esta plegaria con compasión

ཞེས་ཚིགས་ཞིང་མདོན་དུ་བྱས་ལ། རྩེ་གཅིག་ཏུ་བསྒོམ། དེ་ནས་ལངས་ལ་ཁ་ནུབ་ཏུ་བལྟ་
བར་འོད་མདོ་ལས་གསུངས་པ་བཞིན་དུ་བྱས་ནས་ཕྱག་འཚལ་བཞིན་དུ།

Aclara en tu mente todo lo que se ha descrito y medita con un solo propósito.
Luego, como se indica en el Sutra de Amitaba, mira hacia el oeste y saluda.

REFUGIO

བཅོམ་ལྡན་དེ་བཞིན་གཤེགས་པ་དགྲ་བཅོམ་པ།

CHOM DEN DE ZHIN SHEG PA DRA   CHOM PA
bagaván*   *tatágata#*   *enemigo vencedor (Arhat)*
* cualquier mancha eliminada, posee todas las cualidades, ido del samsara: «los perfectos»
# «así ido», ido de la misma manera que todos los demás budas

Perfecto, Así Ido, vencedor del enemigo,

ཡང་དག་རྫོགས་པའི་སངས་རྒྱས་ཐུགས་རྗེ་ཅན།

YANG DAG   DZOG PE SANG GYE   THUG YE CHEN
muy puro, completo perfecto   Buda   compasivo
   (Samyak Sambuda, purificado y con cualidades vastas y excelentes)

compasivo, completo y perfecto Buda

འོད་དཔག་མེད་མགོན་ཞབས་ལ་ཕྱག་འཚལ་ཞིང་།

OE PA ME   GON   ZHAB   LA   CHAG TSHAL ZHING
Amitaba   señor,   pies   a   postrar, rendir homenaje
            protector

Amitaba, nuestro protector, nos postramos a tus pies.

བྱང་ཆུབ་སྙིང་པོ་ཇི་སྲིད་སྐྱབས་སུ་མཆི།

CHANG CHUB   ÑING PO   YI SI   KYAB SU CHI
bodi,   corazón,   hasta, por   refugiarse (por el
iluminación   esencia   tanto tiempo como bien de todos seres)

Acudimos a ti en busca de refugio hasta alcanzar el corazón de la
iluminación.

*Perfecto, Así Ido, Vencedor del enemigo, compasivo, completo y perfecto
Buda Amitaba, nuestro protector, nos postramos a tus pies. Acudimos a
ti en busca de refugio hasta alcanzar el corazón de la iluminación.*

ཞེས་ལན་བདུན་བརྗོད། [Di esto siete veces]

HOMENAJE

སྙིང་རྗེའི་མངའ་བདག་རྗེ་བཙུན་སྤྱན་རས་གཟིགས།

ÑING YE	NGA DAG		YE TSUN	CHEN RE ZI
compasión	*poseedor, maestro, encarnación*		*noble, reverendo*	*Avalokitésvara*

Noble Chenrezi, que personificas la compasión, y

མཐུ་ཆེན་ཐོབ་པོ་སོགས་རྒྱལ་སྲས་རྒྱ་མཚོ་དང་།

THU CHEN THO	SO	GYAL	SAE	GYAM TSHO	DANG
Vajrapani	*y demás*	*victorioso hijo, bodisatva*		*océano*	*y*

Vajrapani y todo el océano de bodisatvas junto con

བགྲང་ཡས་སློབ་མ་དུལ་བའི་དགེ་འདུན་ལ།

DRANG YAE	LO MA	DUL WE	GE DUN	LA
sin número	*discípulos*	*pacífico*	*sanga*	*a*

los innumerables discípulos pacíficos dentro de la Sanga

གུས་པ་ཆེན་པོས་ཕྱག་འཚལ་སྐྱབས་སུ་མཆི།

GU PA		CHEN POE	CHAG TSHAL	KYAB SU CHI
reverencia, respeto y devoción		*gran, con*	*rendir homenaje*	*refugiarse*

con gran devoción rendimos homenaje y nos refugiamos en ti.

Noble Chenrezi, que personificas la compasión, y Vajrapani y todo el océano de bodisatvas junto con los innumerables discípulos pacíficos dentro de la Sanga, con gran devoción rendimos homenaje y nos refugiamos en ti.

ཞེས་ལན་བདུན་ནས་གསུམ་བརྗོད། [Dí estos versos siete o tres veces.]

OFRENDAS

མཆོད་ཡོན་མེ་ཏོག་བདུག་སྤོས་མར་མེ་དྲི།

CHOD YON	ME TOG	DUG POE	MAR ME	DRI
agua para beber	*flores*	*incienso*	*lámparas*	*agua perfumada*

Agua para beber, flores, incienso, lámparas, agua perfumada,,

ཞལ་ཟས་སིལ་སྙན་ལ་སོགས་དངོས་བཤམས་དང་།

ZHAL ZAE	SIL ÑAN	LA SOG	NGO	SHAM	DANG
comida	*música, címbalos*	*y demás*	*realmente*	*dispuestas*	*y*

comida, música y todo lo que realmente mostramos, así como

གཟུངས་རིག་མོས་པ་ལས་བྱུང་མཆོད་པའི་སྤྲིན།

ZUNG RIG   MOE PA   LAE   YUNG   CHO PAI   TRIN
darani,   devoción,   desde   surgir   ofrenda   nube
mantra largo deseo

nubes de ofrendas surgidas de la devota recitación del darani

ནམ་མཁའ་གང་བར་དམིགས་ཏེ་གུས་པས་མཆོད།

NAM KHA   GANG WAR   MIG   TE   GU PAE   CHOD
cielo   llenar   imaginar entonces reverencia ofrezco

llenan el cielo. Imaginamos todo esto y lo ofrecemos con devoción.
Agua para beber, flores, incienso, lámparas, agua perfumada, comida, música y todo lo que realmente mostramos, así como nubes de ofrendas surgidas de la devota recitación del darani llenan el cielo. Imaginamos todo esto y lo ofrecemos con devoción.

CONFESIÓN

འཁོར་ཚེ་ཐོག་མ་མེད་ནས་ད་ལྟའི་བར།

KHOR   TSHE   THOG MA ME   NAE   DAN TE   BAR
samsara   vidas   sin principio   desde   ahora   hasta

Desde un tiempo sin principio hasta ahora, en todas nuestras vidas en el samsara,

རང་བཞིན་བཅས་པའི་སྡིག་ལྟུང་བགྱིས་སོ་འཚལ།

RANG ZHIN   CHE PE   DIG   TUNG   GYI SO TSHAL
intrínseco   por regla# faltas   caídas, votos rotos que hemos hecho*
algo malo en sí mismo, como matar
algo que se ha prometido no hacer e.g. abstenerse de sexo para monjes y monjas.

hemos roto nuestros votos y hemos actuado de formas que son intrínsecamente erróneas y también hemos cometido errores definidos por las reglas.

གནོང་འགྱོད་དྲག་པོས་མཐོལ་བཤགས་སླན་ཆད་ཀྱང་།

NONG   GYOD   DRAG POE   THOL   SHAG   LAN CHAE   KYANG
vergüenza pesar,   intenso   con las manos confesar, pedir futuro,   también
tristeza   unidas en el pecho perdón   de ahora en adelante

Con intensa vergüenza y arrepentimiento lo confesamos humildemente y pedimos que se nos perdone.

མི་བགྱིད་སྡོམ་སེམས་བརྟན་པོས་ཡང་དག་བཟུང་།

MI GYI   DOM SEM   TAN POE   YANG DAG   ZUNG
no hacer   votos, obligación, firme, por   puramente   sostener, mantener
sistema moral

A partir de ahora no actuaremos de esta manera, sino que mantendremos firmemente la pureza de nuestras obligaciones morales.

Desde el tiempo sin principio hasta ahora, en todas nuestras vidas en el samsara, hemos roto nuestros votos y hemos actuado de formas que son intrínsecamente erróneas y también hemos cometido errores definidos por las reglas. Con intensa vergüenza y arrepentimiento lo confesamos humildemente y pedimos que se nos perdone. A partir de ahora no actuaremos de esta manera, sino que mantendremos firmemente la pureza de nuestras obligaciones morales.

REGOCIJO Y PETICIÓN

འཇིག་རྟེན་འཇིག་རྟེན་ལས་འདས་རང་གཞན་གྱི།

YIG TEN	YIG TEN	LAE	DAE	RANG	ZHAN	GYI
mundano (como	*mundo*	*de*	*ir*	*sí mismo*	*otros*	*de*
las ofrendas,	*(vacuidad, sabiduría)*					
la no violencia)						

Todas las virtudes, tanto mundanas como no mundanas, acumuladas por nosotros mismos y por todos los demás

དུས་གསུམ་དགེ་ཚོགས་ཀུན་ལ་རྗེས་ཡི་རང་།

DU	SUM		GE	TSHOG	KUN	LA	YE YI RANG
tiempos tres			*virtudes*	*acumuladas*	*todos*	*a*	*admirar, alegrarse con*
(pasado, presente, futuro)			(	*alegrarse de la virtud acumulada por otros*	)		

en los tres tiempos nos hacen regocijarnos y sentirnos felices.

ཕྱོགས་བཅུའི་འཇིག་རྟེན་སྒྲོན་མ་གང་བཞུགས་རྣམས།

CHOG	CHUI	YIG TEN	DRON MA	GANG	ZHUG	NAM
direcciones	*diez*	*mundo*	*lámpara*	*cualesquiera*	*permanecer*	*(plural)*
(i.e. por todas partes)		*(Budas y bodisatvas)*				

A todas las lámparas del mundo que permanecéis en las diez direcciones,

བླ་མེད་ཆོས་ཀྱི་འོད་ཟེར་བསྐོར་བར་བསྐུལ།

LA ME	CHO	KYI	OD ZER	KOR WAR	KUL
insuperable	*darma*	*de*	*rayos de luz,*	*enseñar, girar*	*pedir, solicitar*
(mahayana)			*brillante*	*la rueda*	

os pedimos que por favor enseñéis el insuperable Darma que ilumina.

Todas las virtudes, tanto mundanas como no mundanas, acumuladas por nosotros mismos y por todos los demás en los tres tiempos nos hacen regocijarnos y sentirnos felices. A todas las lámparas del mundo que permanecéis en las diez direcciones, os pedimos que por favor enseñéis el insuperable Darma que ilumina.

RUEGO Y DEDICACIÓN

ལྷར་བཅས་སྐྱེ་དགུའི་མགོན་པོར་ཡུན་རིང་དུ།

LHA	CHE	KYE GUI	GON POR	YUN RING DU
dioses	*con*	*seres sensibles*	*protector,*	*por mucho tiempo*
			benefactor	

Rezamos para que los protectores de los dioses y de los seres sensibles

སྐྱུ་དན་མི་འདའ་བཞུགས་པར་གསོལ་བ་འདེབས།

NYA NGAN MI DA   **ZHUG PAR   SOL WA DEB**
no vayan más allá de la pena,   permanecer   rogamos
no mueran, no entren el el nirvana

permanezcan durante mucho tiempo sin pasar al nirvana.

འདིས་མཚོན་དགེ་བས་མ་རྒྱན་སེམས་ཅན་ཀུན།

DI   TSHON   GE WAE   MA GAN   SEM CHEN   KUN
por este ejemplo   virtud, por   antiguas madres*   seres sensibles   todos
*nuestras madres de vidas pasadas

Por nuestras virtudes, incluidas las que surgen de esta práctica, que todos los seres sensibles, cada uno previamente nuestra propia madre,

རྣམ་པ་ཀུན་མཁྱེན་ཡེ་ཤེས་ལ་འགོད་ཤོག

NAM PA   KUN KHYEN   YE SHE   LA   GOD SHOG
completamente omnisciente   conocimiento original   a   debe obtener!

obtengamos plenamente el conocimiento original omnisciente.

Rezamos para que los protectores de los dioses y de los seres sensibles permanezcan durante mucho tiempo sin pasar al nirvana. Por nuestras virtudes, incluidas las que surgen de esta práctica, que todos los seres sensibles, que han sido nuestras propias madres en vidas pasadas, obtengamos plenamente el conocimiento original omnisciente.

ཅེས་ཚོགས་བསགས། Así acumulamos mérito.

ASPIRACIÓN

སྣར་ཡང་སྐྱིས་པ་མེ་ཏོག་དང་བཅས་ཏེ། Entonces, sosteniendo una flor o algún grano entre las manos unidas a la altura del corazón, di lo siguiente:

ཟོད་མཚན་སྟོབས་བཅུ་མངའ་བ་སྲས་བཅས་ཀྱི།

OE   TSHAN   TOB   CHU   NGA WA   SAE   CHE   KYI
Amitaba   nombre   poderes   diez   tiene   bodisatva   junto   de

Amitaba con los diez poderes, junto con tus bodisatvas,

མཚན་མཆོག་བརྗོད་དང་ཕྱུག་འཚལ་མཆོད་པའི་མཐུས།

TSHAN   CHOG   YOD   DANG   CHAG TSHAL   CHO PAI   THU
nombres   excelente   decir   y   rendir homenaje   ofrenda   poder
(repetir sus nombres una y otra vez)

por el poder de recitar tus excelentes nombres, rendirte homenaje, realizar ofrendas y

གང་ཞབས་དྲན་པའི་བྱང་ཆུབ་མཐར་བར་དུ།

GANG	ZHAB	DRAN PE	CHANG CHUB	THA	BAR DU
cualquiera	*santos pies (Amitaba)*	*recordar*	*bodi, iluminación*	*límite, fin*	*hasta*

recordarte continuamente, hasta alcanzar la iluminación

དབང་པོ་ཚང་ཞིང་རིགས་མཐོར་སྐྱེ་བ་དང་།

WANG PO	TSHANG ZHING	RIG THOR	KYE WA	DANG
órganos de los sentidos	*completo*	*buena familia*	*nacer*	*y*

naceremos con órganos sanos en una buena familia, y

དབུལ་བོར་མི་འགྱུར་འཇིག་རྟེན་ཀུན་གྱིས་བཀུར།

WUL WOR	MI GYUR	YIG TEN	KUN	GYI	KUR
pobre	*no convertirse*	*mundos*	*todos*	*por*	*respeto, honor*

sin pobreza, seremos respetados por todos.

Amitaba con los diez poderes[1] junto con tus bodisatvas, por el poder de recitar tus excelentes nombres, rendirte homenaje, realizar ofrendas, y recordarte continuamente, naceremos con órganos sanos en una buena familia y, sin pobreza, seremos respetados por todos hasta alcanzar la iluminación.

འཆི་ཚེ་བདེ་གཤེགས་འཁོར་བཅས་མདུན་བཞུགས་ཤིང་།

CHI	TSHE	DE SHEG	KHOR CHE	DUN	ZHUG SHING
morir	*cuando*	*Ido felizmente (los que confían en Amitaba)*	*con sus séquitos*	*ante mi*	*permanecer**

*impedir que caigan en los reinos inferiores

Cuando muramos, tú, el Felizmente Ido, con tu séquito, permanecerás frente a nosotros asegurándonos de que

སྐྱེ་བ་ཀུན་ཏུ་ཚངས་སྤྱོད་དངོས་པོ་ཐོབ།

KYE WA	KUN	TU	TSHANG CHOD	NGO PO	THOB
vidas	*todas*	*en*	*biksus, célibe*	*realmente*	*obtener*

en todas nuestras vidas vivamos en pureza.

རྟག་པར་བྱང་ཆུབ་སྤྱོད་ལ་དགའ་བ་དང་།

TAG PAR	CHANG CHUB	CHOD	LA	GA WA	DANG
siempre	*bodi, iluminación*	*práctica (mahayana)*	*a*	*gusto por*	*y*

Siempre atraídos por las actividades que conducen a la iluminación y

གཟུངས་དང་ཏིང་འཛིན་བཟོད་ལ་ཡང་དག་སྤྱ།

ZUNG   DANG TING DZIN   ZO   LA   YANG DA   TA
memoria de   y   samadi, absorto   paciencia con   muy pura   visión
practicar dharani   contemplación

con la visión purísima que conduce a la buena memoria y a la paciencia de la contemplación,

ཕྱིར་མི་ལྡོག་པའིས་བོན་འཛོག་པ་སོགས།

CHIR MI DOG PA   SA BON   YOG PA   SOG
no volver (no caer   semillas   plantar   y desarrollar
de nuevo en lo mundano)   (de bodichita)

plantaremos la semilla de no volver jamás a la mundanidad.

Cuando muramos, tú, el Felizmente Ido, con tu séquito, permanecerás frente a nosotros asegurándonos de que en todas nuestras vidas vivamos en pureza. Siempre atraídos por las actividades que conducen a la iluminación, y con la visión purísima que conduce a la buena memoria y a la paciencia de la contemplación, plantaremos la semilla de no volver jamás a la mundanidad.

མདོར་ན་རྒྱལ་སྲས་ཆོས་ཀྱི་འབྱུང་གནས་ཀྱིས།

DOR NA   GYAL SAE   CHO   KYI   YUNG NAE   KYI
brevemente   bodisatva   darma   de   fuente   por
(Más tarde se convierte en el buda Amitaba y genera el reino puro de Dewachen)

En resumen, bodisatva Fuente del Darma, tú que,

བཅོམ་ལྡན་འཇིག་རྟེན་དབང་ཕྱུག་རྒྱལ་པོའི་དྲུང་།

CHOM DEN YIG TEN WANG CHUG GYAL POI   DRUNG
bagaván   mundo   poderoso   rey   ante
(nombre de buda, Poderoso Rey del Mundo)

ante el perfecto, Poderoso Rey del Mundo,,

ཞལ་བཞེས་སྨོན་ལམ་འགྱུར་བ་མི་མངའ་དང་།

ZHAL ZHE   MON LAM   GYUR WA   MI   NGA   DANG
*tomar, hecho   *plegarias de   cambiar   no   posible   y*
y aceptado   aspiración
*de obtener la iluminación en beneficio de los demás

hiciste tu aspiración inmutable junto con

གཞན་ཡང་རྗེ་བཙུན་སྤྱན་རས་གཟིགས་དབང་སོགས།

ZHAN YANG   YE TSUN   CHEN RE ZIG WANG   SOG
otros   también   reverendo   Avalokitésvara   y demás

el reverendo Chenrezi y los demás

རྒྱལ་སྲས་སོ་སོའི་སྔོན་གྱི་ཐུགས་བསྐྱེད་དང་།

GYAL SAE	SO SOI	NGON GYI	THUG KYE	DANG
bodisatva	*cada*	*antes, previos*	*tomar los vosotos de bodisatva*	*y*

bodisatvas que han desarrollado cada uno anteriormente la aspiración altruista a la iluminación y

བདེན་གཟིགས་ཉན་ཐོས་ཆེ་རྣམས་བདེན་པ་དང་།

DEN	ZIG	NYAN THO	CHE	NAM	DEN PA	DANG
verdad	*ver*	*sravakas, oyentes*	*gran*	*(plural)*	*verdad*	*y*

la verdad de los grandes oyentes que vieron la verdad, y

གཟུངས་དང་མདོ་སྡེའི་ཕན་ཡོན་ཚད་མེད་པ།

ZUNG	DANG	DO DEI	PHAN YON	TSHAE ME PA
dharani, mantra	*y*	*sutra, enseñanzas*	*beneficio*	*sin número*

los innumerables beneficios de los daranis y sutras

En resumen, bodisatva Fuente del Darma, tú que hiciste tu aspiración inmutable ante el perfecto Poderoso Rey del Mundo, junto con el reverendo Chenrezi y los demás bodisatvas que han desarrollado cada uno anteriormente la aspiración altruista a la iluminación, y junto con la verdad de los grandes oyentes que vieron la verdad, y los innumerables beneficios de los daranis y sutras [...]

དཔང་དུ་མཛད་ནས་དེང་འདིར་བདག་ཅག་རྣམས།

PANG	DU DZAD NAE	DENG DIR	DAG CHAG NAM
garante, testigo	*como coger*	*entonces este tiempo*	*nosotros (por su poder ganamos las bendiciones siguientes)*

con tu apoyo y validación

གནས་སྐབས་ཚེ་འདིར་ཚེ་རིང་ནད་མེད་ཅིང་།

NAE KAB	TSHE DIR	TSHE RING	NAD MED CHING
temporalamente	*esta vida*	*vida larga*	*sin enfermedad*

tendremos una larga vida sin enfermedades y

མི་དང་མི་མིན་འཇིགས་པ་ཀུན་ལས་གྲོལ།

MI	DANG	MI MIN	YIG PA	KUN	LAE	DROL
humano	*y*	*no humano (fantasmas y demás)*	*miedo*	*todos*	*de*	*libre*

estaremos libres de todos los miedos de humanos y no humanos, y

 དཔལ་འབྱོར་སྙན་གྲགས་གང་གཱ་ཿའི་རྒྱུན་ལྟར་འབེབས།

PAL YOR	NYAN DRAG	GANG GAI	GYUN	TAR	BEB
riqueza	*fama*	*Ganges*	*flujo, corriente*	*como*	*fluir*

tendremos riqueza y fama incesantes como el flujo del río Ganges.

[...] con tu apoyo y validación tendremos una larga vida sin enfermedades, y estaremos libres de todos los miedos de humanos y no humanos, y tendremos riqueza y fama incesantes como el flujo del río Ganges.

ཤུགས་དྲག་བཅོས་མ་མིན་པའི་ཐར་འདོད་དང་།

SHUG	DRAG	CHO MA	MIN PE	THAR	DOD	DANG
poder, fuerza	*intenso*	*artificio*	*sin*	*liberación*	*deseo, querer*	*y*

Con un deseo muy poderoso y genuino de liberación

གཞན་ཕན་སྙིང་རྗེས་དྲངས་པའི་སེམས་བསྐྱེད་དང་།

ZHAN	PHAN	ÑING YE	DRANG PE	SEM KYE	DANG
otros	*beneficio*	*compasión*	*directa, verdadera*	*desarrollar bodichita*	*y*

desarrollamos ahora tanto la verdadera bodichita para beneficiar a los demás con compasión como

འཁྲུལ་མེད་ངེས་དོན་རྟོགས་པའི་ལྟ་བ་སོགས།

TRUL ME	NGE DON	TOG PE	TA WA	SOG
no confundida	*verdad cierta*	*despierta a*	*visión*	*y demás*

la visión que despierta a la verdad cierta sin engaño.

ཐེག་མཆོག་ལམ་གནད་རྫོགས་པར་ཉེད་པ་དང་།

THEG CHOG	LAM	NAD	DZOG PAR	ÑED PA	DANG
mahayana, mejor vehículo	*camino*	*punto esencial*	*completamente*	*obtener*	*y*

Obteniendo plenamente el punto clave del camino del mahayana y

ཚེ་འཕོས་བདེ་ལྡན་ཞིང་དུ་སྐྱེ་བའི་མཚོན།

TSHE PHO	DE DAN ZHING DU	KYE WE	TSHON
cuando muera	*Sukavati, lugar feliz*	*en nacido*	*ejemplo, y demás*

siendo guiados al nacimiento en Dewachen cuando muramos,

ཇི་ལྟར་སྨོན་པའི་རེ་འབྲས་ཡིད་བཞིན་དུ།

YI TAR	MON PAI	RE	DRAE	YID ZHIN	DU
de acuerdo con	*aspiración, deseo*	*esperar*	*resultado*	*pretendido*	*como*

que nuestras esperanzas y deseos se cumplan perfectamente,

གེགས་མེད་འཕྲལ་དུ་ཐོབ་པར་བྱིན་གྱིས་རློབས།

GEG ME **TRAL DU** **THOB PAR** **YIN GYI LOB**
sin obstrucción *immediato* *obtener* *bendición*
o problemas

inmediatamente y sin obstrucción con tus bendiciones.

Con un deseo muy poderoso y genuino de liberación desarrollamos ahora tanto la verdadera bodichita para beneficiar a los demás con compasión como la visión que despierta la verdad cierta libre de engaño. Que cuando muramos, mediante tus bendiciones, podamos obtener plenamente el punto clave del camino del mahayana y ser guiados al nacimiento en Dewachen. Que nuestras esperanzas y deseos se cumplan perfectamente, inmediatamente y sin obstrucción.

ཞེས་མེ་ཏོག་ནུབ་ཕྱོགས་སུ་འཕོར།

[Reza de esta manera y luego arroja las flores o el grano hacia el oeste.]

དེ་ནས་སེམས་བསྐྱེད་སྦྱང་བ་ནི།

PRÁCTICA DE DESARROLLAR LA BODICHITA

ཇི་ལྟར་བདེ་གཤེགས་ཁྱོད་སྐུ་ཇི་འདྲ་དང་།

YI TAR **DE SHEG** **KHYO KU** **YI DRA** **DANG**
como es, *Ido Felizmente* *tu* *cuerpo como es* *y*
de esa forma *(Amitaba)*

Tú que eres el Ido Felizmente, que tu cuerpo, y

ཡང་དག་ཞིང་དང་འཁོར་དང་མཛད་པ་དང་།

YANG DAG **ZHING** **DANG** **KHOR** **DANG DZAE PA** **DANG**
muy puro *reino* *y* *séquito* *y* *actividades* *y*
(Dewachen)

tu reino muy puro, tu séquito, tus actividades, y

མཚན་དང་སྐུ་ཚེ་དཔག་མེད་ཅི་འདྲ་བ།

TSHAN **DANG KU TSHE** **PAG ME** **CHI** **DRA WA**
nombres *y* *vidas* *incontables* *como tantas son como*

tus nombres y duración vital,

བདག་སོགས་མ་འོངས་དེ་འདྲ་འགྱུར་བགྱིས་ནས།

DAG SOG **MA ONG** **DEN DRA** **GYUR GYI** **NAE**
nosotros *futuro* *como eso* *llegar a ser* *entonces*

podamos obtenerlos igualmente en el futuro.

ནམ་མཁའ་མཉམ་པའི་མ་གྱུར་རིགས་དྲུག་འགྲོ།

NAM KHA	ÑAM PE	MA	GYUR	RIG	DRUG	DRO
cielo	*igualmente*	*madre**	*llegar a ser*	*reinos,*	*seis*	*seres*
					grupos	

*mis madres de los tres tiempos

Todos los seres que llenan el cielo, que han sido nuestras madres en alguno de los seis reinos del samsara,

འཇིགས་རུང་སྲིད་པའི་ཆུ་བོར་བྱིང་བ་རྣམས།

YIG RUNG	SI PE		CHU WOR	YING WA	NAM
aterrador	*del samsara*		*río*	*hundir*	*(plural)*

todos los que se hunden en el aterrador río del samsara:

ཞི་འགོག་བདུད་རྩིའི་དབྱིངས་སུ་དབུགས་འབྱིན་པའི།

ZHI	GOG	DUD TSI	YING	SU	WUG YIN PE
pacífico	*fin del*	*amrita,*	*reino*	*en*	*animar, fortificar,*
(nirvana)	*sufrimiento*	*elixir liberador*			*inspirar*

que les animemos en este reino del elixir liberador de la paz sin dolor.

སེམས་མཆོག་བསྐྱེད་དོ་མི་ཉམས་འཕེལ་གྱུར་ཅིག །

SEM	CHOG	KYED DO	MI	ÑAM	PHEL GYUR		CHIG
mente	*excelente*	*desarrollar*	*no*	*decaer*	*incrementar, extender*		*debe*

(mente enfocada en obtener la iluminación con el fin de beneficiar a otros)

Desarrollando esta excelente bodichita, que se extienda y aumente sin disminuir.

Felizmente Ido, que en el futuro obtengamos cuerpos, reinos, séquitos, actos, nombres y vidas sin medida como los tuyos. Entonces, en este reino del elixir liberador de la paz sin dolor, que podamos elevar a todos los que se hunden en el aterrador río del samsara, a todas nuestras innumerables madres anteriores que ahora vagan por los seis reinos. Desarrollando esta excelente bodichita, que se extienda y aumente sin disminuir.

ཅེས་ལན་གསུམ། [Recita esto tres veces.]

སེམས་བསྐྱེད་འཇོན་ལུགས་འདིའི་ལས་དང་པོ་པས་ཀྱང་བྱར་རུང་བས་འཇུག་བདེ་ཞིག་ཡིན་ནོ།

[Este sistema de desarrollo de la bodichita también es adecuado para quienes se inician en el Darma, ya que es fácil de realizar.]

སྐབས་འདིར་འོད་དཔག་མེད་ཀྱི་གཟུངས་རིང་ཐུང་ཅི་རིགས་པ་བཟླ་ཞིང་།

[En este punto recita el siguiente darani corto de Amitaba, o el largo, tanto como puedas.]

ཨོཾ་ཨ་མི་དྷེ་ཝ་ཧྲཱིཿ

OM   A   MI   DHE   WA   HRI

¡Amitaba, otorga bendiciones!

སློ་ན་འཕགས་པ་འདི་དག་ལེད་ཀྱི་བཀོད་པའི་མདོ་འང་ཀློག

[Si lo deseas puedes leer también O Pa Me Ki Ko Pe Do, el sutra Amitaba-vyuha.]

RECIBIR LAS BENDICIONES

རྩེ་གཅིག་བཟླས་པས་རྒྱལ་བ་འཁོར་བཅས་ཀྱི།

TSE CHIG	**DAE PAE**	**GYAL WA**		**KHOR**	**CHE**	**KYI**
unipuntual, inquebrantable	*recitación, por*	*Yina, Victorioso (Amitaba)*		*séquito*	*con*	*de*

Mediante esta recitación concentrada, tu mente, Victorioso, y las de tu séquito

ཐུགས་དམ་རྒྱུད་བསྐུལ་སྐུ་ལས་འོད་ཟེར་བྱུང་།

THUG DAM	**GYUD KUL**		**KU**	**LAE**	**OE ZER**	**YUNG**
mente y votos	*conmover, invocar, provocar*		*cuerpo*	*desde*	*rayos de luz*	*surgir (impregnan a todos los seres)*

se conmueven y de vuestros cuerpos surgen rayos de luz por los que

རང་གཞན་སྡུག་བསྔལ་མཐའ་དག་ཞི་བྱས་ནས།

RANG	**ZHAN**	**DUG NGAL**	**THA DAG**	**ZHI**	**YAE**	**NAE**
mi mismo	*otros*	*sufrimiento*	*todos*	*pacificar*	*acabar*	*entonces*

todos mis sufrimientos y los de los demás se apaciguan y

སྨོན་དོན་ཡིད་བཞིན་འགྲུབ་པར་བྱིན་གྱིས་རློབས།

MON	**DON**	**YI ZHIN**	**DRUB PAR**		**YIN GYI LOB**
aspiración, deseo	*significado*	*de acuerdo al deseo*	*lograr, completar, como*		*bendecir*

somos bendecidos con el cumplimiento de todo lo que deseamos.

Mediante esta recitación concentrada, tu mente, Victorioso, y las de tu séquito se conmueven y de vuestros cuerpos surgen rayos de luz por los que todos mis sufrimientos y los de los demás se apaciguan y somos bendecidos con el cumplimiento de todo lo que deseamos.

གཟུགས་ཁམས་ཡོད་ན་འོད་ཟེར་བསྡུ་འབེབས་པ་བསྐྱགས་ནས།   སྒྲུར་ཡང་གཟུངས་ཉི་ཤུས་བརྒྱ་
ཞིང་རང་གཞན་ལ་ཁྲུས་བྱ།   གདཔྲར་ཡང་རྗེས་ལ།

[Si haces la vasija (Bum-Pa) de néctar con la recitación, entonces practica con
los rayos de luz que salen de Amitaba y convergen juntos en la vasija. Luego,
recitando el siguiente darani de ofrenda tanto como sea posible, lávate y puri-
fícate a ti mismo y a todos los demás con el néctar de amrita transformado de
la vasija.]

DARANI DE LA NUBE DE OFRENDAS

ན་མོ་རཏྣ་ཏྲ་ཡུ་ཡཿ   ན་མོ་བྷ་ག་ཝ་ཏེ།

NA MO RAT NA TRA YA YA   NA MO   BHA GA WA TE
saludos   joyas   tres*   saludos   los perfectos (budas)
* Buda, Darma, Sanga; gurú, deva, dakini; darmakaya, sambogakaya, nirmanakaya
Homenaje a las Tres Joyas. Homenaje a los Perfectos.

བཛྲ་སྱ་རཔྲ་མ་དྷ་ནེཿ   ཏ་ཐྲ་ག་ཏུ་ཡཿ

BEN DZE   SA RA   PRA MA DHA NI   TA THA GA TA YA
vajra. indestructible   esencia   gran regalo   todos tatágatas,
* (sunyata)   los budas Así Idos*
¡Esencia indestructible, gran regalo! Todos los Así Idos,

ཨར་ཧ་ཏེཿ   སམྱཀ་སོ་བུཪྡ་ཡཿ   ཏ་དྱ་ཐཱཿ

AR HAT   SAM YAK SAM BUD DHA YA   TA DYA THA
vencedor   samyak samBudas   es así
del enemigo   budas completamente iluminados
los vencedores, los budas completamente iluminados, es así.

*Homenaje a las Tres Joyas. Homenaje a los Perfectos. ¡Esencia
indestructible, gran regalo! Todos los Así Idos, los vencedores, los
budas completamente iluminados, es así.*

ཨོཾ་བཛྲ་བཛྲ

OM   BEN DZE   BEN DZE
conocimiento original   vacuidad, indestructible   indestructible
Om. Indestructible,

མ་ཧྲ་བཛྲ་མ་ཧྲ་ཏེ་ཛྲ་བཛྲཿ

MA HA BEN DZE   MA HA TE DZA BEN DZE
gran   indestructible   gran resplandor indestructible
Gran indestructible, gran resplandor indestructible.

 མ་ཧཱ་བི་དྱ་བཛྲ་མ་ཧཱ་བོ་དྷི་ཙིཏྟ་བཛྲ

MA HA BI DYA   BEN DZE   MA HA   BO DHI TSIT TA   BEN DZE
gran   presencia indestructible gran   bodichita,   indestructible

Gran presencia indestructible. Gran mente despierta indestructible.

 མ་ཧཱ་བོ་དྷི་མ་ནོ་ཏཿ

MA HA   BO DHI   MA NO TA
gran   iluminación   significado

Gran significado de la iluminación.

Om. Indestructible, gran indestructible, gran resplandor indestructible. Gran presencia indestructible. Gran mente despierta indestructible. Gran significado de la iluminación.

ཨུད་བྷ་སཾ་ཀྲ་མ་ན་བཛྲ་སཪྦ་ཀཪྨཿ

UD BHA   SAM KRA MA NA   BEN DZE   KAR MA
surgir   por etapas   indestructible todas las acciones

Surge por etapas, actividad indestructible.

ཨ་ཝ་ར་ནི་བི་ཤུཪྡྷ་ནི་བཛྲ་ཡེ་སྭཱ་ཧཱཿ

A WA RA NI   BI SHU DHA NI   BEN DZE YE   SWA HA
claridad   muy   pura   indestructible   es

Claridad muy pura e indestructible. Es.

Surge por etapas, actividad indestructible. Claridad muy pura e indestructible. Es.

ཨོཾ་བཛྲ་དྷརྨ་ར་ནི་ཏ།   པྲ་ར་ནི་ཏ།

OM   BEN DZA   DHAR MA RA NI TA   PRA RA NI TA
conocimiento indestructible darma   joya   vitalidad
original   resplandeciente

Om. Sabiduría resplandeciente indestructible. Vitalidad.

སཾ་པྲ་ར་ནི་ཏ།   སཪྦ་བུདྡྷ་ཀྵེ་ཏྲ།

SAM   PRA RA NI TA   SAR WA   BUD DHA   KSHE TRA
completa vitalidad   todos   buda   reinos

Vitalidad completa. Todos los reinos búdicos.

པྲ་ཙ་ལི་ཏི།   པྲཛྙ་པ་ར་མི་ཏ།

PRA TSA LI TI   **PRADZ NYA   PA RA MI TA**
conocer (los reinos   *sabiduría de   paramita, transcendental*
puros y la sabiduría en sí)   *la vacuidad*

Sabiduría transcendental que conoce.

ནུ་ད་ས་སྭ་ཁེ་བཛྲ་དྷརྨ་ཧྲི་ད་ཡ།

NA DA   SWA BHA VE   BEN DZA   DHAR MA HRI DA YA
sonido   intrínseco   indestructible   darma   corazón, esencia

Sonido, esencia del Darma intrísecamente indestructible.

ས་ན་ཏོ་ཥ་ནི་ཧཱུྃ་ཧཱུྃ་ཧཱུྃ་ཧོ་ཧོ་ཧོ་ཨ་ཁཾ་སྭ་ཧཱ།

SA NA TO SHA NI   HUNG HUNG HUNG HO HO HO   A KHAM SWA HA
satisfacer (todos los seres) todos surgen (flujo continuo)   llenando el cielo

Todos satisfechos, surgen sin fin llenando el cielo.

Om. Indestructible sabiduría resplandeciente. Vitalidad. Vitalidad completa. Todos los reinos búdicos. Sabiduría trascendental que conoce. Sonido, esencia del Darma intrínsecamente indestructible. Todos satisfechos, surgen sin fin llenando el cielo.

[A continuación, realiza de nuevo la siguiente práctica de refugio y bodichita implícita y la Práctica de las Siete Ramas (Saludo; ofrendas; confesión; regocijo; solicitud de enseñanza; oración de permanencia; dedicación) recitándolas tanto como sea posible.]

REFUGIO

བཅོམ་ལྡན་དེ་བཞིན་གཤེགས་པ་དགྲ་བཅོམ་པ།

CHOM DEN   DE ZHIN SHEG PA DRA   CHOM PA
bagaván*   tatágata#   enemigo vencedor (Arhat)
* cualquier mancha eliminada, posee todas las cualidades, ido del samsara: «los perfectos»
# «así ido», ido de la misma manera que todos los demás budas

Perfecto, Así Ido, Vencedor del enemigo,

ཡང་དག་རྫོགས་པའི་སངས་རྒྱས་ཐུགས་རྗེ་ཅན།

YANG DAG   DZOG PAI   SANG GYE   THUG YE CHEN
muy puro, completo   perfecto   Buda   compasivo
(Samyak Sambuda, purificado y con cualidades vastas y excelentes)

compasivo, completo y perfecto Buda

འོད་དཔག་མེད་མགོན་ཞབས་ལ་ཕྱག་འཚལ་ཞིང་།

OE PA ME   GON   ZHAB   LA   CHAG TSHAL   ZHING
Amitaba   señor,   pies   a   prostrar, rendir homenaje
protector

Amitaba, nuestro protector, nos postramos a tus pies.

བྱང་ཆུབ་སྙིང་པོ་ཇི་སྲིད་སྐྱབས་སུ་མཆི།

CHANG CHUB   NYING PO   YI SI   KYAB SU CHI
bodi,   corazón,   hasta, por   refugiarse (por el
iluminación   esencia   tanto tiempo como   bien de todos seres)

Acudimos a ti en busca de refugio hasta alcanzar el corazón de la iluminación.

Perfecto, Así Ido, Vencedor del enemigo, compasivo, completo y perfecto Buda Amitaba, nuestro protector, nos postramos a tus pies. Acudimos a ti en busca de refugio hasta alcanzar el corazón de la iluminación.

ཞེས་ལན་བདུན་བརྗོད། [Di esto siete veces]

LA PRÁCTICA DE LAS SIETE RAMAS

HOMENAJE

སྙིང་རྗེའི་མངའ་བདག་རྗེ་བཙུན་སྤྱན་རས་གཟིགས།

ÑING YE	NGA DAG	YE TSUN	CHEN RE ZI
compasión	*poseedor, maestro, encarnación*	*noble, reverendo*	*Avalokitésvara*

Noble Chenrezi, que personificas la compasión, y

མཐུ་ཆེན་ཐོབ་སོགས་རྒྱལ་སྲས་རྒྱ་མཚོ་དང་།

THU CHEN THO	SO	GYAL	SAE	GYAM TSHO	DANG
Vajrapani	*y demás*	*victorioso hijo, bodisatva*		*océano*	*y*

Vajrapani y todo el océano de bodisatvas junto con

བགྲང་ཡས་སློབ་མ་དུལ་བའི་དགེ་འདུན་ལ།

DRANG YAE	LO MA	DUL WE	GE DUN	LA
sin número	*discípulos*	*pacífico*	*sanga*	*a*

los innumerables discípulos pacíficos dentro de la Sanga

གུས་པ་ཆེན་པོས་ཕྱག་འཚལ་སྐྱབས་སུ་མཆི།

GU PA	CHEN POE	CHAG TSHAL	KYAB SU CHI
reverencia, respeto y devoción	*gran, con*	*rendir homenaje*	*refugiarse*

con gran devoción rendimos homenaje y nos refugiamos en ti.

Noble Chenrezi, que personificas la compasión, y Vajrapani y todo el océano de bodisatvas junto con los innumerables discípulos pacíficos dentro de la Sangha, con gran devoción rendimos homenaje y nos refugiamos en ti.

ཞེས་ལན་བདུན་ནམ་གསུམ་བརྗོད། [Dí estos versos siete o tres veces.]

OFRENDAS

མཆོད་ཡོན་མེ་ཏོག་བདུག་སྤོས་མར་མེ་དྲི།

CHOD YON   ME TOG DUG POE   MAR ME   DRI
agua para beber flores   incienso   lámparas   agua perfumada

Agua para beber, flores, incienso, lámparas, agua perfumada,,

ཞལ་ཟས་སིལ་སྙན་ལ་སོགས་དངོས་བཤམས་དང་།

ZHAL ZAE   SIL ÑAN   LA SOG   NGO   SHAM   DANG
comida   música, címbalos y demás   realmente dispuestas   y

comida, música y todo lo que realmente mostramos, así como

གཟུངས་རིག་མོས་པ་ལས་བྱུང་མཆོད་པའི་སྤྲིན།

ZUNG RIG   MOE PA   LAE   YUNG   CHO PAI   TRIN
darani,   devoción,   desde   surgir   ofrenda   nube
mantra largo deseo

nubes de ofrendas surgidas de la devota recitación del darani

ནམ་མཁའ་གང་བར་དམིགས་ཏེ་གུས་པས་མཆོད།

NAM KHA   GANG WAR   MIG   TE   GU PAE   CHOD
cielo   llenar   imaginar entonces reverencia ofrezco

llenan el cielo. Imaginamos todo esto y lo ofrecemos con devoción.

Agua para beber, flores, incienso, lámparas, agua perfumada, comida, música y todo lo que realmente mostramos, así como nubes de ofrendas surgidas de la devota recitación del darani llenan el cielo. Imaginamos todo esto y lo ofrecemos con devoción.

CONFESIÓN

འཁོར་ཚེ་ཐོག་མ་མེད་ནས་ད་ལྟའི་བར།

KHOR   TSHE   THOG MA ME   NAE   DAN TE   BAR
samsara   vidas   sin principio   desde   ahora   hasta

Desde un tiempo sin principio hasta ahora, en todas nuestras vidas en el samsara,

རང་བཞིན་བཅས་པའི་སྡིག་ལྟུང་བགྱིས་སོ་འཆལ།

RANG ZHIN   CHE PE   DIG   TUNG   GYI SO TSHAL
intrínseco   por regla#   faltas caídas, votos rotos que hemos hecho*
*algo malo en sí mismo, como matar
algo que se ha prometido no hacer e.g. abstenerse de sexo para monjes y monjas.

hemos roto nuestros votos y hemos actuado de formas que son intrínsecamente erróneas y también hemos cometido errores definidos por las reglas.

གནོང་འགྱོད་དྲག་པོས་མཐོལ་བཤགས་སླན་ཆད་ཀྱང་།

NONG	GYOD	DRAG POE	THOL	SHAG	LAN CHAE	KYANG
vergüenza	*pesar, tristeza*	*intenso*	*con las manos unidas en el pecho*	*confesar, pedir perdón*	*futuro, de ahora en adelante*	*también*

Con intensa vergüenza y arrepentimiento lo confesamos humildemente y pedimos que se nos perdone.

མི་བགྱིད་སྡོམ་སེམས་བརྟན་པོས་ཡང་དག་བཟུང་།

MI GYI	DOM SEM	TAN POE	YANG DAG	ZUNG
no hacer	*votos, obligación, sistema moral*	*firme, por*	*puramente*	*sostener, mantener*

A partir de ahora no actuaremos de esta manera, sino que mantendremos firmemente la pureza de nuestras obligaciones morales.

Desde el tiempo sin principio hasta ahora, en todas nuestras vidas en el samsara, hemos roto nuestros votos y hemos actuado de formas que son intrínsecamente erróneas y también hemos cometido errores definidos por las reglas. Con intensa vergüenza y arrepentimiento lo confesamos humildemente y pedimos que se nos perdone. A partir de ahora no actuaremos de esta manera, sino que mantendremos firmemente la pureza de nuestras obligaciones morales.

REGOCIJO Y PETICIÓN

འཇིག་རྟེན་འཇིག་རྟེན་ལས་འདས་རང་གཞན་གྱི

YIG TEN	YIG TEN LAE	DAE	RANG	ZHAN	GYI
mundano (como las ofrendas, la no violencia)	*mundo (vacuidd, sabiduría) de*	*ir*	*sí mismo*	*otros*	*de*

Todas las virtudes, tanto mundanas como no mundanas, acumuladas por nosotros mismos y por todos los demás

དུས་གསུམ་དགེ་ཚོགས་ཀུན་ལ་རྗེས་ཡི་རང་།

DU	SUM	GE TSHOG	KUN	LA	YE YI RANG
tiempos (pasado, presente, futuro)	*tres*	*virtudes acumuladas (alegrarse de la virtud acumulada por otros)*	*todos*	*a*	*admirar, alegrarse con*

en los tres tiempos nos hacen regocijarnos y sentirnos felices.

ཕྱོགས་བཅུའི་འཇིག་རྟེན་སྒྲོན་མ་གང་བཞུགས་རྣམས།

CHOG	CHUI	YIG TEN	DRON MA	GANG	ZHUG	NAM
direcciones (i.e. por todas partes)	*diez*	*mundo (Budas y bodisatvas)*	*lámpara*	*cualesquiera*	*permanecer*	*(plural)*

A todas las lámparas del mundo que permanecéis en las diez direcciones,

བླ་མེད་ཆོས་ཀྱི་འོད་ཟེར་བསྐོར་བར་བསྐུལ།

LA ME	CHO	KYI	OD ZER	KOR WAR	KUL
insuperable (mahayana)	*darma*	*de*	*rayos de luz, brillante*	*enseñar, girar la rueda*	*pedir, solicitar*

os pedimos que por favor enseñéis el insuperable Darma que ilumina.

Todas las virtudes, tanto mundanas como no mundanas, acumuladas por nosotros mismos y por todos los demás en los tres tiempos nos hacen regocijarnos y sentirnos felices. A todas las lámparas del mundo que permanecéis en las diez direcciones, os pedimos que por favor enseñéis el insuperable Darma que ilumina.

RUEGO Y DEDICACIÓN

ལྷར་བཅས་སྐྱེ་དགུའི་མགོན་པོར་ཡུན་རིང་དུ།

LHA   CHE   KYE GUI   GON POR   YUN RING DU
dioses   con   seres sensibles   protector,   por mucho tiempo
                                  benefactor

Rezamos para que los protectores de los dioses y de los seres sensibles

མྱ་ངན་མི་འདའ་བཞུགས་པར་གསོལ་བ་འདེབས།

NYA NGAN MI DA   ZHUG PAR   SOL WA DEB
no vayan más allá de la pena,   permanecer   rogamos
no mueran, no entren el el nirvana

permanezcan durante mucho tiempo sin pasar al nirvana.

འདིས་མཚོན་དགེ་བས་མ་རྒན་སེམས་ཅན་ཀུན།

DI   TSHON   GE WAE   MA GAN   SEM CHEN   KUN
por este ejemplo   virtud, por   antiguas madres   seres sensibles   todos*
*nuestras madres de vidas pasadas

Por nuestras virtudes, incluidas las que surgen de esta práctica, que todos los seres sensibles, cada uno previamente nuestra propia madre,

རྣམ་པ་ཀུན་མཁྱེན་ཡེ་ཤེས་ལ་འགོད་ཤོག།

NAM PA   KUN KHYEN   YE SHE   LA   GOD SHOG
completamente   omnisciente   conocimiento original   a   debe obtener!

obtengamos plenamente el conocimiento original omnisciente.

Rezamos para que los protectores de los dioses y de los seres sensibles permanezcan durante mucho tiempo sin pasar al nirvana. Por nuestras virtudes, incluidas las que surgen de esta práctica, que todos los seres sensibles, que han sido nuestras propias madres en vidas pasadas, obtengamos plenamente el conocimiento original omnisciente.

ཅེས་ཚོགས་བསགས། Así acumulamos mérito.

ཡོན་ལག་བདུན་པ་སྤྱར་བཞིན་བཏང་མཐར།

[Habiendo hecho la Práctica de las Siete Ramas como antes se dice lo siguiente:]

ORACIÓN

གདན་འཛོམས་རྒྱལ་བ་སྲས་བཅས་སྤྱན་སྔ་རུ།

DAN DZOM   **GYAL WA**   **SAE**   **CHE**   **CHAN NGA RU**
todos los presentes (Amitaba)   *bodisatvas*   *junto con*   *ante*

Ante ti, el Victorioso, y ante todos los bodisatvas aquí presentes,

ཕྱག་མཆོད་ཐུགས་དམ་བསྐུལ་སོགས་བགྱིས་པའི་མཐུས།

CHAG   **CHOD**   **THUG DAM KUL**   **SOG**   **GYI PE**   **THU**
saludar   *hacer*   *conmover sus mentes y demás*   *hacer*   *poder*
rendir homenaje ofrendas

nos inclinamos y hacemos ofrendas para conmover vuestras mentes.
Por el poder de esto

བདག་སོགས་གནས་སྐབས་བསམ་པ་ཀུན་འགྲུབ་ཅིང་།

DAG SOG   **NAE KAB**   **SAM PA**   **KUN**   **DRUB CHING**
nosotros   *temporalmente*   *pensamientos,*   *todos*   *lograr*
           de momento   *deseos*

que seamos bendecidos con el cumplimiento inmediato de nuestros
deseos y

མཐར་ཐུག་རྫོགས་བྱང་ཐོབ་པར་བྱིན་གྱིས་རློབས།

THAR THUG   **DZOG**   **YANG**   **THOB PAR**   **YIN GYI LOB**
definitivo   *perfecto,*   *bodi, despertar*   *obtener*   *bendecir*

obtengamos la iluminación perfecta.

*Ante ti, el Victorioso, y ante todos los bodisatvas aquí presentes, nos
inclinamos y hacemos ofrendas para conmover vuestras mentes. Por el
poder de esto, que seamos bendecidos con el cumplimiento inmediato de
nuestros deseos y el logro final de la iluminación.*

གཞན་ཡང་རིས་མེད་རྒྱལ་བསྟན་དར་ཞིང་རྒྱས།

ZHAN YANG RI ME   **GYAL TAN**   **DAR ZHING**   **GYE**
además   *de todas*   *de las doctrinas*   *ampliamente*   *extender*
         las escuelas del Victorioso

Además que se dé la bendición de que todas las escuelas de las doctrinas del Vencedor se extiendan ampliamente y

བསྟན་དགྲ་ནག་ཕྱོགས་རྩོལ་བ་མཐའ་དག་ཞི།

TAN   **DRA**   **NAG CHOG**   **GOL WA**   **THA DAG**   **ZHI**
doctrina   *enemigos*   *caminos erróneos,*   *luchar,*   *completamente, todos*   *pacificado*
           cosas dañinas   *combatir*

que todos los enemigos de la doctrina y todos los caminos negativos y
las luchas sean totalmente pacificados.

བསྟན་འཛིན་དམ་པའི་མགོན་རྣམས་ཞབས་པད་བརྟན།

TAN	DZIN	DAM PE	GON	NAM	ZHAB PAE	TAN
doctrina	sostenedores	santo, excelente	protector, benefactor	(plural)	pies (i.e. vida)	ser firme

¡Que las vidas de los excelentes Protectores que mantienen la santa doctrina sean firmes y

བསྟན་རྩ་དགེ་འདུན་འཕེལ་བར་བྱིན་གྱིས་རློབས།

TAN	TSA	GEN DUN	PHEL WAR	YIN GYI LOB
doctrina	raíz	sanga	incrementar, como	bendecir

que aumente la Sanga, la raíz de la doctrina!

Además, ¡que se dé la bendición de que todas las escuelas de las doctrinas del Victorioso se extiendan ampliamente y que todos los enemigos de la doctrina y todos los caminos negativos y las luchas sean totalmente pacificados! ¡Que las vidas de los excelentes Protectores que mantienen la santa doctrina sean firmes y que aumente la Sangha, la raíz de la doctrina!

དེས་མཐུས་ཡངས་པའི་རྒྱལ་ཁམས་བདེ་ཞིང་སྐྱིད།

DE	THU	YANG PE	GYAL KHAM	DE ZHING KYID
por ese	poder	vasto	reino (Dewachen)	feliz alegre

Por el poder de esta bendición, que el vasto reino gozoso

སྐྱེ་དགུ་ཐམས་ཅད་ལེགས་ལམ་དཔལ་ལ་སྦྱོར།

KYE GU	THAM CHE	LEG	LAM	PAL	LA	YOR
seres	todos	bueno	camino	muy bueno	a	hacer, usar, unir

sea disfrutado por todos los seres como su glorioso camino excelente.

ཕུན་ཚོགས་རྫོགས་ལྡན་ཟླ་བ་གསར་འཆར་བའི།

PHUN TSHOG	DZOG DEN	DA WA	SAR	CHAR WAI
todas las cosas buenas, todo lo agradable	completo (el primer periodo feliz del eón)	luna	nuevo	surgir

Con cada felicidad que se eleva como la luna al comienzo del eón,

དགེ་མཚན་ས་གསུམ་སྣང་བར་བྱིན་གྱིས་རློབས།

GE	TSHAN SA	SUM	NANG WAR	YIN GYI LOB
virtud, auspicioso	signo, nivel símbolo (por encima,	tres sobre, por debajo de	apariencia la tierra, i.e. por todas	bendecir partes)

¡que todo lo que aparezca sobre la tierra y por encima y por debajo de ella sea la manifestación de la virtud!

Por el poder de esta bendición, que el vasto reino gozoso sea disfrutado por todos los seres como su glorioso camino excelente. Con cada feli-

cidad que se eleva como la luna al comienzo del eón, que todo lo que aparezca sobre la tierra y por encima y por debajo de ella sea la manifestación de la virtud.

ཞེས་གསོལ་བ་བཏབ་ནས། [Tras rezar así,]

CONFESIÓN

གང་འདིར་བདག་ཆག་སྤྱོད་པ་དམན་པ་དང༌།

GANG   DIR   DAG CHAG   CHO PA   MAN PA   DANG
quienquiera   *aquí*   *nosotros*   *acciones*   *inferior*   *y*
                      (Esto se refiere a errores cometidos en la práctica.)

Hemos actuado mal

དེ་བཞིན་རྫས་དང་བསམ་པ་མ་དག་སོགས།

DE ZHIN   DZE   DANG   SAM PA   MA DAG   SOG
similarmente   *cosas*   *y*   *pensamientos, ideas*   *impuros*   *y demás*

nos hemos entretenido con objetos e ideas que no son puros.

ནོར་ཞིང་འཁྲུལ་པ་ཅི་དང་ཅི་མཆིས་པ།

NOR ZHING   TRUL PA   CHI   DANG CHI CHI PA
cometer errores   *confuso*   *(plural)*   *y*   *cualquiera que hayamos hecho*

Somos responsables de cualquier error y confusión

བརྩེ་ལྡན་རྣམས་ཀྱི་སྤྱན་སྔར་སྙིང་ནས་འཆགས།

TSE DAN NAM   KYI   CHAN NGAR   ÑING   NAE   CHAG
los que son   *de*   *enfrente*   *corazón*   *de*   *confesar*
compasivos (Amitaba y otros budas y bodisatvas)

nos confesamos de corazón ante ti.

Hemos actuado mal y nos hemos entretenido con objetos e ideas que no son puros. Nos confesamos de corazón ante ti por todos nuestros errores y confusiones.

ཞེས་གཉོང་པ་བཤགས། [Confiesa tus errores de esta forma]

ASPIRACIÓN

དེ་ལྟར་ལེགས་གསུང་མདོ་ཡི་རྗེས་འབྲངས་ཏེ།

DE TAR   LEG   SUNG   DO   YI   YE TRANG   TE
como ese   *bien*   *hablado*   *sutra*   *de*   *siguiente*   *así, como*
                  (el 'Od-mDo dicho por Sakiamuni)

Dispuesto según el sutra bienhablado,

ཞིང་མཆོག་སྤྲོང་བའི་ཚོག་ཚུལ་བཞིན་དུ།

ZHING	CHOG	YONG WE	CHO GA	TSHUL	ZHIN DU
reino	excelente, supremo	venir	puya, ritual práctica	método, sistema	de acuerdo con

este es el método ritual para alcanzar el reino excelente.

བསྒྲུབས་པའི་བསོད་ནམས་ཟླ་ལྟར་དཀར་བ་དེས།

DRUB PE	SO NAM	DA	TAR	KAR WA	DE
práctica	mérito	luna	como	blanca	por eso

(Esta práctica crea mérito suficiente para renacer en Dewachen)

Practicar de este modo genera méritos tan blancos como la luna. Mediante esto,

འགྲོ་ཀུན་བདེ་ཆེན་ཞིང་དུ་སྐྱེ་བར་ཤོག

DRO	KUN	DE CHEN ZHING	DU	KYE WAR	SHOG
seres	todos	Sukavati, Dewachen	en	nacer	que pueda ser, deben ser

¡que todos los seres renazcan en Dewachen!

Este es el método ritual para alcanzar el reino excelente dispuesto según el sutra bienhablado. Practicar de este modo genera méritos tan blancos como la luna. ¡Que todos los seres renazcan en Dewachen!

ནམ་ཞིག་ཚེ་འདིའི་འདུ་བྱེད་སྡུད་པའི་ཚེ།

NAM ZHIG	TSHE	DI	DU YED	DUE PAI	TSHE
cuando	vida	este	compuesto	reunido en	ese momento

(Las construcciones de nuestro yo y de nuestro mundo se desvanecen para nosotros a medida que morimos.)

Cuando esta vida esté terminando,

བདེ་གཤེགས་སྐུ་ཡི་སྣང་བ་ལེགས་ཤར་ནས།

DE SHEG	KU	YI	NANG WA	LEG	SHAR	NE
Ido Felizmente (Amitaba)	cuerpo de		apariencia, idea	bien	surgir (en mi mente)	entonces

que el cuerpo del Ido Felizmente aparezca claramente para nosotros.

དེ་མཐུས་ནད་གཅོད་སྡུག་བསྔལ་མི་འབྱུང་ཞིང་།

DE	THU	NAD	CHOD	DUG NGAL	MI	YUNG ZHING
eso (ver a Amitaba)	poder, por	enfermedad	cortar, acabar	sufrimiento (de la muerte)	no	surgir

Que por su poder cese toda enfermedad y no surja el sufrimiento.

དགའ་ཞིང་སྐྱོ་བའི་རང་ལ་འཕོ་བར་ཤོག།

GA ZHING	TRO WE	NGANG	LA	PHO WAR	SHOG
felizmente	*feliz, alegre*	*estado*	*en*	*ir (salir del cuerpo)*	*podamos*

En un estado feliz y alegre partimos, dejando atrás nuestro cuerpo.

Que el cuerpo del Ido Felizmente aparezca claramente para nosotros cuando esta vida esté terminando. Que por su poder cese toda enfermedad y no surja el sufrimiento. En un estado feliz y alegre partimos, dejando atrás nuestro cuerpo.

ཤི་འཕོས་སྐྱེ་སྲིད་གཞན་གྱིས་མ་ཆོད་པར།

SHI PO	KYE SI	ZHAN	GYI	MA	CHOD PAR
cuando muramos	*nacer (en samsara)*	*otro*	*por*	*no*	*impedido*

Que sin ser interrumpidos por otro nacimiento en el samsara al morir,

བདེ་ལྡན་ཞིང་དུ་པདྨའི་སྙིང་པོ་ལ།

DE DAN	ZHING	DU	PAE MAI	ÑING PO	LA
feliz	*reino*	*en*	*loto*	*corazón*	*en*

en el corazón de un loto en el reino de Dewachen,

བརྫུས་ཏེ་སྐྱེས་ནས་རྒྱལ་བ་འོད་དཔག་མེད།

DZU TE	KYE	NAE	GYAL WA	O PA ME
mágicamente	*nacer*	*entonces*	*Victorioso*	*Amitaba*

podamos nacer milagrosamente con el victorioso Amitaba

དུས་ཀུན་མཐོང་བས་རབ་དགའས་འཚོ་བར་ཤོག།

DU	KUN	THONG WAE	RAB GAE	TSHO WAR	SHOG
tiempo	*todos*	*ver*	*muy feliz*	*permanecer, vivir*	*pueda*

visible para nosotros en todo momento para que vivamos muy felices.

¡Que, sin ser interrumpidos por otro renacimiento en el samsara al morir, podamos nacer milagrosamente en el corazón de un loto en el reino de Dewachen con el victorioso Amitaba visible para nosotros en todo momento para que vivamos muy felices!

དེ་ལས་ཟབ་དང་རྒྱ་ཆེའི་གདམས་ངག་གི།

DE LAE	ZAB	DANG	GYA CHE	DAM NGAG	GI
él de (Amitaba)	*profundas y*		*vastas*	*instrucciones*	*de*

Que recibamos de él la ambrosía de las profundas y vastas instrucciones y

བདུད་རྩི་ཐོབ་ནས་རྒྱལ་སྲས་མཆོག་རྣམས་དང་།

DUD TSI	THOB	NAE	GYAL	SAE	CHOG	NAM	DANG
ambrosía (i.e. beneficioso)	obtener	entonces	Victorioso (Amitaba)	bodisatvas	excelente	(plural)	y

con el Victorioso y los excelentes bodisatvas,

ལྷན་ཅིག་ཐེག་མཆོག་བགྲོ་བ་ལ་དབང་བས།

LHAN CHIG	THEG CHOG	DRO WA	LA	WANG WAE
juntos	mahayana	hablar de	como	fortalecer a permitir a

se nos permita hablar de las doctrinas mahayana, y así

ཐོས་པའི་ཆུ་གཏེར་ཉིན་བཞིན་འཕེལ་བར་ཤོག །

THO PAI	CHU TER	ÑIN	ZHIN	PHEL WAR	SHOG
escuchar	agua tesoro (i.e. océano, muy vasto)	diaariamente	como	aumentar	debemos

escuchando un océano de enseñanzas, que nuestro conocimiento aumente diariamente.

Que recibamos de él la ambrosía de las profundas y vastas instrucciones y se nos permita hablar de las doctrinas mahayana con el Victorioso y los excelentes bodisatvas. De este modo, escuchando un océano de enseñanzas, que nuestro conocimiento aumente diariamente.

སྐྱེ་མ་ཐག་ཏུ་མངོན་ཤེས་སྟོབས་ཐོབ་སྟེ།

KYE	MA THAG TU	NGON SHE	TOB	THOB	TE
nacer	inmediatamente	precognición	poder	obtener	cuando

Obteniendo inmediatamente al nacer el conocimiento previo y el poder,

བསམ་ཡས་ཞིང་དུ་སངས་རྒྱས་བལྟ་བ་དང་།

SAM YAE	ZHING	DU	SANG GYE	TA WA	DANG
más allá del pensamiento, innumerable	reinos	en	Budas	ver	y

que podamos ver a los budas que residen en reinos inconcebibles y

བསྙེན་བཀུར་བྱ་ཕྱིར་ཐོགས་པ་མེད་རྒྱུ་ཞིང་།

ÑEN KUR	YA	CHIR	THOG PA ME	GYU ZHING
servicio respetuoso	hacer	con el fin de	sin impedimento, ir fácilmente	

que podamos viajar a ellos sin impedimento para prestarles un servicio respetuoso

རྒྱལ་བ་ཀུན་གྱི་ཆོས་མཛོད་འཛིན་པར་ཤོག།

GYAL WA **KUN** **GI** **CHO** **DZOD** **DZIN PAR** **SHOG**

Victoriosos *todos* *de* *Darma* *tesoro,* *sostener (i.e no olvidar)* *podamos*
almacén

y acceder a los tesoros del Darma de todos los victoriosos.

Obteniendo inmediatamente al nacer el conocimiento previo y el poder,
que podamos ver a los budas que residen en reinos inconcebibles y que
podamos viajar a ellos sin impedimentos para prestarles un servicio
respetuoso y acceder a los tesoros del Darma de todos los victoriosos.

རླབས་ཆེན་ཞིང་གི་འབྱོར་བ་མཐོང་ནས་སུ།

LAB CHEN **ZHING GI** **YOR WAR** **THONG** **NAE** **SU**

gran bendición *reino* *de* *riqueza, colección* *ver* *entonces en*
(cuál es su sistema; cómo está dispuesto)

Viendo lo bien organizado que está este gran reino de bendición, y

རྣམ་དག་སྨོན་ལམ་དེ་འདྲའི་རྗེས་སློབ་ཅིང་།

NAM DAG **MON LAM** **DEN DRE** **YE** **LOB CHING**

muy puro *aspiración* *como esa* *después* *estudiar*
(ver Apéndice I)

aprendiendo a desarrollar la aspiración pura que le dio origen,

མ་དག་ཞིང་དུ་རྒུད་པས་ཉེན་པ་ཡི།

MA DAG **ZHING** **DU** **GUD PAE** **ÑEN PA** **YI**

impuro *reino* *en* *problemas,* *aquejado,* *de*
(la raíz del samsara es la ignorancia y el pecado) deterioro *dolorido*

a todos los seres que están atribulados por las dificultades de los reinos
impuros

འགྲོ་ཀུན་སྣ་ཚོགས་ཐབས་ཀྱིས་འདྲེན་པར་ཤོག།

DRO **KUN** **NA TSHOG** **THAB** **KYI** **DREN PAR** **SHOG**

seres *todos* *muchos diferentes métodos* *por* *guiar* *podamos*
(a un reino puro y a la iluminación)

que podamos guiarlos con cualquier método que sea adecuado.

Viendo lo bien organizado que está este gran reino de bendición, y apren-
diendo a desarrollar la aspiración pura que le dio origen, que podamos
guiar a todos los seres que están atribulados por las dificultades de los
reinos impuros utilizando cualquier método que sea adecuado.

མདོར་ན་ས་བཅུ་ལམ་ལྔའི་སྤང་རྟོགས་ཀུན།

DOR NA **SA** **CHU** **LAM** **NGAI** **PANG** **TOG** **KUN**

brevemente etapas *diez* *caminos cinco* *cosas que* *cosas a* *todos*
(las etapas y caminos de un bodisatva) abandonar *las que despertar*

Brevemente, que dejando lo que hay que dejar y despertando a lo que
hay que despertar de las diez etapas y los cinco caminos y

ཕུལ་བྱུང་ཞིང་གི་ཁྱད་པར་ལ་བསྟེན་ནས།

PHUL YUNG   **ZHING**   **GI**   **KHYAE PAR**   **LA**   **TEN**   **NAE**

maravilloso,   *reino*   *de*   *especial*   *a*   *poder,*   *entonces*
perfecto   *(i.e. el progreso espiritual allí llega fácilmente)*   *confiar*

con el apoyo de este reino singularmente maravilloso,

མཐོང་བའི་ཆོས་ལ་མིག་འཕྲུལ་བཞིན་བགྲོད་དེ།

THONG WAI   **CHO**   **LA**   **MIG TRUL**   **ZHIN**   **DROD DE**

ver   *darma,*   *a*   *milagro*   *como*   *ir*   *eso, así*
     fenómeno   *(i.e. instantáneamente)*

que podamos viajar milagrosamente a cualquier lugar de darma que
veamos.

བླ་མེད་མགོན་པོ་ཁྱེད་འདྲར་འགྱུར་བར་ཤོག།

LA ME   **GON PO**   **KHYE DRAR**   **GYUR WAR**   **SHOG**

insuperable   *protector*   *tú*   *similar a*   *llegar a ser*   *pueda*

De esta forma, que podamos llegar a ser como tú, nuestro protector sin igual.

En resumen, logrando todos los descartes y despertares de las diez
etapas y los cinco caminos, y con el apoyo de este reino singularmente
maravilloso, que podamos viajar milagrosamente a cualquier lugar de
darma que veamos. De esta forma, que podamos llegar a ser como tú,
nuestro protector sin igual.

ཅེས་དང་སྨོན་ལམ་གཞན་ཡང་བཀླག་པར་བྱའོ།

[En este momento también puedes recitar otras aspiraciones.]

ཆར་གྲངས་གསོག་ན་ཚོགས་བསགས་གསོལ་འདེབས་ཁོ་ན་ལ་ཆར་གྲངས་བཟུང་རུང་མོད། ཆོག་ཡོངས་སུ་རྫོགས་པ་ལ་གྲངས་བཟུང་བདེ་ཆན་དུ་སྐྱེ་བའི་རྒྱུ་བཞི་ཆ་ཚང་བའི་སྟེང་ནས་ ནུས་པ་ཕོན་པར་སྐྱང་བས་ཤིན་ཏུ་ལེགས། དེ་ལྟར་ཞག་བདུན་ལེགས་པར་རྫེ་གཅིག་ཏུ་འབད་ ན་དེ་པར་བདེ་བ་ཅན་དུ་སྐྱེ་བའི་ཚུལ་ནི་རི་མ་མེད་པའི་ལུང་དང་རིགས་པ་ལས་ཤེས་པར་མཛོད་ ཅིག།ཅེས་ཚོག་ཅུང་ལ་རིལ་བས་ཁྱར་བདེ། དོན་འདུས་ལ་གསལ་བས་གོ་སྣ། གདུལ་བྱ་ མཚོག་དམན་མེད་པས་སྤྲོ་ཡངས། ཁྱངས་མདོ་སྟོ་དང་འབྲེལ་བས་ཕྱིན་ཆབས་ཆེ། ཕྱག་ལེན་ བསླས་ཚོག་ཏུ་བཀོད་པས་འཇུག་པ་བདེ་བའི་འོད་ཚོག་འདི་ཡང་སྐྱོ་གསལ་བསྐུན་འཇོན་གྱིས་ དར་དཀར་གྱི་སྙེས་དང་བཅས་ཏེ་བསྐུར་བ་ལྟར། འཇིགས་མེད་བསྟན་པའི་ཉི་མས་ལྷགས་ སྤྲག་དབྱུལ་པའི་ཉིན་པའི་ཕུན་གསོ་བ་དུ་བྲིས་པ་དགེ་ཞིང་བཀྲ་ཤིས། ༎

Si se hace de forma intensiva, la práctica del Refugio[2] y la Práctica de las Siete
Ramas para acumular méritos[3] deben repetirse muchas veces.

Si se realiza todo este ritual, se obtendrán plenamente las cuatro causas para nacer en Dewachen (véase el Apéndice II). Esto se aclarará con la práctica. Debes saber que si practicas de esta manera, con fuerza y con un solo propósito durante siete días, nacerás en Dewachen. Así se dice en las doctrinas de Buda, y se conoce por la verdadera presencia.

Esta práctica tiene pocas palabras, por lo que es fácil de realizar. Con un significado condensado, es clara y fácil de entender, y la pueden practicar tanto los discípulos excelentes como los ordinarios.

Está unida a (es decir, tomada de y en armonía con) los sutras auténticos, por lo que tiene grandes bendiciones.

Este ritual para Amitaba es fácil de realizar, al estar compuesto en un sistema claro y evidente.

Fue solicitado por Losel Tensin que ofreció un pañuelo blanco de seda. Fue escrito por Yigme Tenpe Ñima durante una pausa en la meditación el día de luna llena del noveno mes del año del Tigre de Hierro [1890 EC].

Notas

1. སྟོབས་བཅུ་ Los diez poderes de un bodisatva: reflexión, aspiración superior, aplicación, discernimiento, oración y aspiración, vehículo, conducta, transformación, iluminación, giro de la rueda del Darma

2. *Ver* página 212, «Refugio».

3. *Ver* página 213, «La práctica de las Siete ramas»

 བདེ་སྨོན་བསྡུས་པ་བཞུགས་སོ།

La Oración breve de Aspiración para Dewachen

བཅོམ་ལྡེན་འདས་འོད་དཔག་མེད་ལ་ཕྱག་འཚལ་ལོ།

CHOM	DEN	DAE	OE PA ME	LA	CHAG TSHAL LO
acabada	posee todas	ido del	Amitaba	a	saludos, homenaje
toda falta	las buenas cualidades samsara				

Homenaje al perfecto Amitaba.

1. EL RECUERDO DE LAS CUALIDADES DE DEWACHEN

ཡང་ཡང་དྲན་ནོ་ཞིང་ཁམས་བདེ་བ་ཅན།

YANG YANG	DRAN NO	ZHING KHAM	DE WA CHAN
una y otra vez	recordar	reino	Sukavati, felicidad

Una y otra vez recordamos el reino de la Gran Felicidad.

སྙིང་ནས་དྲན་ནོ་འདྲེན་པ་འོད་དཔག་མེད།

ÑING	NAE	DRAN NO	DREN PA	O PA ME
corazón	desde	reordar	guía, líder	Amitaba, Luz Infinita

Desde lo más profundo de nuestros corazones recordamos a nuestro guía, Luz Infinita.

རྩེ་གཅིག་དྲན་ནོ་རྒྱལ་སྲས་རྒྱ་མཚོའི་འཁོར།

TSE CHIG	DRAN NO	GYAL	SE	GYAM TSHOI	KHOR
unipuntual	recordar	Victorioso	bodisatvas	del océano	séquito

Con concentración recordamos al Victorioso y su círculo oceánico de bodisatvas.

བྱིན་གྱིས་རློབས་ཤིག་སྐྱབས་མེད་སྐྱོབ་པའི་ཚོགས།

YIN GYI LO SHIG	KYAB ME	KYOB PE	TSHOG
¡bendícenos!	desprotegidos	protector	multitudes
			(Amitaba y su círculo)

Pueda esto reunir a los protectores de los desprotegidos y otorgarles bendiciones.

Homenaje al perfecto Amitaba. Una y otra vez recordamos el reino de la Gran Felicidad. Desde lo más profundo de nuestros corazones recordamos a nuestro guía, Luz Infinita. Recordamos al Victorioso y a su círculo oceánico de bodisatvas. Protectores de los desprotegidos, ¡por favor reuníos aquí y bendecidnos!

2. ACUMULACIÓN DE MÉRITO

ཐུགས་རྗེའི་བདག་ཉིད་མགོན་པོ་ཁྱེད་རྣམས་ལ།

THUG YEI	DAG ÑID	GON PO	KHYE	NAM	LA
de la compasión	*master,*	*protector,*	*tú*	*(plural)*	*a*
	encarnación	*benefactor*		*(Amitaba y su círculo)*	

A vosotros, nuestros benefactores, encarnación de la compasión,

གུས་པའི་ཕྱག་འཚལ་མཆོད་སྤྲིན་རྒྱ་མཚོས་མཆོད།

GU PAI	CHAG TSHAL	CHOD	TRIN	GYAM TSOE	CHOD
reverentes	*saludos*	*ofrenda*	*nubes*	*océano*	*ofrezco*

os hacemos devotos saludos y os ofrecemos océanos de nubes de ofrendas.

སྡིག་ལྟུང་ཀུན་བཤགས་དགེ་ལ་རྗེས་ཡི་རང་།

DIG	TUNG	KUN	SHAG	GE	LA	YE YI RANG
faltas	*caídas,*	*todos*	*confesar*	*virtud*	*a*	*alegría compasiva*
	fallos					*(hecha por los budas y los seres)*

Confesamos todos nuestros pecados y faltas y nos alegramos de todas las virtudes de los demás.

ཆོས་འཁོར་བསྐོར་བཞིན་མྱ་ངན་མི་འདའར་གསོལ།

CHO	KHOR	KOR	ZHIN	ÑA NGAN	MI	DAR	SOL
Darma	*chakra*	*girar*	*también*	*pena*	*no*	*pasas*	*rogar, pedir*
(enseñar el Darma)						*(no morir)*	

Os pedimos que enseñéis el Darma y que no entréis al nirvana.

A vosotros, nuestros benefactores, encarnación de la compasión, os hacemos devotos saludos y os ofrecemos océanos de nubes de ofrendas. Confesamos todos nuestros pecados y faltas y nos alegramos de todas las virtudes de los demás. Os pedimos que enseñéis el Darma y que no nos abandonéis para ir al nirvana.

3. DESARROLLAR LA BODICHITA

བདག་གིས་མཁའ་མཉམ་འགྲོ་བའི་དོན་ལད་དུ།

DAG	GI	KHA	ÑAM	DRO WE	DON	LAD DU
yo	*por*	*cielo*	*igual*	*seres*	*beneficio*	*por el bien de*

En aras de beneficiar a seres de la misma extensión que el cielo

ཡང་དག་རྫོགས་པའི་བྱང་ཆུབ་བསྒྲུབ་བྱའི་ཕྱིར།

YANG DAG	DZOG PE	CHANG CHUB	DRUB	YE CHIR
puro y perfecto	*completo*	*bodi, iluminación*	*alcanzar*	*hacer con el fin de*

para que puedan alcanzar la iluminación completa y perfecta,

སངས་རྒྱས་ཞིང་ཁམས་ཡོངས་སུ་སྦྱོང་བ་ཡི།

SANG GYE ZHING KHAM YONG SU   YONG WA   YI
Buda   reino   completamente producida   de
(por su gran mérito, véase el apéndice I)

¡aquellos que produjeron reinos búdicos completos deben

རྣམ་ཐར་སྨོན་ལམ་རྒྱ་མཚོ་རྫོགས་གྱུར་ཅིག།

NAM THAR   MON LAM   GYAM TSHO   DZOG   GYUR CHIG
vidas del gran aspiración   océano   completo   debe llegar a ser

inspirar nuestra vasta aspiración a ser como ellos!

En aras de beneficiar a seres de la misma extensión que el cielo para que puedan alcanzar la iluminación completa y perfecta, ¡aquellos que produjeron reinos búdicos completos deben inspirar nuestra vasta aspiración a ser como ellos!

4. DEDICACIÓN Y ASPIRACIÓN

འདིས་མཚོན་དགེ་བས་བདག་སོགས་ཡིད་ཅན་ཀུན།

DI   TSHON   GE WAE   DA SO   YI CHAN   KUN
por   signo,   virtud, por nosotros seres sensibles todos
esto   ejemplo   (el mérito obtenido con esta práctica)

Por nuestra virtud surgida de esta práctica y de todas las demás causas, que todos los seres nazcan

ཕྱི་མ་དག་པའི་ཞིང་ཁམས་བདེ་བ་ཅན།

CHI MA   DA PE   ZHING KHAM   DE WA CHEN
siguiente, posterior pura   reino   Sukavati, Feliz
(vida)

en su próxima vida en el reino puro de Dewachen

རྨད་བྱུང་ངོ་མཚར་བཀོད་པས་རབ་མཛེས་པར།

MAD YUNG   NGO TSHAR   KOE PAE   RAB   DZE PAR
maravilloso   increíble   hecho, construido muy   bello

que es asombrosamente bello en su diseño verdaderamente maravilloso.

སྐྱེས་ནས་ཐེག་མཆོག་དགའ་སྟོན་མྱོང་བར་ཤོག།   །།

KYE   NE   THEG   CHOG   GA TON   ÑONG WAR   SHOG
nacer entonces vehículo excelente festival   experiencia   podamos
(doctrinas de Amitaba)   alegre

Entonces podrán experimentar el gozoso festival del excelente Mahayana.

Por nuestra virtud surgida de esta práctica y de todas las demás causas, que todos los seres nazcan en su próxima vida en el reino puro de Dewachen, que es asombrosamente bello en su diseño verdaderamente maravilloso. Entonces podrán experimentar el gozoso festival del excelente Mahayana.

[Estas cuatro estrofas son las cuatro causas de haber nacido en Dewachen. Véase el apéndice 2]

ཅེས་པ་འདང་དགེ་བའི་བཤེས་གཉེན་ཨོ་རྒྱ་ན་འི་དོར་འརྫོགས་མེད་བསྟན་པའི་ཉི་མས་སོ།།

[A petición de su virtuoso amigo llamado Oddiyana esto fue escrito por Jigme Tenpa Ñigma.]

ASPIRACIÓN

འདི་ནས་ནུབ་ཀྱི་ཕྱོགས་རོལ་ན།

DI   NE   NUB   KYI   CHOG ROL   NA
aquí   desde   oeste   de   dirección   en

Lejos al oeste de aquí

འོད་དཔག་མེད་པའི་ཞིང་ཁམས་ཡོད།

OE PA ME PE   ZHING KHAM   YOE
Amitaba, Luz Infinita   tierra pura   está

está la tierra pura del buda Luz Infinita.

སུ་ཞིག་དེ་ཡི་མཆན་འརྫོན་པ།

SU ZHIG   DE   YI   TSHAN   DZIN PA
quienquiera   que   de   nombre   recordar, mantener en mente

Que quienquiera que recuerde su nombre

ཞིང་མཆོག་དེ་རུ་སྐྱེ་བར་ཤོག།

ZHING   CHOG   DE RU   KYE WAR   SHOG
reino   mejor   allí   nacer   pueda

nazca allí, en su suprema tierra pura.

Lejos al oeste de aquí está la tierra pura del buda Luz Infinita. Que quienquiera que recuerde su nombre nazca allí, en su suprema tierra pura.

APÉNDICE I

Durante un eón, hace mucho tiempo, en el universo llamado Mundos Innumerables, *Miye Jikten Yikham*, el Emperador Universal (rajá chakravartin), era *Tsipki Mikyu*, Aro de la Rueda. Tuvo mil veintidós reinas y cada reina le dio un hijo. Cada hijo tenía dos ayudantes masculinos y uno femenino.

El rajá chakravartin tenía muchos ministros y ellos le aconsejaron que, aunque el reino era muy grande y lo contenía todo, era impermanente y estaba destinado a declinar algún día. Le dijeron que no habría recursos financieros disponibles para ir a un buen lugar en sus próximas vidas.

El rey escuchó estos consejos de sus ministros y tomó las medidas necesarias. Con sus reinas, hijos y ministros se acercó al buda Ratna Garba, *Rinchen Ñingpo*, Esencia Preciosa, y tomó refugio y desarrolló la intención altruista de la bodichita hacia la iluminación. El rajá chakravartin ofreció todo lo que estaba bajo su poder. Ofreció a sus esposas, a sus hijos y toda su riqueza, así como a los ayudantes de sus hijos y a sus madres. Todos los demás presentes hicieron ofrendas de todo lo que poseían, dando incluso sus propios cuerpos.

Buda Ratna Garba les dio la ordenación de bodisatva. Les dijo que ahora habían empezado a desarrollar el altruismo de la bodichita y que se alegrarían de ello y lo practicarían más en el futuro. El rey, rajá chakravartin *Tsipki Mikyu*, dijo: «*A partir de hoy practicaré plenamente las acciones de un bodisatva y mantendré mis votos para que, como resultado, en el futuro mi reino sea el lugar más elevado y valioso. Además, quienquiera que se acuerde de mí, de mi nombre y de mi reino, o que oiga hablar de ellos, no volverá a nacer, sino que vendrá a mi reino. Si esto no ocurre, entonces no me convertiré en Buda*».

Actuó de acuerdo con esa promesa y mantuvo sus votos y entonces se convirtió en buda Amitaba (Opame) con el reino de Sukavati (Dewachen).

¿Por qué ha de obtener el reino más elevado y los que oigan hablar de él irán allí? La razón es que todos los budas han hecho y desarrollado anteriormente su intención altruista hacia la iluminación. Cuando lo hicieron, ofrecieron algunas flores o joyas a los budas. Pero el rajá chakravartin *Tsipki Mikyu*, ofreció todas sus posesiones, su reino, sus reinas e hijos, incluso su propio cuerpo, y así hizo la ofrenda más elevada. Además, en su voto, su aspiración era vasta, afirmando que quienquiera que oyera hablar de él y lo recordara llegaría a su reino. Sus mil veintidós hijos se convertirán en los mil veintidós Budas del presente Badrakalpa, el Eón Bueno. El cuarto de estos Budas es nuestro dador de doctrina, el Señor Buda, Sakiamuni. Las madres de cada uno de sus hijos serán las madres de los mil veintidós budas. Los dos asistentes masculinos de cada uno de los hijos se convertirán en los asistentes principales de estos budas, al igual que Sariputra y Maudgalayana lo fueron para el buda Sakiamuni. Las asistentes femeninas de los hijos serán las madrastras de cada uno de los Budas, al igual que Prajapati Gotami lo fue para el buda Sakiamuni. Todos los detalles relativos a estos asuntos pueden encontrarse en el sutra mahayana Arya Badra Kalpa, que proporciona información sobre los mil veintidós budas, incluido el Buda Shakiamuni. El sutra Amitaba Vyuha ofrece un esbozo general de estos acontecimientos.

APÉNDICE II

Las cuatro causas de haber nacido en Dewachen son las siguientes:

i) Sin conocer las buenas cualidades, organización y disposiciones de Dewachen, la gente no sentiría ningún deseo de ir allí al final de esta vida o de vidas futuras. Porque si uno no sabe si Dewachen es bueno o malo, agradable o desagradable, ¿por qué intentaría ir allí? Por lo tanto, primero hay que conocer las cualidades de Dewachen, que se enumeran brevemente en la sección de este texto titulada *Imaginando Dewachen*[1] y con más detalle en la sección titulada *La Primera Descripción* al comienzo de la oración del Dechen Monlam[2].

ii) Si alguien desea viajar a otro país, debe hacer los preparativos necesarios para financiar y organizar su viaje. Del mismo modo, quien desee ir a Dewachen debe disponer del «pasaje» necesario: sus vastas acumulaciones de virtudes. Por lo tanto, para reunir estas virtudes se ofrece aquí y en el Dechen Monlam[3] la Práctica de las Siete Ramas[4]. Todas estas ramas o partes deben ser practicadas muy enérgica y profundamente y así se generará la virtud. Sin virtud no se puede alcanzar el Dewachen.

iii) Sin generar la intención altruista hacia la iluminación (bodichita) no se puede llegar a Dewachen. No se puede encontrar ninguna mención de Dewachen en los textos Hinayana, ya que hay que desarrollar la bodichita para ir allí y el desarrollo de la bodichita no se encuentra en los textos Hinayana. *El desarrollo de la bodichita* se encuentra en esta sección y en el Dechen Monlam[5].

iv) Las virtudes se han reunido visualizando el reino de Amitaba y sus cualidades en la primera de las tres causas. En la segunda, realizando la Práctica de las Siete Ramas y en la tercera desarrollando la bodichita. Como cuarta causa, dedicamos a todos los seres sensibles los buenos resultados que se derivan de estas virtudes. Esto se hace en este texto[6] y en el Dechen Monlam[7], que también describe los beneficios que disfrutarán.

Apéndices escritos por C R Lama

Notas

1. Véase Imaginar Dewachen, empezando en la página 192

2. Véase La primera descripción, empezando en la página 238

3. Véase la Oración Dechen Monlam empezando en la página 238

4. Véase La Práctica de las Siete Ramas, empezando en la página 198

5. Véase la Oración Dechen Monlam, empezando en la página 238

6. Véase La Oración Breve de Aspiración para Dewachen, empezando en la página 226

7. Véase la Oración Dechen Monlam, empezando en la página 238

ཞལ་ཟས་ཚོགས་མཆོད་འབུལ་བ་ནི༔
Elaboración de ofrendas de alimentos

ཚོགས་ཀྱི་ཞལ་ཟས་ཅི་འབྱོར་བ་ཤམས༔

Prepara las ofrendas de comida que hayas reunido.

ར་ཡཾ་ཁཾ་གྱིས་བསྲེགས་སྦྱངས་ཏེ༔

RAM   YAM   KHAM
fuego   aire   agua

(Al decir RAM, YAM, KHAM una vez todas las impurezas son quema-
das, sus cenizas sopladas y [la base]¹ lavada.)

ༀ་ཨཱཿཧཱུྃ་གྱིས་བདུད་རྩིར་ན་བྱིན་གྱིས་བརླབས་ལ༔

OM   AA   HUNG
cuerpo palabra mente
(de Buda)

(Diciendo OM AA HUNG tres veces, las ofrendas son bendecidas como
elixir liberador.)

དེ་ནས་ཚོགས་ལ་སྤྱན་དྲང་བ་ནི༔

Invita entonces al Victorioso y su séquto a las ofrendas reunidas

ཕྱོགས་བཅུའི་ཞིང་ཁམས་རབ་འབྱམས་ནས༔

CHOG CHUI   ZHING KHAM   RAB YAM   NAE
diez direcciones reinos   todos, vastos desde

Desde infinitos reinos en las diez direcciones,

རྒྱལ་བ་རྒྱ་མཚོའི་ལྷ་ཚོགས་རྣམས༔

GYAL WA   GYAM TSHOI   LHA   TSHOG NAM
Victorioso (Amitaba) océano   dioses multitudes

Victorioso junto con tu océano de deidades,

ལོངས་སྤྱོད་ཚོགས་ལ་སྤྱན་འདྲེན་གྱི༔

LONG CHO TSHOG   LA   CHEN DREN   GYI
disfrute   ofrendas a   invitar   por lo tanto
*   reunidas*

estáis todos invitados a disfrutar de estas ofrendas.

---

1   La base no aparece en el original en inglés (N T.)

ཐུགས་དམ་ཚུལ་བཞིན་གཤེགས་སུ་གསོལ༔

THUG DAM	TSHUL	ZHIN	SHEG SU SOL
promesa (de ayudar a otros)	sistema	de acuerdo con	por favor ven

De acuerdo con vuestra promesa, ¡por favor venid aquí!

བཛྲ་ས་མ་ཡ་ཛཿཛཿ

BEN DZA	SA MA YA	DZA	DZA
vajra	votos	ven	ven

¡Debéis mantener vuestros votos! ¡Debéis venir aquí!

Desde infinitos reinos en las diez direcciones, Victorioso junto con tu océano de deidades estáis todos invitados a disfrutar de estas ofrendas. De acuerdo con vuestra promesa, ¡por favor venid aquí! ¡Debéis mantener vuestros votos! ¡Debéis venir aquí!

ཧྲཱིཿ རྒྱལ་བ་རྒྱ་མཚོ་འཁོར་བཅས་ལ༔

HRI	GYAL WA	GYAM TSHO	KHOR CHE	LA
semilla de Amitaba	Amitaba	océano	con tu séquito	a

Hri. A ti, Amitaba, con tus océanos de budas y todos tus círculos

ཞལ་ཟས་ཚོགས་མཆོད་འབུལ་བ་ནི༔

ZHAL ZAE	TSHOG	CHOD	BUL WA	NI
comida	ofrenda reunida	ofrenda	hecha	

os presentamos estas ofrendas reunidas de comida.

སྤོས་དང་སྨན་དང་དྲི་མཆོག་དང༔

POE	DANG	MEN	DANG	DRI CHOG	DANG
incienso	y	medicinas	y	perfumes	y

Incienso, medicinas, perfumes, y

བཟའ་བཏུང་གོས་རྒྱན་རོལ་མོ་དང༔

ZA	TUNG	GO	GYEN	ROL MO	DANG
comida	bebida	prendas	ornamentos	música	y

comida, bebida, prendas, ornamentos, música, y

མར་ཐུད་ཞོ་དང་འོ་མ་ཕྲུམ༔

MAR	THU	ZHO	DANG	O MA	TRUM
mantequilla	queso fresco	cuajada	y	leche	queso de calostro

mantequilla, queso fresco, cuajada, leche y queso de calostro, junto con

དཀར་གསུམ་མངར་གསུམ་མཆོད་པར་འབུལ༔

KAR	SUM	NGAR	SUM	CHO PAR	BUL
blanco	tres	dulces	tres	ofrenda	hacer
(mantequilla, leche, cuajada)		(azúcar, miel, melaza)			

los tres blancos y los tres dulces, todo ello os lo ofrecemos..

Hri. A ti, Amitaba, con tus océanos de budas y todos tus círculos, os presentamos estas ofrendas reunidas de alimentos. Incienso, medicina, perfumes, comida, bebida, ropas, ornamentos, música, mantequilla, queso fresco, cuajada, leche y queso; y los tres blancos y los tres dulces, todo ello os lo ofrecemos.

འབྲས་ཆན་འབྲུ་ཆན་ཤིང་ཐོག་སོགས༔

DRE	CHAN	DRU	CHAN	SHING THOG	SOG
arroz	suave	granos	suave	fruta	y demás

Arroz hervido, cereales y fruta junto con

ཟན་བཤོས་ཁུ་བའི་བྱེ་བྲག་དང༔

ZAN	SHO	KHUR WAI	YE DRAG	DANG
comida, cereales	comida en general	comida líquida	muchas diferentes	y

diversos alimentos integrales, sólidos y líquidos,

བུ་རམ་སྦྲང་རྩི་ཇ་དར་དང༔

BU RAM	DRANG TSI	YA	DAR	DANG
melaza	miel	té	suero de leche	y

melaza, miel, té, suero de leche,

ཁ་མངར་སྐྱུར་བ་ཚ་སྤུབ་སྣུམ༔

KHA	NGAR	KYUR WA	TSHA	TSUB	NUM
amargo	sulce	agrio	picante (como el chile)	intenso (como el ajo)	aceite

sabores amargos, dulces, agrios, picantes, intensos y aceitosos:

འདོད་ཡོན་སྣ་ཚོགས་མཆོད་པར་འབུལ༔

DOE YON	NA TSHOG	CHOD PAR	BUL
cosas que satisfacen los sentidos	muchas diferentes	ofrendas	hechas

ofrecemos todos los elementos diferentes que complacen a los sentidos.

བཞེས་ཏེ་དབང་དང་དངོས་གྲུབ་སྩོལ༔

ZHE	TE	WANG	DANG	NGO DRUB	TSOL
aceptar y comer	entonces, así	iniciación, empoderamiento	y	logro, iluminación	danos

Por favor, aceptádlos y concedédnos la iniciación y el logro.

གན་ཚོ་ཀྲ་པུ་ཚོ་ཧོཿ

GA NA   TSA KRA   PU TSA   HO
ofrendas   rueda   puya, ritual   damos
reunidas   ceremonia

¡Presentamos todas estas ofrendas reunidas!

Arroz cocido, cereales y fruta junto con diversos alimentos integrales, sólidos y líquidos, melaza, miel, té, suero de leche y sabores amargos, dulces, agrios, picantes, intensos y aceitosos: ofrecemos todos los elementos diferentes que complacen a los sentidos. Por favor, aceptádlos y concedédnos la iniciación y el logro. ¡Presentamos todas estas ofrendas reunidas!

El Dechen Monlam

༄༅།། མ་ཁབ་སྐྱབ་རྡོག་ཨ་སྲུས་མཆོད་པའི་རྣམ་དག་བདེན་ཞིང་གི་སྨོན་ལམ་བཞུགས་སོ།།

La Oración de Aspiración para alcanzar
el reino muy puro de Dewachen
por
El santo erudito Raga Asya Karma Chakmé

ཨོཾ་ཨ་མི་དྷེ་ཝ་ཧྲཱིཿ   འདི་ཉིད་ཆགས་མེད་ཐུགས་དམ་མཛོད།   ལག་པ་ན་ཡང་འབད་ནས་
བྲིས།མང་པོ་འགའ་ལ་ཨེ་ཕན་བསམས།   དཔེ་གཅོད་འདོད་མི་གདའན་ གཡོར་ འདི་ལས་
ཕན་ཡོན་ཆེ་བ་མེད།   འདི་བས་ཟབ་པའི་གདམས་པ་མེད།   ང་ཡི་ཆོས་ཀྱི་རྩ་བ་ཡིན། རང་
གར་མ་བསྐྱར་ཉམས་ལེན་འབུངས།   འདི་ནི་མདོ་ལུགས་ཡིན་པའི་ཕྱིར།   ལུང་མ་ཐོབ་ཀྱང་
འདོན་ནི་རུང་།།   །།

[Introducción de Karma Chak Me]

Om Amideva Hri. Este es el tesoro de la doctrina que alegra a Chakmé. He escrito esto con mi propia mano pensando que podría tener algún beneficio haciendo felices a muchas personas. Si alguien desea leer este libro sin copiarlo, entonces puede tomarlo prestado. No hay nada más beneficioso que este texto. No hay instrucciones más profundas que éstas. Es la raíz de mi darma. No lo trates con descuido, sino practícalo con diligencia. Este texto está escrito al estilo de un sutra, por lo que está permitido leerlo sin tener la autorización[1].

LA PRIMERA DESCRIPCION

ཨེ་མ་ཧོ།   འདི་ནས་ཉི་མ་ནུབ་ཀྱི་ཕྱོགས་རོལ་ན།

E MA HO	DI	NAE	ÑI MA	NUB	KYI	CHOG ROL	NA
qué maravilla, maravilloso	*aquí, este lugar*	*de*	*sol*	*poniente (i.e. al oeste)*	*de*	*dirección*	*en*

¡Qué maravilla! Lejos de aquí, en la dirección del sol poniente,

གྲངས་མེད་འཇིག་རྟེན་མང་པོའི་ཕ་རོལ་ན།

DRANG ME	YIG TEN	MANG POI	PHA ROL NA
incontables, innumerables	*mundos*	*de los muchos (aunque no demasiado lejos)*	*más allá, al otro lado*

más allá de una multitud de innumerables mundos y

ཆུང་ཟད་སྟེང་དུ་འཕགས་པའི་ཡུལ་ས་ན།

CHUNG ZAE TENG DU PHAG PAI YUL SA NA
poco, ligeramente encima noble tierra en
(*India*)

ligeramente elevado por encima de la noble tierra del Buda

རྣམ་པར་དག་པའི་ཞིང་ཁམས་བདེ་བ་ཅན།

NAM PAR DAG PE ZHING KHAM DE WA CHEN
muy puro reino Sukavati, «Feliz»

está el purísimo reino de Dewachen.

བདག་གི་ཆུ་བུར་མིག་གིས་མ་མཐོང་ཡང་།

DA GI CHU BUR MIG GI MA THONG YANG
mi burbuja de agua ojo por no ver aunque
(*i.e. órgano físico*)

Aunque no puede ser visto por mi ojo físico

རང་སེམས་གསལ་བའི་ཡིད་ལ་ལྷམ་མེར་གསལ།

RANG SEM SAL WE YI LA LHAM MER SAL
mi mente clara consciencia para, en brillante clara, resplandeciente
mental

es brillante y resplandeciente en la clara percepción de mi mente.

¡Qué maravilla! Lejos de aquí, en la dirección del sol poniente, más allá de una multitud de innumerables mundos y ligeramente elevado por encima de la noble tierra del Buda, está el purísimo reino de Dewachen. Aunque no puede ser visto por mi ojo físico, es brillante y resplandeciente en la clara percepción de mi mente.

དེ་ན་བཅོམ་ལྡན་རྒྱལ་བ་འོད་དཔག་མེད།

DE NA CHOM DEN GYAL WA OE PA ME
allí Bagaván Víctor, Buda Amitaba, «Luz ilimitada»*
* Ha eliminado cualquier mancha, posee todas las cualidades y se ha ido del samsara: El Perfecto

Allí, en ese lugar, está el buda perfecto Amitaba,

པདྨ་རཱ་གའི་མདོག་ཅན་གཟི་བརྗིད་འབར།

PAE MA RA GAI DOG CHEN ZI YI BAR
joya rojo intenso, color tiene espléndido, personalidad resplandeciente
el rubí, como el loto rojo tremenda, magnífica

radiante y majestuoso con el color de un loto rojo rubí.

དབུ་ལ་གཙུག་ཏོར་ཞབས་ལ་འཁོར་ལོ་སོགས།

U	LA	TSUG TOR	ZHAB	LA	KHOR LO	SOG
cabeza	sobre	usnisha, domo como una protuberancia	pies	en	chakra, rueda	y demás

En su cabeza está la protuberancia, en sus pies los símbolos de la rueda, y

མཚན་བཟང་སོ་གཉིས་དཔེ་བྱད་བརྒྱད་ཅུས་སྤྲས།

TSHAN	ZANG	SO ÑI	PE YE	GYAE CHU	TRAE
signos	bueno, auspicioso	treinta y dos	marcas menores (del cuerpo de un buda)	ochenta	adornado

está adornado con el resto de los treinta y dos signos auspiciosos y las ochenta marcas menores.

Allí, en ese lugar, está el buda perfecto Amitaba, radiante y majestuoso con el color de un loto rojo rubí. En su cabeza está la protuberancia, en sus pies los símbolos de la rueda, y está adornado con el resto de los treinta y dos signos auspiciosos y las ochenta marcas menores.

ཞལ་གཅིག་ཕྱག་གཉིས་མཉམ་བཞག་ལྷུང་བཟེད་འཛིན།

ZHAL CHIG	CHAG ÑI	ÑAM ZHAG	LHUNG ZE	DZIN
cara una	manos* dos	gesto de meditación	cuenco de mendicante	sostener

*la manos derecha sobre la izquierda en su regazo

Tiene una cara y las dos manos apoyadas en su regazo para meditar mientras sostiene un cuenco de mendicante.

ཆོས་གོས་རྣམ་གསུམ་གསོལ་ཞིང་སྐྱིལ་ཀྲུང་གིས།

CHO	GO	NAM	SUM	SOL ZHING	KYIL TRUNG	GI
darma	ropa (las tres prendas de un monje)	tipos	tres	vestir	asana*, postura	by

* asana vajra o padma con el pie izquierdo sobre el muslo derecho y el pie derecho sonbre el muslo izquierdo

Viste las tres túnicas del Darma y está sentado en la postura del loto

པད་སྟོང་ལྡན་ཟླ་བའི་གདན་སྟེང་དུ།

PAE MA	TONG	DEN	DA WE	DEN	TENG DU
loto (flor de loto con mil pétalos)	miles	tener	de la luna	asiento, cojín	encima de

sobre un cojín lunar encima de un loto de mil pétalos.

བྱང་ཆུབ་ཤིང་ལ་སྐུ་རྒྱབ་བརྟེན་མཛད་དེ།

CHANG CHUB	SHING	LA	KU GYAB	TEN DZAE	DE
bodi	árbol	en	su espalda	apoyar, descansar	él

Se sienta con la espalda apoyada en el Árbol Bodi y

ཐུགས་རྗེའི་སྤྱན་གྱིས་རྒྱང་ནས་བདག་ལ་གཟིགས།

THUG YEI	CHEN	GYI	GYANG NAE	DAG	LA	ZIG
compasivos	*ojos*	*por*	*desde lejos*	*a mi*	*a*	*mira*
						(y a todos los seres)

desde lejos me mira con sus ojos compasivos.

Tiene una cara y las dos manos apoyadas en su regazo para meditar mientras sostiene un cuenco de mendicante. Viste las tres túnicas del Darma y está sentado en la postura del loto sobre un cojín lunar encima de un loto de mil pétalos. Se sienta con la espalda apoyada en el Árbol Bodi y desde lejos me mira con sus ojos compasivos.

གཡས་སུ་བྱང་ཆུབ་སེམས་དཔའ་སྤྱན་རས་གཟིགས།

YAE	SU	CHANG CHUB SEM PA	CHEN RE ZI
su derecha	*a*	*bodisatva*	*Avalokitésvara*

A su derecha, el bodisatva Chenrezi,

སྐུ་མདོག་དཀར་པོ་ཕྱག་གཡོན་པད་དཀར་འཛིན།

KU	DOG	KAR PO	CHAG	YON	PAE	KAR	DZIN
cuerpo	*color*	*blanco*	*mano*	*izquierda*	*loto*	*blanco*	*sostener*

de color blanco, sostiene un loto blanco en su mano izquierda.

གཡོན་དུ་བྱང་ཆུབ་སེམས་དཔའ་མཐུ་ཆེན་ཐོབ།

YON	DU	CHANG CHUB SEM PA	THU CHEN THOB
su izquierda	*a*	*bodisatva*	*Vajrapani, Mahasthamaprapta*

A su izquierda, el bodisatva Vajrapani,

སྔོན་པོ་རྡོ་རྗེས་མཚན་པའི་པད་གཡོན།

NGON PO	DOR YE	TSHAN PAI	PAE MA	YON
color azul	*vajra*	*marcado, tiene ese símbolo*	*loti*	*izquierda (mano)*

de color azul, sostiene un loto con un vajra en la mano izquierda.

གཡས་གཉིས་སྐྱབས་སྦྱིན་ཕྱག་རྒྱ་བདག་ལ་བསྟན།

YAE	ÑI	KYAB YIN	CHAG GYA	DAG	LA	TAN
derecha (mano)	*ambos**	*refugio y protección*	*mudra, gesto*	*a mí*	*a*	*mostrar*

*Chenrezi y Vajrapani

Con la mano derecha, ambos me muestran el gesto de protección.

A su derecha, el bodisatva Chenrezi, de color blanco, sostiene un loto blanco en su mano izquierda. A su izquierda, el bodisatva Vajrapani, de color azul, sostiene un loto con un vajra en la mano izquierda. Con la mano derecha, ambos me muestran el gesto de protección.

གཙོ་བོ་གསུམ་པོ་རི་རྒྱལ་ལྷུན་པོ་བཞིན།

TSO WO	SUM PO	RI	GYAL	LHUN PO	ZHIN
líder, figura principal	tres	montaña	rey	montón (monte Meru)	como, similar a

Estas tres figuras principales son como el monte Meru, el rey de las montañas.

ལྷང་ངེ་ལྷན་ནེ་ལྷམ་མེར་བཞུགས་པའི་འཁོར།

LHANG NGE	LHAN NE	LHAN MER	ZHUG PE		KHOR
impresionante, vívido	firme, calmado y pacífico	magnífico brillante	de los que están, de los sentados		séquito, círculo

Están sentados, son vívidos, nítidos y brillantes con

བྱང་ཆུབ་སེམས་དཔའི་དགེ་སློང་བྱེ་བ་འབུམ།

CHANG CHUB	SEM PE	GE LONG	YE WA	BUM
	de bodisatva	biksus, completamente ordenados	un millón, o diez millones*	mil

* juntos suman cien mil millones o un millón de millones, que significa una cantidad enorme, por lo que se traducirán como "una vasta multitud".

su séquito de una vasta multitud de bodisatvas que son monjes plenamente ordenados.

ཀུན་ཀྱང་གསེར་མདོག་མཚན་དང་དཔེ་བྱད་བརྒྱན།

KUN KYANG	SER	DOG	TSHAN	DANG	PE YAD	GYEN
todos también	amarillo	color	signos auspiciosos (treinta y dos)	y	marcas menores(ochenta)	adornado

Todos son de color amarillo dorado y están adornados con signos y marcas auspiciosos.

ཆོས་གོས་རྣམ་གསུམ་གསོལ་ཞིང་སེར་ལྟེམ་མེ།

CHO	GO	NAM	SUM	SOL ZHING	SER	TEM ME
Darma	prendas	tipos	tres	vestir	amarillo, dorado	llenar

(Esto completa el objeto de meditación, el Tsog-Shing.)

Ataviados con las tres túnicas del Darma, su amarillo radiante lo inunda todo.

མོས་གུས་ཕྱག་ལ་ཉེ་རིང་ཁྱད་མེད་ཕྱིར།

MOE	GUE	CHAG	LA	ÑE	RING	KHYAE	ME	CHIR
devoción	reverencia	saludos	a	cerca	lejos	diferencia	sin	por lo tanto

Para el saludo reverente y devoto no hay diferencia si el objeto está cerca o lejos, así que

བདག་གི་སྒོ་གསུམ་གུས་པས་ཕྱག་འཚལ་ལོ།

DAG GI	GO	SUM	GUE PAE	CHAG TSHAL LO
mis	puertas	tres (cuerpo, palabra, mente)	devoción, con	hago saludos, rindo homenaje

con mi cuerpo, palabra y mente rindo homenaje.

Estas tres figuras principales son como el monte Meru, el rey de las montañas. Están sentados, son vívidos, nítidos y brillantes con su séquito de una vasta multitud de bodisatvas que son monjes plenamente ordenados. Todos son de color amarillo dorado y están adornados con signos y marcas auspiciosos. Ataviados con las tres túnicas del Darma, su amarillo radiante lo inunda todo. Para el saludo reverente y devoto no hay diferencia si el objeto está cerca o lejos, así que les rindo homenaje con mi cuerpo, palabra y mente.

ཆོས་སྐུ་སྣང་བ་མཐའ་ཡས་རིགས་ཀྱི་བདག །

CHO KU	NANG WA THA YAE	RIG	KYI	DAG
darmakaya	*Amitaba, Luz sin Límites*	*kula, familia (Padma kula)*	*de*	*señor, líder*

Darmakaya Luz sin Límites, señor de la familia,

ཕྱག་གཡས་འོད་ཟེར་ལས་སྤྲུལ་སྤྱན་རས་གཟིགས །

CHAG	YAE	OE	ZER	LAE	TRUL	CHEN RE ZI
mano	*derecha*	*luz*	*rayos*	*de*	*emanar,*	*Avalokitésvara manifestar*

emana a Chenrezi de los rayos de luz que salen de su mano derecha,

ཡང་སྤྲུལ་སྤྱན་རས་གཟིགས་དབང་བྱེ་བ་བརྒྱ། །

YANG	TRUL	CHEN RE ZI WANG	YE WA	GYA
de nuevo emana, (del primer Chenrezi)		*Avalokitésvara*	*uno o diez millones*	*cien*

y de esta figura surgen una vasta multitud de Chenrezis como emanaciones posteriores.

ཕྱག་གཡོན་འོད་ཟེར་ལས་སྤྲུལ་སྒྲོལ་མ་སྟེ། །

CHAG	YON	OE	ZER	LAE	TRUL	DROL MA	TE
mano	*izquierda*	*luz*	*rayos*	*desde*	*emana, manifiesta*	*Tara*	*entonces, así*

Los rayos de luz que salen de su mano izquierda emanan a Tara, y

ཡང་སྤྲུལ་སྒྲོལ་མ་བྱེ་བ་ཕྲག་བརྒྱ་འགྱེད། །

YANG	TRUL	DROL MA	YE WA	TRAG	GYA	GYE
otra vez, más*	*emanan, salen*	*Tara*	*uno o diez millones*	*cien*		*dispersar, emitir desperdigar*

* de la primera Drolma

de esta figura surge una vasta multitud de Taras como ulteriores emanaciones.

ཐུགས་ཀྱི་འོད་ཟེར་ལས་སྤྲུལ་པདྨ་འབྱུང༌།

THUG	KYI	OE	ZER	LAE	TRUL	PAE MA YUNG
corazón	de	luz	rayos	desde	manifiesta,	Padmasambava
(de Amitaba)					emana	

De los rayos de luz que provienen de su corazón emana Padmasambava y

ཡང་སྤྲུལ་ཨུ་རྒྱན་བྱེ་བ་ཕྲག་བརྒྱ་འགྱེད།

YANG	TRUL	UR GYAN	YE WA TRAG GYA	GYE
otra vez, más	emanan	Padmasambava	un millón	cien	emitir,
(del primer Padmasambava)			o diez		dispersar

de esta figura surge una vasta multitud de Padmasambavas como ulteriores emanaciones.

ཆོས་སྐུ་འོད་དཔག་མེད་ལ་ཕྱག་འཚལ་ལོ།

CHO KU	OE PA ME	LA	CHAG TSHAL LO
darmakaya	Amitaba	a	saludos

Te rindo homenaje darmakaya Amitaba.

*Darmakaya Luz sin Límites, maestro de la familia, emana a Chenrezi de
los rayos de luz que salen de su mano derecha, y de esta figura surgen
una vasta multitud de Chenrezis como emanaciones posteriores. Los
rayos de luz que salen de su mano izquierda emanan a Tara, y de esta
figura surge una vasta multitud de Taras como ulteriores emanaciones.
De los rayos de luz que provienen de su corazón emana Padmasambava,
y de esta figura surge una vasta multitud de Padmasambavas como
ulteriores emanaciones. Te rido homenaje darmakaya Amitaba.*

སངས་རྒྱས་སྤྱན་གྱིས་ཉིན་མཚན་དུས་དྲུག་ཏུ།

SANG GYE	CHEN GYI	ÑIN	TSHAN	DU	DRUG	TU
Buda	ojo	'por, con	día	noche	tiempos, seis	en, durante
				(las veinticuatro horas)		

Durante los seis periodos del día y de la noche, con tu ojo de buda

སེམས་ཅན་ཀུན་ལ་བརྩེ་བས་རྟག་ཏུ་གཟིགས།

SEM CHEN	KUN	LA	TSE WAE	TAG TU	ZI
seres sensibles	todos	a	compasión/por, con	siempre	mirar
				(ves las acciones de sus cuerpos)	

miras continuamente a todos los seres sensibles con compasión.

སེམས་ཅན་ཀུན་གྱི་ཡིད་ལ་གང་དྲན་པའི།

SEM CHEN	KUN	GYI	YI	LA	GANG	DRAN PAI
seres sensibles	*todos*	*de*	*mente, actividad mental*	*a*	*cualquiera*	*recuerdos, memorias*

Cualesquiera que sean los pensamientos y recuerdos que surgen en la mente de todos los seres

རྣམ་རྟོག་གང་འགྱུ་རྟག་ཏུ་ཐུགས་ཀྱིས་མཁྱེན།

NAM TOG	GANG	GYU	TAG TU	THUG	KYI	KHYEN
pensamientos	*cualquiera*	*conmover*	*siempre*	*su mente*	*por*	*conocer*

tu mente siempre los conoce plenamente.

སེམས་ཅན་ཀུན་གྱིས་ངག་ཏུ་གང་སྨྲས་ཚིག

SEM CHEN	KUN	GYI	NGAG	TU	GANG	MAE	TSHIG
seres sensibles	*todos*	*por*	*palabra*	*con*	*cualquiera*	*dice*	*palabras*

Cualesquiera que sean las palabras pronunciadas por todos los seres sensibles, son

རྟག་ཏུ་མ་འདྲེས་སོ་སོར་སྙན་ལ་གསན།

TAG TU	MA	DRE	SO SOR	NYEN	LA	SEN
siempre	*no*	*mezclar*	*cada*	*sus oídos*	*con*	*escuchar*

siempre escuchadas por tu oído, claramente y sin mezcla.

ཀུན་མཁྱེན་འོད་དཔག་མེད་ལ་ཕྱག་འཚལ་ལོ།

KUN	KHYEN	OE PA ME	LA	CHAG TSHAL LO
todos	*conocer (omnisciente)*	*Amitaba*	*a*	*saludos, homenaje*

Te rindo homenaje, omnisciente Amitaba.

Durante los seis periodos del día y de la noche, con tu ojo de buda miras continuamente a todos los seres sensibles con compasión. Cualesquiera que sean los pensamientos y recuerdos que surgen en la mente de todos los seres, tu mente siempre los conoce plenamente. Cualesquiera que sean las palabras pronunciadas por todos los seres sensibles, siempre son escuchadas por tu oído, claramente y sin mezcla. Te rindo homenaje, omnisciente Amitaba.

ཆོས་སྤངས་མཚམས་མེད་བྱས་བ་མ་གཏོགས་པ།

CHO	PANG	TSHAM ME	YAE WA	MA TOG PA
darma	*abandonar*	*faltas ilimitadas*	*hecho*	*solo con estas excepciones*

Con la única excepción de aquellos que han abandonado el Darma y que han cometido uno de los cinco pecados ilimitados[2],

ཁྱེད་ལ་དད་ཅིང་སྨོན་ལམ་བཏབ་ཚད་ཀུན།

KHYE LA	DAE CHING	MON LAM	TAB	TSHE	KUN
tú a	llena de fe	oración de aspiración	hacer	los que lo hacen	todos

quien te rece con fe

བདེ་བ་ཅན་དེར་སྐྱེ་བའི་སྨོན་ལམ་གྲུབ།

DE WA CHEN	DER	KYE WE	MON LAM	DRUB
Sukhavati	allí	nacer	oración de aspiración	obtener ese reultado, lograr

alcanzará su aspiración de nacer en Dewachen.

བར་དོར་གྱོན་ནས་ཞིང་དེར་འདྲེན་པར་གསུངས།

BAR DOR	YON	NAE	ZHING	DER	DREN PAR	SUNG
en el periodo justo después de la muerte	ven	entonces	reino allí (Dewachen)	a nosotros	dirígenos	está dicho*

*en el Dewachen Gyi Zing Kham Yong Su Kod Pa'i Do, el sutra de Sukavati que fue pronunciado por Buda Shakiamuni.

Tú vendrás en el período que sigue a su muerte y los guiarás a ese reino; así se dice en el sutra.

འདྲེན་པ་འོད་དཔག་མེད་ལ་ཕྱག་འཚལ་ལོ།

DREN PA	OE PA ME	LA	CHAG TSHAL LO
guía, líder	Amitaba	a	saludos, rendir homenaje

Rindo homenaje a nuestro guía Amitaba.

Con la única excepción de aquellos que han abandonado el Darma y que han cometido uno de los cinco pecados ilimitados, quien te rece con fe alcanzará su aspiración de nacer en Dewachen. Tú vendrás en el período que sigue a su muerte y los guiarás a ese reino: así se dice en el Sutra. Rindo homenaje a nuestro guía Amitaba.

ཁྱེད་ཀྱི་སྐུ་ཚེ་བསྐལ་པ་གྲངས་མེད་དུ།

KHYE KYI KU TSHE	KAL PA	DRANG ME	DU
tu duración vital	kalpa, eón	innumerables	durante, en

Durante toda tu vida de incontables eones

མྱ་ངན་མི་འདའ་ད་ལྟ་མངོན་སུམ་བཞུགས།

NYA NGAN	MI DA	DA TAR	NGON SUM	ZHUG
nirvana (no dejes de mostrar tu forma actual)	no entrar	ahora	claramente visible	ser, permanecer, estar disponibles para nosotros

no pasarás al nirvana, y ahora, en este momento, permaneces claramente manifestado.

ཁྱེད་ལ་རྩེ་གཅིག་གུས་པས་གསོལ་བཏབ་ན།

KHYED	LA	TSE CHIG	GU PAE		SOL TAB	NA
tú	*a*	*unipuntual*	*devoción, con*		*rogar*	*si, cuando*

Si te rezamos concentrados con devoción, entonces

ལས་ཀྱི་རྣམ་པར་སྨིན་པ་མ་གཏོགས་པའི།

LAE	KYI	NAM PAR MIN PA	MA TOG PAI
karma	*de*	*madurar completamente*	*con solo estas excepciones*
(malo)			*(i.e. aparte de su poder)*

exceptuando únicamente la maduración del karma que pone fin a la vida,

ཚེ་ཟད་པ་ཡང་ལོ་བརྒྱ་ཐུབ་པ་དང་།

TSHE	ZAE PA	YANG	LO GYA	THUB PA	DANG
vida	*acabar*	*también*	*cien*	*tener ese poder,*	*y*
(muerte)			*años*	*obtener eso*	

obtendremos una esperanza de vida de cien años, y

དུས་མིན་འཆི་བ་མ་ལུས་བཟློག་པར་གསུངས།

DU	MIN CHI WA	MA LU	DOG PAR	SUNG
tiempo*	*sin muerte*	*sin*	*evitar,*	*está dicho*
		excepción	*volver atrás*	*(Sutra de Sukavati)*

*prematuro i.e. «accidental» debido al fuego, al agua, etc., y llegar antes de la duración máxima de vida posible determinada kármicamente..

se evitarán todas las causas de muerte prematura: así se dice en el sutra.

མགོན་པོ་ཚེ་དཔག་མེད་ལ་ཕྱག་འཚལ་ལོ།

GON PO	TSHE PA ME		LA	CHAG TSHAL LO
protector,	*Amitaba como Amitayus,*		*a*	*saludos, homenaje*
benefactor	*Vida ilimitada*			

Rindo homenaje a nuestro benefactor Amitayus.

Durante toda tu vida de incontables eones no pasarás al nirvana, y ahora, en este momento, permaneces claramente manifestado. Si te rezamos concentrados con devoción, entonces, exceptuando únicamente la maduración del karma que pone fin a la vida, obtendremos una esperanza de vida de cien años, y se evitarán todas las causas de muerte prematura: así se dice en el Sutra. Rindo homenaje a nuestro benefactor Amitayus.

སྟོང་གསུམ་འཇིག་རྟེན་རབ་འབྱམས་གྲངས་མེད་པ།

TONG SUM	YIG TEN	RAM YAM	DRANG ME PA
tres mil*	*mundos*	*vasto, infinito*	*innumerable*

*i.e. todas las posibilidades del samsara

Comparado con hacer un regalo de incontables mundos llenos de

 རིན་ཆེན་གྱིས་བཀང་སྟྲིན་པ་བྱིན་པ་བས།

RIN CHEN GYI KANG YIN PA YIN PA BAE
*joyas   por   lleno   regalo   dar   comparado con
                    (a alguien)   (al mérito de)*

de vastas infinitudes de gemas,

འོད་དཔག་མེད་པའི་མཚན་དང་བདེ་བ་ཅན།

OE PA ME PE   TSHAN DANG   DE WA CHEN
de Amitaba   nombre   y   Sukavati

si al oír hablar de Dewachen y del nombre de Amitaba,

ཐོས་ནས་དད་པས་ཐལ་མོ་སྦྱར་བྱས་ན།

THO   NAE   DAE PAE THAL MO YAR   YAE NA
*escuchar entonces fe,   con manos unidas a la altura del corazón hacer si, cuando
                      como signo de reverencia*

uno sintiera fe y juntara las manos en reverencia,

དེ་ནི་དེ་བས་བསོད་ནམས་ཆེ་བར་གསུངས།

DE NI   DE WAE   SO NAM CHE WAR   SUNG
eso   comparado con eso mérito   mayor   dicho (Sutra de Sukavati)

entonces el mérito de esto sería mayor; así dice el sutra.

དེ་ཕྱིར་འོད་དཔག་མེད་ལ་གུས་ཕྱག་འཚལ།

DE CHIR   OE PA ME LA   GU   CHAG TSHAL
por esa razón Amitaba   a   reverencia saludos, homenaje*
*i.e. Quiero ese gran mérito.

Por lo tanto, te rendimos reverente homenaje, Amitaba.

Comparado con hacer un regalo de incontables mundos llenos de vastas infinitudes de gemas, si al oír hablar de Dewachen y del nombre de Amitaba uno sintiera fe y juntara las manos en reverencia, entonces el mérito de esto sería mayor: así dice el sutra. Por lo tanto, te rendimos reverente homenaje, Amitaba.

གང་ཞིག་འོད་དཔག་མེད་པའི་མཚན་ཐོས་ནས།

GANG ZHIG   OE PA ME PE   TSHEN   THO   NAE
quienquiera de Amitaba   nombre escuchar entonces

Quienquiera que escuche el nombre de Amitaba y

ཁ་ཞེ་མེད་པར་སྙིང་ཁོང་རུས་པའི་གཏིང་།

KHA ZHE ME PAR   ÑING KHONG RUE PE   TING
*sin hipocresía, no corazón abierto hueso profundidad
solo de boca*

sin hipocresía, desde las profundidades genuinas de su corazón

ལན་ཅིག་ཙམ་ཞིག་དད་པ་སྐྱེས་པ་ན།

LAN CHI   **TSAM ZHIG**   **DAE PA**   **KYE PA**   **NA**
una vez   *solo*   *fe*   *nacer, surgir*   *si*

haga surgir la fe una sola vez,

དེ་ནི་བྱང་ཆུབ་ལམ་ལས་ཕྱིར་མི་ལྡོག

DE NI   **CHANG CHUB LAM**   **LAE CHIR**   **MI**   **DOG**
ese   *bodi,*   *camino de*   *fuera*   *no*   *girar, volverse*
     iluminación   *(no salir de)*

nunca se apartará del camino hacia la budeidad.

མགོན་པོ་འོད་དཔག་མེད་ལ་ཕྱག་འཚལ་ལོ།

GON PO   **OE PA ME**   **LA**   **CHAG TSHAL LO**
protector,   *Amitaba*   *a*   *saludos*
benefactor

Rindo homenaje a nuestro benefactor Amitaba.

Quienquiera que escuche el nombre de Amitaba y sin hipocresía desde las genuinas profundidades de su corazón haga surgir la fe una sola vez, nunca se apartará del camino hacia la budeidad. Rindo homenaje a nuestro benefactor Amitaba.

སངས་རྒྱས་འོད་དཔག་མེད་དཔའི་མཚན་ཐོས་ནས།

SANG GYE   **OE PA ME PE**   **TSHAN**   **THO**   **NAE**
Buda   *de Amitaba*   *nombre*   *escuchar*   *entonces*

Si alguien escucha el nombre de Buda Amitaba, entonces,

དེ་ནི་བྱང་ཆུབ་སྙིང་པོ་མ་ཐོབ་བར།

DE NI   **CHANG CHUB**   **ÑING PO**   **MA**   **THOB**   **BAR**
esa   *bodi*   *corazón, esencia*   *no*   *obtener*   *hasta, durante*
(persona)

hasta que obtenga la iluminación,

བུད་མེད་མི་སྐྱེ་རིགས་ནི་བཟང་པོར་སྐྱེ།

BU MED   **MI KYE**   **RIG NI**   **ZANG POR**   **KYE**
mujer*   *no nacer*   *familia*   *bueno en*   *nacer*

* En las culturas patriarcales tradicionales, nacer mujer solía ser un impedimento para estudiar el darma y practicar la meditación..

nunca nacerá como mujer. Nacido sólo en buenas familias,

ཚེ་རབས་ཀུན་ཏུ་ཚུལ་ཁྲིམས་རྣམ་དག་འགྱུར།

TSHE RAB   **KUN**   **TU**   **TSHUL TRIM**   **NAM DAG**   **GYUR**
vidas   *todos*   *en*   *moralidad*   *muy pura*   *tener*

en todas sus vidas mantendrá una moralidad muy pura.

བདེ་གཤེགས་འོད་དཔག་མེད་ལ་ཕྱག་འཚལ་ལོ།

DE SHEG   OE PA ME   LA   CHAG TSHAL LO
Sugata,   Amitaba   a   saludos
Felizmente Ido

Rindo homanaje al Felizmente Ido Amitaba.

Si alguien escucha el nombre de buda Amitaba, entonces, hasta que obtenga la iluminación, nunca nacerá como mujer. Nacido sólo en buenas familias, en todas sus vidas mantendrá una moralidad muy pura. Rindo homanaje al Felizmente Ido Amitaba.

OFRENDAS

བདག་གི་ལུས་དང་ལོངས་སྤྱོད་དགེ་རྩར་བཅས།

DA GI   LU   DANG LONG CHO   GE   TSER   CHE
mi   cuerpo y   riqueza   virtudes raíz   junto

Nuestros cuerpos, riquezas y virtudes, junto

དངོས་སུ་འབྱོར་བའི་མཆོད་པ་ཅི་མཆིས་པ།

NGO SU   YOR WAI   CHOE PA   CHI   CHI PA
realmente,   reunidas, de   ofrendas   cualquiera tenga

todas las ofrendas materiales que poseemos y

ཡིད་སྤྲུལ་བཀྲ་ཤིས་རྫས་རྟགས་རིན་ཆེན་བདུན།

YI   TRUL   TA SHI DZAE TAG RIN CHEN DUN
mente,   manifestado,   los ocho   las siete cosas preciosas**
actividad mental emanado   símbolos auspiciosos*

* el espejo, la medicina, la cuajada, la concha dextrógira, la hierba kusa, el manzano, las semillas de mostaza roja y blanca. **el disco real precioso, la joya, la reina, el ministro, el elefante, el caballo, el general.

las que evocamos en nuestras mentes, como los símbolos auspiciosos, los siete objetos preciosos,

གདོད་ནས་གྲུབ་པ་སྟོང་གསུམ་འཇིག་རྟེན་གྱི།

DOE NAE   DRUB PA   TONG SUM   YIG TEN   GYI
desde el   naturalmente tres mil   mundos   de
principio   presentes   (i.e. todos)

los miles de millones de mundos primordiales con

གླིང་བཞི་རི་རབ་ཉི་ཟླ་བྱེ་བ་བརྒྱ།

LING ZHI   RI RAB   ÑI   DA   YE WA   GYA
los cuatro   Monte Meru sol   luna   uno o diez   cien
continentes   millones

con sus cuatro continentes, el monte Meru y el sol y la luna, todos en incontables cantidades,

ལྷ་ཀླུ་མི་ཡི་ལོངས་སྤྱོད་ཐམས་ཅན་ཀུན།

LHA	LU	MI	YI	LONG CHOD	THAM CHE	KUN
dioses	*nagas,*	*humanos*	*de*	*riqueza,*	*todos*	*todos*
	dioses serpiente			*lujos*		

junto con todas las riquezas de los dioses, nagas y humanos,

བློ་ཡིས་བླངས་ཏེ་འོད་དཔག་མེད་ལ་འབུལ།

LO	YI	LANG	TE	OE PA ME	LA	BUL
intelecto	*por*	*coger,*	*entonces*	*Amitaba*	*a*	*ofrezco*
		imaginar				

todo esto lo concebimos en nuestras mentes y se lo ofrecemos a Amitaba.

བདག་ལ་ཕན་ཕྱིར་ཐུགས་རྗེའི་སྟོབས་ཀྱིས་བཞེས།

DAG	LA	PHAN	CHIR	THUG YEI	TOB	KYI	ZHE
mí	*a*	*beneficiar*	*con el fin de*	*de la compasión*	*poder*	*por*	*aceptar*

Para beneficiarnos de tu compasión, por favor acepta esta ofrenda.

Nuestros cuerpos, riquezas y virtudes, junto con todas las ofrendas materiales que poseemos y las que evocamos en nuestras mentes, como los símbolos auspiciosos, los siete objetos preciosos, los miles de millones de mundos primordiales con sus cuatro continentes, el monte Meru y el sol y la luna, todos en incontables cantidades, junto con todas las riquezas de los dioses, nagas y humanos, todo esto lo concebimos en nuestras mentes y se lo ofrecemos a Amitaba. Para beneficiarnos de tu compasión, por favor acepta esta ofrenda.

CONFESIÓN

ཕ་མས་ཐོག་དྲངས་བདག་སོགས་འགྲོ་ཀུན་གྱིས།

PHA	MAE	THOE DRANG	DAG SOG	DRO	KUN	GYI
padre	*madre*	*principalmente*	*nosotros*	*seres**	*todos*	*por*

*lo que vagan en el samsara, todos los que han sido mis propios padres previamente

Pensando principalmente en mi propio padre y madre, yo y todos los seres

ཐོག་མ་མེད་པའི་དུས་ནས་ད་ལྟའི་བར།

THOG MA ME PE	DU	NAE	DAN TE	BAR
sin principio	*tiempo*	*desde*	*ahora*	*hasta*

desde el tiempo sin principio hasta ahora

སྲོག་བཅད་མ་བྱིན་བླངས་དང་མི་ཚངས་སྤྱོད།

SOG	CHAE	MA YIN LANG	DANG	MI TSHANG	CHO
vida	*cortar*	*no dar coger*	*y*	*impura*	*conducta*
	(i.e. matar)	*(i.e. robar)*		*(mala moralidad sexual)*	

hemos matado, tomado lo que no se nos ha dado, y hemos tenido comportamientos sexuales incorrectos:

ལུས་ཀྱི་མི་དགེ་གསུམ་པོ་མཐོལ་ལོ་བཤགས།

LU KYI MI GE SUM PO THOL LO SHAG
cuerpo de no virtud, tres con las manos confesar y pedir
pecado unidas en oración perdón y purificación

Estos tres pecados del cuerpo los confesamos humildemente y pedimos perdón

རྫུན་དང་ཕྲ་མ་ཚིག་རྩུབ་ངག་འཁྱལ་བ།

DZUN DANG TRA MA TSHIG TSUB NGAG KHYAL WA
mentir y calumniar, hablar malhablar, chismorrear, tener
a espaldas y causar división insultar conversaciones inútiles

Hemos dicho mentiras, difundido calumnias, usado palabras groseras y palabras ociosas.

ངག་གི་མི་དགེ་བཞི་པོ་མཐོལ་ལོ་བཤགས།

NGAG GI MI GE ZHI PO THOL LO SHAG
palabra de no virtudes, cuatro humildemente confieso y pido
pecados perdón

Estos cuatro pecados de la palabra los confesamos humildemente y pedimos perdón

བརྣབ་སེམས་གནོད་སེམས་ལོག་པར་ལྟ་བ་སྟེ།

NAB SEM NOE SEM LOG PAR TA WA TE
codicia, desear mala voluntad, visiones erróneas, negar así
las posesiones de otros malicia el karma y la vacuidad

Hemos sido codiciosos, hemos tenido mala voluntad y opiniones equivocadas:

ཡིད་ཀྱི་མི་དགེ་གསུམ་པོ་མཐོལ་ལོ་བཤགས།

YI KYI MI GE SUM PO THOL LO SHAG
mente de no virtudes, tres humildemente confieso y pido
pecados perdón

Estos tres pecados de la mente los confesamos humildemente y pedimos perdón.

Pensando principalmente en mis propios padre y madre, yo y todos los seres desde el tiempo sin principio hasta ahora hemos matado, tomado lo que no se nos ha dado, y hemos tenido comportamientos sexuales incorrectos: estos tres pecados del cuerpo los confesamos humildemente y pedimos perdón. Hemos dicho mentiras, difundido calumnias, usado palabras groseras y habla vana: estos cuatro pecados de la palabra los confesamos humildemente y pedimos perdón. Hemos sido codiciosos, hemos tenido mala voluntad y opiniones equivocadas: estos tres pecados de la mente los confesamos humildemente y pedimos perdón.

ཕ་མ་སློབ་དཔོན་དགྲ་བཅོམ་བསད་པ་དང་།

PHA MA LOB PON DRA CHOM SAE PA DANG
padre madre acharya, gurú vencedor matar y

El parricidio, el matricidio, matar a un maestro del darma o a algún victorioso,

རྒྱལ་བའི་སྐུ་ལ་དྲན་སེམས་སྐྱེས་པ་དང་།

GYAL WE   **KU**   **LA**   **NGEN SEM**   **KYE PA**   **DANG**
del victorioso,   *cuerpo*   *a*   *desear daño**   *surgir*   *y*
de Buda

* provocar que sangre el cuerpo de un buda

y llevar a cabo una intención dañina hacia el cuerpo de un buda:

མཚམས་མེད་ལྔ་ཡི་ལས་བསགས་མཐོལ་ལོ་བཤགས།

TSHAM ME   **NGA**   **YI**   **LAE**   **SAG**   **THOL LO**   **SHAG**
ilimitado*   *cinco*   *de*   *acciones,*   *reunida*   *humildemente, confieso*
                      karma   *con las manos en elcorazón*

*maduran inmediatamente a la muerte y traen el resultado del nacimiento en el infierno.

el karma acumulado por estos cinco pecados ilimitados lo confesamos
humildemente y pedimos perdón.

*El parricidio, el matricidio, matar a un maestro del Darma o a algún
victorioso, y llevar a cabo una intención dañina hacia el cuerpo de un
buda: el karma acumulado por estos cinco pecados ilimitados lo confesamos humildemente y pedimos perdón.*

དགེ་སློང་དགེ་ཚུལ་བསད་དང་བཙུན་མ་ཕབ།

GE LONG   **GE TSHUL**   **SAE**   **DANG**   **TSUN MA**   **PHAB**
biksu, monje   *upasaka, novicio*   *matar*   *y*   *monja*   *tomar su*
completamente ordenado   *virginidad*

Matar a un monje plenamente ordenado o a un novicio, arrebatar la
virginidad a una monja,

སྐུ་གཟུགས་མཆོད་རྟེན་ལྷ་ཁང་ཤིག་ལ་སོགས།

KU ZUG   **CHOE TEN**   **LHA KHANG**   **SHIG**   **LA SOG**
estatuas   *estupa*   *templo*   *destruir*   *y demás*

destruir estatuas, estupas, templos, etc.,

ཉེ་བའི་མཚམས་མེད་སྡིག་བྱས་མཐོལ་ལོ་བཤགས།

ÑE WEI   **TSHAM ME**   **DIG**   **YAE**   **THOL LO**   **SHAG**
similar   *sin límites*   *pecados hechos*   *humildemente confieso*

estos pecados que hemos cometido y que son similares a los pecados
ilimitados, los confesamos humildemente y pedimos perdón.

*Matar a un monje plenamente ordenado o a un novicio, arrebatar la
virginidad a una monja, destruir estatuas, estupas, templos, etc., estos
pecados que hemos cometido y que son similares a los pecados ilimitados, los confesamos humildemente y pedimos perdón.*

དཀོན་མཆོག་ལྷ་ཁང་གསུང་རབ་རྟེན་གསུམ་སོགས།

KON CHOG	LHA KHANG	SUNG RAB	TEN	SUM	SOG
tres joyas*	*templos*	*darma*	*soporte*	*tres*	*y demás*

*Buda, Darma, Sanga

Hemos tomado los tres soportes de las Tres Joyas, los templos y las escrituras

དཔང་ཞེས་ཆད་བཅུགས་མནའ་རྫས་ལ་སོགས་པ།

PANG	ZHE TSHAE	TSUG	NA	ZOE		LA SOG PA
testigos	*tomar como*		*promesa*	*tragar (i.e. no respetar)*		*y demás*

como testigo cuando hicimos promesas, y luego hemos faltado a nuestra palabra.

ཆོས་སྤངས་ལས་ངན་བསགས་པ་མཐོལ་ལོ་བཤགས།

CHO	PANG	LAE	NGEN	SAG PA	THOL LO	SHAG
Darma	*abandonar, olvidar*	*acciones, karma*	*malas*	*reunidas*	*humildemente confieso*	

El mal karma que hemos acumulado al abandonar el Darma lo confesamos humildemente y pedimos perdón.

Hemos tomado como testigo los tres soportes de las Tres Joyas, los templos y las escrituras cuando hicimos promesas, y luego hemos faltado a nuestra palabra. El mal karma que hemos acumulado al abandonar el Darma lo confesamos humildemente y pedimos perdón.

ཁམས་གསུམ་སེམས་ཅན་བསད་ལས་དྱིག་ཆེ་བ།

KHAM	SUM	SEM CHEN	SAE	LAE	DIG	CHE WA
reinos	*tres**	*seres sensibles*	*matar*	*que*	*pecado*	*mayor, más grande (comparativo)*

*deseo, forma, sin forma i.e. todo el samsara

Un pecado mayor que el de matar a todos los seres de los tres mundos

བྱང་ཆུབ་སེམས་དཔའ་རྣམས་ལ་སྐུར་པ་བཏབ།

CHANG CHUB	SEM PA	NAM	LA	KUR PA	TAB
Bodisatvas			*a*	*insultar, denigrar*	*dar*

es denigrar a los bodisatvas.

དོན་མེད་དྱིག་ཆེན་བསགས་པ་མཐོལ་ལོ་བཤགས།

DON ME	DIG	CHEN	SAG PA	THOL LO	SHAG
sin significado	*pecados*	*gran*	*reunido*	*humildemente confieso*	

Los grandes pecados sin sentido que hemos acumulado, los confesamos humildemente y pedimos perdón.

Un pecado mayor que el de matar a todos los seres de los tres mundos es denigrar a los bodisatvas. Los grandes pecados sin sentido que hemos acumulado, los confesamos humildemente y pedimos perdón.

དགེ་བའི་ཕན་ཡོན་སྡིག་པའི་ཉེས་དམིགས་དང་།

GE WE	PHAN YON	DIG PE	ÑE MIG	DANG
virtudes	beneficios, utilidad	de los pecados	miseria, castigo	y

Oímos hablar de los beneficios de la virtud y de la miseria del pecado,

དམྱལ་བའི་སྡུག་བསྔལ་ཚེ་ཚད་ལ་སོགས་པ།

ÑAL WE	DUG NGAL	TSHE	TSHAD	LA SOG PA
de los infiernos	sufrimiento	de la vida	duración (i.e. muy larga)	y demás

y de la duración del sufrimiento en los infiernos,

ཐོས་ཀྱང་མི་བདེན་བཤད་ཚོད་ཡིན་བསམས་པ།

THO	KYANG	MI DEN	SHAD TSHOD	YIN	SAM PA
escuchar estas cosas	pero	falso	solo charlar	es	pensar, creer

pero no lo creemos y pensamos que sólo es palabrería:

མཚམས་མེད་ལྔ་བས་ཐུ་བའི་ལས་ངན་པ།

TSHAM MED	NGA	BAE	THU WE	LAE	NGEN PA
sin límites	cinco	comparado	peor	karma	malo, malvado, dañino

este mal karma peor que los cinco pecados ilimitados,

ཐར་མེད་ལས་ངན་བསགས་པ་མཐོལ་ལོ་བཤགས།

THAR	ME	LAE	NGEN SAG PA	THOL LO	SHAG
libertad*	sin	acciones	malas acumuladas	con las manos unidas en el corazón	confieso, pido perdón

*no desaparecerá por sí sola, debemos luchar para liberarnos de ella

este mal karma que hemos acumulado y que es tan difícil de limpiar, lo confesamos humildemente y pedimos perdón.

Oímos hablar de los beneficios de la virtud y de la miseria del pecado, y de la duración del sufrimiento en los infiernos, pero no lo creemos y pensamos que sólo es palabrería: este mal karma peor que los cinco pecados ilimitados, este mal karma que hemos acumulado y que es tan difícil de limpiar, lo confesamos humildemente y pedimos perdón.

ཕམ་པ་བཞི་དང་ལྷག་མ་བཅུ་གསུམ་དང་།

PHAM PA	ZHI	DANG	LHAG MA	CHU SUM	DANG
derrotas	cuatro	y	restantes	trece	y

Las cuatro derrotas, los trece restos,

 སྤང་ལྟུང་སོར་བ་ཤགས་ཉེས་བྱས་སྟེ་ཚན་ལྔ།

PANG TUNG	SOR SHAG	ÑE YAE	DE TSEN	NGA
caídas	*confesables*	*faltas*	*clases*	*cinco*

las caídas, los confesables y las faltas: estas cinco clases de

སོ་ཐར་ཚུལ་ཁྲིམས་འཆལ་བ་མཐོལ་ལོ་བཤགས།

SO THAR	TSHUL TRIM	CHAL WA	THOL LO	SHAG
*pratimoksa**	*moralidad*	*roturas, caídas*	*manos unidas en el corazón*	*confieso*

*los votos externos de ordenación

faltas en los votos morales del renunciante, las confesamos humildemente y pedimos perdón.

Las cuatro derrotas, los trece restos, las caídas, los confesables y las faltas: estas cinco clases de faltas en los votos morales del renunciante, las confesamos humildemente y pedimos perdón.

ནག་པོའི་ཆོས་བཞི་ལྟུང་བ་ལྔ་ལྔ་བརྒྱད།

NAG POI	CHO	ZHI	TUNG WA	NGA	NGA	GYAE
negros	*darmas*	*cuatro**	*caídas*	*cinco*	*cinco*	*ocho (dieciocho votos del bodisatva**)*

* Abusar del darma puro, alabar los darmas malignos, molestar a los que practican la virtud, detener el trabajo de un patrocinador fiel.** Faltas en los cinco votos del rey, los cinco de los ministros y los ocho del pueblo.

Los cuatro darmas negros, nuestras faltas en los dieciocho votos del bodisatva

བྱང་སེམས་བསླབ་པ་ཉམས་པ་མཐོལ་ལོ་བཤགས།

YANG SEM	LAB PA	ÑAM PA	THOL LO	SHAG
bodisatva (mahayana bodichita)	*entrenamiento, práctica*	*errores*	*con las manos unidas en el corazón*	*confieso*

nuestros errores en el entrenamiento del bodisatva, los confesamos humildemente y pedimos perdón

Confesamos humildemente y pedimos perdón por los cuatro darmas negros, nuestras faltas en los dieciocho votos del bodisatva y nuestros errores en el entrenamiento del bodisatva.

རྩ་ལྟུང་བཅུ་བཞི་ཡན་ལག་སྦོམ་པོ་བརྒྱད།

TSA	TUNG	CHUB ZHI	YAN LAG	BOM PO	GYAE
raíz	*caídas*	*catorce*	*ramas*	*grande, importante*	*ocho*

Las catorce caídas de raíz y las ocho caídas de las ramas principales,

གསང་སྔགས་དམ་ཚིག་ཉམས་པ་མཐོལ་ལོ་བཤགས།

SANG NGAG   DAM TSHIG   ÑAM PA   THOL LO   SHAG
vajrayana,   *votos*   *faltas*   *con las manos*   *confieso*
tántrico   *unidas en el corazón*

estas faltas a nuestros juramentos tántricos, las confesamos humildemente y pedimos perdón.

*Las catorce caídas de raíz y las ocho caídas de las ramas principales,
estas faltas a nuestros juramentos tántricos, las confesamos humildemente y pedimos perdón.*

སྡོམ་པ་མ་ཞུས་མི་དགེའི་ལས་བྱས་པ།

DOM PA   MA ZHU   MI GEI   LAE   YAE PA
votos   *no tomados*   *no virtudes,*   *acciones,*   *hecho*
                        pecados   *karma*

Las acciones no virtuosas respecto a las cuales no hayamos hecho votos,

མི་ཚངས་སྤྱོད་དང་ཆང་འཐུང་ལ་སོགས་པ།

MI TSHANG CHO DANG   CHANG THUNG   LA SOG PA
conducta sexual   *y*   *cerveza*   *beber*   *y demás*
inapropiada   *(emborracharse)*

como la conducta sexual inapropiada y el consumo de alcohol

རང་བཞིན་ཁ་ནས་མ་མཐོའི་སྡིག་པ་སྟེ།

RANG ZHIN   KHA NA MA THOI   DIG PA   TE
natural (todos   *lo que la gente sostiene*   *pecados*   *entonces, así*
saben que están equivocados)que está equivocado y es malo

todas estas acciones que son naturalmente malsanas y que generalmente se consideran malas,

སྡིག་པ་སྡིག་ཏུ་མ་ཤེས་མཐོལ་ལོ་བཤགས།

DIG PA   DIG   TU   MA SHE   THOL LO   SHAG
pecados   *pecado*   *como*   *no saber*   *en oración*   *confieso*
         (o no queríamos saber)

estas faltas que no sabíamos que eran faltas, las confesamos humildemente y pedimos perdón.

*Las acciones no virtuosas respecto a las cuales no hayamos hecho votos,
como la conducta sexual inapropiada y el consumo de alcohol, todas
estas acciones que son naturalmente malsanas y que generalmente
se consideran malas, estos faltas que no sabíamos que eran faltas, las
confesamos humildemente y pedimos perdón.*

སྐྱབས་སྡོམ་དབང་བསྐུར་ལ་སོགས་ཐོབ་ན་ཡང་།

KYAB   DOM   WANG KUR   LA SOG THOB NA   YANG
refugio votos, iniciación   y demás obtener entonces también, incluso

Incluso al tomar los votos de refugio e iniciación,

དེ་ཡི་སྡོམ་པ་དམ་ཚིག་བསྲུང་མ་ཤེས།

DE YI   DOM PA   DAM TSHIG   SUNG   MA   SHE
estos   votos   promesas,   proteger, no saber cómo
compromisos mantener

no supimos proteger estos votos y obligaciones.

བཅས་པའི་ལྟུང་བ་ཕོག་པ་མཐོལ་ལོ་བཤགས།

CHE PAI   TUNG WA   PHOG PA   THOL LO   SHAG
orden*   caídas   tocado por   con las manos   confieso*
(i.e. hecho) unidas en el corazón

*por el gurú o Buda de no hacer algo

Confesamos humildemente y pedimos perdón por todo lo que hemos hecho al no seguir las sagradas instrucciones.

Incluso al tomar los votos de refugio e iniciación, no supimos proteger estos votos y obligaciones. Confesamos humildemente y pedimos perdón por todo lo que hemos hecho al no seguir las sagradas instrucciones.

འགྱོད་པ་མེད་ན་བཤགས་པས་མི་དག་པས།

GYOD PA   ME   NA   SHAG PAE   MI   DAG PAE
lamentar, sin si confesión, por no purificada, por lo tanto
arrepentirse

Si la confesión se hace sin arrepentimiento no será purificadora, por lo tanto,

སྔར་བྱས་སྡིག་པ་ཁོང་དུ་དུག་སོང་ལྟར།

NGAR   YAE   DIG PA   KHONG DU   DUG   SONG   TAR
previamente hecho pecados   adentro, en   veneno ido   como
los cuerpos (i.e. miedo a que mueras)

viendo que estos pecados cometidos anteriormente son como veneno que hemos comido,

ངོ་ཚ་འཛིགས་ཡིག་འགྱོད་པ་ཆེན་པོས་བཤགས།

NGO TSHA YIG TRAG GYOD PA   CHEN POE   SHAG
vergüenza   miedo   lamento,remordimiento gran, por/con confieso,
pido perdón

con vergüenza, temor y gran remordimiento, humildemente nos confesamos y pedimos perdón.

Si la confesión se hace sin arrepentimiento no será purificadora, por lo tanto, viendo que estos pecados cometidos anteriormente son como

veneno que hemos comido, con vergüenza, temor y gran remordimiento,
humildemente nos confesamos y pedimos perdón.

ཕྱིན་ཆད་སྡོམ་སེམས་མེད་ན་མི་དག་པས།

CHIN CHAE   **DOM**   **SEM**   **ME**   **NA**   **MI DAG PAE**
de ahora en adelante   *votos,*   *recordar*   *sin*   *si*   *no ser purificados,*
                          intenciones   *mantener*   *por lo tanto*

Si a partir de este momento somos olvidadizos de nuestros votos no
nos purificaremos, por lo tanto,

ཕྱིན་ཆད་སྲོག་ལ་བབས་ཀྱང་མི་དགེའི་ལས།

CHIN CHAE   **SOG LA BAB**   **KYANG**   **MI GEI**   **LAE**
de ahora en adelante   *bajo la amenaza de la muerte*   *sin embargo*   *no virtuosa*   *acción*
                      forzados a pecar o morir   *incluso así*

de ahora en adelante, aunque nos amenace la muerte,

ད་ནས་མི་བགྱིད་སེམས་ལ་དམ་བཅའ་བཟུང་།

DA   **NAE**   **MI GYI**   **SEM**   **LA**   **DAM CHA**   **ZUNG**
ahora   *desde*   *no hacer*   *mente*   *como voto, intención firme*   *sostener*

nos mantendremos firmes en nuestra intención de no hacer ninguna
iniquidad.

བདེ་གཤེགས་འོད་དཔག་མེད་པ་སྲས་བཅས་ཀྱིས།

DE SHEG   **OE PA ME PA**   **SAE CHE**   **KYI**
Felizmente Ido,   *Amitaba*   *bodisatvas*   *por*
Buda

Felizmente Ido Amitaba con tus bodisatvas,

བདག་རྒྱུད་ཡོངས་སུ་དག་པར་བྱིན་གྱིས་རློབས།

DAG   **GYU**   **YONG SU**   **DAG PAR**   **YIN GYI LOB**
mi   *mente,*   *completamente*   *pura, como*   *bendición*
        personalidad

por favor bendice nuestras formas de ser con completa pureza.

Si a partir de este momento somos olvidadizos de nuestros votos no nos
purificaremos, por lo tanto, de ahora en adelante, aunque nos amenace
la muerte, nos mantendremos firmes en nuestra intención de no hacer
ninguna maldad. Felizmente Ido Amitaba con tus bodisatvas, por favor
bendice nuestras formas de ser con completa pureza.

ALEGRARSE DE LA VIRTUD DE OTROS

གཞན་གྱིས་དགེ་བ་བྱས་པ་ཐོས་པའི་ཚེ།

ZHAN   **GYI**   **GE WA**   **YAE PA**   **THO PAI**   **TSHE**
otros   *por*   *virtud*   *hecha*   *oír*   *cuando*

Cuando se oye hablar de la virtud realizada por otros,

དེ་ལ་ཕྲག་དོག་མི་དགེའི་སེམས་སྤང་ནས།

DE		LA	TRAG DOG	MI GEI	SEM	PANG	NAE
esas (sus acciones virtuosas)		*a*	*con celos*	*no virtuosos, inmoral*	*mente*	*abandonar, no hacer*	*entonces*

si se desechan los pensamientos celosos y poco virtuosos y

སྙིང་ནས་དགའ་བའི་རྗེས་སུ་ཡི་རང་ན།

NYING	NAE	GA WAI	YE SU	YI RANG	NA
corazón	*desde*	*felizmente*	*posterior, siguiente*	*armónicos regocijo*	*si*

desde el corazón hay un regocijo feliz por su buena fortuna,

དེ་ཡི་བསོད་ནམས་མཉམ་དུ་ཐོབ་པར་གསུངས།

DE YI	SO NAM	ÑAM	DU	THOB PAR	SUNG
de ese	*mérito*	*igual*	*como*	*obtener, como*	*dijo (Sutra de Sukavati Kshetra)*

entonces se obtendrá un mérito igual al de ellos: así se dice en el sutra.

དེ་ཕྱིར་འཕགས་པ་རྣམས་དང་སོ་སྐྱེ་ཡིས།

DE CHIR	PHAG PA NAM	DANG	SO KYE	YI
por lo tanto,	*aryas, bodisatvas*	*y*	*gente común, humanos*	*por*

Por lo tanto, nos alegramos de todas las virtudes realizadas

དགེ་བ་གང་བསྒྲུབས་ཀུན་ལ་ཡི་རང་ངོ་།

GE WA	GANG	DRUB	KUN	LA	YI RANG NGO
virtud	*cualquiera*	*obtenida, realizada*	*todos*	*a*	*regocijar de corazón*

por los bodisatvas y por la gente corriente.

བླ་མེད་བྱང་ཆུབ་མཆོག་ཏུ་སེམས་བསྐྱེད་ནས།

LA ME	CHANG CHUB	CHOG	TU	SEM KYE	NAE
insuperable, la más alta	*bodi, iluminación*	*excelente*	*a*	*desarrollar la intention*	*entonces*

Nos regocijamos en aquellos que hacen surgir el pensamiento más elevado de alcanzar la iluminación insuperable y

འགྲོ་དོན་རྒྱ་ཆེན་མཛད་ལ་ཡི་རང་ངོ་།

DRO	DON	GYA CHEN	DZAE	LA	YI RANG NGO
seres	*beneficio*	*grande*	*hacer*	*a*	*regocijar de corazón*

que entonces benefician enormemente a los seres sintientes..

Cuando se oye hablar de la virtud realizada por otros, si se desechan los pensamientos celosos y poco virtuosos y desde el corazón hay un regocijo feliz por su buena fortuna, entonces se obtendrá un mérito igual al de ellos: así se dice en el sutra. Por lo tanto, nos alegramos de todas las virtudes realizadas por los bodisatvas y por la gente corriente. Nos regocijamos en aquellos que hacen surgir el pensamiento más elevado de alcanzar la iluminación insuperable y que entonces benefician enormemente a los seres sensibles.

མི་དགེ་བཅུ་པོ་སྤངས་པ་དགེ་བ་བཅུ།

MI GE	CHU PO	PANG PA	GE WA	CHU
no virtud	*diez**	*abandonar*	*virtudes*	*diez*

* señaladas en la sección de Confesión

Abandonando las diez acciones negativas y practicando las siguientes diez virtudes:

གཞན་གྱི་སྲོག་བསྐྱབ་སྦྱིན་པ་གཏོང་བ་དང་།

ZHAN GYI	SOG	KYAB	YIN PA	TONG WA	DANG
de los otros	*vidas*	*proteger*	*regalos, caridad*	*dar*	*y*

proteger la vida de los demás y dar generosamente,

སྡོམ་པ་སྲུང་ཞིང་བདེན་པར་མ་བ་དང་།

DOM PA	SUNG ZHING	DEN PAR	MA WA	DANG
votos, moralidad	*proteger*	*verdad*	*hablar*	*y*

guardar la propia moralidad y decir la verdad,

འཁོན་པ་སྡུམ་དང་ཞི་དུལ་དྲང་པོར་སྨྲ།

KHON PA	DUM	DANG ZHI DUL	DRANG POR	MA
disputas	*traer armonía a, resolver*	*y amablemente*	*directamente, sin subterfugios*	*hablar*

resolver las disputas y hablar suavemente sin engañar,

དོན་དང་ལྡན་པའི་གཏམ་བརྗོད་འདོད་པ་ཆུང་།

DON DANG DEN PAI	TAM	YOE	DOE PA	CHUNG
significativamente	*hablar*	*decir*	*deseos*	*pequeños, pocos*

hablar con sentido y tener pocos deseos,

བྱམས་དང་སྙིང་རྗེ་སྒོམ་ཞིང་ཆོས་ལ་སྤྱོད།

YAM	DANG	ÑING YE	GOM ZHING	CHO	LA	CHO
amor*	*y*	*compasión#*	*meditar*	*Darma*	*como*	*hacer*

*querer que los demás sean felices   *#eliminar de verdad las penas de los demás*

cultivar el amor y la compasión y practicar el Darma.

དགེ་བ་དེ་རྣམས་ཀུན་ལ་ཡི་རང་ངོ་།

GE WA	DE NAM	KUN	LA	YI RANG NGO
virtudes	*estos*	*todos*	*a*	*regocijar de corazón*

Nos alegramos de todas estas virtudes realizadas por los seres..

Abandonamos las diez acciones negativas y practicamos las siguientes diez virtudes: proteger la vida de los demás y dar generosamente, guardar la propia moralidad y decir la verdad, resolver las disputas y hablar suavemente sin engañar, hablar con sentido y tener pocos deseos, cultivar el amor y la compasión y practicar el Darma. Nos alegramos de todas estas virtudes realizadas por los seres.

PEDIR ENSEÑANZAS DE DARMA

ཕྱོགས་བཅུའི་འཇིག་རྟེན་རབ་འབྱམས་ཐམས་ཅད་ན།

CHOG	CHUI	YIG TEN	RAB YAM	THAM CHE	NA
direcciones	*diez*	*mundos*	*infinito, vasto*	*todos*	*en*
(i.e. todas partes)					

En los mundos infinitos que se encuentran en las diez direcciones,

རྫོགས་སངས་རྒྱས་ནས་རིང་པོར་མ་ལོན་པར།

DZOG	SANG GYE	NAE	RING POR	MA	LON PAR
completo,	*Buda*	*entonces*	*mucho tiempo*	*no*	*tomar, alcanzar*
perfecto	*(i.e. los que no han enseñado aún el Darma)*				

los que recientemente habéis alcanzado la budeidad perfecta,

དེ་དག་རྣམས་ལ་ཆོས་ཀྱི་འཁོར་ལོ་ནི།

DE DAG NAM	LA	CHO	KYI	KHOR LO	NI
a ellos	*a*	*darma*	*de*	*rueda*	*(énfasis)*
		(i.e. enseñar el Darma)			

que pronto hagáis girar la rueda del Darma,

རྒྱ་ཆེན་མྱུར་དུ་བསྐོར་བར་བདག་གིས་བསྐུལ།

GYA CHEN	NYUR DU	KOR WAR	DAG	GI	KUL
grande	*rápidamente*	*girar*	*yo*	*por*	*pedir, rogar*

os lo pedimos.

མངོན་ཤེས་ཐུགས་ཀྱིས་དེ་དོན་མཁྱེན་པར་གསོལ།

NGON SHE	THUG	KYI	DE	DON	KHYEN PAR	SOL
conocimiento	*mente*	*por*	*ese*	*significado*	*conocer, comprender*	*por favor,*
milagroso			*(i.e. mi petición)*			*Yo ruego*

Que con la clarividencia de vuestras mentes comprendáis esta petición..

Vosotros, que recientemente habéis alcanzado la budeidad perfecta, moráis en los mundos infinitos que se encuentran en las diez direcciones, os pedimos que pronto hagáis girar la rueda del Darma y que con la clarividencia de vuestras mentes comprendáis esta petición.

PEDIRLES QUE NO MUERAN

སངས་རྒྱས་བྱང་སེམས་བསྟན་འཛིན་དགེ་བའི་བཤེས།

SANG GYE CHANG SEM TEN DZIN　　　GE WE SHE
Budas　　　bodisatvas　　　sostenedores de la doctrina　amigos espirituales vituosos
(los que están en el linaje del gurú)

Rezamos para que todos vosotros, budas, bodisatvas, sostenedores de la doctrina y consejeros espirituales

མྱ་ངན་འདའ་བར་བཞེད་ཀུན་དེ་དག་ལ།

NYA NGAN DA WAR　　ZHE　　KUN　　DE DAG　　LA
salir del sufrimiento, entrar　desear　todos　entonces　a
al nirvana, morir

que deseáis ir más allá del sufrimiento

མྱ་ངན་མི་འདའ་བཞུགས་པར་གསོལ་བ་འདེབས།

ÑA NGAN　　MI　　DA　　ZHUG PAR　　SOL WA DEB
sufrimiento　no　pasar　permanecr　Yo ruego

permanezcáis aquí sin fallecer.

Rezamos para que todos vosotros, budas, bodisatvas, sostenedores de la doctrina y consejeros espirituales que deseáis ir más allá del sufrimiento, permanezcáis aquí sin fallecer.

DEDICACIÓN DE MÉRITO

འདིས་མཚོན་བདག་གི་དུས་གསུམ་དགེ་བ་རྣམས།

DI　　TSHON　　　DA　　GI　　DU　　SUM　　GE WA NAM
por esto　ejemplo, signo*　Yo (y　de　tiempos　tres　virtudes
todos seres)　(pasado, presente, futuro)
*las seis partes anteriores de la Práctica de las Siete Ramas, empezando por el saludo

Dedicamos esta virtud y todo lo que hemos acumulado en los tres tiempos

འགྲོ་བ་སེམས་ཅན་ཀུན་གྱི་དོན་དུ་བསྔོ།

DRO WA　　SEM CHEN　　KUN　　GYI　　DON DU　　　NGO
errantes*　seres sensibles#　todos　de　beneficiar, ayudar　dedicar, dar
*los que dan vueltas en el samsara　#incluído yo mismo

al beneficio de todos los seres sensibles que vagan en el samsara.

ཀུན་ཀྱང་བླ་མེད་བྱང་ཆུབ་མྱུར་ཐོབ་ནས།

KUN　KYANG　LA ME　　CHANG CHUB　　ÑUR　　THOB　　NAE
todos　también　insuperable　bodi, iluminación,　rápidamente　obtener　entonces,
ellos　　　　　　　　　budeidad　　　　　　　　　así

Que todos ellos alcancen rápidamente el insuperable despertar

ཁམས་གསུམ་འཁོར་བ་དོང་ནས་སྤྲུག་གྱུར་ཅིག།

KHAM	SUM	KHOR WA	DONG NAE TRU	GYUR CHI
reinos, esferas	tres	samsara	volcar, vaciar	debe ser!
(deseo, forma, sin forma)				

y que así se vacíen por completo los tres niveles del samsara.

Dedicamos esta virtud y todo lo que hemos acumulado en los tres tiempos al beneficio de todos los seres sensibles que vagan en el samsara. ¡Que todos ellos alcancen rápidamente el insuperable despertar y que así se vacíen por completo los tres niveles del samsara!

DEDICAR EL MÉRITO A AYUDAR A LOS SERES

དེ་ཡི་དགེ་བ་བདག་གཞན་མྱུར་སྨིན་ནས།

DE	YI	GE WA	DAG	ZHAN	ÑUR	MIN	NAE
ese	de*	virtud	yo	otro	rápidamente	madurar	entonces
*dar toda la virtud a los demás							

Que esta virtud madure rápidamente para mí y para todos los demás, de modo que

ཚེ་འདིར་དུས་མིན་འཆི་བ་བཅོ་བརྒྱད་ཞི།

TSHE	DIR	DU MIN	CHI WA	CHOB GYE	ZHI
vida	esta	prematura	muerte	dieciocho	pacificar

en esta vida estemos libres de las dieciocho causas de muerte prematura y

ནད་མེད་ལང་ཚོ་རྒྱས་པའི་ལུས་སྟོབས་ལྡན།

NAE	ME	LANG TSO	GYE PE	LU	TOB DAN
enfermedad	sin	joven	saludable	cuerpo	poderoso

y obtengamos cuerpos sanos, jóvenes y poderosos, y

དཔལ་འབྱོར་འཛད་མེད་དབྱར་གྱི་གངྒཱ་ལྟར།

PAL YOR	DZAE ME	YAR	GYI	GANG GA	TAR
riqueza	sin fin	verano	de	río Ganges	como
		(i.e. monzón)			

riquezas inagotables como el caudal del Ganges en las lluvias de verano.

བདུད་དགྲའི་འཚེ་བ་མེད་ཅིང་དམ་ཆོས་སྤྱོད།

DUD	DRE	TSHE WA	ME CHING	DAM	CHO	CHO
maras*	enemigos	dañar	sin, libre	supremo,excelente	darma	práctica
*demonios que obstaculizan el logro de la budeidad						

Estando libres del daño de los maras y los enemigos, y practicando el excelente Darma,

བསམ་པའི་དོན་ཀུན་ཆོས་ལྡན་ཡིད་བཞིན་འགྲུབ།

SAM PE		DON	KUN	CHO DEN	YI ZHIN	DRUB
pensamientos, de		*objeto*	*todos*	*estar en armonía*	*de acuerdo con*	*lograr*
(lo que queremos)				*con el Darma*	*desear*	

que todos nuestros deseos estén en armonía con el Darma y se cumplan
todas nuestras intenciones.

བསྟན་དང་འགྲོ་ལ་ཕན་ཐོགས་རྒྱ་ཆེན་འགྲུབ།

TAN	DANG	DRO	LA	PHAN THO	GYA CHEN	DRUB
doctrinas	*y*	*seres*	*a*	*beneficio para otros*	*grande, vasto*	*logro*

Cumpliendo con creces el bienestar de las enseñanzas y de los seres,

མི་ལུས་དོན་དང་ལྡན་པ་འགྲུབ་པར་ཤོག།

MI	LU	DON DANG DEN PA	DRUB PAR	SHOG
humano	*cuerpo*	*significativo**	*obtener*	*debe*

* un cuerpo con los dieciocho factores de las libertades y ventajas[3]

que tengamos una existencia humana significativa.

*Que esta virtud madure rápidamente para mí y para todos los demás, de
modo que en esta vida estemos libres de las dieciocho causas de muerte
prematura y obtengamos cuerpos sanos, jóvenes y poderosos, y riquezas
inagotables como el caudal del Ganges en las lluvias de verano. Estando
libres del daño de las maras y los enemigos, y practicando el excelente
Darma, que todos nuestros deseos estén en armonía con el Darma y se
cumplan todas nuestras intenciones. Cumpliendo con creces el bienestar de las enseñanzas y de los seres, que tengamos una existencia
humana significativa.*

EL VIAJE A DEWACHEN

བདག་དང་བདག་ལ་འབྲེལ་ཐོགས་ཀུན།

DAG	DANG	DAG	LA	DREL THOG	KUN
Yo	*y*	*a mí*	*a*	*conectado*	*todos*

*(en particular todos aquellos con los que he tenido trato recientemente y en general
todos los seres, cada uno de los cuales ha sido mi propia madre en mis innumerables
vidas pasadas)*

Ante todos los que están conectados conmigo,

འདི་ནས་ཚེ་འཕོས་གྱུར་མ་ཐག།

DI	NAE	TSHE	PO GYUR	MA THAG
esta	*desde*	*vida*	*cambiar*	*inmediatamente*
vida			*(i.e. morir)*	

en el mismo momento de nuestra muerte,

སྤྲུལ་པའི་སངས་རྒྱས་འོད་དཔག་མེད།

TRUL PEÍR EL   SANG GYE   O PA ME
aparición   buda   Amitaba
(una forma de Amitaba emanada de Dewachen: exacta a él)

que la forma emanada de Buda Amitaba

དགེ་སློང་དགེ་འདུན་འཁོར་གྱིས་བསྐོར།

GE LONG   GEN DUN   KHOR   GYI   KOR
biksu, monjes   Sanga,   séquito,   por   rodeado
totalmente ordenados asamblea   círculo

rodeada de su séquito de sanga ordenada

མདུན་དུ་མངོན་སུམ་འབྱོན་པར་ཤོག།

DUN DU NGON SUM   YON PAR   SHOG
ante mí   claramente   venir   que puedan, deben

aparezca claramente.

Que la forma emanada de Buda Amitaba rodeada de su séquito de sanga ordenada aparezca claramente ante mí y ante todos los que están conectados conmigo en el mismo momento de nuestra muerte.

དེ་མཐོང་ཡིད་དགའ་སྲུང་བ་སྐྱིད།

DE   THONG   YI   GA   NANG WA KYI
entonces   ver   mi mente   feliz   feliz, alegre

Al verlos, que nuestras mentes estén alegres, felices y

ཤི་བའི་སྡུག་བསྔལ་མེད་པར་ཤོག།

SHI WAI   DUG NGAL   MED PAR   SHOG
de la muerte   sufrimiento   sin   podamos estar

libres de las penas de la muerte.

བྱང་ཆུབ་སེམས་དཔའ་མཆེད་བརྒྱད་ནི།

CHANG CHUB SEM PA   CHED   GYE   NI
bodisatva   hermano   ocho   (énfasis)*

*Chenrezi, Chana Dorje, Jampa, Namkhai Ñingpo, Sayi Ñingpo, Kuntuzangpo, Dribpa Namsel, Jamyang

Que los ocho hermanos bodisatvas

རྫུ་འཕྲུལ་སྟོབས་ཀྱིས་ནམ་མཁར་བྱོན།

DZU TRUL   TOB   KYI   NAM KHAR   YON
milagro   poder   por   cielo   venir

aparezcan milagrosamente en el cielo ante nosotros y

བདེ་བ་ཅན་དུ་འགྲོ་བ་ཡི།

DE WA CHEN DU DRO WA YI
gran felicidad a ir de

nos muestren el camino hacia Dewachen y

ལམ་སྟོན་ལམ་ན་སྣ་འདྲེན་པར་ཤོག།

LAM TON LAM NA DREN PAR SHOG
camino, mostrar camino guía, como puedan, deban
carretera

actúen como nuestros guías a lo largo del camino.

Al verlos, que nuestras mentes estén alegres, felices y libres de las penas de la muerte. Que los ocho hermanos bodisatvas aparezcan mila- grosamente en el cielo ante nosotros y nos muestren el camino hacia Dewachen y actúen como nuestros guías a lo largo del camino.

CORTAR CON NUESTRO APEGO A ESTE MUNDO

ངན་སོང་སྡུག་བསྔལ་བཟོད་བླག་མེད།

NGAN SONG DUG NGAL ZOE LAG ME
estados de aflicción* pena soportar, aguantar, sin
padecer padecer

*infiernos, fantasmas insaciables, animales

En los estados de aflicción los sufrimientos son insoportables, mientras

ལྷ་མིའི་བདེ་སྐྱིད་མི་རྟག་འགྱུར།

LHA MI DE KYI MI TAG GYUR
dioses de los humanos alegría, felicidad impermanente es

que la felicidad de dioses y humanos es impermanente.

དེ་ལ་སྐྲག་སེམས་སྐྱེ་བར་ཤོག།

DE LA TRAG SEM KYE WAR SHOG
que a temerosa mente surge, llega debe! que sea

¡Que el miedo a estos lugares surja en nuestras mentes!

En los estados de aflicción los sufrimientos son insoportables, mientras que la felicidad de dioses y humanos es impermanente. ¡Que el miedo a estos lugares surja en nuestras mentes!

ཐོག་མ་མེད་ནས་ད་ལྟའི་བར།

THOG MA ME NAE DAN DE BAR
principio sin desde ahora hasta
(tiempo inmemorial)

Desde el tiempo sin principio hasta ahora

འཁོར་བ་འདི་ན་ཡུན་རེ་རིང་།

KHOR WA   DI   NA   YUN RE RING
samsara   *esto*   *en*   *mucho tiempo*
(vagar dando vueltas)

hemos vagado tanto tiempo en el samsara,

དེ་ལ་སྐྱོ་བ་སྐྱེ་བར་ཤོག།

DE   LA   KYO WA   KYE WAR   SHOG
ese   *a*   *lamento, tristeza*   *surgir*   *que pueda!*
(sufrimiento sin sentido)

¡que nos arrepentimos de ello!

Desde el tiempo sin principio hasta ahora hemos vagado tanto tiempo en el samsara, ¡que nos arrepentimos de ello!

མི་ནས་མི་རུ་སྐྱེ་ཆོག་ཀྱང་།

MI   NAE   MI   RU   KYE   CHOG   KYANG
humano   *desde*   *humano*   *como*   *nacido*   *es posible*   *pero*
(el reino humano ofrece las mejores oportunidades para alcanzar la budeidad))

Es posible que un ser humano renazca como tal, pero incluso entonces

སྐྱེ་རྒ་ན་འཆི་གྲངས་མེད་མྱོང་།

KYE   GA   NA   CHI   DRANG ME   ÑONG
nacimiento   *vejez*   *enfermedad*   *muerte*   *incontable*   *experiencia*

habrá innumerables experiencias de nacimiento, vejez, enfermedad y muerte.

དུས་ངན་སྙིགས་མར་བར་ཆད་མང་།

DU   NGAN   ÑIG MAR   BAR CHAE   MANG
tiempo malo   *degenerado, en*   *dificultades,*   *muchos*
(el periodo actual del Kali Yuga)   *obstáculos*

En estos tiempos de maldad degenerada hay muchas dificultades.

མི་དང་ལྷ་ཡི་བདེ་སྐྱིད་འདི།

MI   DANG   LHA   YI   DE KYID   DI
hombres,   *y*   *dioses*   *de*   *felicidad*   *esta*
humanos

La felicidad de los dioses y los hombres

དུག་དང་འདྲེས་པའི་ཟས་བཞིན་དུ།

DUG   DANG   DRE PAI   ZAE   ZHIN DU
veneno   *y, con*   *mezclado*   *comida*   *como*

es como comida mezclada con veneno.

འདོད་པ་སྤུ་ཙམ་མེད་པར་ཤོག།

DOE PA   **PU**   **TSAM**   **ME PAR**   **SHOG**
deseo   *un*   *incluso*   *sin*   *podamos estar*
(de ellos)   *pelo*

¡Que no tengamos ni un pelo de deseo de tales nacimientos!

Es posible que un ser humano renazca como tal, pero incluso entonces habrá innumerables experiencias de nacimiento, vejez, enfermedad y muerte. En estos tiempos de maldad degenerada hay muchas dificultades. La felicidad de los dioses y los hombres es como comida mezclada con veneno. ¡Que no tengamos ni un ápice de deseo de tales nacimientos!

ཉེ་དུ་ཟས་ནོར་མཐུན་གྲོགས་རྣམས།

ÑE DU   **ZAE**   **NOR**   **THUN**   **DROG**   **NAM**
similarmente   *comida*   *riqueza*   *agradable*   *amigo*   *(plural)*

Del mismo modo, la comida, la riqueza y los amigos agradables

མི་རྟག་སྒྱུ་མ་རྨི་ལམ་བཞིན།

MI TAG   **GYU MA**   **MI LAM**   **ZHIN**
impermanente   *maya, ilusión*   *sueño*   *como*

son impermanentes e ilusorios como un sueño.

ཆགས་ཞེན་སྤུ་ཙམ་མེད་པར་ཤོག།

CHAG   **ZHEN**   **PU**   **TSAM**   **ME PAR**   **SHOG**
deseo   *aferramiento,*   *un*   *incluso*   *sin*   *podamos estar!*
   gusto por   *pelo*

¡Que no nos quede ni un pelo de añoranza por ellos!

Del mismo modo, la comida, la riqueza y los amigos agradables son impermanentes e ilusorios como un sueño. ¡Que no nos quede ni un ápice de añoranza por ellos!

ས་ཆ་ཡུལ་རིས་ཁང་ཁྱིམ་རྣམས།

SA CHA   **YUL RIE**   **KHANG KHYIM**   **NAM**
tierra   *provincia**   *casa*   *(plural)*
*el terruño

Nuestro país, nuestro terruño y nuestro hogar

རྨི་ལམ་ཡུལ་གྱི་ཁང་ཁྱིམ་ལྟར།

MI LAM   **YUL**   **GYI**   **KHANG KHYIM**   **TAR**
sueño   *país*   *de*   *casa*   *como*

no son más que nuestra casa en el país de los sueños.

བདེན་པར་མ་གྲུབ་ཤེས་པར་ཤོག།

DEN PAR   MA DRUB   SHE PAR   SHOG
verdad, como   no tiene   conocer   debemos!
  (carente de realidad)

Debemos saber que carecen de realidad.

Nuestro país, nuestro terruño y nuestro hogar no son más que nuestra casa en el país de los sueños. Debemos saber que carecen de realidad.

ཐར་མེད་འཁོར་བའི་རྒྱ་མཚོ་ནས།

THAR   ME   KHOR WE   GYAM TSHO   NAE
liberación sin   del samsara   océano   del
(i.e. muy difícil escapar del)

De este océano del samsara que no ofrece liberación,

ཉེས་ཆེན་བཙོན་ནས་ཐར་པ་བཞིན།

NYE   CHEN   TSON   NAE   THAR PA   ZHIN
terrible   muy   prisión   de la   libre, liberado   como, igual que

como quien se libera de la más terrible prisión,

བདེ་བ་ཅན་གྱི་ཞིང་ཁམས་སུ།

DE WA CHEN   GYI   ZHING KHAM   SU
Sukavati, «Feliz»   de   reino   en, a

al reino de Dewachen

ཕྱི་ལྟས་མེད་པར་འགྲོས་པར་ཤོག།

CHI   TAE   ME PAR   DROE PAR   SHOG
atrás   mirar   sin   escapar, ir allí   podamos!
(sobre el propio hombro)

¡que podamos escapar sin mirar atrás!

Como quien se libera de la más terrible prisión, ¡que podamos escapar de este océano del samsara que no ofrece liberación al reino de Dewachen sin mirar atrás!

LLEGADA A DEWACHEN

ཆགས་ཞེན་འཁྲི་བ་ཀུན་བཅད་ནས།

CHAG   ZHEN   TRI WA   KUN   CHAE   NAE
deseo   aferramiento,   enredo,   todos   cortar   entonces
       gusto por   esclavitud

Cortando todas las ataduras del deseo y la atracción,

 བྱ་རྒོད་རྒྱ་ནས་ཐར་བ་བཞིན།

YA GOE ÑI NAE THAR WA ZHIN
buitre lazo de liberar como
(vuela alto y rápido)

como un buitre liberado de un lazo,

ནུབ་ཀྱི་ཕྱོགས་ཀྱི་ནམ་མཁའ་ལ།

NUB KYI CHOG KYI NAM KHA LA
oeste dirección de cielo a, en

viajando por el cielo hacia el oeste,

འཇིག་རྟེན་ཁམས་ནི་གྲངས་མེད་པ།

YIG TEN KHAM NI DRANG ME PA
mundo esferas incontables

a través de innumerables mundos

སྐད་ཅིག་ཡུད་ལ་བགྲོད་བྱས་ནས།

KAE CHIG YU LA DROE YAE NAE
un instante momento en atravesar, entonces
llegar allí

que podamos cruzar en un instante y

བདེ་བ་ཅན་དུ་ཕྱིན་པར་ཤོག།

DE WA CHEN DU CHIN PAR SHOG
Sukavati, «Feliz» a llegar debemos!

llegar a Dewachen.

Cortando todas las ataduras del deseo y la atracción, como un buitre liberado de un lazo, ¡que podamos atravesar el cielo occidental a través de innumerables mundos y llegar en un instante a Dewachen!

དེ་རུ་སངས་རྒྱས་འོད་དཔག་མེད།

DE RU SANG GYE O PA ME
allí Buda Amitaba, «Luz Infinita»

Aquí está buda Amitaba

མངོན་སུམ་བཞུགས་པའི་ཞལ་མཐོང་ནས།

NGON SUM ZHUG PAI ZHAL THONG NAE
manifiestamente sentado rostro ver entonces, por esto
(su forma real original)

sentado ante nosotros, ¡y vemos su rostro real!

སྒྲིབ་པ་ཐམས་ཅད་དག་པར་ཤོག

DRIB PA   THAM CHE   DAG PAR   SHOG
obscurecimientos todos*   *purificados   puedan! deban!*
*de las aflicciones y sus trazas sutiles

¡Que sean purificados todos nuestros oscurecimientos!

Aquí está buda Amitaba sentado ante nosotros, ¡y vemos su rostro real!
¡Que sean purificados todos nuestros oscurecimientos!

སྐྱེ་གནས་བཞི་ཡི་མཆོག་གྱུར་བ

KYE   NAE   ZHI   YI   CHOG   GYUR WA
nacimiento lugar cuatro* de mejor   es
* del calor y la humedad (como para los insectos), de un huevo, de una matriz, y mágicamente en una flor de loto

La mejor de las cuatro formas de nacer

མེ་ཏོག་པདྨའི་སྙིང་པོ་ལ

ME TOG   PAE ME   ÑING PO   LA
flor   de loto   corazón, centro sobre, en

es mágicamente en el corazón de una flor de loto.

བརྫུས་ཏེ་སྐྱེ་བ་ལེན་པར་ཤོག

DZU   TE   KYE WA   LEN PAR   SHOG
mágico   así   nacer   tomar   podamos!
(así se nace en Dewachen)

¡Que podamos nacer de esta manera!

སྐད་ཅིག་ཉིད་ལ་ལུས་རྫོགས་ནས

KAE CHIG ÑID   LA   LU   DZOG   NAE
en un instante   en   cuerpo desarrollado por completo   entonces

Con nuestros cuerpos completamente formados en un instante

མཚན་དཔེ་ལྡན་པའི་ལུས་ཐོབ་ཤོག

TSHAN PE   DEN PAI   LU   THOB   SHOG
marcas   tener   cuerpo obtener podamos
auspiciosas y signos del cuerpo de un buda

que estos cuerpos muestren las marcas y signos auspiciosos.

La mejor de las cuatro formas de nacer es hacerlo mágicamente en el corazón de una flor de loto. ¡Que podamos nacer de esta manera! Con nuestros cuerpos completamente formados en un instante, que estos cuerpos muestren las marcas y signos auspiciosos.

ཨི་སྐྱེ་དོགས་པའི་ཐེ་ཚོམ་གྱིས།

MI KYE   DOG PE   THE TSHOM   GYI
no nacer   miedo, vacilación duda   por, debido a

Debido a la vacilación de dudar que uno pueda renacer allí,

ལོ་གྲངས་ལྔ་བརྒྱའི་བར་དག་ཏུ།

LO DRANG   NGAB GYE   BAR   DAG TU
años   quinientos   hasta   todos

durante quinientos años

ནང་དེར་བདེ་སྐྱིད་ལོངས་སྤྱོད་ལྡན།

NANG   DER DE KYID LONG CHO   DEN
dentro   allí felicidad riqueza, objetos tener
(del capullo del loto)

uno tendrá felicidad y todas las comodidades dentro del loto, y

སངས་རྒྱས་གསུང་ནི་ཐོས་ན་ཡང་།

SANG GYE   SUNG   NI   THO   NA YANG
Buda (Amitaba) palabra (énf.) escuchar pero, y aún así

y oirá el discurso de Amitaba.

མེ་ཏོག་ཁ་ནི་མི་བྱེ་བས།

ME TOG   KHA   NI   MI   YE WAE
flor   boca   no   abierto, separados
                (i.e pétalos)

Sin embargo, la boca de la flor no se abrirá, y de esta forma

སངས་རྒྱས་ཞལ་མཇལ་ཕྱི་བའི་སྐྱོན།

SANG GYE ZHAL   CHAL   CHI WE   KYON
Buda   rostro   ver,   retraso   falta, defecto
(Amitaba)   encontrarse

por lo que existe el defecto del retraso en ver el rostro de Buda.

དེ་འདྲ་བདག་ལ་མི་འབྱུང་ཤོག།

DEN DRA   DAG   LA   MI YUNG   SHOG
de esta forma yo   a   no llegar podamos!

¡Ojalá no tengamos esa experiencia!

སྐྱེ་མ་ཐག་ཏུ་མེ་ཏོག་བྱེ།

KYE   MA THAG   TU   ME TOG YE
nacimiento inmediatamente en la flor   abierta

Que la flor se abra inmediatamente al nacer

འོད་དཔག་མེད་པའི་ཞལ་མཐོང་ཤོག།

OD PA ME PE ZHAL THONG SHOG

de Amitaba rostro ver podamos

para que podamos ver el rostro de Amitaba.

Debido a la vacilación de dudar que podamos renacer allí, aunque durante un período de quinientos años se tenga felicidad y todas las comodidades dentro del loto, y oiga el discurso de Amitaba, la boca de la flor no se abrirá, por lo que existe el defecto del retraso en ver el rostro de Buda. ¡Ojalá no tengamos esa experiencia! Que la flor se abra inmediatamente al nacer para que podamos ver el rostro de Amitaba.

NUESTRAS ACTIVIDADES EN DEWACHEN

བསོད་ནམས་སྟོབས་དང་རྫུ་འཕྲུལ་གྱིས།

SO NAM TOB DANG DZU TRUL GYI

méritos poder y milagro, magia por

Milagrosamente y por el poder de nuestro mérito

ལག་པའི་མཐིལ་ནས་མཆོད་པའི་སྤྲིན།

LAG PAI THIL NAE CHO PE TRIN

de las manos palma de la ofrenda nube (i.e. surgen fácilmente en abundancia)

que de las palmas de nuestras manos

བསམ་མི་ཁྱབ་པ་སྤྲོས་བྱས་ནས།

SAM MI KHYAB PA TROE YAE NAE

inconcebibles,más allá e lo imaginable salen, emanan entonces

inconcebibles nubes de ofrendas surjan y

སངས་རྒྱས་འཁོར་བཅས་མཆོད་པར་ཤོག།

SANG GYE KHOR CHE CHO PAR SHOG

Buda (Amitaba) con su séquito ofrezco podamos

que las podamos ofrecer al Buda y a su séquito.

དེ་ཚེ་དེ་བཞིན་གཤེགས་པ་དེས།

DE TSHE DE ZHIN SHEG PA DAE

ese tiempo el tatágata (Amitaba) por eso

Que en ese momento el Tatágata

ཕྱག་གཡས་བརྐྱང་ནས་མགོ་ལ་བཞག།

CHAG YAE KYANG NAE GO LA ZHAG

mano derecha extender entonces (mi) cabeza sobre poner (como bendición)

extienda su mano derecha y la coloque sobre nuestras cabezas.

བྱང་ཆུབ་ལུང་བསྟན་ཐོབ་པར་ཤོག།

CHANG CHUB LUNG TEN THOB PAR SHOG
bodi,   predicción   obtener   podamos!
iluminación

Que recibamos su predicción de nuestra iluminación.

Milagrosamente y por el poder de nuestro mérito, inconcebibles nubes de ofrendas surgen de las palmas de nuestras manos para que las ofrez-camos al Buda y a su séquito. Que en ese momento el Tatágata extienda su mano derecha y la coloque sobre nuestras cabezas. Que recibamos su predicción de nuestra iluminación.

ཟབ་དང་རྒྱ་ཆེའི་ཆོས་ཐོས་ནས།

ZAB DANG GYA CHEI CHO THO NAE
profundo y   grande   Darma oir   entonces

Que al escuchar el profundo y vasto Darma

རང་རྒྱུད་སྨིན་ཅིང་གྲོལ་བར་ཤོག།

RANG GYU MIN CHING DROL WAR SHOG
propia mente madurar   liberar   deben ser!

nuestras mentes maduren y se liberen.

སྤྱན་རས་གཟིགས་དང་མཐུ་ཆེན་ཐོབ།

CHEN RAE ZI DANG THU CHEN THOB
Avalokitésvara   y   Vajrapani

Que Chenrezi y Vajrapani,

རྒྱལ་སྲས་ཐུ་བོ་རྣམ་གཉིས་ཀྱིས།

GYAL SAE THU WO NAM ÑI KYI
victorioso hijo hermano dos, ambos por
(bodisatva)   mayor

los dos bodisatvas más destacados,

བྱིན་གྱིས་བརླབས་ཤིང་རྗེས་བཟུང་ཤོག།

YIN GYI LAB SHING YE ZUNG SHOG
bendecir   tener como discípulos, puedan
*   cuidar de*

nos bendigan y nos tengan como discípulos.

Que al escuchar el profundo y vasto Darma nuestras mentes maduren y se liberen. Que Chenrezi y Vajrapani, los dos bodisatvas más destaca-dos, nos bendigan y nos tengan como discípulos.

ཉིན་རེ་བཞིན་དུ་ཕྱོགས་བཅུ་ཡི།

ÑIN RE ZHIN DU   CHOG   CHU   YI
diariamente   direcciones   diez   de
                             (i.e. por todas partes)

Cada día, cuando innumerables

སངས་རྒྱས་བྱང་སེམས་དཔག་མེད་པ།

SANG GYE   CHANG SEM   PA ME PA
Buda   bodisatvas   innumerables

budas y bodisatvas de las diez direcciones

འོད་དཔག་མེད་པ་མཆོད་པ་དང་།

OE PA MEPA   CHOE PA   DANG
Amitaba   ofrezco   y

vienen a hacer ofrendas a Amitaba y

ཞིང་དེར་བལྟ་ཕྱིར་འབྱོན་པའི་ཚེ།

ZHING   DER   TA   CHIR   YON PE   TSHE
reino   allí   mirar   con el fin de   venir   ese tiempo

a ver su reino,

དེ་དག་ཀུན་ལ་བསྙེན་བཀུར་ཞིང་།

DE DA   KUN   LA   ÑEN KUR ZHING
estos   todos   a   servir

que podamos servirles a todos y

ཆོས་ཀྱི་བདུད་རྩི་ཐོབ་པར་ཤོག།

CHO   KYI   DU TSI   THOB PAR   SHOG
darma   de   amrita,   obtener   podamos
                      elixir liberador

recibir el elixir liberador del Darma.

Cada día, cuando innumerables budas y bodisatvas de las diez direcciones vienen a hacer ofrendas a Amitaba y a ver su reino, que podamos servirles a todos y recibir el elixir liberador del Darma.

རྫུ་འཕྲུལ་ཐོགས་པ་མེད་པ་ཡིས།

DZU TRUL   THOG PA ME PA   YI
milagros   sin obstáculos   por

Milagrosamente sin impedimentos,

མངོན་དགའི་ཞིང་དང་དཔལ་ལྡན་ཞིང་།

NGON GAI ZHING   DANG   PAL DEN ZHING
Alegre*   *y*   *Glorioso***
* el nombre del reino puro de Aksobya al este
** el nombre del reino puro de Ratnasambava al norte

a los reinos llamados Alegre y Glorioso,

ལས་རབ་རྫོགས་དང་སྟུག་པོ་བཀོད།

LAE RAB DZOG   DANG   TUG PO KO**
Acción Perfecta*   *y*   *Engalanado Densamente***
* el nombre del reino puro de Amoghasiddi al sur
**el nombre del reino puro de Vairocana en el centro

Acción Perfecta y Engalanado Densamente

སུ་རོ་དེ་དག་རྣམས་སུ་འགྲོ།

NGA DRO   DE DAG NAM   SU   DRO
mañana   estos   a   ir

que podamos ir por la mañana.

མི་བསྐྱོད་རིན་འབྱུང་དོན་ཡོད་གྲུབ།

MI KYO   RIN YUNG   DON YO DRUB
Imperturbable,   Nacido de una joya,   Logro Significativo,
Aksobya   *Ratnasambava*   *Amoghasidi*

Allí, de los budas Aksobya, Ratnasambava, Amogasidi,

རྣམ་སྣང་ལ་སོགས་སངས་རྒྱས་ལ།

NAM NANG   LA SOG   SANG GYE   LA
Iluminador,   y demás   budas   a
Vairocana

Vairocana y los otros budas,

དབང་དང་བྱིན་རླབས་སྡོམ་པ་ཞུ།

WANG   DANG   YIN LAB   DOM PA   ZHU
iniciación   y   bendiciones   votos   pedir

que podamos pedir y recibir iniciaciones, bendiciones y votos.

མཆོད་པ་དུ་མས་མཆོད་བྱས་ནས།

CHOE PA   DU MAE   CHOE YAE   NAE
ofrendas   muchas   hacer ofrendas   entonces

Habiéndoles presentado muchas ofrendas,

དགོང་མོ་བདེ་བ་ཅན་ཉིད་དུ།

GONG MO   DE WA CHEN   ÑI   DU
tarde   Sukavati «Feliz»   mismo a

al atardecer a Dewachen

དཀའ་ཚེགས་མེད་པར་སླེབས་པར་ཤོག།

KA   TSHEG   ME PAR   LEB PAR   SHOG
dificultad problemas sin   volver   debemos!

que regresemos sin dificultad.

Que podamos ir por la mañana, milagrosamente sin impedimentos, a los reinos denominados Alegre, Glorioso, Acción Perfecta y Engalanado Densamente. Que en estos reinos solicitemos y recibamos de los budas Aksobya, Ratnasambava, Amogasidi, Vairochana y los demás budas, iniciaciones, bendiciones y votos. Habiéndoles presentado muchas ofrendas, que regresemos sin dificultad al atardecer a Dewachen.

པོ་ཏ་ལ་དང་ལྕང་ལོ་ཅན།

PO TA LA   DANG   CHANG LO CHAN
Potala, donde   y   Alakavati, donde permanece Vajrapani
permanece Chenrezi

Potala y Changlo Chan,

ང་ཡབ་གླིང་དང་ཨོ་རྒྱན་ཡུལ།

NGA YAB LING   DANG   OR GYAN YUL
Camaradvipa, donde Padmasambava   y   la tierra de Oddiyana, donde
está ahora en Zangdopalri   nació Padmasambava

Ngayab Ling y Orgyan Yul

སྤྲུལ་སྐུའི་ཞིང་ཁམས་བྱེ་བ་བརྒྱར།

TRUL KUI   ZHING KHAM   YE WA   GYAR
nirmanakaya reinos   uno o diez cien
*   millones*

en un número infinito de estos reinos nirmanakaya residen

སྤྱན་རས་གཟིགས་དང་སྒྲོལ་མ་དང་།

CHEN RE ZI   DANG   DROL MA   DANG
Avalokitésvara   y   Tara   y

Chenrezi y Drolma,

ཕྱག་རྡོར་པད་འབྱུང་བྱེ་བ་བརྒྱ།

CHAG DOR — **PAE YUNG** — **YE WA** — **GYA**
Vajrapani — *Padmasambava* — *uno o diez millones* — *cien*

Chana Dorye y Pema Yungne, cada uno apareciendo en número infinito.

མཇལ་ཞིང་མཆོད་པ་རྒྱ་མཚོས་མཆོད།

CHAL ZHING — **CHO PA** — **GYAM TSHOE** — **CHO**
verlos, encontrarse con ellos — *ofrendas* — *océano,(i.e. vasto) cantidad//por* — *ofrezco*

Que al verlos podamos presentar un océano de ofrendas y

དབང་དང་གདམས་ངག་ཟབ་མོ་ཞུ།

WANG — **DANG** — **DAM NGAG** — **ZAB MO** — **ZHU**
iniciación — *y* — *instrucciones* — *profundas* — *pedir*

solicitar y recibir iniciaciones e instrucciones profundas.

མྱུར་དུ་རང་གནས་བདེ་ཆེན་ཞིང་།

ÑUR DU — **RANG** — **NAE** — **DE CHEN** — **ZHING**
rápidamente — *propio* — *lugar* — *Sukavati* — *reino*

Entonces, a nuestro propio lugar de Dewachen,

ཐོགས་པ་མེད་པར་ཕྱིན་པར་ཤོག །

THOG PA ME PAR — **CHIN PAR** — **SHOG**
sin impedimento, fácilmente — *ir, volver* — *debemos*

que podamos regresar rápidamente y sin obstáculos.

Potala y Changlo Chan, Ngayab Ling y Orgyan Yul, en un número infinito de estos reinos nirmanakaya residen Chenrezi y Drolma, Chana Dorye y Pema Yungne, cada uno aparece en números infinitos. Que al verlos podamos presentar un océano de ofrendas y solicitar y recibir iniciaciones e instrucciones profundas. Que podamos regresar rápidamente y sin obstáculos a nuestro propio lugar de Dewachen.

ཤུལ་གྱི་ཉེ་དུ་གྲ་སློབ་སོགས །

SHUL GYI — **ÑE DU** — **DRA** — **LOB** — **SOG**
anterior lugar* — *amigos, familiares* — *monjes* — *maestros* — *y demás*
*el que hemos dejado por Dewachen

A los amigos, monjes y maestros que permanecen en nuestra antigua morada

ལྷ་ཡི་མིག་གིས་གསལ་བར་མཐོང་།

LHA YI — **MIG** — **GI** — **SAL WAR** — **THONG**
divino — *ojo* — *por* — *claramente* — *ver*

podemos ver claramente con el ojo divino.

 སྲུང་སྐྱོབ་བྱིན་གྱིས་རློབས་བྱེད་ཅིང་།

SUNG   **KYOB**   **YIN GYI LOB**   **YE CHING**
guardar   *protejer*   *bendecir*   *hacer*

Que los guardemos, protejamos y bendigamos, y

འཆི་དུས་ཞིང་དེར་ཁྲིད་པར་ཤོག།

CHI   **DU**   **ZHING**   **DER**   **TRI PAR**   **SHOG**
muerte   *tiempo*   *reino*   *allí*   *conducir, dirigir*   *podamos*
(cuando mueran)   *(Dewachen)*

y que a su muerte los conduzcamos aquí, a Dewachen.

Con el ojo divino podemos ver claramente a los amigos, monjes y maestros que permanecen en nuestra antigua morada. Que los guardemos, protejamos y bendigamos, y que a su muerte los conduzcamos aquí, a Dewachen.

བསྐལ་བཟང་འདི་ཡི་བསྐལ་པའི་ཡུན།

KAL ZANG   **DI**   **YI**   **KAL PE**   **YUN**
Badrakalpa*   *este*   *de*   *kalpas, eones*   *tiempo, duración*
           (i.e. muchísimo tiempo)

*el buen kalpa actual en el que aparecerán mil budas. Sakiamuni fue el 4°

La duración del eón actual conocido como el Afortunado,

བདེ་བ་ཅན་གྱི་ཞག་གཅིག་སྟེ།

DE WA CHEN   **GYI**   **ZHAG**   **CHIG**   **TE**
Sukavati   *de*   *día*   *uno*   *así*
          (24 hours)

es igual a la de un solo día en Dewachen.

བསྐལ་པ་གྲངས་མེད་འཆི་བ་མེད།

KAL PA   **DRANG ME**   **CHI WA**   **ME**
kalpa, eón   *incontable*   *muerte*   *sin*
(i.e. kalpas en Dewachen)

¡No hay muerte en Dewachen durante un número incontable de eones!

རྟག་ཏུ་ཞིང་དེར་འཛིན་པར་ཤོག།

TAG TU   **ZHING**   **DER**   **DZIN PAR**   **SHOG**
siempre,   *reino*   *ese*   *quedar, permanecer allí*   *podamos!*
continuamente   *(Dewachen)*

¡Que podamos quedarnos siempre en este reino!

Un solo día en Dewachen equivale a la duración del eón actual conocido como el Afortunado. ¡No hay muerte en Dewachen durante un número incontable de eones! ¡Que podamos quedarnos siempre en este reino!

ཀྱམས་པ་ནས་བཟུང་མོས་པའི་བར།

YAM PA   NAE ZUNG   MO PE   BAR
Maitreya*   *empezar con,*   *Mopa Thaye***   *until*
             de él en adelante

*el quinto buda del Badrakalpa   ** Rochana, el milésimo buda del Badrakalpa

Desde Maitreya hasta Rochana,

བསྐལ་བཟང་འདི་ཡི་སངས་རྒྱས་རྣམས།

KAL ZANG   DI   YI   SANG GYE NAM
Badrakalpa   *este* *de*   *budas*

cuando los budas de este eón Afortunado

འཇིག་རྟེན་འདི་ན་ནམ་འབྱོན་ཚེ།

YIG TEN   DI   NA   NAM   YON   TSHE
mundo   *este* *a* *cuando venir* *tiempo*
(en samsara)

vengan a este mundo, entonces

རྫུ་འཕྲུལ་སྟོབས་ཀྱིས་འདིར་འོངས་ནས།

DZU TRUL   TOB   KYI   DIR   ONG   NAE
milagro   *poder* *por*   *aquí* *venir* *entonces*
                                      (a este mundo desde Dewachen)

que podamos llegar aquí milagrosamente y

སངས་རྒྱས་མཆོད་ཅིང་དམ་ཆོས་ཉན།

SANG GYE   CHOD CHING   DAM   CHO   ÑAN
budas*   *ofrenda*   *santo,*   *darma*   *oír*
* los de este kalpa Afortunado   *excelente*

haciendo ofrendas a estos budas, que podamos escuchar de ellos el santo Darma.

སླར་ཡང་བདེ་ཆེན་ཞིང་ཁམས་སུ།

LAR YANG   DE CHEN   ZHING KHAM   SU
de nuevo   *Sukavati*   *reino*   *a*

Entonces, una vez más, al reino de Dewachen

ཐོགས་པ་མེད་པར་འགྲོ་བར་ཤོག།

THOG PA ME PAR   DRO WAR   SHOG
sin impedimento, fácil   *ir*   *podamos!*
y rápidamente

que regresemos sin dificultad.

Desde Maitreya hasta Rochana, cuando los budas de este eón Afortu-
nado vengan a este mundo, que podamos llegar aquí milagrosamente y,

*haciendo ofrendas a estos budas, que podamos escuchar de ellos el santo
Darma. Entonces, una vez más, que regresemos sin dificultad al reino
de Dewachen.*

DESCRIPCIÓN DE DEWACHEN

སངས་རྒྱས་བྱེ་བ་ཁྲག་ཁྲིག་བརྒྱ་སྟོང་ཕྲག།

SANG GYE YE WA   TRAG TRIG   GYA TONG TRAG
Buda   diez millones cien mil   cien mil
*   millones*

Los budas son infinitos en número y

བརྒྱད་ཅུ་རྩ་གཅིག་སངས་རྒྱས་ཞིང་ཀུན་གྱི།

GYAE CHU TSA CHIG   SANG GYE   ZHING KUN   GYI
ochenta y uno   buda   reinos   de

y cada uno de ellos tiene muchos reinos búdicos.

ཡོན་ཏན་བཀོད་པ་ཐམས་ཅད་གཅིག་བསྡོམས་པ།

YON TAN   KOE PA   THAM CHE   CHIG   DOM PA
buenas cualidades construidos, todos   uno   unidos juntas
*   decorados   (i.e. como Dewachen)*

Las buenas cualidades de todos estos reinos se unen en un

ཞིང་ཁམས་ཀུན་ལས་ཁྱད་འཕགས་བླ་ན་མེད།

ZHING KHAM   KUN   LAE   KHYAE   PHAG   LA NA ME
reino   todos   de   especial excelente insuperable

reino único entre todos los demás, el excelente e insuperable

བདེ་བ་ཅན་གྱི་ཞིང་དེར་སྐྱེ་བར་ཤོག།

DE WA CHEN   GYI   ZHING   DER   KYE WAR   SHOG
Sukhavati   de   reino   allí   nacer   pueda yo

reino de Dewachen. ¡Ojalá podamos nacer allí!

*Los budas son infinitos en número y cada uno de ellos tiene muchos
reinos búdicos. Las buenas cualidades de todos estos reinos se unen en
un reino único entre todos los demás, el excelente e insuperable reino de
Dewachen. ¡Ojalá podamos nacer allí!*

རིན་ཆེན་ས་གཞི་ཁོད་སྙོམས་ལག་མཐིལ་ལྟར།

RIN CHEN   SA ZHI   KHOE   ÑOM   LAG THIL   TAR
joya   base,   superficie llana palma de   como
*   terreno   la mano*

La superficie de su base enjoyada es plana como la palma de la mano, y

ཡངས་ཤིང་རྒྱ་ཆེ་གསལ་ཞིང་འོད་ཟེར་འབར།

YANG SHING   GYA CHE   SAL ZHING   OE ZER   BAR
ancha   vasta   clara   rayos de luz   irradian
                                          (i.e. brilla con resplandor)

amplia, vasta y brillantemente resplandeciente,

མནན་ན་ནེམ་ཞིང་བཏེགས་ན་སྤར་བྱེད་པ།

NAN   NA   NEM   ZHING   TEG   NA   PAR YE PA
cede   si   bajas   y   sube   si   subes

es suave, sutil y receptiva.

བདེ་འཇམ་ཡངས་པའི་ཞིང་དེར་སྐྱེ་བར་ཤོག

DE   YAM   YANG PE   ZHING   DER   KYE WA   SHOG
feliz   suave   ancha, abierta   reino   allí   nacer   podamos

Ojalá podamos nacer allí, en ese lugar agradable, apacible y espacioso.

La superficie de su base enjoyada es plana como la palma de la mano. Amplia, vasta y brillantemente resplandeciente, es suave, sutil y receptiva. Ojalá podamos nacer allí, en ese lugar agradable, apacible y espacioso.

རིན་ཆེན་དུ་མ་ལས་གྲུབ་དཔག་བསམ་ཤིང་།

RIN CHEN   DU MA   LAE   DRUB   PAG SAM SHING
joyas   muchas   de   hechas   árboles que conceden deseos

Hay árboles que conceden deseos hechos de muchas joyas

ལོ་མ་དར་ཟབ་འབྲས་བུ་རིན་ཆེན་རྒྱན།

LO MA   DAR ZAB   DRAE BU   RIN CHEN   GYEN
hojas   seda   fruto   joyas   adornados

que están adornados con hojas de seda y frutos de gemas preciosas.

དེ་སྟེང་སྤྲུལ་པའི་བྱ་ཚོགས་སྐད་སྙན་སྒྲོགས།

DE TENG   TRUL PE   YA   TSHOG   KAE   ÑAN   DRAE
en ellos   milagrosos   pájaros multitudes   habla   dulce,   sonido, dicen
                                                        agradable

Albergan muchos pájaros milagrosos que cantan dulcemente y su sonido

ཟབ་དང་རྒྱ་ཆེའི་ཆོས་ཀྱི་སྒྲ་རྣམས་སྒྲོགས།

ZAB   DANG GYA CHEI   CHO   KYI   DRA NAM   DROG
profundo y   vasto   Darma   de   sonidos   hacer, hablar

roclama el profundo y vasto Darma.

རོ་མ་ཚར་ཆེན་པོའི་ཞིང་དེར་སྐྱེ་བར་ཤོག །

NGO TSHAR   CHEN POI   ZHING   DER   KYE WAR   SHOG
maravilloso   muy grande   reino   allí   nacer   podamos

Ojalá podamos nacer en esa maravillosa tierra.

*Hay árboles que conceden deseos hechos de muchas joyas que están ador-
nados con hojas de seda y frutos de gemas preciosas. Albergan muchos
pájaros milagrosos que cantan dulcemente y su sonido proclama el
profundo y vasto Darma. Ojalá podamos nacer en esa maravillosa tierra.*

སྤོས་ཆུའི་ཆུ་ཀླུང་ཡན་ལག་བརྒྱད་ལྡན་མང་།

POE   CHUI   CHU LUNG   YEN LA   GYAE   DEN   MANG
perfumada   agua   río   aspectos   ocho*   tener   muchos
*suavidad, ligereza, frescor, despeja la garganta, fácil de digerir, claridad, frescura, sin impurezas

Hay muchos ríos de agua fragante que poseen las ocho buenas cualidades, y

དེ་བཞིན་བདུད་རྩིའི་ཁྲུས་ཀྱི་རྫིང་བུ་རྣམས།

DE ZHIN   DUE TSI   TRU KYI   DZING BU NAM
*similarmente   amrita,   bañar   piscinas
              elixir liberador*

estanques de baño de elixir liberador

རིན་ཆེན་སྣ་བདུན་ཐེམ་སྐས་ཕ་གུས་བསྐོར།

RIN CHEN   NA DUN THEM KAE   PHA GUE   KOR
joyas, preciosas   siete*   escalones   cara, borde   rodeados
*oro, plata, turquesa, coral, perla, cristal y grafito

con escalones y bordes de las siete preciosas.

མེ་ཏོག་པདྨ་དྲི་ཞིམ་འབྲས་བུར་ལྡན།

ME TOG   PAE MA DRI   ZHIM   DRE BUR   DEN
*flores   loto   aroma agradable,   fruta   tener
(en los estanques de baño)   dulce*

Estos estanques tienen flores de loto, de dulce aroma y fructíferas,

པདྨའི་འོད་ཟེར་དཔག་ཏུ་མེད་པར་འཕྲོ།

PAE ME   OE   ZER   PAG TU ME PAR   TRO
loto   luz   rayos   innumerables   irradian

que irradian innumerables rayos de luz

འོད་ཟེར་རྩེ་ལ་སྤྲུལ་པའི་སངས་རྒྱས་བརྒྱན།

OE   ZER   TSE   LA   TRUL PAI   SANG GYE   GYAN
luz   rayos   punta   en la   milagrosos   budas   adornados

cada uno adornado en su punta con budas milagrosos.

ཡ་མཚན་ཆེན་པོའི་ཞིང་དེར་སྐྱེ་བར་ཤོག །

YAM TSHAN   CHEN POI   ZHING   DER   KYE WAR   SHOG
maravilloso,   grande   reino   allí   nacer   podamos
espléndido

Ojalá podamos nacer en ese lugar tan maravilloso.

Hay muchos ríos de agua fragante que poseen las ocho buenas cualidades, y estanques de baño de elixir liberador con escalones y bordes de las siete preciosas. Estos estanques tienen flores de loto, de dulce aroma y fructíferas, que irradian innumerables rayos de luz, cada uno adornado en su punta con budas milagrosos. Ojalá podamos nacer en ese lugar tan maravilloso.

མི་ཁོམས་བརྒྱད་དང་དངན་སོང་སྐྱ་མི་གྲགས། །

MI KHOM   GYAE   DANG   NGAN SONG   DRA   MI   DRAG
difíciles,   ocho   y   estados aflictivos   sonido   no   oír*
estados sin seguridad   (tres reinos inferiores)
*infiernos, fantasmas insaciables, animales, bárbaros, áreas fronterizas, visiones erróneas, estupidez, larga vida de los dioses

El sonido de las ocho situaciones difíciles y de los tres reinos inferiores no llega allí,

ཉོན་མོངས་དུག་ལྔ་དུག་གསུམ་ནད་དང་གདོན། །

ÑON MONG DUG   NGA   DUG   SUM   NAE   DANG   DON
klesas,   venenos cinco   venenos tres#   enfermedad   y   malos*
aflicciones   espíritus
*estupidez, ira, deseo, orgullo y celos   #los tres primeros de los cinco venenos

a ese reino no tocado por los cinco venenos aflictivos. Además, la enfermedad, los espíritus malignos,

དགྲ་དང་དབུལ་ཕོངས་འཐབ་རྩོད་ལ་སོགས་པ། །

DRA   DANG   UL PHONG   THAB TSO   LA SOG PA
enemigos   y   pobres   peleas,   y demás
discusiones

los enemigos, la pobreza, las luchas y

སྡུག་བསྔལ་ཐམས་ཅད་ཞིང་དེར་ཐོས་མ་མྱོང་། །

DUG NGAL   THAM CHE   ZHING   DER   THO   MA   ÑONG
sufrimientos   todos   reino   allí   oír   no   experimentar
todos esos sufrimientos ni siquiera se oyen allí.

བདེ་བ་ཆེན་པོའི་ཞིང་དེར་སྐྱེ་བར་ཤོག །

DE WA CHEN POI   ZHING   DER KYE WAR   SHOG
gran alegría   reino   allí   nacer   podamos!
Que podamos nacer en ese reino de gran alegría.

El sonido de las ocho situaciones difíciles y de los tres reinos inferiores no llega allí, a ese reino no tocado por los cinco venenos aflictivos. Además, la enfermedad, los espíritus malignos, los enemigos, la pobreza, las luchas y todos esos sufrimientos ni siquiera se oyen allí. Que podamos nacer en ese reino de gran alegría.

བུད་མེད་མེ་ཆིང་ངལ་ནས་སྐྱེ་བ་མེད།

BU ME	ME CHING	NGAL	NAE	KYE WA	ME
mujer	sin	útero	desde	nacer	sin

Allí no hay mujeres ni nacimientos de un útero, pues

ཀུན་ཀྱང་མེ་ཏོག་པདྨའི་སྦུབས་ནས་འཁྲུངས།

KUN	KYANG	ME TO	PAE ME	BUB	NAE	TRUNG
todos	pero	flor	loto	surgir	de	nacer

todos nacen dentro de flores de loto.

ཐམས་ཅད་སྐུ་ལུས་ཁྱད་མེད་གསེར་གྱི་མདོག

THAM CHE	KU	LU	KHYAE	ME	SER GYI	DO
todos	cuerpo	cuerpo	diferencia	sin	amarillo	color

No hay diferencias entre los cuerpos y todos son de color dorado, cada uno

དབུ་ལ་གཙུག་ཏོར་ལ་སོགས་མཚན་དཔེན་བརྒྱན།

U	LA	TSUG TOR	LA SOG	TSHAN PE	GYAN
cabeza	sobre	usnisha, protuberancia	y demás	marcas y signos auspiciosos	adornados

adornado con una protuberancia en la cabeza y todas las demás marcas y signos auspiciosos.

མངོན་ཤེས་ལྔ་དང་སྤྱན་ལྔ་ཀུན་ལ་མངའ།

NGON SHE	NGA DANG CHAN	NGA	KUN	LA	NGA
conocimiento milagroso*	cinco y ojo**	cinco	todos	a	tener

*ojo divino, oído divino, conocimiento de los pensamientos de los demás, conocimiento de cómo realizar milagros y conocimiento de las vidas anteriores de cada uno ** carnal, divino, de sabiduría, del Darma, y el ojo de buda.

Todos tienen los cinco conocimientos extraordinarios y los cinco ojos.

ཡོན་ཏན་དཔག་མེད་ཞིང་དེར་སྐྱེ་བར་ཤོག

YON TAN	PA ME	ZHING	DER	KYE WAR	SHOG
buenas cualidades	incontables	reino	allí	nacer	debemos

Que podamos nacer en esa tierra de innumerables buenas cualidades.

Allí no hay mujeres ni nacimientos de un útero, pues todos nacen dentro de flores de loto. No hay diferencias entre los cuerpos y todos son de color dorado, cada uno adornado con una protuberancia en la cabeza y todas las demás marcas y signos auspiciosos. Todos tienen los cinco conocimientos extraordinarios y los cinco ojos. Que podamos nacer en esa tierra de innumerables buenas cualidades.

རང་བྱུང་རིན་ཆེན་སྣ་ཚོགས་གཞལ་ཡས་ཁང་།

RANG YUNG   **RIN CHEN**   **NA TSHOG**   **ZHAL YAE KHANG**
autosurgir, autoocurrir   *joyas*   *muchas distintas palacio, infinitud, mandala*

En los palacios divinos autosurgidos compuestos de diversas joyas

ཅི་འདོད་ལོངས་སྤྱོད་ཡིད་ལ་དྲན་པས་འབྱུང་།

CHI DOE   **LONG CHOE**   **YID**   **LA**   **DREN PAE YUNG**
cualquier cosa deseada   *riqueza, objetos mente en recordar llega*

cualquier riqueza y lujo que se desee aparece con el mero pensamiento.

རྩོལ་སྒྲུབ་མི་དགོས་དགོས་འདོད་ལྷུན་གྱིས་གྲུབ།

TSOL   **DRUB**   **MI GOE**   **GOE**   **DOD**   **LHUN GYI DRUB**
esfuerzo esfuerzo, no es necesaria necesidades deseos   surgen sin esfuerzo
         práctica

El esfuerzo no es necesario y todo lo que uno necesita o desea viene fácilmente.

ང་ཁྱོད་མེད་ཅིང་བདག་ཏུ་འཛིན་པ་མེད།

NGA   **KHYO**   **ME CHING**   **DAG**   **TU**   **DZIN PA**   **ME**
Yo   *tú*   *sin*   *sí mismo a*   *aferrar*   *sin*
(no discriminar el yo de los otros)

Sin pensar «es mío» o «es tuyo» y sin aferrarse a entidades,

གང་འདོད་མཆོག་སྤྲིན་ལག་པའི་མཐིལ་ནས་འབྱུང་།

GANG   **DOE**   **CHOE**   **TRIN**   **LAG PE**   **THIL**   **NAE YUNG**
cualquiera gusto,   *ofrenda*   *nubes   de las manos palma de   surge*
        deseo

las nubes de ofrendas de lo que se desea surgen de la palma de la mano.

ཐམས་ཅད་བླ་མེད་ཐེག་ཆེན་ཆོས་ལ་སྤྱོད།

THAM CHE   **LA ME**   **THEG CHEN**   **CHO**   **LA**   **CHO**
todos   *insuperable mahayana*   *darma a   practicar*

Todos los seres practican allí el insuperable Darma mahayana.

བདེ་སྐྱིད་ཀུན་འབྱུང་ཞིང་དེར་སྐྱེ་བར་ཤོག།

DE KYI   **KUN**   **YUNG**   **ZHING DER**   **KYE WAR**   **SHOG**
felicidad   *todos*   *fuente,*   *reino   allí   nacer   podamos*
            surgir

Que podamos nacer en ese reino que es la fuente de toda felicidad.

En los palacios divinos autosurgidos formados con joyas diversas, cualquier riqueza y lujo que se desee aparece con el mero pensamiento. El esfuerzo no es necesario y todo lo que uno necesita o desea viene fácilmente. Sin pensar «es mío» o «es tuyo» y sin aferrarse a entidades, las nubes de ofrendas de lo que se desea surgen de la palma de la mano. Todos los seres practican allí el insuperable Darma mahayana. Que podamos nacer en ese reino que es la fuente de toda felicidad.

དྲི་ཞིམ་རླུང་གིས་མེ་ཏོག་ཆར་ཆེན་འབེབས།

DRI	ZHIM	LUNG	GI	ME TOG	CHAR	CHEN	BEB
aroma, fragancia	*agradable*	*aire*	*por*	*flores*	*lluvia*	*grande*	*caer*

La brisa agradablemente perfumada hace llover flores.

ཤིང་དང་ཆུ་ཀླུང་པདྨོ་ཐམས་ཅད་ལས།

SHING	DANG	CHU LUNG	PAE MO	THAM CHE	LAE
árbol	*y*	*río*	*flor de loto*	*todos*	*desde*

De todos los árboles, ríos y lotos

ཡིད་དུ་འོང་བའི་གཟུགས་སྒྲ་དྲི་རོ་རེག

YI DU ONG WE	ZUG	DRA	DRI	RO	REG
atractivo, fascinante	*formas*	*sonidos*	*olores*	*gusto*	*sentimiento, tacto*

fascinantes formas, sonidos, olores, sabores y texturas surgen

ལོངས་སྤྱོད་མཆོད་པའི་སྤྲིན་ཕུང་རྟག་ཏུ་འབྱུང་།

LONG CHO	CHOE PE	TRIN	PHUNG	TAG TU	YUNG
riqueza, placer	*ofrenda*	*nube*	*montón*	*siempre*	*surgir*

constantemente como vastas nubes de ofrendas de todo lo agradable.

བུད་མེད་མེད་ཀྱང་སྤྲུལ་པའི་ལྷ་མོའི་ཚོགས།

BU ME	ME	KYANG	TRUL PE	LHA MOI	TSHOG
mujeres	*sin*	*aunque*	*milagrosas*	*diosas*	*multitudes*

Aunque el género está ausente, hay multitud de diosas milagrosas,

མཆོད་པའི་ལྷ་མོ་དུ་མས་རྟག་ཏུ་མཆོད།

CHOE PAI	LHA MO	DU MAE	TAG TU	CHOD
ofrenda	*diosas*	*muchas*	*siempre*	*ofrecimiento*

diosas de ofrendas que brindan incesantes delicias.

La brisa agradablemente perfumada hace llover flores. De todos los árboles, ríos y lotos surgen constantemente formas, sonidos, olores, sabores y texturas fascinantes como vastas nubes de ofrendas de todo lo agradable. Aunque el género está ausente, hay multitud de diosas milagrosas, diosas de ofrendas que brindan incesantes delicias.

 འདུག་པར་འདོད་ཚེ་རིན་ཆེན་གཞལ་ཡས་ཁང་།

DUG PAR   **DOE**   **TSHE**   **RIN CHEN**   **ZHAL YAE KHANG**
estar, sentarse   *gustar*   *cuando*   *joya*   *palacio, infinitud*

Cuando uno desea sentarse, hay palacios divinos de joyas, y

ཉལ་བར་འདོད་ཚེ་རིན་ཆེན་ཁྲི་བཟང་སྟེང་།

ÑAL WAR   **DOE**   **TSHE**   **RIN CHEN**   **TRI**   **ZANG**   **TENG**
dormir   *gustar*   *cuando*   *joya*   *lecho*   *excelente*   *en*

cuando uno desea dormir hay excelentes lechos enjoyados

དར་ཟབ་དུ་མའི་མལ་སྟན་སྔས་དང་བཅས།

DAR ZAB   **DU ME**   **MAL TAN**   **NGAE**   **DANG CHE**
lujosas   *de muchas*   *de cama*   *almohada*   *y demás*

con mucha ropa de cama lujosa, almohadas y todo lo necesario.

བྱ་དང་ལྗོན་ཤིང་ཆུ་ཀླུང་རོལ་མོ་སོགས།

YA   **DANG**   **YON SHING**   **CHU LUNG**   **ROL MO**   **SOG**
pájaro   *y*   *árbol*   *río*   *música*   *y demás*

Cuando uno desea oír el sonido de los pájaros, los árboles, los ríos, la música, etc.,

ཐོས་པར་འདོད་ཚེ་སྙན་པའི་ཆོས་སྒྲ་སྒྲོགས།

THO PAR   **DOE**   **TSHE**   **ÑAN PE**   **CHO**   **DRA**   **DROG**
oír   *gustar*   *cuando*   *agradable, dulce*   *darma*   *sonido*   *hacer, decir*

nos ofrecen el dulce sonido del Darma,

མི་འདོད་ཚེ་ན་རྣ་བར་སྒྲ་མི་གྲགས།

MI DOE   **TSHE**   **NA**   **NA WAR**   **DRA**   **MI**   **DRAG**
no gustar   *tiempo*   *cuando*   *oído*   *sonido*   *no*   *escuchar*

y cuando uno no desea esto, entonces los oídos no oyen ningún sonido.

བདུད་རྩིའི་རྫིང་བུ་ཆུ་ཀླུང་དེ་རྣམས་ཀྱང་།

DU TSI   **DZING BU**   **CHU LUNG**   **DE NAM**   **KYANG**
elixir liberador   *estanque*   *río*   *estos*   *también*

Los ríos y los estanques de elixir liberador

རོ་གྲང་གར་འདོད་དེ་ལ་དེ་ལྟར་འབྱུང་།

DRO   **DRANG**   **GANG**   **DOE**   **DE**   **LA**   **DE TAR**   **YUNG**
caliente   *frío*   *cualquiera*   *gustar*   *ese*   *a*   *como eso*   *surgir*
                         (deseo)

se calientan o enfrían según el deseo de cada uno.

ཡི་བཞིན་འགྲུབ་པའི་ཞིང་དེར་སྐྱེ་བར་ཤོག །

YI ZHIN   DRUB PE   ZHING   DER   KYE WAR   SHOG
según   lograr,   reino,   allí nacer   podamos
su deseo completar lugar

Que podamos nacer en esa tierra donde nuestros deseos siempre se cumplen.

Cuando uno desea sentarse, hay palacios divinos de joyas, y cuando uno desea dormir hay excelentes lechos enjoyados con mucha ropa de cama lujosa, almohadas y todo lo necesario. Cuando uno desea oír el sonido de los pájaros, los árboles, los ríos, la música, etc., nos ofrecen el dulce sonido del Darma, y cuando uno no desea esto, entonces los oídos no oyen ningún sonido. Los ríos y los estanques de elixir liberador se calientan o enfrían según el deseo de cada uno. Que podamos nacer en esa tierra donde nuestros deseos siempre se cumplen.

NUESTRO PROGRESO A LA ILUMINACIÓN EN DEWACHEN

ཞིང་དེར་རྫོགས་པའི་སངས་རྒྱས་འོད་དཔག་མེད། །

ZHING   DER   DZOG PE   SANG GYE   OE PA ME
reino   allí   perfecto   Buda   Amitaba

En ese reino, el perfecto buda Amitaba

བསྐལ་པ་གྲངས་མེད་མྱ་ངན་མི་འདའ་བཞུགས། །

KAL PA   DRANG ME   ÑA NGEN   MI   DA   ZHUG
kalpa, eón   incontable   pena   no   pasar de   estar
                                             (morir, entrar en el nirvana)

permanecerá durante incontables eones sin pasar al nirvana.

དེ་སྲིད་དེ་ཡི་ཞབས་འབྲིང་བྱེད་པར་ཤོག །

DE SI   DE YI   ZHAB DRING   YE PAR   SHOG
durante   su   compañía   hacer   podamos
ese tiempo   (i.e. siempre acompañarlo)

Que durante ese tiempo le acompañemos siempre.

En ese reino, el perfecto Buda Amitaba permanecerá durante incontables eones sin pasar al nirvana. Que durante ese tiempo le acompañemos siempre.

ནམ་ཞིག་འོད་དཔག་མེད་དེ་ཞི་བར་གཤེགས། །

NAM ZHI   OE PA ME   DE   ZHI WAR   SHE
cuando   Amitaba   él   paz   vaya (entre en el nirvana)

Cuando Amitaba pase a la paz

བསྐལ་པ་གང་གའི་ཀླུང་གི་བྱེ་མ་སྙེད།

KAL PA   GANG GAI LUNG   GI   YE MA   NYE
kalpa, eones   Ganges   río   de   arena   tiene

su doctrina permanecerá durante tantos eones

གཉིས་ཀྱི་བར་དུ་བསྟན་པ་གནས་པའི་ཚེ།

ÑI   KYI   BAR DU   TEN PA   NAE PAI   TSHE
dos veces de   hasta, durante sus doctrinas permanecer tiempo, duración

como el doble de granos de arena hay en el río Ganges.

རྒྱལ་ཚབ་སྤྱན་རས་གཟིགས་དང་མི་འབྲལ་ཞིང་།

GYAL   TSHAB   CHEN RE ZI DANG MI   DRAL ZHING
Yina,(i.e.   representante   Avalokitésvara y   no   separar de
Amitaba)

Que durante ese tiempo no nos separemos de su representante, Chen-rezi, y

དེ་ཡི་ཡུན་ལ་དམ་ཆོས་འཛིན་པར་ཤོག།

DE YI   YUN   LA   DAM   CHO   DZIN PAR   SHOG
ese   periodo, en   santo   darma   sostener, mantener podamos
duración

y que sostengamos firmemente este santo darma.

Cuando Amitaba pase a la paz, su doctrina permanecerá durante tantos eones como el doble de granos de arena hay en el río Ganges. Que durante ese tiempo no nos separemos de su representante, Chenrezi, y que sostengamos firmemente este santo darma.

སྲོད་ལ་དམ་ཆོས་ནུབ་པའི་ཐོ་རངས་ལ།

SOE   LA   DAM   CHO   NUB PAI   THO RANG   LA
ocaso   al   santo   darma   declinar   amanecer   en el
(i.e. la doctrina de Amitaba)

Este santo darma de Amitaba se desvanecerá un día al anochecer y

སྤྱན་རས་གཟིགས་དེ་མངོན་པར་སངས་རྒྱས་ནས།

CHEN RE ZI   DE   NGON PAR   SANG GYE   NAE
Avalokitésvara ese, él   perfecto, manifiesto Buda   entonces

al amanecer del día siguiente Chenrezi alcanzará la budeidad perfecta

སངས་རྒྱས་འོད་ཟེར་ཀུན་ནས་འཕགས་པ་ཡི།

SANG GYE OE ZER   KUN   NAE   PHAG PA   YI
Buda   luz   rayos todos   desde, por glorioso   de
(Los rayos de luz de todos los Budas lo consagrarán.)

como buda «Glorioso de todos los rayos de luz»,

 དཔལ་བརྩེགས་རྒྱལ་པོ་ཞེས་བྱར་གྱུར་པའི་ཚེ།

PAL	TSEG	GYAL PO	ZHE YAR	GYUR PE	TSHE
esplendor	*reunido*	*rey*	*llamado*	*llegará a ser*	*en ese momento*

«Rey del esplendor reunido».

ཞལ་ཏ་མཆོད་ཅིང་དམ་ཆོས་ཉན་པར་ཤོག།

ZHAL TA	CHOE CHING	DAM	CHO	ÑAN PAR	SHOG
verle y servirle	*ofrenda*	*santo*	*darma*	*escuchar*	*podamos*

Que a partir de ese momento le conozcamos, le sirvamos y escuchemos el santo Darma.

Este santo darma de Amitaba se desvanecerá un día al anochecer y al amanecer del día siguiente Chenrezi alcanzará la budeidad perfecta como buda «Glorioso de todos los rayos de luz», «Rey del esplendor reunido». Que a partir de ese momento le conozcamos, le sirvamos y escuchemos el santo Darma.

སྐུ་ཚེ་བསྐལ་པ་བྱེ་བ་ཁྲག་ཁྲིག་ནི།

KU TSHE	KAL PA	YE WA	TRAG TRIG	NI
duración vital	*kalpa, eón*	*diez millones*	*cien mil millones*	*(énfasis)*

Permanecerá durante una vida

འབུམ་ཕྲག་དྲུག་ཅུ་རྩ་དྲུག་བཞུགས་པའི་ཚེ།

BUM TRA	DRUG CHU TSA DRUG	ZHUG PE	TSHE
cien mil	*sesenta y seis*	*permanecer*	*tiempo*

que durará un número increíble de eones.

རྟག་ཏུ་ཞབས་འབྲིང་བསྙེན་བཀུར་བྱེད་པ་དང་།

TAG TU	ZHAB DRING	NYEN KUR	YE PA	DANG
siempre	*acompañar*	*servicio*	*hacer*	*y*

Que durante ese periodo podamos acompañarle y servirle siempre, y

མི་བརྗེད་གཟུངས་ཀྱིས་དམ་ཆོས་འཛིན་པར་ཤོག།

MI YED	ZUNG	KYI	DAM CHO	DZIN PAR	SHOG
sin olvidar	*sostener*	*por*	*santo darma**	*sostener, mantener*	*podamos!*

*el que enseña Chenrezi

mantenernos fieles a su santo darma sin olvidar nada.

Permanecerá durante una vida de un número increíble de eones. Que durante ese periodo podamos acompañarle y servirle siempre, y mantenernos fieles a su santo darma sin olvidar nada.

ཉུ་རན་འདས་ནས་དེ་ཡི་བསྟན་པ་ནི།

ÑA NGAN DAE   NAE   DE YI   TEN PA   NI
pasar al nirvana,   entonces   sus   doctrinas   (énfasis)
salir del sufrimiento

Después de que pase al nirvana, su doctrina

བསྐལ་པ་དུང་ཕྱུར་དྲུག་དང་བྱེ་བ་ཕྲག

KAL PA   DUNG CHUR   DRUG   DANG   YE WA TRA
kalpa, eón   cien millones   seis   y   diez millones

permanecerá durante un inmenso número de eones.

འབུམ་ཕྲག་གསུམ་གནས་དེ་ཆེ་ཆོས་འཛིན་ཅིང་།

BUM TRAG   SUM   NAE   DE TSHE   CHO   DZIN CHING
cien mil   tres   permanecer ese tiempo   darma   sostener, sostenedor
(el que está a cargo de ese sistema
darma)

Durante ese tiempo su darma será sostenido por

མཐུ་ཆེན་ཐོབ་དང་རྟག་ཏུ་མི་འབྲལ་ཤོག

THU CHEN THOB   DANG TAG TU   MIN DRAL   SHOG
Vajrapani, Mahasthamaprapta   y   siempre   no separado de   podamos

Vajrapani. Que nunca nos separemos de él.

Después de que pase al nirvana, su doctrina permanecerá durante un inmenso número de eones. Durante ese tiempo su darma será sostenido por Vajrapani. Que nunca nos separemos de él.

དེ་ནས་མཐུ་ཆེན་ཐོབ་དེ་སངས་རྒྱས་ནས།

DE NAE   THU CHEN THOB   DE   SANG GYE   NAE
entonces   Vajrapani   él   llegue a ser buda   entonces

Entonces, cuando Vajrapani alcance la budeidad como

དེ་བཞིན་གཤེགས་པ་རབ་ཏུ་བརྟན་པ་ནི།

DE ZHIN SHEG PA   RAB TUN   TAN PA   NI
Tatágata, Buda,   completamente   estable   (énfasis)
Así Ido

el tatágata «Plenamente Estable»,

ཡོན་ཏན་ནོར་བུ་བརྩེགས་པའི་རྒྱལ་པོར་གྱུར།

YON TAN   NOR BU   TSEG PAI   GYAL POR   GYUR
cualidades   joyas   reunidas   rey   llegue a ser

«Rey de las joyas y cualidades reunidas»

ཀུ་ཚེ་བསྟན་པ་སྤྱན་རས་གཟིགས་དང་མཉམ།

KU TSHE   TEN PA   CHEN RE ZI   DANG ÑAM
duración vital doctrina   Avalokitésvara   y   igual, mismo

tendrá una duración de vida y una doctrina iguales a las de Chenrezi.

སངས་རྒྱས་དེ་ཡི་རྟག་ཏུ་ཞབས་འབྲིང་བྱེད།

SANG GYE   DE YI   TAG TU   ZHAB DRING   YE
Buda (que   él   siempre   accompañar   hacer
era Vajrapani)   y servir

Que acompañemos siempre a este buda y

མཆོད་པས་མཆོད་ཅིང་དམ་ཆོས་ཀུན་འཛིན་ཤོག

CHOE PAE   CHOE CHING DAM   CHO   KUN   DZIN   SHOG
ofrendas   ofrenda   santo darma todos sostener, mantener podamos

presentando ofrendas, mantengamos su santo darma.

Entonces, cuando Vajrapani alcance la budeidad como el tatágata «Rey plenamente estable de las joyas y cualidades reunidas», tendrá una duración de vida y una doctrina iguales a las de Chenrezi. Que acompañemos siempre a este buda y, presentando ofrendas, mantengamos su santo darma.

དེ་ནས་བདག་གི་ཚེ་དེ་བརྗེས་མ་ཐག

DE NAE   DAG GI TSHE   DE   YE   MA THAG
entonces,   mi   vida   que después inmediatamente
al final

Entonces, inmediatamente al final de nuestras vidas,

ཞིང་ཁམས་དེ་འམ་དག་པའི་ཞིང་གཞན་དུ།

ZHING KHAM   DE   AM   DAG PE   ZHING   ZHAN   DU
reino (Dewachen) ese   o   puro   reino   otro   en

en ese reino o en algún otro reino puro

བླ་མེད་རྫོགས་པའི་སངས་རྒྱས་ཐོབ་པར་ཤོག

LA ME   DZOG PE   SANG GYE   THOB PAR   SHOG
insuperable perfecta   budeidad   obtener   pueda yo (y todos seres)

que obtengamos la budeidad perfecta e insuperable.

རྫོགས་སངས་རྒྱས་ནས་ཚེ་དཔག་མེད་པ་ལྟར།

DZOG   SANG GYE   NAE   TSHE PA ME PA   TAR
completa   budeidad   entonces Amitayus   como
(una forma de Amitaba)

Entonces, a la manera de Amitayus, como consecuencia de nuestra iluminación

མཚན་ཐོས་ཙམ་གྱིས་འགྲོ་ཀུན་སྨིན་ཅིང་གྲོལ།

TSHAN	THO	TSAM	GYI	DRO	KUN	MIN CHING	DROL
nombre	*escuchar*	*solo*	*por*	*seres*	*todos*	*madurar*	*liberar*

que todos los seres maduren y se liberen con sólo oír nuestro nombre.

སྤྲུལ་པ་གྲངས་མེད་འགྲོ་བ་འདྲེན་པ་སོགས།

TRUL PA	DRANG MED	DRO WA	DREN PA SOG
emanaciones	*innumerables*	*seres*	*dirigir, guiar*

Que con innumerables emanaciones podamos guiar a los seres y

འབད་མེད་ལྷུན་གྲུབ་འགྲོ་དོན་དཔག་མེད་ཤོག།

BAD ME	LHUN DRUB	DRO	DON	PAG ME	SHOG
sin esfuerzo	*instantáneamente*	*seres*	*beneficiar*	*innumerables, sin medida*	*pueda yo*

beneficiar a innumerables seres instantáneamente y sin esfuerzo.

Entonces, inmediatamente al final de nuestras vidas, que obtengamos la budeidad perfecta e insuperable en ese reino o en algún otro reino puro. Entonces, a la manera de Amitayus, como consecuencia de nuestra iluminación, que todos los seres maduren y se liberen con sólo oír nuestro nombre. Que con innumerables emanaciones podamos guiar a los seres y beneficiar a innumerables seres instantáneamente y sin esfuerzo.

དེ་བཞིན་གཤེགས་པའི་ཚེ་དང་བསོད་ནམས་དང་།

DE ZHIN SHEG PE	TSHE	DANG SO NAM	DANG
Así Ido, Tatágata, Buda	*duración vital*	*y mérito*	*y*

Tatágata, tú que tienes una vida inconmensurable,

ཡོན་ཏན་ཡེ་ཤེས་གཟི་བརྗིད་ཚད་མེད་པ།

YON TAN	YE SHE	ZI YID	TSHAD ME PA
buenas cualidades	*sabiduría, conocimiento original*	*espléndido, majestuoso*	*sin medida*

mérito, buenas cualidades, conocimiento original y majestad,

ཆོས་སྐུ་སྣང་བ་མཐའ་ཡས་འོད་དཔག་མེད།

CHO KU	NANG WA THA YAE	O PA ME
darmakaya	*Amitaba (luz sin límites)*	*Amitaba (luz infinita)*

darmakaya Amitaba Luz Ilimitada,

ཚེ་དང་ཡེ་ཤེས་དཔག་མེད་བཅོམ་ལྡན་འདས།

TSHE	DANG YE SHE	PA ME	CHOM DEN DAE
vida	*y sabiduría, conocimiento original*	*sin medida*	*Bagaván**

*acabó con las faltas, ido del mundo, con buenas cualidades. El Perfecto

el Perfecto con vida y conocimiento original sin medida,

གང་ཞིག་ཁྱེད་ཀྱི་མཚན་ནི་སུས་འཛིན་པ།

GANG ZHIG | **KHYE KYI** | **TSHAN NI** | **SU** | **DZIN PA**
quienquiera, alguien | *tu* | *nombre* | *por quien* | *sostener (recordar y confiar)*

quien confíe en tu nombre,

སྔོན་གྱི་ལས་ཀྱི་རྣམ་སྨིན་མ་གཏོགས་པ།

NGON | **GYI** | **LAE** | **KYI** | **NAM MIN** | **MA TOG PA**
anterior | *de* | *actividad* | *de* | *completamente maduro* | *excepto solo eso*

salvo los efectos de la maduración del karma pasado,

མེ་ཆུ་དུག་མཚོན་གནོད་སྦྱིན་སྲིན་པོ་སོགས།

ME | **CHU** | **DUG** | **TSHON** | **NOE YIN** | **SRIN PO** | **SOG**
fuego | *agua* | *veneno* | *armas* | *yaksa* | *raksa* | *y demás*

obtendrá protección contra el fuego, el agua, el veneno, las armas, los espíritus crueles, los demonios caníbales y

འཇིགས་པ་ཀུན་ལས་སྐྱོབ་པར་ཐུབ་པས་གསུངས།

YIG PA | **KUN** | **LAE** | **KYOB PAR** | **TUB PAE** | **SUNG**
miedo | *todos* | *del* | *protegido* | *habilidad* | *dicho**

*en el sutra Sukavati Ksetra

todo lo que causa miedo: así se dice en el sutra.

བདག་ནི་ཁྱེད་ཀྱི་མཚན་འཛིན་ཕྱག་འཚལ་བས།

DAG NI | **KHYE KYI** | **TSHAN** | **DZIN** | **CHAG TSHAL** | **WAE**
yo | *tu* | *nombre* | *sostener saludo (pienso y confío en ti)* | | *por lo tanto*

Recuerdo tu nombre y te rindo homenaje,

འཇིགས་དང་སྡུག་བསྔལ་ཀུན་ལས་སྐྱོབ་མཛད་གསོལ།

YIG | **DANG** | **DUG NGAL** | **KUN** | **LAE** | **KYOB DZAE** | **SOL**
miedo | *y* | *pena* | *todos* | *de* | *proteger* | *ruego*

¡así que, por favor, protégeme de todo miedo y sufrimiento!

Tatágata, tú que tienes una vida inconmensurable, mérito, buenas cualidades, conocimiento original y majestad, darmakaya Amitaba Luz Ilimitada, el Perfecto con vida y conocimiento original sin medida, quien confíe en tu nombre, salvo los efectos de la maduración del karma pasado, obtendrá protección contra el fuego, el agua, el veneno, las armas, los espíritus crueles, los demonios caníbales y todo lo que causa miedo: así se dice en el sutra. Recuerdo tu nombre y te rindo homenaje, ¡así que, por favor, protégeme de todo miedo y sufrimiento!

བཀྲ་ཤིས་ཕུན་སུམ་ཚོགས་པར་བྱིན་གྱིས་རློབས།

TA SHI **PHUN SUM TSHOG PAR** **YIN GYI LOB**
felicidad, buena suerte, *todas las cosas buenas,* *bendiciones*
auspiciosidad *todo pasa de forma agradable*

La bendición de la felicidad y de todo lo placentero,

སངས་རྒྱས་སྐུ་གསུམ་བརྙེས་པའི་བྱིན་རླབས་དང་།

SANG GYE KU **SUM** **ÑE PE** **YIN LAB** **DANG**
Buda *kaya tres** *obtener* *bendiciones* *y*
*darmakaya, sambogakaya, nirmanakaya

 la bendición de obtener las tres formas del Buda,

ཆོས་ཉིད་མི་འགྱུར་བདེན་པའི་བྱིན་རླབས་དང་།

CHO **ÑI** **MIN** **GYUR** **DEN PE** **YIN LAB** **DANG**
darma *en sí* *de* *inmutable* *verdad* *bendiciones y*

la bendición de la verdad de la esencia inmutable del Darma, y

དགེ་འདུན་མི་ཕྱེད་འདུན་པའི་བྱིན་རླབས་ཀྱིས།

GEN DUN MI CHE **DUN PE** **YIN LAB** **KYI**
sanga *inmutable* *armonía* *bendiciones por*

y la bendición de la armonía inquebrantable de la Sanga

ཇི་ལྟར་སྨོན་ལམ་བཏབ་བཞིན་འགྲུབ་པར་ཤོག།

CHI TAR **MON LAM** **TAB** **ZHIN** **DRUB PAR** **SHOG**
como esa oración de aspiración hecha *como* *lograda* *debe ser!*
(i.e. el Dechen Monlam)

¡por estas bendiciones que esta plegaria de aspiración se cumpla!

དཀོན་མཆོག་གསུམ་ལ་ཕྱག་འཚལ་ལོ།

KON CHOG **SUM** **LA** **CHAG TSHAL LO**
Triple Gema *tres* *a* *saludos, homenaje*
(Buda, Darma, Sangha)

Me postro ante las Tres Joyas.

ཏདྱཐཱ།   པཉྩ་ཡ་ཨ་ཝ་བོད་ཧ་ནི་ཡེ་སྭ་ཧཱ།

TA DYA THA **PAN TSAN DRI YA A VA BOD HA NI YE SVA HA**

Es así. Aquello por lo que hemos orado debe ser alcanzado.

སྨོན་ལམ་འགྲུབ་པའི་གཟུངས་སོ།

[Este es el darani que acompaña a la aspiración.]

La bendición de la felicidad y de todo lo placentero, la bendición de obtener las tres formas del Buda, la bendición de la verdad de la esencia inmutable del Darma, y la bendición de la armonía inquebrantable de la Sanga :¡por estas bendiciones que esta plegaria de aspiración se cumpla! Me postro ante las Tres Joyas. Es así. Aquello por lo que hemos orado debe ser alcanzado.

དཀོན་མཆོག་གསུམ་ལ་ཕྱག་འཚལ་ལོ།

KON CHOG SUM LA CHAG TSHAL LO
joyas   tres   a   saludos

Me postro ante las Tres Joyas.

ན་མོ་མཉྫུ་ཤྲི་ཡེ།

NA MO   MAN YU SHRI   YE
saludos   Manyushri   a

Rindo homenaje a Manyushri.

ན་མོ་སུ་ཤྲི་ཡེ།

NA MO   SU SHRI   YE
saludos   el que es   a
*   divino, glorioso*

Rindo homenaje al divino.

ན་མཿཨུཏྟ་མ་ཤྲི་ཡེ་སྭ་ཧཱ།

NA MA   UT TA MA   SHRI YE   SWA HA
saludos   definitivo, muy   gloria, a   así sea
*   excelente   dios*

Rindo homenaje al glorioso definitivo. Así sea.

Me postro ante las Tres Joyas. Rindo homenaje a Manyushri. Rindo homenaje al divino. Rindo homenaje al glorioso definitivo. Así sea.

ཞེས་བརྗོད་ནས་ཕྱག་གསུམ་འཚལ་ན་འབུམ་ཐེར་དུ་འགྱུར་བར་གསུངས། དེ་ནས་རབ་བརྒྱ་ ཕྱག །འབྲིང་ཅི་ནུས། ཐ་མ་འདས་ཕྱག་བདུན་ཡན་འཚལ།

Si después de decir esto haces tres postraciones, equivaldrá a la realización de cien mil postraciones: así se dice. Lo mejor es hacer cien postraciones, lo medio hacer tantas como sea posible (unas cincuenta), y lo mínimo hacer al menos siete.

རབ་འདི་མ་ཆག་པ། འབྲིང་པོ་ཟླ་ཚེས་མ་ཆག་པ། ཐ་མ་ནས་ཁོམ་སྐབས་སུ་ཁ་ནུབ་ཏུ་བལྟ་ ནས་བདེ་བ་ཅན་གྱི་ཞིང་ཁམས་ཡིད་ལ་དྲན་ཅིང་འོད་དཔག་མེད་ལ་ཐལ་མོ་སྦྱར་ཏེ་དད་པ་ཙེ་ གཅིག་གིས་བཏོན་ན། ཆེ་འདིར་ཚེའི་བར་ཆད་སེལ། ཕྱི་མ་བདེ་བ་ཅན་དུ་སྐྱེ་བར་ཐེ་ཚོམ་མེད་ དོ། འོད་མ་ཆིང་བཀོད་མ་དོང་། པདྨ་དཀར་པོ་འཆམེ་དང་སྐུ་སོགས་ཀྱི་དགོངས་པ་ཡིན།

En cuanto a la lectura del Dechen Monlam, lo mejor es practicarlo a diario sin interrupciones, lo medio es practicar durante algunos meses o años sin descanso. Como mínimo, cuando surja la oportunidad, mira en dirección oeste y, recordando la Tierra Pura de Dewachen, junta las palmas de las manos en devoción a Amitaba y recita concentrado con fe. Si practicas de cualquiera de estas maneras, las dificultades de esta vida desaparecerán y en la próxima vida nacerás sin duda en Dewachen. Esta es la intención expresada en el sutra Amitaba (O Do), el sutra Kshetra Vibu (Zingko), el sutra Sadarma Pundarika (Padma Karpo), el Chimé Ngadra y demás.

ཞེས་དགེ་སློང་རཱ་ག་ཨ་སྱས་སྤྱར་བས་འགྲོ་བ་སེམས་ཅན་མང་པོ་བདེ་བ་ཅན་དུ་སྐྱེ་བའི་རྒྱར་གྱུར་ཅིག།

> Esta oración fue escrita por el biksu Raga Asya.
> Que sea la causa de que muchos seres nazcan en Dewachen..

El autor del Dechen Monlam, Chagmé Raga Asya, era el hermano del Darma del gran gurú Rigdzin Chenpo Padma Trinlae de nuestro linaje Byangter. Cuando algunas sectas budistas del Tíbet trajeron al mongol Chung Kar y a su ejército y obtuvieron la victoria en el Tíbet central, pensaron que destruir otros linajes budistas y matar a sus gurús era un servicio al Darma. En aquella época, cuando Chung Kar capturó a Rigdzin Padma Trinlae del monasterio de Dorje Drag, lo arrojó al río Brahmaputra, pero no murió y volvió a flotar. Cuando Chung Kar le preguntó si había otros lamas como él, respondió que no había ninguno. Chung Kar dijo que había oído hablar de otro gran lama llamado Raga Asya que estaba en el Tiro Chundo, a unos cinco kilómetros del monasterio de Dorje Drag. Entonces, Padma Trinlae le salvó la vida diciéndole que, aunque Raga Asya era un erudito, tenía los pies lisiados y por eso no podía hacer nada. Chung Kar le preguntó además cómo era posible que él, Padma Trinle, fuera asesinado. Padma Trinlae le contestó que le pusieran todos sus libros de Darma alrededor del cuello y luego lo metieran en el agua. Así lo hicieron y se ahogó. Al ver esto, Chung Kar creyó que era un hombre honesto y no se molestó en matar a Raga Asya. Raga Asya se enteró de esto y adoptó una cojera y así tiene una conexión con nuestro linaje Byangter y por eso hice esta traducción con James Low.

C R Lama, 1976

Notas

1. ༀ   Lung: Permiso para leer y estudiar un texto tántrico, que se obtiene al ser explicado en su totalidad o, al menos, leído directamente una vez por alguien que, a su vez, haya recibido previamente dicho permiso, y así sucesivamente a través del linaje.

2. མཚམས་མེད་   Los cinco pecados ilimitados que fructifican inmediatamente después de la muerte y conducen al nacimiento en los infiernos: matricidio, parricidio, matar a un arhat, provocar un cisma en la sanga y hacer sangrar intencionadamente a un tatágata.

3. Los dieciocho factores de un precioso nacimiento humano consisten en ocho libertades y diez oportunidades. Las ocho libertades son: no haber nacido en los infiernos, como un fantasma insaciable, como un animal, como un dios longevo, en una tribu incivilizada, con puntos de vista erróneos, en una tierra no budista o como una persona con discapacidad mental. Las diez oportunidades son cinco relativas a uno mismo: tener un cuerpo humano perfecto, vivir donde se practica el Darma, con los cinco órganos de los sentidos libres de faltas, inocente de los cinco errores ilimitados, y tener fe en el Darma puro; junto con las cinco oportunidades dependientes de los demás: que un buda perfecto haya llegado a este mundo, y enseñado el Darma, que aún permanezca, con practicantes comprometidos, y con gurús compasivos que enseñen a los discípulos por. [Véase *Simplemente Ser,* ISBN 978 84 96478 44 2, páginas 37 y ss.]

༄༅།། གནམ་ཆོས་བདེ་སྨོན་བསྐུས་པ་ནི།

Darma del cielo
Aspiración para Dewachen

ཕྱོགས་དུས་རྒྱལ་བ་སྲས་བཅས་དགོངས༔

CHOG DU GYAL WA SAE CHE GONG
(diez) (tres) victoriosos, bodisatva junto atendednos
direcciones tiempos budas

Victoriosos y bodisatvas de todas las direcciones y tiempos, ¡por favor, prestadnos atención!

ཚོགས་གཉིས་རྫོགས་ལ་རྗེས་ཡི་རང༔

TSHOG ÑI DZOG LA YE YI RANG
acumulación dos completa a me alegro de lo que tienen
(de mérito y sabiduría) (i.e. budeidad obtenida) (i.e. no estoy celoso de ellos)

¡Nos alegramos por aquellos que han completado las dos acumulaciones!

བདག་གི་དུས་གསུམ་དགེ་བསགས་པ༔

DAG GI DU SUM GE SAG PA
yo por tiempos tres virtud acumulado
(pasado, presente, futuro)

Toda la virtud que reunimos en los tres tiempos

དཀོན་མཆོག་གསུམ་ལ་མཆོད་པ་འབུལ༔

KON CHOG SUM LA CHO PA BUL
joyas (Buda tres a ofrezco
Darma, Sanga)

la ofrecemos a las Tres Joyas.

རྒྱལ་བའི་བསྟན་པ་འཕེལ་གྱུར་ཅིག༔

GYAL WE TAN PA PHEL GYUR CHIG
del Yina, del Buda doctrinas incrementar, puedan extenderse

Que las doctrinas de Buda se extiendan y florezcan.

དགེ་བ་སེམས་ཅན་ཀུན་ལ་བསྔོ༔

GE WA SEM CHEN KUN LA NGO
virtud seres sensibles todos a dedicar, dar

Dedicamos nuestras virtudes a todos los seres sensibles.

 འགྲོ་ཀུན་སངས་རྒྱས་ཐོབ་གྱུར་ཅིག།

DRO   KUN   SANG GYE   THOB   GYUR CHIG
seres   todos   budeidad   obtener   puedan

¡Que todos los seres alcancen la budeidad!

Victoriosos y bodisatvas de todas las direcciones y tiempos, ¡por favor, prestadnos atención! Nos alegramos por aquellos que han completado las dos acumulaciones. Toda la virtud que reunimos en los tres tiempos la ofrecemos a las Tres Joyas. Que las doctrinas de Buda se extiendan y florezcan. Dedicamos nuestras virtudes a todos los seres sensibles. ¡Que todos los seres alcancen la budeidad!

དགེ་རྩ་ཐམས་ཅད་གཅིག་བསྡུས་ཏེ།

GE   TSA   THAM CHE   CHIG   DU   TE
virtud   raíces   todas   una   unidas   así

Con todas las raíces virtuosas unidas como una sola,

བདག་གི་རྒྱུད་ལ་སྨིན་གྱུར་ཅིག།

DAG GI   GYUD   LA   MIN   GYUR CHIG
yo (y todos   mente,   en   madurar,   pueda
los seres)   carácter   estar listo

que nuestras mentes estén maduras y preparadas.

སྒྲིབ་གཉིས་དག་ནས་ཚོགས་རྫོགས་ཏེ།

DRIB   ÑI   DAG   NAE   TSHOG   DZOG   TE
obscurecimientos   dos   purificar   entonces   acumulaciones**   completas   así*
          * aflictivos y conceptuales   ** mérito y sabiduría

Con los dos oscurecimientos purificados y las dos acumulaciones completas,

ཚེ་རིང་ནད་མེད་ཉམས་རྟོགས་འཕེལ།

TSHE RING NAE ME   ÑAM   TOG   PHEL
larga vida   sin   experiencias   comprensión profunda   incrementar
          enfermedad   en meditation

con una larga vida libre de enfermedades, y con la experiencia y la comprensión en aumento,

ཚེ་འདིར་ས་བཅུ་ནོན་གྱུར་ཅིག།

TSHE   DIR   SA   CHU   NON   GYUR CHIG
vida   esta,   etapas   diez   ascender   puedan
          aquí   del camino

¡que en esta misma vida podamos completar las Diez etapas!

Con todas las raíces virtuosas unidas como una sola, que nuestras mentes estén maduras y preparadas. Con los dos oscurecimientos purificados y las dos acumulaciones completas, con una larga vida libre de

enfermedades, y con la experiencia y la perspicacia en aumento, ¡que en esta misma vida podamos completar las Diez etapas!

ནམ་ཞིག་ཚེ་འཕོས་གྱུར་མ་ཐག༔

NAM ZHIG TSHE PHO GYUR MA THAG
cuando   vida   cambie (i.e. morir)   inmediatamente

Que cuando nuestra vida termine

བདེ་བ་ཅན་དུ་སྐྱེ་གྱུར་ཅིག༔

DE WA CHEN DU KYE GYUR CHIG
Sukavati   en   nacer pueda

podamos nacer inmediatamente en Dewachen.

སྐྱེས་ནས་པད་འི་ཁ་བྱེ་སྟེ༔

KYE NAE PE ME KHA YE TE
nacer entonces loto   boca abierta entonces

¡Que al nacer se abran los pétalos del loto y

ལུས་རྟེན་དེ་ལ་སངས་རྒྱས་ཤོག༔

LU TEN DE LA SANG GYE SHOG
cuerpo   ese con budeidad   pueda lograr.
(i.e. purificarme y poseer todas las buenas cualidades)

y alcancemos la Budeidad con ese mismo cuerpo!

བྱང་ཆུབ་ཐོབ་ནས་ཇི་སྲིད་དུ༔

CHANG CHUB THOB NAE YI SI DU
bodi, iluminación obtener entonces por tanto tiempo (haya seres)

Una vez alcanzada la iluminación, que durante todo el tiempo

སྤྲུལ་པས་འགྲོ་བ་འདྲེན་པར་ཤོག༔

TRUL PAE DRO WA DREN PAR SHOG
enviar emanaciones seres   dirigir, guiar   pueda

que sea necesario, enviemos emanaciones para guiar a los seres.

Que cuando nuestra vida termine podamos nacer inmediatamente en Dewachen. Que al nacer se abran los pétalos del loto y alcancemos la Budeidad con ese mismo cuerpo. Una vez alcanzada la iluminación, que durante todo el tiempo que sea necesario enviemos emanaciones para guiar a los seres.

ས་མ་ཡ་རྒྱ་རྒྱ་རྒྱ༔

SA MA YA GYA GYA GYA
Votos, sello, sello, sello.

ཅེས་པ་འདི་ནི་སྤྲུལ་སྐུ་མི་འགྱུར་རྡོ་རྗེའི་གཏེར་མའོ།།

Este es un tesoro de Tulku Migyur Dorye

 སྨོན་ལམ་བསྡུས་པ་ནི།

La oración breve de aspiración

ཨེ་མ་ཧོཿ

E MA HO
maravilla, increíble

¡Maravilla!

རྔོ་མཚར་སངས་རྒྱས་སྣང་བ་མཐའ་ཡས་དངཿ

NGO TSHAR	**SANG GYE**	**NANG WA THA YAE**	**DANG**
maravilloso	*Buda*	*Amitaba, Luz Ilimitada*	*y*

El maravilloso buda Luz Ilimitada con

གཡས་སུ་ཇོ་བོ་ཐུགས་རྗེ་ཆེན་པོ་དངཿ

YAE	**SU**	**YO WO**	**THUG YE CHEN PO**	**DANG**
su derecha a		*señor*	*Mahakarunika, Chenrezi*	*y*

el bendito Gran Compasión a su derecha y

གཡོན་དུ་སེམས་དཔའ་མཐུ་ཆེན་ཐོབ་རྣམས་ལཿ

YON	**DU**	**SEM PA**	**THU CHEN THOB**	**NAM**	**LA**
izquierda	*a la*	*satva (bodisatva)*	*Vajrapani*	*(plural)*	*con*

el bodisatva Gran Fuerza a su izquierda,

སངས་རྒྱས་བྱང་སེམས་དཔག་མེད་འཁོར་གྱིས་བསྐོརཿ

SANG GYE	**YANG SEM**	**PAG ME**	**KHOR**	**GYI**	**KOR**
Budas	*Bodisatvas*	*incontables*	*séquito, círculo*	*por*	*rodeado*

junto con un séquito de innumerables budas y bodisatvas que los rodean,

བདེ་སྐྱིད་ངོ་མཚར་དཔག་ཏུ་མེད་པ་ཡིཿ

DE	**KYID**	**NGO TSHAR**	**PA TU ME PA**	**YI**
feliz	*alegre*	*maravilloso*	*sin medida*	*de*

están presentes en el reino de la maravillosa felicidad sin medida

བདེ་བ་ཅན་ཞེས་བྱ་བའི་ཞིང་ཁམས་དེར༔

DE WA CHEN   **ZHE YA WE**   **ZHING KHAM**   **DER**
Sukhavati «Feliz»   *(llamado)*   *reino*   *allí*

conocido como Dewachen.

¡Maravilloso! El maravilloso buda Luz Ilimitada con el bendito Gran Compasión a su derecha y el bodisatva Gran Fuerza a su izquierda, junto con un séquito de budas y bodisatvas que los rodean, están presentes en el reino de la maravillosa felicidad sin medida conocido como Dewachen.

བདག་ནི་འདི་ནས་ཚེ་འཕོས་གྱུར་མ་ཐག༔

DAG NI   **DI**   **NAE**   **TSHE PHO**   **GYUR**   **MA THAG**
Yo   *esta vida desde*   *morir, vida*   *cambiar*   *inmediatamente*

Inmediatamente al dejar esta vida,

སྐྱེ་བ་གཞན་གྱིས་བར་མ་ཆོད་པ་རུ༔

KYE WA   **ZHAN**   **GYI**   **BAR**   **MA CHOD PA**   **RU**
nacimiento   *otro*   *por*   *entre*   *no interrumpido*   *como*
(en samsara)

sin interrupción por un nuevo nacimiento en el samsara,

དེ་རུ་སྐྱེས་ནས་སྣང་མཐའི་ཞལ་མཐོང་ཤོག༔

DE RU   **KYE**   **NAE**   **NANG THAI**   **ZHAL**   **THONG**   **SHOG**
allí   *nacer*   *entonces*   *Amitaba,*   *rostro*   *ver*   *debemos*
(en Dewachen)   *Luz Ilimitada*

que podamos nacer allí y ver el rostro de Luz Ilimitada.

Sin interrupción por un nuevo nacimiento en el samsara, inmediatamente al dejar esta vida, que podamos nacer allí y ver el rostro de Luz Ilimitada.

དེ་སྐད་བདག་གིས་སྨོན་ལམ་བཏབ་པ་འདི༔

DE KAE   **DAG GI**   **MON LAM**   **TAB PA**   **DI**
estas palabras   *yo   por*   *oración de aspiración*   *puesta, hecha*   *esto*

Con estas palabras hacemos esta aspiración y

ཕྱོགས་བཅུའི་སངས་རྒྱས་བྱང་སེམས་ཐམས་ཅད་ཀྱིས༔

CHOG   **CHUI**   **SANG GYE**   **CHANG SEM**   **THAM CHE**   **KYI**
direcciones   *diez*   *Budas*   *Bodisatvas*   *todos*   *por*
(todas partes)

rezamos para que todos los budas y bodisatvas de las diez direcciones

གེགས་མེད་འགྲུབ་པར་བྱིན་གྱིས་བརླབ་ཏུ་གསོལ༔

GEG ME   DRUB PAR   YIN GYI LAB   TU   SOL
sin obstrucción lograr   bendecir   como rogar

nos bendigan con su logro sin obstáculos.

ཏ་ད་སྤ་པཙྪྲི་ཡ་ཨ་ཕ་བོ་དྷ་ནི་ཡེ་སྭཱ་ཧཱ༔

TA DYA THA   PAN TSAN DRI YA   A VA BO DHA NI YE   SWA HA
Es así   para lo que hemos rezado   llegue completo   debe

Es así. ¡Aquello por lo que hemos rezado debe ser alcanzado!

Con estas palabras hacemos esta aspiración y oramos para que todos los budas y bodisatvas de las diez direcciones nos bendigan con su realización. Es así. ¡Aquello por lo que hemos rezado debe ser alcanzado!

ཞེས་པ་འདི་ནི་སྤྲུལ་སྐུ་མི་འགྱུར་རྡོ་རྗེ་དགུང་ལོ་བཅུ་གསུམ་གསེར་འཕྱུང་གི་ལོ་ས་ག་ཟླ་བའི་ཚེས་བདུན་ལ་གཙོ་འཁོར་རྣམས་ཀྱི་ཞལ་གཟིགས་པའི་ཚེ་སྣང་བ་མཐའ་ཡས་ཀྱིས་དངོས་སུ་གསུངས་པའོ།། །།

Tulku Mingyur Dorje, a la edad de trece años, en el séptimo día del mes de Saga Dawa (Vaisakh) en el año del pájaro de fuego, vio los rostros de Amitaba y de su séquito y en ese momento el buda Luz Ilimitada pronunció esta oración.

བསྟན་པ་རྒྱས་པའི་སྨོན་ལམ།

La Oración de aspiración
para la difusión de la doctrina

དཀོན་མཆོག་གསུམ་དང་ཤཱཀྱའི་རྒྱལ།

KON CHOG SUM DANG SHA KYAI GYAL
joya   tres   y   Buda Sakiamuni
(Buda, Darma, Sanga)

Las Tres Joyas y Buda Sakiamuni,

རིགས་གསུམ་མགོན་དང་མ་ཕམ་པ།

RIG SUM GON DANG MA PHAM PA
kula,   tres   protectores, y   Maitreya*
familia   señores

* Manyushri, Avalokitesvara, Vajrapani

los protectores de las tres familias y Maitreya,

གནས་བརྟན་ཆེན་པོ་བཅུ་དྲུག་དང་།

NAE TEN CHEN PO CHU DRUG DANG
sthaviras,   maha, grande dieciséis   y
ancianos

los dieciséis grandes Ancianos y

པདྨ་འབྱུང་གནས་བདེན་སྟོབས་ཀྱིས།

PE MA YUNG NAE DEN TOB KYI
Padmasambava   verdad poder, por
fuerza

Padmasambhava. ¡Que por el poder de su verdad

གསང་སྔགས་བསྟན་པ་དར་གྱུར་ཅིག།

SANG NGAG TEN PA DAR GYUR CHIG
tantra vajrayana, doctrina extender pueda
guhyamantra

las doctrinas tántricas se extiendan y florezcan!

Las Tres Joyas y Buda Sakiamuni, los protectores de las tres familias y Maitreya, los dieciséis grandes Ancianos y Padmasambava. ¡Que por el poder de su verdad se extiendan y florezcan las doctrinas tántricas!

བླ་མའི་སྐུ་ཚེ་བརྟན་པ་དང་།

LA ME   KU TSHE   TEN PA   DANG
del gurú   vida   duración   firme   y

Que la vida de los gurús sea larga, y

དགེ་འདུན་སྡེ་འཕེལ་ཐུགས་མཐུན་ཤོག།

GEN DUN   DE   PHEL   THUG THUN   SHOG
sanga   grupo   incrementar   armonioso,   deben
                                          buenas intenciones

que la sanga aumente con armonía amistosa.

བསྟན་པའི་འགལ་རྐྱེན་ཀུན་ཞི་ཞིང་།

TEN PE GAL KYEN   KUN   ZHI ZHING
doctrinas   dificultades, condiciones adversas todos   pacificar, volverlas inofensivas

Con todas las dificultades para la doctrina pacificadas,

བཤད་སྒྲུབ་ཕྲིན་ལས་དར་རྒྱས་ཤོག།

SHED   DRUB   TRIN LAE   DAR GYE   SHOG
enseñar,   practicar   acciones   difundir   deben
estudiar   e incrementar

¡que el estudio, la enseñanza, la práctica y las obras se extiendan y aumenten!

Que la vida de los gurús sea larga, y que la sanga aumente con armonía amistosa. Con todas las dificultades para la doctrina pacificadas, ¡que el estudio, la enseñanza, la práctica y las obras se extiendan y aumenten!

སྟོན་པའི་བསྟན་པ་ཡུན་རིང་གནས་གྱུར་ཅིག།

TON PE   TEN PA   YUN RING   NAE   GYUR CHIG
del maestro, de Buda doctrinas permanecer mucho tiempo   estar,   deben

¡Que las doctrinas del maestro permanezcan durante mucho tiempo!

ཐེག་པའི་རྒྱལ་པོ་ཤིན་ཏུ་དར་གྱུར་ཅིག།

THEG PE   GYAL PO SHIN TU   DAR   GYUR CHI
yana, vehículos   rey   muchísimo   extender   pueda*
* métodos para la luminación (atiyoga)

¡Que el rey de los vehículos del darma se extienda ampliamente!

བསྟན་པ་འཛིན་རྣམས་ཞབས་པད་བརྟན་གྱུར་ཅིག།

TEN PA   DZIN NAM   ZHAB PAD TAN   GYUR CHIG
doctrina   sostenedores   pies   firme   puedan
        (gurú)   (i.e. larga vida)

¡Que los sostenedores de la doctrina vivan mucho tiempo y gocen de buena salud!

བསྟན་ལ་གནོད་རྣམས་མིང་ཚམ་སྟོང་གྱུར་ཅིག།

TEN	LA	NOD NAM	MING	TSAM	TONG	GYUR CHIG
doctrina	*a*	*alborotadores, demonios*	*nombre*	*incluso, también*	*desaparezcan, se desvanezcan*	*puedan*

¡Que los enemigos de la doctrina desaparezcan hasta el último rastro de su nombre!

འགྲོ་ཀུན་སངས་རྒྱས་ཐོབ་པའི་རྒྱུར་གྱུར་ཅིག།

DRO	KUN	SANG GYE	THOB PE	GYUR	GYUR CHIG
seres	*todos*	*budeidad*	*obtener*	*causa**	*pueda llegar*

* que el mérito derivado de estas oraciones sea la causa de que todos los seres alcancen la budeidad.

¡Que todos los seres alcancen la budeidad!

¡Que las doctrinas del maestro permanezcan durante mucho tiempo! ¡Que el rey de los vehículos del Darma se extienda ampliamente! ¡Que los sostenedores de la doctrina vivan mucho tiempo y gocen de buena salud! ¡Que los enemigos de la doctrina desaparezcan hasta el último rastro de su nombre! ¡Que todos los seres alcancen la budeidad!

ལས་རབ་གླིང་པས་ལྷ་ལྡན་ཇོ་ཁང་དཀྱིལ་འཁོར་མཐིལ་དུ་རྟེན་འབྲེལ་ཉེས་སེལ་ཚོགས་འབུལ་
སྐབས་འཁོར་གདོང་སྤྲུལ་སྐུ་ཚུལ་ལོའི་ངོར་བྲིས།།   །།

Fue compuesto por Lerab Lingpa (Terton Sogyal) en el Mandala Central del Jo Khang en Lhasa en el momento de hacer cien mil ofrendas de Ten Drel Ñe Sel a petición de Khordong Tulku Tshullo (Tshultrim Zangpo).

༄༅།། སྤྲ་འགྱུར་བསྟན་པ་རྒྱས་པའི་སྨོན་ལམ་ཆོས་རྒྱལ་དགྱེས་པའི་ཞལ་ལུང་ཞེས་བྱ་བ། །།

Para el florecimiento de las enseñanzas ñingma una aspiración que agrada al Rey del Darma

དེ་ཡང་དུས་ཀྱི་ཐ་མར་རྩ་གསུམ་ལྷ་ཡི་ཕྲོགས་རྒྱུད་བསྐུལ་ནས་བསྟན་པའི་སྙིང་པོ་རིན་པོ་ཆེ་རྒྱས་
པར་གྱུར་ཅིག་སྙམ་དུ་ལན་གཅིག་ཚམ་མོས་པ་ཡང་བསོད་ནམས་ཚད་མེད་པ་དང་སྤྲུན་ཅིན།
རྒྱལ་བའི་སྲས་ཀྱི་སྨོན་ལམ་ཡོངས་སུ་རྟོགས་ནས་སྐྱེ་བ་ཀུན་ཏུ་རྒྱལ་བའི་ཆོས་དང་ཆོས་ཀྱི་
སྙིང་པོ་ཟབ་མོའི་ཐེག་པ་དང་འཕྲད་ནས་འཛིན་སྤྱོད་སྤེལ་བས་གྱུར་དུ་རྣམ་པ་ཐམས་ཅད་མཁྱེན་
པའི་ཡེ་ཤེས་ལ་རེག་པ་འགྱུར་བའི་དགོས་པ་ཡོད་པས། སྐལ་བཟང་རྣམས་ཀྱིས་དུས་དུས་དང་།
ཁྱད་པར་ཚོགས་མང་གི་སྐབས་སུ་འདི་ལྟར་སྨོན་ལམ་གདབ་པར་བྱ་སྟེ། །།

Es una virtud sin medida, en el período final de quinientos años del Darma,
tener siquiera una vez el deseo de conmover las mentes de las deidades que son
las tres raíces; gurú, deva y dakini, animándoles a que nos ayuden, y difundir,
leyendo esta plegaria, la preciosa esencia de la doctrina. Además, que por practicar de corazón esta oración de aspiración de los bodisatvas, en todas nuestras
vidas nos encontremos con el camino profundo de la esencia del darma -atiyo-
ga- del Darma de Buda. Debido a que lo apreciamos, lo practicamos y lo difun-
dimos a los demás, que por la beneficiosa guía de esta oración todos los seres obtengan rápidamente la sabiduría iluminada respecto a lo real y sus apariencias.
Siempre que te sientas movido a ello, y especialmente cuando se reúnan muchas personas, haz esta aspiración:

ན་མོ།   ཕྱོགས་བཅུའི་བདེ་བར་གཤེགས་པ་སྲས་དང་བཅས།

NA MO	**CHOG**	**CHUI**	**DE WAR SHEG PA**	**SAE**	**DANG CHE**
saludos	*direcciones*	*diez*	*sugatas, budas*	*hijos,*	*con*
	(i.e. todas partes)			*bodisatvas*	

¡Homenaje! Budas y bodisatvas de las diez direcciones y

ཁྱད་པར་མཉམ་མེད་ཤཱཀྱའི་རྒྱལ་པོ་དང་།

KHYA PAR	**NYAM ME**	**SHA KYAI GYAL PO**	**DANG**
especialmente,	*inigualado*	*Buda Sakiamuni*	*y particularmente*

y en particular el inigualable Sakiamuni,

ༀༀༀༀ

GYAL SAE GYAE   DANG   NAE TEN   PHAG PE   TSHOG
bodisatva   ocho*   y   staviras, ancianos   los santos   assemblea, multitud
* Sayi Ñingpo, Namke ñingpo, Chenrezi, Chagna Dorye, Yampa, Dribpa Nampar Selwa, Kuntu Zangpo, Jampe Yang

los ocho bodisatvas, los ancianos y las multitudes de santos:

ༀༀༀༀ

KHYEN   TSEI   DAG NYID   CHOG NAM   GONG SU SOL
comprensión profunda, compasión   aquellos   los excelentes   escuchadme
verdadero conocimiento   que poseen

excelentísimos, vosotros que tenéis verdadero conocimiento y compasión, ¡por favor, escuchadme!

¡Os rindo homenaje! Budas y bodisatvas de las diez direcciones, y en particular el inigualable Shakiamuni, junto con los ocho bodisatvas, los ancianos y las multitudes de santos: excelentísimos, vosotros que tenéis verdadero conocimiento y compasión, ¡por favor, escuchadme!

ༀༀༀༀ

PHEN   DE   YUNG NAE   TEN PE   RIN PO CHE
beneficio felicidad   fuente   doctrinas   preciosas
Las preciosas doctrinas son fuente de beneficio y felicidad.

ༀༀༀༀ

TON   DANG   SEM PA   PHAG PA   CHOG NAM   KYI
maestro,   y   bodisatvas,   santo, noble   los excelentes   por
Samantabadra   (Indrabuti, Vajrapani y demá)
El maestro y los bodisatvas, los santos excelentes,

ༀༀༀༀ

YANG YANG   KA WAE   TSAL ZHING   NAG PE DON
una y otra vez,   difícil   buscado   gran deseo y objetivo
más y más   (como las dificultades   (la iluminación de todos
*   afrontadas por los tibetanos   los seres)*
*   para ir a India por el Darma)*

las buscaron con profunda intención a pesar de muchas dificultades.

ༀༀༀༀ

TSHO   KYE   GYAL WE   TEN PA   GYE   GYUR CHIG
océano   nacer   victorioso, buda   doctrinas   difundir   deben
(Padmasambava)
¡Las doctrinas del buda nacido del océano deben difundirse y florecer!

Las preciosas doctrinas son fuente de beneficio y felicidad. El maestro y los bodisatvas, los santos excelentes, las buscaron con profunda intención a pesar de muchas dificultades. ¡Las doctrinas del buda nacido del océano deben difundirse y florecer!

མཁན་སློབ་ཆོས་རྒྱལ་སྤྲུལ་པའི་ལོ་པཉ་དང་།

KHAN	LOB	CHO GYAL	TRUL PAI	LO	PAEN	DANG
erudito,	*Padmasambava,*	*rey del darma,*	*apariciones*	*traductores*	*eruditos*	*y*
bodisatva	*acharya, maestro*	*King Trisong*	*de buda*		*indios*	
Shantarakshita		*Deutsan*			*(Vairocana)*	

Shantarakshita, Padmasambava, rey Trisong Deutsan, traductores y panditas que fuísteis emanaciones,

བཀའ་གཏེར་རིག་འཛིན་བརྒྱུད་པ་ཡི་དམ་ལྷ།

KA	TER	RIG DZIN	GYUE PA	YI DAM LHA
kama*	*terma#*	*versado, sabio,*	*linaje*	*deidades del camino*

(dioses en los que se confía para la realización)
*doctrinas que siempre estuvieron disponibles en el linaje # doctrinas que han sido ocultadas y luego reveladas

sabios de los linajes kama y terma, deidades del camino, y

མ་མགོན་གཟའ་རྫོར་རྒྱུད་གསུམ་དྲེགས་པའི་ཚོགས།

MA	GON	ZA	DOR	GYUE	SUM	DREG PE	TSHOG
Ekajati,	*Mahakala*	*Rahula*	*Dorye*	*linaje*	*tres*	*fuertes*	*multitud*
Ma mo			*Legpa*			*protectores*	
						darma	

Ekajati, Mahakala, Rahula, Dorye Legpa y multitudes de los fuertes protectores del los tres linajes,

སྔ་འགྱུར་རྩ་གསུམ་ལྷ་ཚོགས་དགོངས་སུ་གསོལ།

NGA GYUR	TSA SUM	LHA TSHOG	GONG SU SOL
ñingma, escuela	*tres raíces*	*multitudes de dioses*	*escuchadme*
de las antiguas traducciones (gurú, deva, dakini)			

vosotros, la divina multitud de gurús, deidades, y dakinis de la escuela de las antiguas traducciones, ¡por favor, escuchadme!

Shantarakshita, Padmasambava, rey Trisong Deutsan, traductores y panditas que fuisteis emanaciones, sabios de los linajes kama y terma, deidades del camino y Ekajati, Mahakala, Rahula, Dorye Legpa y multitudes de los fuertes protectores de las tres transmisiones: vosotros, divina multitud de gurús, deidades, y dakinis de la escuela de las antiguas traducciones, ¡por favor, escuchadme!

ཐུབ་བསྟན་མདོ་དང་སྔགས་ཀྱི་ཚུལ་མཐའ་དག།

THUB   TEN   DO   DANG   NGAG   KYI   TSHUL   THA DAG
del buda   doctrina   sutra   y   tantra   de   sistemas   todos

Todos los sistemas de las doctrinas de Buda, tanto el sutra como el tantra,

གངས་ཅན་ཡོངས་སུ་བརྩེ་བས་དྲངས་གྱུར་པ།

GANG CHEN YONG SU   TSE WAE   DRANG GYUR PA
Tíbet   en   por compasión   traer, dirigir

fueron llevados compasivamente al Tíbet y

ཆེས་ཆེར་སྤེལ་བའི་རྡོ་རྗེའི་དམ་དགོངས་ནས།

CHE CHER   PEL WE   DOR YE   DAM GONG   NAE
extensamente,   difundido   muy determinada intención,   entonces
vastamente   sin dudas

difundidos por todas partes con una resolución muy firme.

མཚོ་སྐྱེས་རྒྱལ་བའི་བསྟན་པ་རྒྱས་གྱུར་ཅིག།

TSHO   KYE   GYAL WAI   TEN PA   GYE   GYUR CHIG

¡Las doctrinas del buda nacido en el océano deben difundirse y florecer!

Todos los sistemas de las doctrinas de Buda, tanto el sutra como el tantra, fueron llevados compasivamente al Tíbet y difundidos por todas partes con una resolución muy firme. ¡Las doctrinas del buda nacido en el océano deben difundirse y florecer!

ཕྱོགས་དུས་རྒྱལ་བའི་སྐུ་གསུང་ཐུགས་རྡོ་རྗེ།

CHOG   DU   GYAL WAI KU   SUNG   THUE   DOR YE
todas   todos   victoriosos,   cuerpo*   palabra**   mente#   vajra,
las direcciones   los tiempos   buda

* nirmanakaya   ** sambogakaya   # darmakaya

El cuerpo, la palabra y la mente indestructibles de todos los budas en todas las direcciones y tiempos,

རིགས་གསུམ་སེམས་དཔའི་སྒྱུ་འཕྲུལ་རོལ་མོ་ཡིས།

RIG   SUM   SEM PE   GYU TRUL   ROL MO   YI
kulas,   tres*   bodisatvas   despliegue   sonidos   por
familias   ilusorio   (enseñar el darma)

* familias Buda, Vajra y Padma, y los bodisatvas Manyushri, Vajrapani y Avalokitésvara que son aspectos de los tres kayas o modos del Buda. Resumen y manifiestan todas las cualidades de todos los budas.

se manifiestan como los bodisatvas de las tres familias que transmiten la música mágica del darma, trayendo

གངས་ཅན་ཕན་བདེའི་ཉིམ་གསལ་བར་མཛོད།

GANG CHEN   PHEN   DEI   ÑI MA   SAL WA   DZAE
Tíbet   beneficio felicidad sol   claro   hace

felicidad y beneficio para el Tíbet, como el iluminador poder del sol.

མཚོ་སྐྱེས་རྒྱལ་བའི་བསྟན་པ་རྒྱས་གྱུར་ཅིག

TSHO   KYE   GYAL WE   TEN PA   GYE   GYUR CHIG

¡Las doctrinas del buda nacido en el océano deben difundirse y florecer!

El cuerpo, la palabra y la mente indestructibles de todos los budas en todas las direcciones y tiempos, se manifiestan como los bodisatvas de las tres familias que transmiten la música mágica del darma, el sol brillante que trae felicidad y beneficio al Tíbet. ¡Las doctrinas del buda nacido en el océano deben difundirse y florecer!

རྒྱལ་དང་རྒྱལ་སྲས་འཕགས་པ་ཆེན་པོའི་ཚོགས།

GYAL   DANG   GYAL   SAE   PHAG PA   CHEN POI   TSHOG
victoriosos y   victoriosos hijos noble   gran   multitud
bodisatvas

Los budas y bodisatvas y las multitudes de los grandes nobles

བསམ་བཞིན་སྤྲུལ་པའི་རོལ་གར་ཉེར་བཟུང་ནས།

SAM ZHIN   TRUL PE   DOE GAR   NYER ZUNG   NAE
según un deseo,   manifestar teatro,   aparecer, hacer entonces
no debido a una compulsión suntuosidad despliegue
(mostrando sus formas ilusorias por compasión hacia los demás, enseñando y difundiendo el Darma)

cumplen su intención mostrando el teatro ilusorio de su despliegue milagroso y

དྲི་མེད་རྒྱལ་བསྟན་ནོར་བུའི་རྒྱལ་མཚན་སྒྲེང་།

DRI ME GYAL   TEN   NOR BUI GYAL TSHAN   DRENG
sin   del yina, doctrinas joya   bandera de la victoria sostener, enarbolar
mancha   del buda

enarbolan el pináculo del estandarte de la victoria de las doctrinas del buda inmaculado.

མཚོ་སྐྱེས་རྒྱལ་བའི་བསྟན་པ་རྒྱས་གྱུར་ཅིག

TSHO   KYE   GYAL WAI   TEN PA   GYE   GYUR CHIG

¡Las doctrinas del buda nacido en el océano deben difundirse y florecer!

Los budas y bodisatvas y las multitudes de los grandes nobles cumplen su intención mostrando el teatro ilusorio de su despliegue milagroso y enarbolan

el pináculo del estandarte de la victoria de las doctrinas del buda inmaculado
¡La doctrina del buda nacido del océano debe difundirse y florecer!

ཐུན་མོང་ཐུན་མིན་གཞུང་ཀུན་རང་དབང་གིས།

THUN MONG THUN MIN ZHUNG KUN RANG WANG GI
general   especial   doctrinas todas propio, sí mismo poder por
(los eruditos de la escuela de las antiguas traducciones)

Confiando en sus propias habilidades, todas las doctrinas, tanto las generales como las especiales,

མ་ནོར་བསྒྱུར་ཞུས་གཏན་ལ་ཕབ་པ་ཡིས།

MA NOR GYUR ZHU TAN LA PHAB PA YI
sin   traducción   editar fijar,   por
error   (del sánscrito   corregir
al tibetano)

fueron impecablemente traducidas, editadas y corregidas por los primeros eruditos tibetanos y debido a esto

གངས་ལྗོངས་སྣང་བའི་སྒོ་ཆེན་ཐོག་མར་ཕྱེས།

GANG YONG NANG WAI GO CHEN THOG MAR CHE
Tíbet   luz   puerta grande primero   abierta
(la luz del darma)   (en tiempos del rey Trisong Deutsan)

la gran puerta de la luz se abrió por primera vez en Tíbet.

མཚོ་སྐྱེས་རྒྱལ་བའི་བསྟན་པ་རྒྱས་གྱུར་ཅིག།

TSHO KYE GYAL WE TEN PA GYE GYUR CHIG
¡Las doctrinas del buda nacido del océano deben difundirse y florecer!

Confiando en sus propias habilidades, todas las doctrinas, tanto generales como especiales, fueron impecablemente traducidas, editadas y corregidas por los primeros eruditos tibetanos y debido a esto la gran puerta de la luz se abrió por primera vez en Tíbet. ¡Las doctrinas del buda nacido del océano deben difundirse y florecer!

སྐལ་བཟང་གདུལ་བྱས་མདོ་དང་སྔགས་ཀྱི་ཚུལ།

KAL ZANG DUL YE DO DANG NGAG KYI TSHUL
afortunado discípulos sutra y   tantra de método*
* aquellos que pueden ser disciplinados y que saldrán victoriosos

Los afortunados que se disciplinaron en los métodos del sutra y el tantra,

ཉམས་སུ་ལེན་ལ་གཞན་དྲིང་མི་འཇོག་པར།

NYAM SU LEN LA ZHAN DRING MI YOG PAR
práctica   a   otro   no fueron

sin buscar otras prácticas,

བཀའ་དང་དགོངས་པ་འགྲེལ་བའི་གཞུང་ཀུན་རྫོགས།

KA   **DANG GONG PA DREL WAI ZHUNG KUN   DZOG**
enseñanzas orales y   *comentarios*   *textos   todos   están completos*
de los budas   *(en las traducciones)*

terminaron de traducir todos los textos de las enseñanzas del propio Buda y sus comentarios.

མཚོ་སྐྱེས་རྒྱལ་བའི་བསྟན་པ་རྒྱས་གྱུར་ཅིག

TSHO   KYE   GYAL WE   TEN PA   GYE   GYUR CHIG

¡Las doctrinas del buda nacido en el océano deben difundirse y florecer!

Los afortunados que se disciplinaron en los métodos del sutra y el tantra, sin buscar otras prácticas, terminaron de traducir todos los textos de las enseñanzas del propio Buda y sus comentarios. ¡Las doctrinas del buda nacido en el océano deben difundirse y florecer!

བདེན་གསུང་བཀའ་ཡི་རྒྱ་མཚོ་ཆེན་པོ་ལ།

DEN   SUNG   KA   YI   GYAM TSHO   CHEN PO   LA
verdad hablar   de buda   de   océano   grande   a doctrinas

El gran océano de las doctrinas del proclamador de la verdad

ཟབ་མོའི་ཆོས་གཏེར་ནོར་བུས་མངོན་པར་མཛེས།

ZAB MOI   CHO   TER   NOR BUE   NGON PAR   DZE
profundo, hondo   darma   tesoro   joyas   muy   bello

es embellecido por las joyas del tesoro del darma profundo

མདོ་དང་སྔགས་ཀྱི་ལམ་བཟང་ཟུང་དུ་འབྲེལ།

DO   DANG   NGAG   KYI   LAM ZANG   ZUNG DU DREL
sutra y   tantra   de   buen camino   reunidos

que reúnen los buenos caminos del sutra y del tantra.

མཚོ་སྐྱེས་རྒྱལ་བའི་བསྟན་པ་རྒྱས་གྱུར་ཅིག

TSHO   KYE   GYAL WE   TEN PA   GYE   GYUR CHIG

¡Las doctrinas del buda nacido del océano deben difundirse y florecer!

El gran océano de las doctrinas del proclamador de la verdad es embellecido por las joyas del tesoro del darma profundo, que reúnen los buenos caminos del sutra y del tantra. ¡Las doctrinas del buda nacido del océano deben difundirse y florecer!

ཨེ་དབྱུང་ཟ་ཧོར་མཁན་པོའི་སྤྱོད་པ་དང་།

MAE YUNG   **ZA HOR KHAN POI**   **CHO PA**   **DANG**
maravilloso,   *Shantarakshita*   *hechos, conducta, y*
increíble   *(yogachara)*   *modo de actuar*

Los hechos del asombroso Shantarakshita, y

མཚུངས་མེད་དཔལ་ལྡན་ཀླུ་ཡི་ལྟ་བ་གཉིས།

TSHUNG ME   **PAL DEN**   **LU**   **YI**   **TA WA**   **ÑI**
inigualado,   *glorioso*   *Nagaryuna*   *de*   *visión*   *dos*
sin par   *(madyamika)*

la visión del glorioso sin par Nagaryuna;

ཟུང་འབྲེལ་བརྒྱུད་པའི་བཀའ་སྲོལ་ཕྱག་རྒྱས་བཏབ།

ZUNG DREL   **GYUE PE**   **KA SOL**   **CHAG GYE**   **TAB**
reunidos   *linaje*   *sistema ritual*   *sello*   *poner*
                                         (no es posible cambiarlo)

estos dos unidos fueron sellados por el sistema ritual del linaje

མཚོ་སྐྱེས་རྒྱལ་བའི་བསྟན་པ་རྒྱས་གྱུར་ཅིག

TSHO   **KYE**   **GYAL WE**   **TEN PA**   **GYE**   **GYUR CHIG**

¡Las doctrinas del buda nacido en el océano deben difundirse y florecer!

Los hechos del asombroso Shantarakshita, y la visión del glorioso sin par Nagaryuna; estos dos unidos fueron sellados por el sistema ritual del linaje. ¡Las doctrinas del buda nacido en el océano deben difundirse y florecer!

ཟབ་མོའི་ནང་རྒྱུད་སྡེ་གསུམ་དགོངས་པའི་བཅུད།

ZAB MOI   **NANG GYUE**   **DE**   **SUM**   **GONG PE**   **CHUE**
profundo   *tantras internos*   *clases,*   *tres**   *métodos, pensamientos,*   *esencia*
                        grupos   *comprensión*

*Pa Gyud, Ma Gyud, Ñimed Gyud: tantras padre, madre y no duales, o también Maha, Anu, Ati

Por la esencia de la comprensión de las tres clases de tantras interiores profundos,

ཐུན་མིན་མན་ངག་གསང་བའི་ལམ་མཆོག་ནས།

THUN MIN   **MEN NGAG**   **SANG WE**   **LAM**   **CHOG**   **NAE**
especial   *método profundo,*   *secreto, no disponible*   *camino, excelente*   *de,con*
        instrucción   *en general*   *vía*   *por*

el excelente camino secreto de las instrucciones profundas especiales,

འཇའ་ལུས་ཆོས་སྐུར་གཤེགས་པའི་ངོ་མཚར་འབར།

YA LU   CHO KUR   SHEG PE   NGO TSHAR   BAR
arcoiris   darmakaya   ir   maravilloso   flameante, resplandor
(el propio cuerpo se disuelve en un arco iris y se desvanece)

existe el maravilloso resplandor del cuerpo del arco iris fundiéndose
en el darmakaya.

མཚོ་སྐྱེས་རྒྱལ་བའི་བསྟན་པ་རྒྱས་གྱུར་ཅིག།

TSHO   KYE   GYAL WE   TEN PA   GYE   GYUR CHIG

¡Las doctrinas del buda nacido del océano deben difundirse y florecer!

*Por la esencia de la comprensión de las tres clases de tantras interio-
res profundos, el excelente camino secreto de las instrucciones profundas especiales, existe el maravilloso resplandor del cuerpo del arco iris
fundiéndose en el darmakaya. ¡Las doctrinas del buda nacido del océano
deben difundirse y florecer!*

རབ་འབྱམས་ཞི་ཁྲོའི་ཁྱབ་བདག་སྒྲུབ་སྡེ་བརྒྱད།

RAB YAM   ZHI   TROI   KYAB DAG   DRUB DE GYAE
infinitamente pacífica fiera,   inundar, principal   kabgye, las ocho grandes
vasta   airada   y abarcar   prácticas de la sadhana

Las ocho grandes prácticas que abarcan las infinitas deidades pacíficas
e iracundas,

བཀའ་བབ་རིག་འཛིན་སོ་སོའི་དགོངས་བཅུད་དང་།

KA BAB   RIG DZIN   SO SOI   GONG   CHUE   DANG
linaje   vidyadara,   cada una# pensamientos, esencia   y
autorizado sostenedor de la presencia comprensión

* e.g. Humkara para Yang Dag   # los primeros que recibieron las enseñanzas de Kabgye

las esencias de la comprensión de cada uno de los vidyadaras
autorizados,

ཀུན་འདུས་པདྨའི་བཀའ་སྲོལ་གཅིག་ཏུ་འཁྱིལ།

KUN DU   PE MA   KA   SOL   CHIG TU   KHYIL
todos reunidos, Padmasambava práctica sistema uno   en,como ir rápido a*
abarcando   ritual   juntarse#

* recibió las grandes sadhanas al completo   # como gotas de mercurio

fluyen todas juntas como una sola en el sistema de prácticas de Padmasambava que las abarca todas.

མཚོ་སྐྱེས་རྒྱལ་བའི་བསྟན་པ་རྒྱས་གྱུར་ཅིག།

TSHO   KYE   GYAL WE   TEN PA   GYE   GYUR CHIG

¡Las doctrinas del buda nacido del océano deben difundirse y florecer!

Las ocho grandes prácticas que abarcan las infinitas deidades pacíficas e iracundas, las esencias de la comprensión de cada uno de los vidyadaras autorizados, fluyen todas juntas como una sola en el sistema de prácticas de Padmasambava que las abarca todas. ¡Las doctrinas del buda nacido del océano deben difundirse y florecer!

རྒྱུ་དང་འབྲས་བུ་གསང་སྔགས་ཐེག་པ་ཆེན།

GYU	DANG	DRE BU	SANG NGAG THEG PA	CHEN
causa	*y*	*resultado*	*vajrayana, el sistema tántrico del mantra*	*grande*

En el gran vajrayana que abarca tanto la causa como el resultado,

ཚང་ལ་མ་ནོར་རིག་འཛིན་བརྒྱུད་པའི་ལུང་།

TSHANG	LA	MA NOR	RIG DZIN	GYUE PE	LUNG
completo	*y*	*no mezclado con cosas falsas*	*vidyadara*	*linajes**	*leer#*

* hasta nuestros días   # transmisión de la conexión directa con la práctica

la transmisión de la práctica del linaje de los vidyadaras está completa y sin adulterar,

ཌཱ་ཀིའི་ཞལ་གྱི་དྲོད་རླངས་ཐོ་ལེ་བ།

DA KI	ZHAL	GYI	DROE	LANG	THO LE WA
dakinis	*boca*	*de*	*calor*	*aliento*	*todavía tiene*

(El método de práctica sigue siendo tan correcto hoy como cuando fue escuchado por primera vez de las dakinis por los vidyadaras)

posee aún el cálido aliento de la boca de las dakinis.

མཚོ་སྐྱེས་རྒྱལ་བའི་བསྟན་པ་རྒྱས་གྱུར་ཅིག།

TSHO	KYE	GYAL WAI	TEN PA	GYE	GYUR CHIG

¡Las doctrinas del buda nacido en el océano deben difundirse y florecer!

En el gran vajrayana que abarca tanto la causa como el resultado, la transmisión de la práctica del linaje de los vidyadaras está completa y sin adulterar, posee aún el cálido aliento de la boca de las dakinis. ¡Las doctrinas del buda nacido en el océano deben difundirse y florecer!

རྡོ་རྗེ་འཆང་གི་དགོངས་དོན་བདུད་རྩིའི་བཅུད།

DOR YE CHANG	GI	GONG DON	DUE TSI	CHU
Vajradara, darmakaya	*de*	*comprensión original, verdadero método*	*amrita, elixir liberador*	*esencia*

La esencia del amrita de la verdad de la presencia de Vajradara

མཁས་གྲུབ་བྱེ་བའི་ཞལ་ནས་སྙན་དུ་བརྒྱུད།

KHAE	DRUB	YE WE	ZHAL	NAE	ÑAN DU	GYUE
eruditos	siddhas, santos logrados	todos, innumerables	boca	desde	escuchar	linaje

(cada uno transmitiendo las enseñanzas a sus discípulos)

ha sido escuchada por el linaje de boca de innumerables eruditos y siddhas

རྟོག་གེ་ངན་པའི་རང་བཟོས་མ་བསྲད་པ།

TOG GE	NGAN PE	RANG ZO	MA	LAE PA
polemistas	malos	ideas propias, construcciones	no	mezclar

(ideas propias falsas no acordes con la enseñanza de Buda)

sin ser mezclada con la falsa construcción de los polemistas.

མཚོ་སྐྱེས་རྒྱལ་བའི་བསྟན་པ་རྒྱས་གྱུར་ཅིག

TSHO	KYE	GYAL WE	TEN PA	GYE	GYUR CHIG

Las doctrinas del buda nacido del océano deben difundirse y florecer!

La esencia del amrita de la verdad de la presencia de Vajradara ha sido escuchada por el linaje de boca de innumerables eruditos y siddhas sin ser mezclada con la falsa construcción de los polemistas. ¡Las doctrinas del buda nacido del océano deben difundirse y florecer!

གསེར་ཞིང་ནོར་བུའི་སྤྲས་པའི་ཡོན་གྱིས་ཀྱང་།

SER	ZHING	NOR BUE	TRE PE	YON	GYI	KYANG
oro	tierra	joyas	reunir	coste, valor	por	también, aún

Incluso el valor de los cimientos dorados de la tierra con todas sus joyas no es suficiente

མི་འགུགས་དབྱིངས་ཀྱི་མཁའ་འགྲོའི་ཐུགས་མཛོད་ཆོས།

MI GU		YING	KYI	KHAN DRO	THUG	DZOE	CHO
no conseguir		datu, sunyata	de	dakinis	mentes	tesoro	darma

para asegurar el tesoro del darma de la infinita mente de la dakini.

བརྩེ་བས་རྗེས་འཛུག་སྐལ་པ་ཁོ་ནར་བཀྲམ།

TSE WAE	YE YUG	KAL PA		KHO NAR	RAM
por compasión	mantener como discípulo	el afortunado, quien consigue enseñanzas		solo	obtener, recibir completamente

Sólo lo obtienen los afortunados que son sostenidos por la compasión del gurú.

མཚོ་སྐྱེས་རྒྱལ་བའི་བསྟན་པ་རྒྱས་གྱུར་ཅིག །

TSHO   KYE   GYAL WE   TEN PA   GYE   GYUR CHIG

¡La doctrina del buda nacido del océano debe difundirse y florecer!

Incluso el valor de los cimientos dorados de la tierra con todas sus joyas no es suficiente para asegurar el tesoro del darma de la infinita mente dakini. Sólo lo obtienen los afortunados que son sostenidos por la compasión del gurú. ¡La doctrina del buda nacido del océano debe difundirse y florecer!

ངོ་བོ་ཀ་ནས་དག་པའི་ཡེ་ཤེས་ལ།

NGO WO	**KA NAE**	**DAG PAI**	**YE SHE**		**LA**
esencia, darmakaya	*desde el mismo principio*	*pura*	*sabiuría, conocimiento original*		*con, en, desde*

Con la sabiduría de la realidad primordialmente pura,

རང་བཞིན་ལྷུན་གྱིས་གྲུབ་པའི་གདངས་ཤར་བས།

RANG ZHIN	**LHUN GYI DRUB PE**	**DANG**	**SHAR WAE**
naturaleza propia, autoexpresión, sambogakaya	*surgir sin esfuerzo*	*brillo, claridad*	*surgir*

brilla su cualidad natural de resplandor que aparece sin esfuerzo.

བློན་སྒོམ་སེམས་ལས་འདས་པའི་རྫོགས་པ་ཆེ།

LUN	**GOM**	**SEM LAE**	**DE PE**	**DZOG PA CHE**
estupidez, torpor	*meditación*	*mente de*	*ir más allá*	*dzogchen, gran unión, gran perfección*

(no es necesario hacer prácticas repetidas porque la claridad misma surge del darmadatu)

Esta es la gran culminación que está más allá del reino de la meditación sin brillo y artificiosa.

མཚོ་སྐྱེས་རྒྱལ་བའི་བསྟན་པ་རྒྱས་གྱུར་ཅིག །

TSHO   KYE   GYAL WE   TEN PA   GYE   GYUR CHIG

¡Las doctrinas del buda nacido del océano deben difundirse y florecer!

Con la sabiduría de la realidad primordialmente pura, brilla su cualidad natural de resplandor que aparece sin esfuerzo. Esta es la gran culminación que está más allá del reino de la meditación aburrida y artificiosa. ¡Las doctrinas del buda nacido del océano deben difundirse y florecer!

ཡོད་མེད་ཕྱོགས་རེར་ཞེན་པའི་དམིགས་གཏད་ཞིག །

YOE ME   CHOG RER   ZHEN PE   MIG TAE   ZHIG
tener, no tener,   separado, tomar   aferramientos objetos   acabar, soltarse
ser   no ser   partido, ser parcial a eso   por sí mismos
(real/ no real,   (La visión que surge de Nagaryuna)
bueno/malo, etc.)

Liberando la fijación cosificadora que genera el apego a discriminaciones tales como exisitir o no existir, y

མཐར་འཛིན་ལྟ་བའི་འཛིན་སྟངས་དྲུང་ནས་ཕྱུང་། །

THAR   DZIN   TA WE DZIN TANG   DRUNG   NAE   CHUNG
límite   sostener visión   sistema de aferramiento raíz   del   salir de*
*un punto concreto o extremo como la permanencia o la no continuidad

desarraigando totalmente el aferramiento a la visión de las posiciones extremas,

གཞི་ལམ་འབྲས་བུ་སྣང་སྟོང་ཟུང་དུ་འཇུག །

ZHI   LAM DRAE BU NANG   TONG   ZUNG DU YUG
terreno vía,   resultado   ideas,   vacuidad, emparejado completamente,
*   camino   apariencia sunyata   unido, reunido*

la base, el camino y el resultado se manifiestan en la unión de la apariencia y la vacuidad.

མཚོ་སྐྱེས་རྒྱལ་བའི་བསྟན་པ་རྒྱས་གྱུར་ཅིག །

TSHO   KYE   GYAL WE   TEN PA   GYE   GYUR CHIG

¡Las doctrinas del buda nacido del océano deben difundirse y florecer!

Liberando la fijación cosificadora que genera el apego a la parcialidad hacia posiciones polarizadas como existir o no existir, y desarraigando totalmente el aferramiento a la visión de las posiciones extremas, la base, el camino y el resultado se manifiestan en la unión de la apariencia y la vacuidad. ¡Las doctrinas del buda nacido del océano deben difundirse y florecer!

དུས་གསུམ་རྒྱལ་བའི་དགོངས་པ་མཐར་ཐུག་དོན། །

DU SUM   GYAL WE   GONG PA   THAR THUG   DON
tres tiempos (pasado, victoriosos, conocimiento el más alto,   significado,
presente, futuro) budas   profundo   último   verdar original

El significado último del conocimiento profundo de los budas de los tres tiempos,

ཟབ་ཞི་སྤྲོས་བྲལ་འོད་གསལ་འདུས་མ་བྱས། །

ZAB   ZHI   TO DRAL   OE SAL   DUE MA YE
profundo pacífico no-dual   resplandeciente,   no fabricada,*
*   clara luz   no hecha por andie*

*sin posiciones relativas como principio y final

es la luz clara, profunda, pacífica, no conceptual y no compuesta.

རིག་སྟོང་མི་ཤིགས་རྡོར་རྗེ་གྲུབ་པའི་མཐའ།

RIG	TONG	MI SHIG	DOR YE	DRUB PE THA
presencia	*vacuidad*	*no destruida*	*muy fuerte*	*la visión más alta y más poderosa*

Esta es la visión indestructible e inquebrantable de la inseparabilidad de la conciencia y la vacuidad.

མཚོ་སྐྱེས་རྒྱལ་བའི་བསྟན་པ་རྒྱས་གྱུར་ཅིག །

TSHO	KYE	GYAL WAI	TEN PA	GYE	GYUR CHIG

¡La doctrina del buda nacido en el océano debe difundirse y florecer!

El significado último de la introspección de los budas de los tres tiempos es la luz clara, profunda, pacífica, no conceptual y no compuesta. Esta es la visión indestructible e inquebrantable de la inseparabilidad de la conciencia y la vacuidad. ¡La doctrina del buda nacido en el océano debe difundirse y florecer!

མང་དུ་ཐོས་པ་ལུང་གི་སྤྲིན་འཐིགས་ཤིང་།

MANG DU THOE PA		LUNG	GI	TRIN TRIG SHING
eruito, el que ha escuchado muchas enseñanzas de darma		*idea, libros citas*	*de*	*nubes reunidas i.e. muchísimas*

Como nubes que se acumulan, el aprendizaje de los eruditos

ཕ་རོལ་རྒོལ་འཇོམས་རིག་པའི་གློག་ཕྲེང་འབར།

PHA ROL	GOL	YOM	RIG PE	LOG	TRENG BAR
extraño, no budista	*polemistas, contendiente*	*destruir*	*presencia de los vidyadara*	*alumbrando*	*cadena, brillar corriente*

libera el relámpago de la conciencia que destruye a los enemigos de la claridad

མན་ངག་གནད་ཀྱི་བདུད་རྩི་སྙིང་ལ་སིམ།

MEN NGAG	NAE	KYI	DU TSI	ÑING	LA	SIM
profundos métodos de enseñanza	*puntos de*		*amrita, elixir liberador*	*mente, corazón*	*en*	*concentrado, satisfecho*

mientras el elixir liberador de los puntos esenciales de las instrucciones profundas refresca nuestras mentes.

མཚོ་སྐྱེས་རྒྱལ་བའི་བསྟན་པ་རྒྱས་གྱུར་ཅིག །

TSHO	KYE	GYAL	WE	TEN PA	GYE	GYUR CHIG

¡Las doctrinas del buda nacido del océano deben difundirse y florecer!

Como nubes que se acumulan, el aprendizaje de los eruditos libera el relámpago de la conciencia que destruye a los enemigos de la claridad mientras el elixir liberador de los puntos esenciales de las instrucciones profundas refresca nuestras mentes. ¡Las doctrinas del buda nacido del océano deben difundirse y florecer!

ཨ་དབྱངས་ཨ་ཏི་ཡོ་གའི་གསེང་ལམ་ནས།

MAE JUNG   A TI YO GAI   SENG   LAM   NAE
maravilloso,   dzogchen   ir dentro   camino entonces, desde
increíble   (como una sierra que corta)

Con el camino penetrante del maravilloso atiyoga,,

མ་ལུས་རྒྱལ་བ་ཀུན་གྱིས་ཡེ་ཤེས་སྐུ།

MA LU   GYAL WA   KUN   GYI   YE SHE   KU
sin   victoriosos   todos   de   sabiduría,   cuerpo, kaya
excepción   conocimiento original

el cuerpo de sabiduría intrínseco de todos los budas sin excepción,

ཁྱབ་བདག་འཇམ་དཔལ་རྡོ་རྗེར་རབ་བསྒྲུབས་པ།

KYAB DAG   YAM PAL   DOR YER   RAB DRUB PA
omnipresente señor,   Manyushri   Vajra   practica enérgicamente
darmakaya

el omnipresente e indestructible Manyushri, se alcanzará plenamente.

མཚོ་སྐྱེས་རྒྱལ་བའི་བསྟན་པ་རྒྱས་གྱུར་ཅིག།

TSHO   KYE   GYAL WAI   TEN PA   GYE   GYUR CHIG

¡Las doctrinas del buda nacido del océano deben difundirse y florecer!

*Con el camino penetrante del maravilloso atiyoga, se alcanzará plenamente
el cuerpo de sabiduría intrínseco de todos los budas sin excepción, el omnipresente e indestructible Manyushri. ¡Las doctrinas del buda nacido del
océano deben difundirse y florecer!*

ཡང་དག་ཚད་མ་གསུམ་གྱི་ང་རོ་ཡིས།

YANG DAG   TSE MA   SUM GYI   NGA RO   YI
muy puro,   métodos   tres   de   rugido del león   por
i.e budista   de lógica*

*percepción directa, inferencia, información del Buda, del gurú y demás.

El rugido del león de los tres métodos lógicos purísimos hace

བླ་དམན་རི་དྭགས་ཚོགས་རྣམས་སྐྲག་མཛད་པ།

TA MEN   RI DA   TSHOG NAM   TRAG DZAE PA
visiones menores,   ciervo   multitudes   sentir mucho miedo
con menos lógica

que todos los que parecen ciervos con puntos de vista inferiores sientan
mucho miedo.

ཐེག་མཆོག་སེང་གེའི་སྒྲ་དབྱངས་ས་གསུམ་ཁྱབ།

THEG CHOG	SENG GUEI	DRA YANG	SA SUM	KYAB
mejor vehículo,	*leones*	*sonido*	*tres mundos**	*impregna, llena*
atiyoga				

*dioses, nagas y humanos, i.e. todo el samsara

El sonido del león, el vehículo supremo, impregna todo el universo.

མཚོ་སྐྱེས་རྒྱལ་བའི་བསྟན་པ་རྒྱས་གྱུར་ཅིག།

TSHO	KYE	GYAL WE	TEN PA	GYE	GYUR CHIG

¡La doctrina del buda nacido del océano debe difundirse y florecer!

El rugido del león de los tres métodos lógicos purísimos hace que todos los que parecen ciervos con puntos de vista inferiores sientan mucho miedo. El sonido del león, el vehículo supremo, impregna todo el universo. ¡La doctrina del buda nacido del océano debe difundirse y florecer!

རྒྱལ་བསྟན་ཡོངས་སུ་རྫོགས་པའི་གོས་བཟང་རྩེར།

GYAL	TEN	YONG SU DZOG PE	GO	ZANG	TSER
victoriosos, doctrinas		*completa, perfecta*	*tela*	*buena*	*más alto*
budas		*por completo*	*(de la bandera de la victoria)*		

En lo alto del estandarte de las doctrinas del buda completamente perfecto

འོད་གསལ་རྡོ་རྗེ་སྙིང་པོའི་ཏོག་མཛེས་པ།

OE SAL	DOR YE	ÑING POI	TOE		DZE PA
brillante	*vajra*	*esencia*	*punto más alto,*		*bella*
	(dzogpachenpo)		*joya del pináculo*		
			(en el remate del vástago)		

se encuentra la hermosa joya del pináculo de la brillante esencia indestructible.

ཕྱོགས་ལས་རྣམ་པར་རྒྱལ་བའི་རྒྱལ་མཚན་མཐོ།

CHOG LAE	NAM PAR GYAL WE	GYAL TSHAN	THO
por todas partes	*completamente victorioso*	*bandera de la victoria*	*muy alta*

Levanta alto el estandarte de la victoria que es completamente victorioso en todas las direcciones.

མཚོ་སྐྱེས་རྒྱལ་བའི་བསྟན་པ་རྒྱས་གྱུར་ཅིག།

TSHO	KYE	GYAL WAI	TEN PA	GYE	GYUR CHIG

¡Las doctrinas del buda nacido en el océano deben extenderse y florecer!

En lo alto del estandarte de las doctrinas del buda completamente perfecto se encuentra la hermosa joya del pináculo de la brillante esencia indestructible. Levanta alto el estandarte de la victoria que es completamente victorioso en todas las direcciones. ¡Las doctrinas del buda nacido en el océano deben extenderse y florecer!

བདག་སོགས་དེང་ནས་འགྲོ་བ་ཇི་སྲིད་དུ།

DAG SOG   **DENG NAE**   **DRO WA**   **YI SI DU**
nosotros (todos seres   *desde ahora*   *seres*   *tantos como son*
en samsara)

A partir de ahora, los seres, por numerosos que seamos,

བསྟན་དང་བསྟན་པའི་སྙིང་པོ་ཡོངས་རྫོགས་པ།

TEN   **DANG**   **TEN PE ÑING PO**   **YONG DZOG PA**
doctrinas y   *doctrinas esencia, corazón*   *debemos obtener completamente,*
                (revelación directa)   *debemos completar*

debemos madurar plenamente mediante las enseñanzas y su revelación directa.

མཁའ་ཁྱབ་ཞིང་དུ་འཛིན་སྐྱོང་སྤེལ་བ་ཡིས།

KHA   **KHYAB ZHING** **DU**   **DZIN KYONG**   **PEL WA**   **YI**
cielo   *abarcar*   *en,como sostenedores de*   *difundir*   *por esto*
(i.e ir por todas partes)   *las doctrinas de buda*

Con aquellos que ejemplifican la enseñanza extendiéndose como el cielo que todo lo abarca,

མཚོ་སྐྱེས་རྒྱལ་བའི་བསྟན་པ་རྒྱས་གྱུར་ཅིག

TSHO   **KYE**   **GYAL WE**   **TEN PA**   **GYE**   **GYUR CHIG**

¡las doctrinas del buda nacido del océano deben extenderse y florecer!

A partir de ahora, los seres, por numerosos que seamos, debemos madurar plenamente mediante las enseñanzas y su revelación directa. Con aquellos que ejemplifican la enseñanza extendiéndose como el cielo que todo lo penetra, ¡las doctrinas del buda nacido del océano deben extenderse y florecer!

མདོར་ན་མཁས་བཙུན་གྲུབ་པའི་རྣམ་ཐར་གྱིས།

DOR NA   **KHAE**   **TSUN**   **DRUB PE**   **NAM THAR**   **GYI**
brevemente   *eruditos*   *que mantienen siddhas, practicantes*   *vida espiritual por*
                    los votos   *logrados*   *biografías*

En resumen, las vidas de los eruditos, los guardianes de los votos y los sabios manifiestan

རྒྱལ་བསྟན་སྤེལ་བའི་ཕྲིན་ལས་མཁའ་ཁྱབ་པའི།

GYAL   **TEN**   **PEL WE**   **TRIN LAE**   **KHA**   **KHYAB PAI**
del victorioso   *doctrinas*   *difundir*   *hechos, actividades*   *cielo*   *impregna, abarca*
                                             todas partes

la actividad de difundir sin cesar las doctrinas del buda.

བསྟན་འཛིན་དམ་པས་ས་སྟེང་ཡོངས་གང་ནས།

TEN   **DZIN**   **DAM PAE**   **SA**   **TENG**   **YONG**   **GANG**   **NAE**
doctrina   *sostenedores*   *santa*   *tierra sobre, encima*   *completo*   *llenar*   *entonces*

Los sostenedores de la doctrina sagrada deben llenar la tierra, entonces

མཚོ་སྐྱེས་རྒྱལ་བའི་བསྟན་པ་རྒྱས་གྱུར་ཅིག

TSHO   KYE   GYAL WAI   TEN PA   GYE   GYUR CHIG

¡las doctrinas del buda nacido del océano deben difundirse y florecer!

En resumen, las vidas de los eruditos, los guardianes de los votos y los adeptos, manifiestan la actividad de difundir sin cesar las doctrinas del buda. Los sostenedores de la doctrina sagrada deben llenar la tierra entonces, ¡las doctrinas del buda nacido del océano deben difundirse y florecer!

དཔལ་ལྡན་བླ་མའི་སྐུ་ཚེ་རབ་བརྟན་ཅིང

| **PAL DEN** | **LA ME** | **KU TSHE** | **RAB** | **TEN CHING** |
| *glorioso* | *del gurú* | *vida, salud* | *completa, muy* | *firme (i.e. vida larga)* |

Con los gloriosos gurús teniendo una vida larga y saludable, y

བསྟན་པའི་སྦྱིན་བདག་མངའ་ཐང་དར་བ་ཡིས

| **TEN PE** | **YIN DAG** | **NGA THANG** | **DAR WA** | **YI** |
| *doctrinas* | *mecenas, patrones* | *muy grande, poderosa* | *difundir, surgir* | *por* |

los benefactores de las doctrinas haciéndose grandes y poderosos,

ཆོས་སྲིད་མི་ནུབ་ནོར་བུའི་རྒྱལ་མཚན་བསྒྲེངས

| **CHO** | **SI** | **MI NUE** | **NOR BUI** | **GYAL TSHEN** | **DRENG** |
| *darma* | *influencia, administración* | *no declinar* | *joyas* | *bandera de la victoria* | *izar, surgir en el aire* |

la influencia del Darma no decaerá y su estandarte de la victoria enjoyada se izará bien alto.

མཚོ་སྐྱེས་རྒྱལ་བའི་བསྟན་པ་རྒྱས་གྱུར་ཅིག

TSHO   KYE   GYAL WE   TEN PA   GYE   GYUR CHIG

¡Las doctrinas del buda nacido del océano deben difundirse y florecer!

Con los gloriosos gurús teniendo una larga y saludable vida, y los bene-factores de la doctrina haciéndose grandes y poderosos, la influencia del Darma no decaerá y su estandarte de la victoria enjoyada se izará bien alto. ¡Las doctrinas del buda nacido del océano deben difundirse y florecer!

ཅེས་རྒྱལ་བ་ཐབས་ཅད་ཀྱི་ངོ་བོ་དཔལ་ལྡན་སངས་རྒྱས་པདྨ་སྐྱེས་འཚོ་མེད་མཚོར་འཁྲུངས། རྒྱལ་བའི་བསྟན་པ་ལྟ་འགྱུར་སྙིངས་ཤེས་གསགས་པ་འདིའི་རྒྱལ་བསྟན་ཡོངས་སུ་རྟོགས་པའི་ཕྱི་མོ་ཡིན་ཅིང་ཟབ་གནད་ཆེ་བ་ད་མའི་ཁྱད་ཆོས་དང་། ལྟ་སྒོམ་རྣམ་པར་དག་པ་རྒྱལ་བ་དགྱེས

པའི་ལམ་བཟང་ནོར་བ་འདི་ཉེས་ནས་ནོར་བུ་རིན་པོ་ཆེ་བྱི་དོར་བྱས་ཏེ་རྒྱལ་མཚན་གྱི་རྩེ་
ལ་མཆོད་པ་བཞིན་དུ་གང་ཟག་སྐལ་པ་དང་ལྡན་པ་རྣམས་ཀྱིས་འཆག་ཀློག་ཚོལ་གསུམ་གྱི་ཕྲིན་
ལས་རླབས་པོ་ཆེས་ཕྱོགས་ཐམས་ཅད་དུ་དར་ཞིང་རྒྱས་པར་མཛད་པའི་ཐུགས་ཁུར་བཞེས་པ་
དང་། དེ་ལྟ་བུའི་བཞེད་པ་ཡིད་བཞིན་དུ་འགྲུབ་པའི་རྟེན་འབྲེལ་སྨོན་ཚིག་ཏུ་རྙིང་བསྟན་ལ་ལྷག་
བསམ་རྣམ་པར་དཀར་བ་མི་ཕམ་འཇམ་དབྱངས་རྣམ་རྒྱལ་རྒྱ་མཚོས་གནས་དུས་རྟེན་འབྲེལ་
དགེ་བར་གྱུར་ཕྱུན་ལ་ཕྲ་མར་བྲིས་པ་དགེ་ལེགས་འཕེལ།།

Verdadera esencia de todos los budas, glorioso buda Padmasambava, el inmortal victorioso «Nacido en el Océano», tus doctrinas son conocidas como «la antigua traducción ñingma». Estas doctrinas de Buda son la madre completamente perfecta (del Darma en el Tíbet). Tienen la cualidad especial de muchos puntos esenciales muy profundos e importantes y, al poseer una visión y meditación muy puras, son el camino excelente que complace a los budas.

Igual que se pule una joya preciosa y se ofrece como la joya del pináculo del estandarte de la victoria, los seres afortunados leerán, debatirán y escribirán sobre estas enseñanzas. Gracias a esta gran oleada de actividad actuarán cuidadosamente para difundir la doctrina en todas direcciones.

Con esta esperanza, como una aspiración de conexión para que se cumpla en consecuencia, Mipham Yamyang Namgyal Gyamtso, que es extremadamente aficionado a las doctrinas ñingma y les desea lo mejor, escribió rápidamente estas palabras a mediodía en un momento y lugar con conexiones auspiciosas.

ༀ།། འཆིག་རྟེན་བདེ་བའི་སྨོན་ལམ་བཞུགས།། །།

La Oración de Aspiración a la felicidad en el mundo

སྐྱབས་གནས་བསླུ་མེད་དཀོན་མཆོག་རྩ་བ་གསུམ།

KYAB	NAE	LU ME	KON CHOG	TSA WA	SUM
refugio	*lugar*	*fiable,*	*joyas**	*raíces*	*tres***
protección		*infalibles*			

*Buda, Darma, Sanga   **guru, deidad de meditación, dakini

Fuentes infalibles de refugio, las Tres Joyas y las Tres Raíces, y

ཁྱད་པར་འཆིག་རྟེན་མགོན་པོ་སྤྱན་རས་གཟིགས།

KHYAE PAR	YIG TEN	GON PO	CHEN RE ZI
especialmente	*mundo*	*protector, benefactor*	*Avalokitésvara*

especialmente Chenrezi, el benefactor del mundo,

རྗེ་བཙུན་སྒྲོལ་མ་གུ་རུ་པདྨ་འབྱུང་།

YE TSUN	DROL MA	GU RU	PAE MA YUNG
reverenda, noble	*Tara*	*gurú, maestro espiritual*	*Padma Sambava*

Yetsun Tara y gurú Padma Sambava,

གསོལ་བ་འདེབས་སོ་ཐུགས་དམ་ཞལ་བཞེས་དགོངས།

SOL WA DEB SO	THUG DAM	ZHAL ZHE	GONG
rogamos	*votos**	*tomados, aceptados*	*pensar en, recordar*
			(para nuestro bien)

*los votos que tomaron de trabajar en beneficio de los demás

os rogamos que penséis en los votos que habeís tomado.

སྨོན་ལམ་ཡོངས་སུ་འགྲུབ་པར་བྱིན་གྱིས་རློབས།

MON LAM	YONG SU	DRU PAR	YIN GYI LOB
aspiración	*completamente*	*lograr*	*bendiciones*

Por favor, bendecídnos con el pleno cumplimiento de nuestra aspiración.

Fuentes infalibles de refugio, las Tres Joyas y las Tres Raíces, y especialmente Chenrezi, el benefactor del mundo, con Yetsun Tara y gurú Padma Sambava, os rogamos que penséis en los votos que habéis tomado. Por favor, bendecidnos con el pleno cumplimiento de nuestra aspiración.

ཐྲྀག་ས་དུས་འགྲོ་རྣམས་བསམ་སྦྱོར་ལོག་པ་དང་།

ÑIG	DU	DRO	NAM	SAM	YOR	LOG PA		DANG
malvado, degenerado	tiempo	seres		idea	acción	equivocada,	opuesta	y

En estos tiempos degenerados actuales, debido a las causas y condiciones de las ideas y acciones erróneas de todos los seres y

ཕྱི་ནང་འབྱུང་བ་འཁྲུགས་པའི་རྒྱུ་རྐྱེན་གྱིས།

CHI	NANG	YUNG WA	TRUL PE		GYU	KYEN	GYI
externo*	interno**	elementos	commoción, agitados confusos		causa razón	condición,	por

* el tiempo atmosférico y el estado del mundo   ** los constituyentes de nuestro cuerpo

a la conmoción de elementos en el mundo y en nuestros cuerpos,

སྔར་མ་གྲགས་པའི་མི་ཕྱུགས་དལ་ཡམས་ནད།

NGAR	MA	DRAG PE	MI		CHUG	DAL YAM	NAE
tiempos pasados (i.e. nuevos, insólitos)		no	oídos	humanos	animales	enfermedad, peste	malestar

hay enfermedades antes inauditas en humanos y animales y

གཟའ་ཀླུ་རྒྱལ་གདོན་ནག་ཕྱོགས་འབྱུང་པོའི་གཟེར།

ZA	LU	GYAL	DON	NAG CHO	YUNG POI	ZER
planetas*	nagas, dioses serpiente	reyes# espíritus	alborotadores	lado oscuro, cosas malas	bhutas, demonios	presión, problemas

*los espíritus conectados con ellos   # los que dan órdenes

estamos oprimidos por los planetas, dioses serpiente, gobernantes-espíritus, alborotadores y demonios malignos.

En estos tiempos degenerados actuales, debido a las causas y condiciones de las ideas y acciones erróneas de todos los seres, y a la conmoción de elementos en el mundo y en nuestros cuerpos, hay enfermedades antes inauditas en humanos y animales y estamos oprimidos por los planetas, dioses serpiente, gobernantes-espíritus, alborotadores y demonios malignos.

བཙའ་སད་སེར་གསུམ་ལོ་ཉེས་དམག་འཁྲུག་རྩོད།

TSA	SAE	SER	SUM	LO	ÑE	MAG	TRUG	TSOE
moho rojo en los cereales	helada nocturna	granizo pedrisco	tres	cosecha cereal	mala, escasa	soldados,	luchas	disputar

Las cosechas se ven dañadas por la roya, las heladas nocturnas y el granizo, y hay guerras y disputas.

ཆར་ཆུ་མི་སྙོམས་གངས་ཆད་བྲ་བྱུའི་ཐན།

CHAR CHU MI ÑOM   **GANG CHAE TRA CHE THAN**
lluvia río no igual   *nieve una marmota hambre,*
(i.e. demasiada o demasidado poca a destiempo) avalancha roedora* sed
* Este animal se come todas las raíces de la hierba y, cuando es muy numeroso, destruye todos
los pastos

La lluvia y el suministro de agua no son apropiados, hay avalanchas
de nieve y los roedores destruyen los pastos, provocando hambruna.

ས་གཡོས་མེ་དགྲ་འབྱུང་བཞིའི་འཚིགས་པ་དང་།

SA YOE ME DRA YUNG ZHI YIG PA DANG
tierra mover fuego enemigos elementos* cuatro destruido y
*tierra, agua, fuego, aire

Hay terremotos, fuego y destrucción por otras formas hostiles de los
cuatro elementos.

*Las cosechas se ven dañadas por la roya, las heladas nocturnas y el
granizo, y hay guerras y disputas. La lluvia y el suministro de agua no
son apropiados, hay avalanchas de nieve y los roedores destruyen los
pastos, provocando hambruna. Hay terremotos, fuego y destrucción por
otras formas hostiles de los cuatro elementos.*

ཁྱད་པར་བསྟན་ལ་འཚེ་བའི་མཐའ་དམག་སོགས།

KHYAE PAR TAN LA TSE WE THA MAG SOG
especialmente doctrina a problemas, frontera guerras, y demás
                            daño   *soldados*

En particular, hay problemas para las enseñanzas debido a las guerras
fronterizas y demás.

འཇིག་རྟེན་ཁམས་འདིར་གནོད་འཚེའི་རིགས་མཐའ་དག།

YIG TEN KHAM DIR NOD TSEI RIG THA DAG
mundo reino aquí daño problemas todas clases todos

¡Que todas las clases de daños y problemas de este mundo

མྱུར་དུ་ཞི་ཞིང་རྩད་ནས་འཇོམས་གྱུར་ཅིག།

ÑUR DU ZHI ZHING TSAE NE YOM GYUR CHIG
rápidamente pacificar raíz de destruir, debe!
                              (i.e. completamente) acabar

se apacigüen rápidamente y se arranquen de raíz por completo!

*En particular, hay problemas para las enseñanzas debido a las guerras
fronterizas y demás. ¡Que todas las clases de daños y problemas de este
mundo se apacigüen rápidamente y se arranquen de raíz por completo!*

ཨི་དང་མི་མིན་འགྲོ་བ་མཐའ་དག་གི །

MI	DANG MI MIN		DRO WA	THA DAG	GI
humanos	*y*	*no humanos, demonios, tigres, etc.*	*seres*	*todos*	*de*

Para todos los seres, humanos y no humanos,

རྒྱུད་ལ་བྱང་ཆུབ་སེམས་མཆོག་རིན་པོ་ཆེ །

GYUD	LA	CHANG CHUB SEM	CHOG	RIN PO CHE
mente	*en*	*bodichita, intención altruista de alcanzar la iluminación*	*excelente*	*preciosa*

que la preciosa y excelente bodichita surja de forma natural para que

དང་གིས་སྐྱེ་ནས་གནོད་འཚེའི་བསམ་སྦྱོར་བྲལ །

NGANG	GI	KYE NE	NOD TSEI	SAM	YOR	DRAL
potencial inherente	*por*	*surgir entonces*	*daño problemas (matar, golpear, etc.)*	*pensamientos*	*acciones*	*sin*

sin pensamientos y acciones dañinas o problemáticas,

ཕན་ཚུན་བྱམས་པའི་སེམས་དང་ལྡན་ནས་ཀྱང་ །

PHEN	TSHUN	YAM PE	SEM	DANG DAN NE	KYANG
cada	*otro*	*amorosa, compasiva*	*mente*	*tener entonces*	*también*

tengan mentes llenas de amor por los demás.

འཇིག་རྟེན་ཁམས་ཀུན་བདེ་སྐྱིད་དཔལ་གྱིས་འབྱོར །

YIG TEN	KHAM	KUN	DE	KYID	PAL GYI YOR
mundo	*reinos*	*todos*	*felicidad*	*alegría*	*prosperidad, riqueza*

Que todos los reinos del mundo tengan felicidad, alegría y prosperidad y

སངས་རྒྱས་བསྟན་པ་དར་རྒྱས་ཡུན་གནས་ཤོག །

SANG GYE	TAN PA	DAR GYE	YUN NAE	SHOG
Buda	*doctrinas*	*difundir ampliamente*	*durar mucho*	*deben*

que las doctrinas de Buda se extiendan lejos y permanezcan por mucho tiempo.

Para todos los seres, humanos y no humanos, que la preciosa y excelente bodichita surja de forma natural para que, sin pensamientos y acciones dañinos o problemáticos, tengan mentes llenas de amor por los demás. Que todos los reinos del mundo tengan felicidad, alegría y prosperidad y que las doctrinas de Buda se extiendan lejos y permanezcan por mucho tiempo.

རྩ་གསུམ་རྒྱལ་བ་སྲས་བཅས་བདེན་པའི་སྟོབས །

TSA	SUM	GYAL WA	SAE CHE DEN PE	TOB
raíces	*tres*		*victoriosos, budas bodisatvas de la verdad*	*poder*
(gurú, deidad del camino [yidam], dakini)				

Por el poder de la verdad de las tres raíces, los budas y los bodisatvas,

 འཁོར་འདས་དགེ་བའི་རྩ་བ་གང་མཆིས་དང་།

KHOR	DAE	GE WE	TSA WA	GANG	CHI	DANG
samsara	*nirvana*	*virtudes*	*raíces*	*que*	*haya*	*y*

y cualesquiera raíces virtuosas que haya en el samsara y el nirvana, y

བདག་ཅག་ལྷག་བསམ་རྣམ་པར་དཀར་བའི་མཐུས།

DAG CHAG	LHAG	SAM	NAM PAR	KAR WE	THU
nosotros	*buenos*	*pensamientos*	*muy, completamente*	*blanco, bueno*	*poder*

por el poder de nuestras excelentes y purísimas intenciones,

གསོལ་བཏབ་སྨོན་པའི་འབྲས་བུ་འགྲུབ་གྱུར་ཅིག། །།

SON TAB	MON PE	DRAE BU	DRUB	GYUR CHIG
oraciones	*aspiración, deseo*	*resultado, cumplido*		*debe ser*

¡nuestras oraciones y aspiraciones deben cumplirse!

Por el poder de la verdad de las tres raíces, los budas y los bodisatvas, y cualesquiera raíces virtuosas que haya en el samsara y el nirvana, y por el poder de nuestras excelentes y purísimas intenciones, ¡nuestras oraciones y aspiraciones deben cumplirse!

ཅེས་རྗེ་བླ་མ་འཛམ་དབྱངས་མཁྱེན་བརྩེའི་དབང་པོའི་ཞལ་སྔ་ནས་དངེ་སར་དུས་ཀྱི་འཁྲུག་འགྱུར་ ཤིན་ཏུ་ཆེ་བའི་ཙེ་ལྱར་འགྱུར་ཆ་མེད་པས་རྗེ་ཉིད་ནས་བོད་ཡུལ་སྐྱིན་ལམ་ཉིན་ཞག་རེར་ལན་དྲུག་ རེ་མཛད་པ་ཡིན་པས་ཁྱེད་ནས་ཀྱང་དེ་ལྱར་གལ་ཆེ་བཀའ་རྩལ་ཕེབས་པ་ལྱར་རྫོ་གྲོས་མཐའ་ ཡས་ཀྱིས་རྫོ་འདྲ་རིན་ཆེན་བྲག་ཏུ་རྒྱལ་ཟླ་བའི་དཀར་ཕྱོགས་འགྲུབ་པའི་སྐྱར་བ་དང་ལྡན་པའི་ སྨ་དྲེའི་ཆར་རང་གི་བསྒྱལ་གསོས་སུ་བྲིས་པ་ཡ་རྣ་ཤི་རྫི་སྲུ།།།།

El repetido gurú Yamyang Khyentse Wangpo dijo que en los tiempos actuales la situación es muy mala y confusa y que se desconoce lo que va a ocurrir, por lo que él mismo rezaba por la felicidad de Tíbet seis veces al día. Me dijo que era muy importante que yo también rezara así. Por lo tanto, de acuerdo con su orden, yo, Lodro Thaye escribí esto en Tsandra Rinchen Drag en la primera mitad del mes Paush en la mañana de un día auspicioso de memoria. El resultado completo debe ser obtenido.

ANHELAR LA LUZ SIN LÍMITES

Aspiración para el florecimiento del Darma

ཉེར་འཚེ་མ་ལུས་ཞི་བ་དང་།

ÑER TSE — MA LUE — ZHI WA — DANG
difficultades, problemas — sin excepción — pacificar — y

Con todas las dificultades sin excepción pacificadas, y

མཐུན་རྐྱེན་རྣམ་མཁའི་མཛོད་བཞིན་དུ།

THUN — KYEN — NAM KE — DZO — ZHIN DU
armoniosas — situaciones, razones — del cielo, infinitamente vasto — tesoro — como

y condiciones armoniosas como el tesoro del cielo,

རྒྱལ་དབང་པདྨ་འབྱུང་གནས་ཀྱི།

GYAL — WANG — PE MA YUNG NE — KYI
Yina, Victorioso — señor — Padmasambava — de

del poderoso victorioso Padmasambava

བསྟན་པ་ཡུན་རིང་འབར་གྱུར་ཅིག།

TAN PA — YUN RING — BAR — GYUR CHIG
doctrina — vida larga — resplandecer — deben

las doctrinas deben tener una larga vida y resplandecer brillantes.

ཨོཾ་ཨཱཿཧཱུྃ་བཛྲ་གུ་རུ་པདྨ་སིདྡྷི་ཧཱུྃ༔

OM — A — HUNG BEN DZA — GU RU — PE MA — SID DHI — HUNG
Cuerpo — Palabra — Mente indestructible — gurú — Padmasambava — logro — conceder

¡Indestructible gurú Padmasambhava con tres formas, ¡concédenos el logro!

Con todas las dificultades sin excepción pacificadas, y condiciones armoniosas como el tesoro del cielo, ¡las doctrinas del poderoso Victorioso Padmasambava deben vivir mucho tiempo y brillar intensamente! Indestructible gurú Padmasambhava con tres formas, ¡concédenos el logro!

པདྨ་ལས་འབྲེལ་ཙལ་(ཀློང་ཆེན་རབ་འབྱམས་)གྱིས་སོ།། །།

Escrito por Padma Lendrel Tsel (Longchen Rambyam)

www.ingramcontent.com/pod-product-compliance
Lightning Source LLC
Chambersburg PA
CBHW041922160426
42812CB00101B/2506